Über dieses Buch

Wenn je ein Buch die Bezeichnung ‹klassisch› verdient hat, dann trifft dieses Wort mit all seinen Bedeutungsmöglichkeiten uneingeschränkt auf die «Bekenntnisse» (Confessiones) des Aurelius Augustinus zu. Entstanden 397–398, zählen die dreizehn Bücher seiner Autobiographie zu den einmaligen und unübertroffenen Leistungen der europäischen Geistesgeschichte. Damals wie heute zieht diese schonungslose Selbstenthüllung, mit der der Verfasser seine Entwicklung hin zu Gott beschreibt oder vielmehr beichtet, den Leser in den Bann. Nicht der abgeklärte Dogmatiker tritt ihm hier entgegen, sondern einer, der in leidenschaftlichem Erkenntnisdrang sich selbst und Gott sucht. So sind diese Bekenntnisse nicht nur ein faszinierendes historisches Dokument, sondern auch eine elementare Herausforderung an das Selbst- und Weltverständnis des modernen Lesers.

Vollständige Ausgabe.
Eingeleitet und übertragen
von Wilhelm Thimme.

Von Aurelius Augustinus
ist im Deutschen Taschenbuch Verlag erschienen:
Vom Gottesstaat (2160)

1. Auflage April 1982
5. Auflage September 1988: 27. bis 32. Tausend
Deutscher Taschenbuch Verlag GmbH & Co. KG,
München
© 1950, 1958 Artemis Verlags-AG, Zürich
ISBN 3-7608-3529-5
Umschlaggestaltung: Celestino Piatti
unter Verwendung einer Augustinus-Darstellung
(Bildarchiv Preußischer Kulturbesitz, Berlin)
Gesamtherstellung: C. H. Beck'sche Buchdruckerei,
Nördlingen
Printed in Germany · ISBN 3-423-02159-4

Literatur · Philosophie · Wissenschaft

Aurelius Augustinus
Bekenntnisse

Deutscher Taschenbuch Verlag

EINFÜHRUNG

KONFESSIONEN, Bekenntnisse, nannte Aurelius Augustinus (geboren 354, gestorben 430) sein berühmtestes Werk, das er etwa fünfundvierzigjährig, nicht lange nach seiner Wahl zum Bischof der afrikanischen Hafenstadt Hippo, verfaßte. Man würde den Titel mißverstehen, wollte man in diesen Herzensergießungen und Meditationen lediglich ein Sündenbekenntnis suchen. Confiteri, das Wort, von dem Confessio abzuleiten ist, hat in unserer Schrift in der Regel den Sinn: offen aussprechen, verkünden. Augustin bekennt die Sünden, die er begangen, die Sünde, die ihn so lange geknechtet und elend gemacht hat und die ihn auch jetzt noch versucht und ängstet, er bekennt seine einstigen Torheiten und seine gegenwärtige Unwissenheit und Schwäche, aber er bekennt auch und immer wieder die Erbarmungen Gottes, die ihm zuteil geworden, die Erkenntnisse und Erleuchtungen, die ihm geschenkt sind, die Großtaten Gottes, wie er sie selbst erfahren hat oder wie sie ihm bei Betrachtung der Schöpfung und der geheimnisvollen Tiefe des Menschenherzens, sowie beim Sinnen über die Heilige Schrift vor Augen getreten sind. Alles was er schreibt, mag er nun seinen Jammer und seine Schande aufdecken oder anbetend den Wunderwegen des Schöpfers und Erlösers nachgehen, alles soll der Ehre und der Verherrlichung des großen Gottes dienen. Hin und wieder, wenn auch nicht sehr oft, kann Confiteri geradezu mit Lobpreisen übersetzt werden[1], und so ist es kein übler Vorschlag, den seinerzeit Böhmer gemacht hat[2], man solle, um Mißverständnisse zu vermeiden, statt von den Bekenntnissen lieber von den Lobpreisungen Augustins reden. Wenn man wohl auch am besten den herkömmlichen Titel beibehält, so muß der Leser doch den allgemeineren Sinn der Vokabel confiteri und den Endzweck des ganzen Buches, auf den auch die Retraktationen unmißverständlich hinweisen, stets im Auge haben, sonst könnte er nicht verstehen, was die drei letzten Bücher, die im Anschluß an Genesis I über Gottes Schöpfungswerk meditieren, innerhalb der Konfessionen sollen[1].

Die Konfessionen zerfallen in drei Teile, Buch eins bis neun, zehn, elf bis dreizehn. Die ersten neun Bücher erzählen die Lebensgeschichte des Bischofs bis zum Tode der Mutter in Ostia im Spätherbst 387 vor seiner Rückkehr in die afrikanische Heimat. Der Grund, weswegen er nicht schon mit seinem Eintritt in die Kirche, also mit seiner Taufe in Mailand am Tage vor Ostern desselben Jahres schloß, ist einleuchtend. Er wollte der geliebten, oft erwähnten Frau ein Denkmal setzen, deren innere Entwicklung, die erst kurz vor ihrem Ableben zum Abschluß kam, er ebenso wie die eigene mit feinen sicheren Strichen skizziert. Ein Einschub in Buch neun blickt auf ihre Jugend und ihr Eheleben zurück. Ein kürzerer Einschub, der denkwürdige Erlebnisse des Alypius, seines treuesten Freundes und späteren Bischofskollegen, schildert, unterbricht die Darstellung im sechsten Buche. Auch sonst dürfen wir keine fortlaufende Erzählung erwarten. Wo irgend Probleme sich aufdrängen – gab es je einen problemhungrigeren Mann als Augustin? – oder Betrachtungen nahe liegen, verweilt er, nicht selten breiter werdend als es den modernen, ungeduldigen Menschen gefallen mag, läßt den Leser in schwindelnde Tiefen blicken und weist ihn auf Schritt und Tritt empor zu jenen Höhen, wo das Licht der Wahrheit leuchtet und der Quell der Gnade entspringt. Denn nicht nur mit einem bis zum begeisterten Hymnus sich erhebenden Gebet beginnt sein Buch, es ist selbst durch und durch Gebet. Wenn Augustin bekennt, bekennt er nicht in erster Linie Menschen, sondern Gott, und sein Bekenntnis ist – wir sagten es schon – ein Lobpreis Gottes.

Mit knappen Worten nur und soweit es unbedingt nötig ist, spricht Augustin von den äußeren Ereignissen seines Lebens. Sein Forschen und Fragen gilt dem Wesenskern und seiner Entfaltung, den inneren Vorgängen, dem heißen Sehnen nach wahrem Glück, den verwirrenden Leidenschaften und Trieben, den Lichtblicken, die die Seele beglücken, den Fesseln, die sie gefangen halten, ihren Sünden und ihren Qualen. Er weiß, daß sich diese Tiefen nicht ergründen lassen. «Ich ward mir selbst zum großen Rätsel», «ein tiefes Geheimnis ist der Mensch»[1]. Wohl hatte sich der reifen Kultur der Antike, wie wir etwa aus Mischs Geschichte der Autobiographie ersehen können, die Welt der Innerlichkeit erschlossen, doch wo wäre vor Augustins einzigartigem Buch der Mensch mit seinem Widerspruch, seiner Zerrissenheit, seinem Taumeln zwischen Himmel und Hölle auch nur annähernd wie hier geschildert worden? Doch nicht das Aufdecken der Abgründe des Herzens ist des Autors wichtigstes Anliegen, sondern vor allem möchte er zeigen, daß nur Gottes rettendes Erbarmen menschliche Ohnmacht zum Heil führen kann, und man muß es ihm nachfühlen, wie fast zur Verzweiflung sich steigernde Angst ein Anzeichen ist, daß Gott, der seine Liebe unter Zorngewölk verbirgt, der irrenden Seele immer näher kommt.

Auch religionspsychologisch sind die Konfessionen aufschlußreich[2]. So können wir die von der amerikanischen Religionspsychologie aufgedeckte Tatsache, daß die Entwicklung zur Bekehrung ruck- und stoßweise zu verlaufen pflegt, was auf unterbewußte Vorgänge schließen läßt, durch Augustins Darstellung bestätigt finden. Dreimal erfolgte der Vorstoß. Schon als Knabe verlangte Augustin in heftiger Krankheit leidenschaftlich nach der Taufe, um kaum genesen alsbald wieder in den Zerstreuungen des Alltags unterzutauchen. Dergleichen Erlebnisse wirken nach. Den neunzehnjährigen Jüngling entflammte Ciceros Hortensius zu heller Begeisterung und weckte den Wunsch und Willen, hinter dem Streben nach Wahrheit alles andere zurücktreten zu lassen. Man kann hier schon von einer Bekehrung sprechen[3]. «Dies Buch war es, das meinen Sinn umwandelte, auf dich, Herr, selbst meine Bitten lenkte und meinem Wünschen und Verlangen neuen Inhalt gab.» Es war keineswegs nur eine geistige Anregung, sondern hatte auch einschneidende, praktische Folgen. Augustin, der bei Cicero Christus vermißte – frühkindliche Eindrücke machten sich wieder geltend –, aber von der katholischen Kirche sich noch abgestoßen fühlte, trat der Sekte der Manichäer bei, ohne Frage ein bedeutsamer sittlicher und religiöser Fortschritt, mochte er diesen Anschluß später auch noch so verwerflich finden. Freilich, auch diesem Aufschwung folgte ein Absinken. Die

Religionspsychologie redet hier von Entfremdung. Der Manichäismus enttäuschte. Die Wahrheit wollte sich nicht finden lassen. Sinnlichkeit, Ehrgeiz und weltliche Interessen hielten nach wie vor umstrickt. Die Welle flutete zurück. Und nun der letzte gewaltige und siegreiche Vorstoß. Die Lektüre der neuplatonischen Schriften hebt den einunddreißigjährigen jungen Mann aus den Niederungen des Materialismus und der Skepsis zum intuitiven Erfassen des geistigen Gottes empor, und wiederum wirkt sich diese Erleuchtung praktisch aus. Die Flut brandet gegen den Damm der Gewohnheit und bricht zuletzt unwiderstehlich durch. Der Widerstand ist jedoch so stark, daß eine Anzahl von Nebenmotiven, wie wir sie im siebten Buch der Bekenntnisse kennenlernen, einsetzen müssen, ihn zu überwinden. Die berühmte Mailänder Gartenszene bringt die Entscheidung. Die platonische Lektüre und diese Szene liegen gleichsam auf der gleichen Flutwelle und gehören zusammen. Augustins Bekehrung enthält wie jede Bekehrung ein intellektuelles und ein praktisches Moment, sie ist, um einen Ausdruck Girgensohns in seiner auch Augustins Konfessionen einsichtig behandelnden Religionspsychologie zu gebrauchen, zweigipfelig. Auf die Einzelheiten dieser rhythmisch bewegten Lebensbeichte einzugehen, mag verzichtet werden.

Im zehnten Buche, dem umfangreichsten von allen, will Augustin bekennen, nicht wie er einst gewesen, sondern wie er zur Stunde, da er schreibt, noch ist. Es enthält unter anderem die mit Recht viel bewunderte Analyse des Gedächtnisses und eine mit unerbittlichem Scharfsinn durchgeführte, letzte Regungen sinnlichen Begehrens aufdeckende Selbstprüfung. Buch elf bis dreizehn bringt in Erläuterung des ersten Kapitels der Bibel grundlegende Ergebnisse seines Nachdenkens über Gottes Schöpfungswerk zur Darstellung. Denn nicht nur in sein Seelenleben, sondern auch in die Werkstätte seines Geistes soll der Leser Einblick gewinnen. Diese letzteren Ausführungen sind nichts weniger als nur eine trockene und langatmige Exegese der ersten Genesisverse. Hier ist echter Tiefsinn, der, um ein wichtiges Thema herauszuheben, das Zeitproblem mit seltener Energie anpackt, eindringende und fesselnde Meditation, freilich auch eine Auslegungskunst, die den heutigen, der

Allegorese entfremdeten Leser barock und phantastisch anmutet, auch dies für den Bischof von Hippo äußerst charakteristisch. Es ist ja verständlich, wenn manche Übersetzer diese Bücher weglassen (so Graf von Hertling), aber das Bild Augustins bleibt dann unvollständig, und fast wie eine Verstümmelung kommt es mir vor, wenn man auch wie Bornemann oder E. Pfleiderer das zehnte Buch unterschlägt.

Freilich, wenn wir nur die von dem Autor zutage geförderten Ergebnisse der Untersuchungen des zehnten Buches ins Auge fassen, wird unsere Kenntnis Augustins und seiner Eigenart nicht sonderlich bereichert. Denn das Gedächtnis und seine verwickelte Struktur ist nicht spezifisch augustinisch, sondern allgemein menschlich, und daß allerlei Regungen sinnlicher Lust oder Gefallsucht sich noch aufspüren lassen und auch einem Heiligen Fallstricke gelegt werden, in die er oft genug ohne Wissen und Wollen hineingerät, darf uns nicht wundern. Aber wie Augustin denkt, grübelt, sein Innerstes durchwühlt, wie er seufzt und sich müht, wie ihm die Einfälle aufblitzen und die Einsicht sich klärt und weitet, wie sein Denken ein betendes Ringen ist mit seinem Gott, den er zitternd liebt, das ist nun allerdings einzigartig, und gerade das zehnte Buch scheint besonders ergiebig, die Wesenszüge des großen, seltsamen Mannes aufzuhellen. Aber auch der erste und dritte Teil der Konfessionen wollen unter diesem Gesichtspunkt betrachtet werden, und wie sich in dem Ganzen des auf der Höhe des Lebens verfaßten Buches die Gesamtpersönlichkeit, dazu wenigstens zum guten Teil auch das Lebenswerk des Kirchenvaters spiegelt, darüber seien noch einige Andeutungen gestattet.

Es wird kaum einen religiös empfänglichen und urteilsfähigen Leser geben, der nicht, wenn er sich in Augustins Bekenntnisse vertieft, den starken Eindruck empfängt, daß ihm hier einer jener religiösen Virtuosen begegnet, von denen der junge Schleiermacher in seinen Reden über die Religion spricht. Nicht mit einem festen Maßstab dessen, was Religion ist, sollte man an diese Lektüre herantreten, sondern aufgeschlossen und willig zu lernen. Hier werden Urlaute der Religion vernehmbar. Die erste Antwort, die dem Fragenden, Lauschenden zuteil wird, die aus jeder Seite, fast jedem Satze dieses Buches zu uns spricht, ist keine andere als die: Religion ist Gebet, ein Gebet, das freilich modulationsfähig ist, vom Rufen aus der Tiefe zur höchsten Höhe des Lobpreises aufsteigt. Wir lernen ferner, daß zwar die Religion der Engel und Seligen ewiger Lobgesang ist, doch der Religion der Erdenpilger unstillbare Sehnsucht eingepflanzt ist. Sehnsucht wonach? Gleich das erste Kapitel gibt die unvergeßliche Antwort: «Unruhig ist unser Herz, bis es ruhet in dir», und Ausklang der Konfessionen ist der Seufzer: «Herr Gott, gib uns Frieden, ... den Frieden der Ruhe, den Frieden des Sabbats, den Frieden ohne Abend!» Nicht einen Augenblick darf man denken, diese Ruhe sei negativ zu bestimmen, etwa als Erlöschen des Lebensdranges in Nirwana, nein, daran läßt Augustin uns nicht zweifeln: Ruhe ist Seligkeit. Glückseligkeit ist für Augustin, er sagt es immer wieder, höchstes und letztes Ziel menschlichen Strebens, und nirgendwo anders ist sie zu finden als in Gott. Ist das Eudämonismus? Man sollte, meine ich, mit diesem Vorwurf, den Holl [1] besonders heftig erhob, vorsichtiger sein. Ist das relative Glück, das man empfindet, wenn die derzeitigen irdischen Bedürfnisse mehr oder weniger gestillt sind, nicht qualitativ verschieden von der Seligkeit der Seele, die ihren Gott gefunden hat? Ist nicht schon die tiefe Befriedigung, die eine selbstlose Tat gewährt, etwas wesentlich anderes als das Lustgefühl, das der Genuß einer wohlschmeckenden Speise oder einer Liebkosung bereitet? Sicher ist, daß, nach Augustins Meinung, nur ein geistiges, nicht etwa ein bloß sinnlich-seelisches Wesen nach Seligkeit dürsten und sie erlangen kann.

Doch wir fahren fort. Die Sehnsucht nach der seligen Ruhe in Gott wird von Augustin näher als Liebesverlangen bestimmt. Augustin ist einer der großen Liebenden. Im zehnten Buch will er aussprechen, was ihm das Gewisseste des Gewissen ist, und wir hören: «Ohne allen Zweifel in voller klarer Gewißheit sage ich, Herr: ich liebe dich.» «Selig wer dich liebt», ruft er. Doch da, so lang das Erdenleben währt, diese Seligkeit als Dauerzustand unerreichbar ist, muß die Liebe stets dürsten und seufzen. «Gib dich mir, mein Gott, gib dich mir wieder!

Sieh, ich liebe dich, und ist's zu wenig, will ich dich stärker lieben. Ich kann es nicht ermessen, wieviel mir noch an Liebe fehlt, bis es genug ist und mein Leben sich birgt in deinen Armen, ... bis es versunken ist in der Geheimnistiefe deines Angesichts.» «Ich will sie draußen Staubwolken aufblasen lassen, daß ihre Augen trübe werden, will eintreten in mein Kämmerlein und dir Liebeslieder singen, will seufzen die unaussprechlichen Seufzer meiner Pilgerschaft und Jerusalems gedenken.» Platos Eros ist im Kirchenvater lebendig und glüht heißer noch als in dem Heros der antiken Philosophie.

Sublimierte, vergeistigte Sexualität! sagt heute manch einer dazu. Ich glaube nicht daran. Sicher hat geistige Gottesliebe die einst starke Sinnlichkeit des jungen Mannes zwar nicht verdrängt – auch noch im Fünfundvierzigjährigen macht sie sich beunruhigend bemerkbar –, doch beiseite gedrängt. Aber sinnliche Liebe hat sich nicht in geistige umgesetzt. Wie wäre das auch möglich? Augustin selbst gibt eine bessere Erklärung. Er spricht von der Liebe als einem Gewicht, das man in die Waagschale werfen kann, so daß die Seele sich, sei es der Welt und ihren Gütern, sei es Gott, zuneigt. Was ist unter diesem Gewicht der Liebe zu verstehen? Offenbar ein innerer Lebensdrang, élan vital, der sich leidenschaftlich bald auf dieses, bald auf jenes Ziel wirft, ein Lebensdrang, der nicht nur im sinnlichen Liebesleben des jungen Augustin, sondern auch in seinem Ehrgeiz und Freundschaftsenthusiasmus lebendig war. Mir scheint, daß der Psychologe bei Augustin vor allen Dingen eines festzustellen hat, nämlich daß eine unbändige Vitalität, die sich niemals sublimiert – sublimierte Vitalität ist ein Nonsens –, sich wie ein Feuerstrom in sein religiöses Streben ergossen hat[1].

Doch die Augustinische Religion der Liebe muß noch näher charakterisiert werden. Die Liebe ist schauende Liebe. Denn Gott ist das süße Licht, oder häufiger: das Licht des Herzens. «Gottes unsichtbares Wesen ... wird er sehen an den Werken», dies immer wieder zitierte Apostelwort wird zum Leitstern der Betrachtung. In der Formschönheit der Geschöpfe, vom Sternenhimmel bis zum kleinsten Lebewesen, spiegelt sich Gottes ewige Schönheit. Denn er ist der schönste von allen, die

Schönheit alles dessen, was schön ist. Und nicht nur das Einzelne ist schön, die ganze Herrlichkeit der Schöpfung, des Schöpfers erschließt sich erst beim Blick auf das so wohl geordnete Weltall, wo jedes an seinem rechten Platze ist, so das Häßliche, so das Böse, das ja nicht straflos bleibt, das Weltall, das von Gottes Vorsehung durchwaltet wird, deren Spuren Augustin auch in seinem eigenen Leben dankbar wahrnimmt. Mit gleicher, ja erhöhter Aufmerksamkeit soll das Auge des Liebenden die Innenwelt des Herzens betrachten, die noch größere Wunder birgt. Denn hier entdeckt es die Wahrheit, und die Wahrheit ist göttlich, ja Gott selbst. Unvergeßlich prägt sich dem Leser die Stelle im zehnten Kapitel des siebten Buches ein, in welcher Augustin beschreibt, wie ihm zuerst die geistige Wahrheit aufgeleuchtet, und die in den Worten gipfelt: «Wer die Wahrheit kennt, der kennt das Licht, und wer es kennt, kennt die Ewigkeit. Die Liebe kennt es. O, ewige Wahrheit, wahre Liebe, liebe Ewigkeit! Du bist mein Gott, zu dir seufze ich Tag und Nacht.» Wahrheit und Schönheit sind eins in Gott. «O, Wahrheit, du thronst überall. Alle fragen dich um Rat, und allen zugleich antwortest du, so Verschiedenes sie auch fragen», ruft Augustin, wie er die Forschungsreise ins eigene Innere beendet, und fährt fast unmittelbar darauf fort: «Zu spät habe ich dich geliebt, o Schönheit, so alt und so neu, spät dich geliebt!» «Die schauende Liebe zu Gott, als Wurzel für sein Werden, Wesen und Werk» lautet der Untertitel des P. Girkonschen Augustin-Buches[1]. *Ohne Zweifel hat Augustin hier einen grundlegenden Wesenszug der Religion aufgedeckt, und man kann sich an das geniale Jugendwerk Schleiermachers erinnern, in welchem Anschauung des Universums, Anschauung des Unendlichen im Endlichen als Hauptmerkmal der Religion aufgewiesen wird.*

Noch eines muß herausgehoben werden. Die schauende Liebe des religiösen Menschen ist nach Augustin immer auch ehrfürchtige Liebe. Nie vergißt er Gottes Erhabenheit. Gleich das einleitende Gebet läßt eindrucksvoll den Gegensatz zwischen dem großen Herrn und Schöpfer und dem Menschlein hervortreten, dem Teilchen der Schöpfung, das in seiner Sterblichkeit das Zeugnis seiner Sünde zur Schau trägt, und schwingt sich im vierten Kapitel zu jenem hinreißenden Hymnus auf Gottes unbeschreibliche Herrlichkeit auf. Oft ist von der göttlichen Geheimnistiefe die Rede. «Wie geheimnisvoll thronst du doch im erhabenen Schweigen, einzig großer Gott!» «Du warst innerlicher als mein Innerstes und überragtest meine höchste Höhe.» «Süßer als alle Lust, doch nicht für Fleisch und Blut, heller als alles Licht, doch verborgener als das tiefste Geheimnis.» Auch wenn Gott sich der verlangenden, staunenden Seele voll offenbart, was während des Erdenlebens nur in einzelnen Augenblicken der Verzückung möglich ist, und gerade dann, schreckt er durch seinen Strahlenglanz das zitternde Auge zurück.

«Mit Macht drangen deine Strahlen auf mich ein, mein schwacher Blick prallte zurück, und ich erbebte in Liebe und Angst.» Nur «in zitterndem Augenaufschlag» kann man zu Gott gelangen. Ein Geist, der imstande wäre, das Weltall in seiner Größe und seinem zeitlichen Ablauf so zu überblicken, wie man etwa ein Gedicht überfliegt, müßte mit Schrecken angestaunt werden. Aber weit, weit wunderbarer, weit geheimnisvoller erkennt Gott. «Was für ein Lichtstrahl ist's, der mich trifft, mein Herz durchbohrt und doch nicht verletzt? Ich schaudere und erglühe, schaudere, weil ich ihm so unähnlich bin, erglühe, weil ich ihm doch auch ähnlich bin[1].» Daß Entzücken und Erschrecken, zu gleicher Zeit, in seltsamer Kontrastharmonie, den zu Gott aufblickenden Menschengeist überfallen, daß Gott mysterium tremens und fascinans zugleich ist, R. Otto hätte diese seine berühmte Analyse des religiösen Erlebens aus Augustins Konfessionen ablesen können. Ja, den Terminus der religiösen Uraussage «Gott = das ganz andere» konnte er hier im Wortlaut finden[2].

Was wir bislang als Augustins Religion kennen lernten, weist noch keine spezifisch christlichen Züge auf. Wir können es Mystik nennen, vergeistigte, nicht magische Mystik, wie sie auch im Platonismus und Neuplatonismus lebendig ist. Aber Augustin spricht in seinen Konfessionen zu uns auch und vor allem als Christ. Sein Gott ist doch nicht nur ruhendes Sein und Sonnenglanz der Wahrheit und Schönheit, wodurch die ruhelos im Erdendunkel irrende Seele übermächtig angezogen wird, er ist auch und vor allem der Herr – Domine ist die bei weitem häufigste Gebetsanrede –, der Herr, der gebietet und richtet, wohl zürnt und straft, aber Zorn und Strafe in den Dienst seines rettenden Erbarmens stellt. Augustin wird nicht müde, dies Erbarmen zu preisen. Als er im tiefsten Sündenschlamm steckte, zog hoch über ihm raubvogelgleich Gottes treues Erbarmen seine Kreise, um zu seiner Zeit herabzustoßen, zu retten, zu befreien, Ketten zu sprengen. In Christi Menschwerdung und Tod tritt es ihm anschaulich vor Augen. «Herabgestiegen kam in diese Welt, er, der selbst unser Leben ist, nahm unseren Tod auf sich und tötete ihn aus der Überfülle seines Lebens.» Nicht nur den ewigen Gottessohn, Wort und Weisheit des Vaters und Abglanz seiner Herrlichkeit, verehrt Augustin, sondern auch den demütigen milden Mariensohn, den Heiland, Mittler und Versöhner, durch den wir Vergebung und Heilung unserer Sünden finden. Freilich war dem afrikanischen Bischof nicht wie dem späteren, vielfach auf seinen Spuren wandelnden Reformator Vergebung der Sünden Kern und Stern seines Christenglaubens. Ebenso wichtig, wenn nicht wichtiger noch ist ihm augenscheinlich, daß Christus durch Vorbild und Lehre den Weg der Demut zeigt, der allein zum Ziele des seligen Lebens in Gott führt, das die wissensstolzen Philosophen wohl von fern schauen, aber nie erreichen. Aber ist nicht auch die Predigt der Demut, wie wir sie immerfort aus Augustins Munde vernehmen, die sich so scharf von der aristokratischen Kultur der Antike abhebt, spezifisch christlich?

Erst recht muß dies gelten von dem Gefühl der kindlich frohen, dankbaren Geborgenheit unter Gottes Schutz und Schirm, dem Augustin mehrfach ergreifenden Ausdruck gibt. «O Herr, unser Gott, im Schatten deiner Flügel laß uns hoffen, schütze du und trage uns! Ja, du wirst tragen, wirst auch die Kleinen tragen, bis sie grau werden.» «Ein Kindlein bin ich nur, aber allzeit lebt mein Vater, der ist mein treuer Helfer.» Im verlorenen Sohn des Gleichnisses Jesu erkennt er sich wieder.

Augustins Religion stellt ein eigenartiges Verschmelzungsprodukt mystisch neuplatonischer und christlicher Frömmigkeit dar. Davon schreibt Friedrich Heiler [1]: «Sein religiöses Erleben und Denken stellt die grandiose Verbindung von hellenischer Unendlichkeitsmystik und biblisch prophetischer Offenbarungsreligion dar. Sein Beten vereint die tiefste Beschaulichkeit mit der lebendigsten Willenskraft, die Gewalt und Leidenschaft der biblischen Psalmen mit der Reinheit und Tiefe neuplatonischer Versenkung, den aus der Tiefe des Schuldgefühls sich emporringenden Gnaden- und Vergebungsglauben mit dem himmelwärts eilenden mystischen Eros Platos und Plotins, die starke und unzerstörbare Zuversicht auf den wirksamen und lebendigen Gotteswillen der Bibel mit der wonnevollen Kontemplation des ruhenden summum bonum der Neuplatoniker, es ist beides: Aussprache der tiefen Herzensnot und Herzensseligkeit wie Erhebung des Geistes zum höchsten Gut, demütiges Flehen zu Gott aus der Tiefe und Erleben der Wesenseinheit mit Gott im eigenen Inneren. In dieser eigenartigen Verschmelzung der beiden gegensätzlichen Frömmigkeitstypen hat jedoch die neuplatonische Mystik den Vorrang.» Das ist im großen und ganzen richtig. Doch kann ich den Schlußworten nicht zustimmen. Weder erscheinen mir die beiden Frömmigkeitstypen als durchaus gegensätzlich – also etwa wie Wasser und Öl, wie wäre dann auch eine Verschmelzung möglich? – noch kann ich bei Augustin den Vorrang der neuplatonischen Mystik zugeben. Für die Erstlingsschriften Augustins trifft es zwar zu, aber schon für die Konfessionen nicht mehr.

Auch als Metaphysiker und Psychologen lehren uns die Konfessionen den großen Bischof kennen. In metaphysische Spekulationen wurde er durch den Manichäismus hineingedrängt, dessen ins Abstruse sich verwirrenden Grübeleien sich um die Probleme der Substanz Gottes und der Menschenseele sowie des Ursprungs des Bösen drehten. Die Konfessionen schildern eindrucksvoll, wie der junge Augustin mit ihnen gerungen, so schon in seiner Erstlingsschrift über das Schöne und Angemessene, deren Untersuchungen von der ästhetischen Fragestellung aus tief in metaphysische Problematik vorstießen, und wie ihm die Lektüre der Schriften aus der Schule Platos die befriedigende Einsicht in die Natur des Geistigen und die Wesenlosigkeit des Bösen schenkte. Auch das Problem der Theodizee und das Problem der Schöpfung der Welt –

in diesem Zusammenhang insbesondere auch das Problem von Zeit und Ewigkeit – finden wir in den Konfessionen scharfsinnig behandelt. Die christliche Trinitätslehre, in deren Tiefen Augustin wie kein anderer christlicher Theologe vor und nach ihm eingedrungen ist, und das Problem der Sünde haben seinen spekulativen Geist zeitlebens in Unruhe gehalten. Was das letztere anlangt, so könnten die Konfessionen den Eindruck erwecken, als habe der junge Bischof es durch die Definition des Bösen als bloßen Mangels und den Begriff der Willensfreiheit als gelöst betrachtet. Doch standen ihm schon damals Prädestination und Erbsünde fest – das Studium des Römerbriefes hatte sie ihm kürzlich erschlossen – und mußten das dornige Problem von neuem komplizieren. Doch das führt bereits über die Konfessionen hinaus.

Wurde Augustin durch die geistige Situation seiner Zeit und Umwelt zur Spekulation genötigt, so war er Psychologe aus innerer Berufung und genialer Veranlagung. Man spürt das in den Konfessionen auf Schritt und Tritt. Schon den primitiven Seelenregungen des Kleinkindes, sodann insbesondere dem Erwachen und der Entwicklung des geistigen Lebens ist die Aufmerksamkeit des Schriftstellers zugewandt. Wie läßt er den Leser den Kampf zwischen den niederen Trieben, Sinnlichkeit, Neugierde, Ehrgeiz, und dem edleren Streben, den lastenden Zwang der Gewohnheit, das Aufblitzen der Intuitionen, die Qual ungestillten Sehnens miterleben! Stoßen im Laufe seiner Erzählung psychologische Fragen auf, etwa die Frage, was ihn zu jenem fatalen Birnendiebstahl, von dem er im zweiten Buch berichtet, getrieben, wie es kommt, daß man im Theater an dargestelltem Schmerz seine Lust, daß man tief betrübt in Tränen und nur in ihnen Trost findet, wie das haarsträubende Rätsel sich löst, daß die Seele wohl den Gliedern des Leibes, nicht aber sich selber wirksam zu gebieten vermag, stürzt er sich darauf und scheut keine störenden Exkurse. Das Durchforschen des Labyrinthes des Gedächtnisses bis in die dunklen Kammern des Unbewußten im zehnten Buche ist ihm augenscheinlich ein Hochgenuß. Wie einsichtsvoll und zugleich spannend schildert er, wie beim Gladiatorenkampf im Amphitheater der unwiderstehliche Reiz des Sensationellen und Grausigen den Vorsatz des Alypius über den Haufen wirft! Doch das Meisterstück psychologischer Analyse liefert er im achten Buch in der in jeder Hinsicht staunenswerten Darstellung der eigenen Bekehrung, des krankhaften Willenszwiespalts, des Wechsels von immer erneutem vergeblichem Andringen und schlaftrunkener Mattigkeit, des allmählich Schwächerwerdens des feindlichen Widerstandes, bis ein letzter äußerer Anstoß den Bann bricht! Das alles kann hier nur angedeutet und muß aufmerksam nachgelesen werden. Auch dafür, daß den Kirchenvater bereits das psychologische Problem der Vorstellungsassoziationen beschäftigt hat, und daß man ihn nicht ohne Grund den Vater der voluntaristischen Psychologie nennt, lassen sich in den Konfessionen manche Belege auffinden.

Fassen wir auch noch das Lebenswerk des großen Mannes, soweit es sich in den Konfessionen teils bereits spiegelt, teils vorausahnen läßt, ins Auge. Von seiner hingebenden und aufreibenden Tätigkeit in Predigt, Korrespondenz und bischöflicher Verwaltung muß freilich abgesehen werden. Auch die schriftstellerischen Hauptwerke über die Genesis, die Trinität und den Gottesstaat können hier keine Berücksichtigung finden. (Der Leser möge dazu die weiteren Augustin-Bände innerhalb der Bibliothek der Alten Welt beiziehen.) Doch von dem vierfachen geistigen Kampf seines randvoll gefüllten Lebens mag noch kurz die Rede sein, dem Kampf gegen die Skepsis, den Manichäismus, Donatismus und Pelagianismus.

Die philosophischen Erstlingsschriften Augustins, die er auf dem Landgut bei Mailand vor seiner Taufe, nach seiner Taufe in Rom und in der Zeit seiner stillen Zurückgezogenheit in der Vaterstadt vor seinem unfreiwilligen Antritt des kirchlichen Amtes verfaßte, dienen der Überwindung des Zweifels durch den Aufbau einer zugleich rationalen und mystischen Seelen- und Gotteslehre. Nicht alle einzelnen Argumente, die er scharfsinnig zusammenträgt – am berühmtesten ist seine Vorwegnahme des Cartesischen Cogito ergo sum – wohl aber was den Kern und das Fundament seiner Gewißheit bildete, tritt in den Konfessionen klar zutage. Augustin ist Intuitionist. Nicht durch tätiges, ver-

allgemeinerndes, abstrahierendes, begriffsbildendes Denken heißt er uns wie Aristoteles und die thomistische Scholastik aus Sinneseindrücken Erkenntnis gewinnen, sondern findet sie im Licht der Wahrheit, die den Geist mit ihrem Anblick begnadet. Die Konfessionen rücken in den Mittelpunkt das Pauluswort Römer I, 20. Es bezeugt, daß Gottes unsichtbares Wesen (invisibilia dei) an den Werken seiner Schöpfung geistig erschaut werden kann (intellecta conspiciuntur). Wieso das? Wenn unsere Blicke, so bedeutet uns Augustin, Himmel und Erde nebst all ihren Geschöpfen, von der Sonne und den Sternen bis zum Gewürm, fragend durchforschen, so gibt die überall sich bekundende Schönheit Antwort. Diese wiederum beruht auf Form, Maß und Zahl, die freilich in den räumlich und zeitlich sich wandelnden Gebilden nur unvollkommen in Erscheinung treten. In ihrer Wahrheit findet sie die suchende Seele, wenn sie in ihr eigenes Innere und Innerste einkehrt. Eine Wahrheit nach der anderen leuchtet hier auf, neben den ästhetischen auch die logischen und ethischen Wahrheiten, Wahrheiten, die zugleich Werte sind, abgestuft und hingeordnet auf den, der höchste Wahrheit, höchster Wert und höchstes Sein in eins ist, Gott. So schickt Augustin den Gottsucher gleichsam auf die Reise, die ausgeht von dem Schönen, das Auge und Ohr wahrnehmen, sodann ins eigene Innere führt, dort wunderbare Reiche entdeckt, von Helligkeit zu Helligkeit vordringt, bis sie zuletzt beim Anblick dessen, der ist, der er ist, in wonnevollem Zittern und Beben endet. Der Anblick ist für den sterblichen Menschen zwar erträglich, doch schenkt sein Aufblitzen unerschütterliche Gewißheit. Diese mystische[1] Reise ins Seelenland, die zugleich Aufstieg auf der Himmelsleiter ist, hat uns Augustin in jenem wundersamen Gespräch mit seiner Mutter in Ostia und ausführlicher im zehnten Buch beschrieben. Die Problematik dieser auf neuplatonischen Bahnen wandelnden Erkenntnis- und Gewißheitslehre geht uns auf, wenn wir erwägen, ob gültige ideelle Wahrheiten und Werte gleichsam in der Luft schweben können, oder ob sie, woran Augustin nicht zweifelt, seinshaft fundiert sein müssen, wenn wir ferner fragen, ob wirklich im Ursachengeflecht entstehender und vergehender Dinge das Zeugnis vom Ursprung, vom all-

mächtigen Schöpfer, laut wird. Augustin hat's vernommen. So schwand sein Zweifel. Sollte er sich getäuscht haben?[1]

Als Augustin seine Konfessionen schrieb, war sein Kampf gegen die Manichäische[2] Häresie, den er in gelegentlichen öffentlichen Disputationen und mit zahlreichen Streitschriften führte – die umfangreichste ist gegen jenen Faustus gerichtet, dem er selbst nahe getreten war –, noch im Gange. So versteht es sich, daß die Darstellung seiner inneren Auseinandersetzung mit ihr und seiner allmählichen Ablösung von ihr in den Bekenntnissen einen breiten Raum einnimmt. Die Ausführungen des Kirchenvaters sind so klar, heben die Hauptpunkte in solcher Präzision hervor, daß es nicht nötig ist, hier näher darauf einzugehen. Nur eine Frage mag hier erwähnt werden, die kritischen Beurteilern der Gedankenwelt des Bischofs zu schaffen gemacht hat: Sollte sich in der Erbsündenlehre sowie den asketischen Tendenzen Augustins vielleicht ein Überrest des Manichäischen Dualismus und Pessimismus bemerkbar machen?

Man kann sich darüber wundern, daß Augustins Kampf gegen den Donatismus[3], der ihn zwei Jahrzehnte seines Lebens in Atem gehalten hat und einsetzte, sobald er sein Kirchenamt antrat, keinen Niederschlag in den Konfessionen gefunden hat. Obwohl er mit keinem Worte davon spricht, darf man doch vermuten, daß neben den anderen von ihm angeführten Hemmungen auch der kirchliche Zwiespalt, der schon während seiner Jugendjahre gerade die Heimatprovinz Numidien zerriß, die gehässigen Anklagen, die hinüber und herüber schwirrten, die verübten Gewalttätigkeiten, zunächst keine Neigung in ihm aufkommen ließen, Christ zu werden. Wir verstehen, daß er nicht in Afrika, sondern in Italien, und zwar in Mailand, dem Bischofssitz des imponierenden, auch kaiserlichem Zorn mit Märtyrermut trotzenden Ambrosius, sich taufen ließ. Trotz dieses Schweigens wird doch in den Konfessionen ersichtlich, daß Augustin ein entschiedener und erbitterter Gegner des Schismas sein und immer mehr werden mußte. Denn wir bekommen auch in dieser Schrift zu spüren, wie herzlich er der katholischen Kirche zugetan war, die er mehrfach Mutterkirche, geistige Mutter nennt, die er als «die eine, geliebte Kirche, deines Eingeborenen Leib» preist. Als die anfänglichen Hemmungen beseitigt waren, als er sich überzeugt hatte, daß auch Schrift und Kirche nicht kindischem Anthropomorphismus huldigten, sondern einer geistigen Gottesauffassung Raum gaben, als sein Bildungsstolz sich beugen lernte vor der Demut Christi, als die Autorität der weltweiten kirchlichen Organisation sich immer kräftiger geltend machte und die Scharen von Männern und Frauen in ihr, die sich der auch von ihm heiß ersehnten Keuschheit geweiht hatten, vor sein Auge traten, da mußte auch sein Herz sich der Liebe zur una sancta catholica weit öffnen, die das Herz seiner je länger je mehr geliebten und verehrten Mutter Monnika ganz erfüllte. Wie mußte er sich entrüsten über die Frevler, die lieblos, eigenwillig ihre Einheit spalteten!

Obwohl der große pelagianische [1] Streit erst im Jahre 412, also zwölf bis fünfzehn Jahre nach der Niederschrift der Konfessionen, entbrannte, sind doch der Geist, die Stimmung und die Gedanken, die den Heiligen in diesem Kampf beseelten, in ihnen bereits äußerst lebendig. Sie sind freilich nicht unmittelbar, wie man vermuten könnte, aus der Lebenserfahrung seiner Bekehrung erwachsen. Diese hat er als junger Christ zunächst noch mit ganz anderen Augen angesehen als später, nicht so sehr als gnadengewirkt, sondern als eigene Willenstat. Das lehren seine ersten Schriften. War ihm doch damals die Willensfreiheit zur Lösung des von den Manichäern aufgeworfenen Problems: Woher das Böse? wichtig und die Lähmung des Willens durch die Erbsünde noch ein fremder Gesichtspunkt. Nicht so sehr persönliche Erfahrung wie eindringendes Paulusstudium bewirkte die Wandlung. Insbesondere die kurz vor Abfassung der Konfessionen entstandene Schrift ad Simplicianum zeigt den jungen Bischof bereits als entschiedenen Anhänger der Gnaden- und Prädestinationslehre des Apostels. Nun sah er seine Lebensgeschichte im neuen Lichte und pries in den Bekenntnissen Gott als den alleinigen Helfer, Arzt, Retter des im Sündenbann verlorenen und ohnmächtigen Menschen. Doch muß man sich klar machen, daß die Gnadenlehre des älteren Augustin der neuplatonischen Erkenntnislehre des Grüblers von Cassiciacum entspricht. Gewährt Gott als Wahrheitslicht das erkennende Schauen, muß er auch als der allein Gute Urquell alles guten Strebens, Handelns und Liebens sein. Erst diese Einsicht hat den Augustinismus Augustins vollendet. In den Konfessionen spricht er sich bereits machtvoll aus, so fast auf jeder Seite, doch lese man etwa, einen ersten Eindruck zu bekommen, II 7, 15. Auch unsere Verdienste, hören wir nun, sind Gottes Gaben. Wenn den Barmherzigen Barmherzigkeit verheißen ist, so muß man doch bedenken, daß Gott, der nach Römer 9, 15 sich erbarmt, dessen er sich erbarmen will, es ihnen verliehen hat, barmherzig zu sein. Nur in den Armen der erbarmenden Gnade wird der Schwache stark. Dreimal hören wir die flehende Bitte, an der Pelagius schweren Anstoß nehmen sollte: «Gib, was du forderst, dann fordere, was du willst». Fast unbegrenzt ließen sich dergleichen Aussprüche vermehren.

Es ist noch die Frage nach dem geschichtlichen Wert der Konfessionen zu beantworten. Die subjektive Wahrhaftigkeit Augustins ist über alle Zweifel erhaben. Er besaß auch unfraglich ein vortreffliches Gedächtnis und schrieb seine Erinnerungen nicht etwa im hohen oder höheren Alter, sondern im vollkräftigen Mannesalter, etwa zwölf Jahre nach seiner Bekehrung. Was nun die Bekehrungsgeschichte selber anlangt, so ist von besonderer Wichtigkeit, daß ein intimer Zeuge des damaligen Erlebens, Alypius, als Bischof in dem Hippo benachbarten Thagaste saß und sicherlich einer der interessiertesten Leser der Konfessionen war – eine starke Bürgschaft für deren Zuverlässigkeit. Gleichwohl sind Bedenken laut geworden. Man sagt häufig, Augustin habe sein Jugendleben mit zu schwarzen Farben gemalt. Wenn er als kleiner Knabe naschte und log, lieber spielte und Theater besuchte als lernte, sich von ungemessenem Ehrgeiz treiben ließ – ein besonders hervorstechender Charakterzug des Knaben und Jünglings –, wenn er im sechzehnten Lebensjahr, das er in seiner Vaterstadt müßig verbrachte, auch geschlechtlichen Ausschweifungen sich hingab und das so lange trieb, bis er in Karthago ein festes Verhältnis anknüpfte, so sei das, sagt man, in keiner Weise verwunderlich und nichts weniger als ein Beweis *ungewöhnlicher Schlechtigkeit. Im Gegenteil, Augustin lasse selbst durchblicken, daß seine damaligen Kameraden zumeist weit lasterhafter lebten als er, und bemerkenswert sei, daß er seiner Konkubine nach eigener Versicherung stets die Treue gehalten habe, daß er vollends nach jenem durch die Hortensius-Lektüre bewirkten inneren Umschwung sein Schwergewicht ganz ins Geistige, ernstes Studium und gewissenhafte Lehrtätigkeit, verlegt habe. Das stimmt ohne Zweifel. Augustin sagt es ja selbst und bemerkt obendrein gelegentlich, daß schon in Karthago sein ungewöhnlich sittenstrenger Freund Alypius ihn für gut gehalten und später in Mailand noch vor der Bekehrung seine Lebensführung bewundert habe. Wir sehen, was das Tatsächliche anbetrifft, hat Augustin vollkommen zutreffend berichtet, weder übertrieben noch vertuscht. Gewiß, er hat schwarz, sehr schwarz gemalt, wie das seiner sittlichen, durch die asketischen Tendenzen und seine eigene Erbsündenlehre bestimmten Auffassung entsprach, aber man darf ihm nicht vorwerfen, daß er das Bild verzeichnet habe* [1].

Ernster zu nehmen sind die Einwendungen, die man gegen die Darstellung erhoben hat, die Augustin im siebten und achten Buch von seiner Bekehrung gibt. Zwar wird an dem äußeren Verlauf der Ereignisse, wie wir ihn hier lesen, nicht zu rütteln sein, zumal er, wie gesagt, durch Alypius verbürgt ist. Aber man kann zweifeln, ob dem Bischof auch die Motive, die ihn damals trieben, in ihrem Zusammenwirken noch ganz deutlich in Erinnerung waren. Daß ihm sein Beruf mit allem Drum und Dran gründlich verleidet war, daß ihn die philosophische Muße im Verkehr mit gleichgesinnten Freunden lockte, daß die Autorität der katholischen Kirche, der Heiligen Schrift und Christi immer machtvoller auf ihn eindrang, daß Geist und Sinnlichkeit ihm immer beunruhigender als sich ausschließende Gegensätze erschienen, so daß er auch die Ehe verschmähen mußte, all das machen uns die Bekenntnisse anschaulich, und die Erstlingsschriften bestätigen es durchaus. Daß auch von den in den Konfessionen so ausführlich berichteten Erzählungen des Simplicianus und Ponticianus kräftigste Impulse ausgegangen sein werden, ist nicht zu bezweifeln. Doch muß man nach den

Andeutungen der Frühschriften, die ja im Unterschied zu den Bekenntnissen dokumentarischen Wert besitzen, annehmen, daß das erwähnte Brustleiden doch nicht nur eine erwünschte Rechtfertigung des entscheidenden Entschlusses war, sondern wesentlich dazu mitgewirkt hat, ihn herbeizuführen[1].

Ein zweites Bedenken muß ich erheben, wenn wir lesen, wie Augustin nach Bekanntwerden mit den platonischen Schriften sich voll Begierde den Briefen des Apostels Paulus zuwandte. Seine Darstellung erweckt, vorsichtig ausgedrückt, zumindest den Anschein, als sei ihm schon damals der grundlegende Unterschied zwischen der neuplatonischen und der biblischen Verkündigung aufgegangen und als habe er begriffen, daß Christus der den Bann der Sünde brechende Erlöser sei. So können die Bekenntnisse in der Tat den Eindruck erwecken und haben ihn oft genug erweckt, als habe Augustin sich bei seiner Bekehrung mit Bewußtsein dem Vollchristentum zugewandt. Daß dies jedoch nicht der Fall war, daß er vielmehr zumindest bis zu seiner Taufe, und wohl noch darüber hinaus, mehr Neuplatoniker als Christ war, beweisen seine früheren Schriften unverkennbar, und Augustin selbst deutet es in den Konfessionen an, wenn er von ihnen bemerkt, sie hätten noch die Schule des alten Stolzes geatmet.

Ein dritter Einwand scheint mir auch heute[2] *noch der schwerwiegendste zu sein. Die Konfessionen versichern, und zwar wiederholt und mit größter Bestimmtheit, durch die Lektüre der platonischen Schriften habe Augustin die Wahrheit des geistigen Gottes und seines gleich ewigen Wortes, habe er die Güte alles Seienden, die Wesenlosigkeit des Bösen und die Herrlichkeit der Schöpfung, wenn man sie nur als Ganzes betrachte, mit voller, zweifelsfreier Gewißheit erkannt. Dem widersprechen die Dialoge von Cassiciacum. Mit der gleichen Bestimmtheit und noch häufiger erklärt Augustin hier, daß er noch nicht weise sei, noch zweifle, noch nichts Sicheres wisse*[3]. *Zugleich erleben wir beim Lesen der ungemein lebendigen, teilweise nachstenographierten Gespräche mit, wie sich der noch Zweifelnde schrittweise ins Land der Wahrheit vortastet. In der Schrift gegen die Akademiker gewinnt er die Einsicht, daß radikaler Zweifel widersinnig ist. Doch das genügt ihm noch nicht. Er verlangt nach positiven Erkenntnissen. Der Dialog vom seligen Leben zeigt, daß wahres Glück nur der Besitz Gottes verleihen kann. Aber noch fehlt die gesicherte Gotteserkenntnis. Das Gespräch über die Weltordnung führt aus, daß beim Blick aufs Ganze sich die durchgehende Harmonie des Alls erschließt, aber das Problem des Bösen bleibt ungelöst. In den Selbstgesprächen, den Soliloquien, vergewissert er sich der ersten metaphysischen Wahrheit, der Unsterblichkeit der Seele. Die in Rom verfaßte Schrift über die Größe der Seele beweist ihre Immaterialität. Die drei Bücher über den freien Willen liefern die Lösung des in de ordine noch zurückgestellten Problems und den entscheidend wichtigen Gottesbeweis. Nun erst ist das in den berühmten Worten der Soliloquien gesteckte Ziel erreicht: «Gott und die Seele möchte ich erkennen. Weiter nichts? Nein, weiter gar nichts*[1]*.»*

Wie erklärt sich dieser offenkundige Widerspruch? Man wird sagen dürfen, daß dem jungen Mailänder Professor allerdings bereits beim Kennenlernen Plotins die ersten beseligenden Intuitionen aufblitzten, daß er sich aber zunächst der durch sie erschlossenen Wahrheiten noch keineswegs sicher, sondern das Bedürfnis fühlte, ihrer reflektierend, dialektisch erst voll gewiß zu werden. Diese Arbeit hat er in jenen Wochen philosophischer Muße in Cassiciacum und der sich anschließenden Zeit geleistet, und nun erst leuchtet ihm das Wahrheitslicht hell, erneuter Besinnung stets von neuem zugänglich am Seelenhimmel, und jener Dialektik bedurfte es weiterhin nicht mehr.

Einige wenige Worte müssen noch über die Sprache der Konfessionen gesagt werden. Wie oft und mit Recht behauptet wurde, gibt sich im Stil der Mensch mit all seinen Wesenszügen kund. Von Augustin gilt das im besonderen Maße. Wohl spürt man in der Schreibweise des belesenen Mannes, der in den alten Dichtern, Rednern und Philosophen ebenso zu Hause war wie in der Heiligen Schrift, mancherlei Einflüsse. Ciceros elegante und kunstvolle Rhetorik, Platos geistreiche Dialektik und vor allem die Schlichtheit und Wucht der biblischen Sprache, zumal der Psalmen, haben stark auf ihn eingewirkt. Gleichwohl verrät sein Stil unverkennbare Originalität. Man braucht nur wenige Sätze aus seiner Feder zu lesen, um sogleich zu wissen: Hier spricht Augustin. Dabei ist sein Stil erstaunlich abwechslungsreich, bald von klassischer, fast taciteischer Prägnanz, bald in langen Perioden dahinrollend, jetzt zarteste Gefühlssaiten rührend, jetzt mächtig ans Herz greifend, jetzt durch scharfsinnige, ja spitzfindige Argumentation größte Aufmerksamkeit in Anspruch nehmend.

Formell und inhaltlich stellen die Konfessionen eine Synthese feinster antiker Kultur und christlichen, durch Augustin erneuerten und verinnerlichten Geistes dar. Sie können also, auch wenn man von dem übrigen schriftstellerischen Lebenswerk Augustins absieht, einen starken Eindruck davon vermitteln, welche Rolle dem afrikanischen Bischof, den E. R. von Kienitz den Genius des Abendlandes nennt, in der Geschichte der abendländischen Kultur zugefallen ist. Scheels[1] treffliche Zusammenfassung dessen, was hier zu sagen wäre, möge diese Einführung beschließen: «Zu einer Zeit, als die Völkerwelt der germanischen Barbaren in die Weltgeschichte einzutreten begann, das römische Reich sich auflöste und die Reichskirche des Westens in den Strudel hineingezogen wurde, als die alten Stützen wankten und mit dem Römerreich auch die lateinische Kirche und die ganze antike Kulturwelt dem Untergang geweiht schienen, wurde der abendländischen Welt in Augustin der Mann geschenkt, der alle lebenskräftigen Elemente des Erbes der Vergangenheit in seinem reichen universalen und originalen Geist vereinigte, sie vertiefte und verinnerlicht der Mit- und Nachwelt überlieferte und einen nicht erschöpften Strom von Motiven und Anregungen den nachfolgenden Jahrhunderten gab. Ohne auf einem kirchengeschichtlichen Platz gestanden zu haben, ist er der Mittelpunkt seines Zeitalters geworden, und als die Kirche auf den Trümmern der alten Welt sich neu einrichtete, nahm sie Augustin mit sich, den Mittel- und Brennpunkt einer alten Kulturwelt, das Programm einer neuen und eigenen Entwicklung, und doch ein stetes Element der Unruhe und Gewissensschärfung.»

WILHELM THIMME

AUGUSTINUS: BEKENNTNISSE

ERSTES BUCH

FRÜHE JUGEND

Lobpreis und Anrufung Gottes

Groß bist du, o Herr, und hoch zu preisen, groß ist deine Kraft und unermeßlich deine Weisheit¹.' Und preisen will dich ein Mensch, der doch nur ein Stücklein ist deiner Kreatur, ein Mensch, der einhergeht unter dem Druck seiner Sterblichkeit, dem Zeugnis seiner Sünde, dem Zeugnis, daß du ,den Hochmütigen widerstehst'. Und doch, preisen will dich ein Mensch, dies Stücklein deiner Kreatur. Du selbst aber gibst den Antrieb; so beglückt es ihn, dich zu preisen. Denn zu dir hin hast du uns geschaffen, und unruhig ist unser Herz, bis es ruhet in dir ².

Laß, Herr, mich wissen und erkennen, ob ich eher dich anrufen muß oder dich preisen, und ob ich dich eher kennen muß oder dich anrufen. Doch wer wollte dich anrufen, ohne dich zu kennen? Er könnte ja, wenn er dich nicht kennt, einen Fremden statt deiner anrufen. Oder ruft man dich vielmehr darum an, dich kennen zu lernen? ,Doch wie sollen sie anrufen, an den sie nicht glauben? Und wie an den glauben, der nicht verkündigt ward?' ,Preisen werden den Herrn, die ihn suchen.' Denn die ihn suchen, finden ihn, und die ihn gefunden, werden ihn preisen. So will ich denn, o Herr, anrufend dich suchen und gläubig zu dir rufen, denn du bist uns verkündigt. Dich ruft an, Herr, mein Glaube, den du mir gegeben, den du mir eingeflößt hast durch die Menschwerdung deines Sohnes, durch den Dienst deines Predigers ³.

Gott alles in allem

Aber wie soll ich anrufen meinen Gott, meinen Gott und Herrn, da ich ihn doch, wenn ich ihn anrufe, zu mir hereinrufen muß?⁴

Ist denn eine Stätte in mir, wohin mein Gott kommen könnte, wenn er eingeht bei mir? Ja, wohin könnte Gott kommen, wenn er bei mir einkehrt, der Gott, der Himmel und Erde gemacht hat? Gibt es denn irgend etwas in mir, mein Herr und Gott, das dich fassen könnte? Fassen dich Himmel und Erde, die du geschaffen, mit denen du auch mich geschaffen hast? Oder liegt es im Gegenteil so, da ohne dich gar nichts sein kann, daß alles was ist, dich faßt? Dann brauchte ich ja, eben darum weil ich bin, nicht erst zu bitten, du mögest zu mir kommen, da ich nicht sein könnte, wärest du nicht in mir. Denn noch bin ich nicht bei den Schatten [1], und wäre ich es – selbst dort bist du. ‚Denn wenn ich auch hinabfahre ins Schattenreich, du bist da.' Ich könnte nicht sein, mein Gott, ganz und gar nicht, wärst du nicht in mir. Oder ist's nicht vielmehr so: ich könnte nicht sein, wäre ich nicht in dir, ‚aus dem alles, durch den alles, in dem alles ist'? Ja, auch das ist wahr, auch das. Wohin also soll ich dich rufen, da ich in dir längst bin? Oder woher solltest du zu mir kommen? Wohin könnte ich mich schwingen [2], über Himmel und Erde hinaus, daß von da mein Gott zu mir käme, der gesagt hat: ‚Ich bin's, der Himmel und Erde füllet'?

Gott unfaßbar

Fassen dich also Himmel und Erde, da du sie füllst? Oder füllst du sie wohl, aber es bleibt etwas übrig, da sie nicht imstande sind, dich zu fassen? Und wohin schüttest du, was überbleibt, wenn Himmel und Erde voll sind von dir? Oder brauchst du nichts, das dich umfasse, der du alles umfassest, der du, was du auch erfüllest, umfassend erfüllst? Nein, du bedarfst keiner Gefäße, die gefüllt dir Halt gäben, denn ob auch alle Gefäße zerbrächen, du wirst nicht ausgegossen. Und wenn du dich ausgießest über uns, liegst du nicht danieder, sondern richtest uns auf, wirst nicht zerstreut, sondern sammelst uns. In allem aber, was du erfüllst, bist du ganz. Oder sollte es sein, daß alles dich zwar nicht ganz, jedoch einen Teil von dir fassen könnte? Aber welchen dann, etwa immer ein und denselben? Oder das eine diesen, das andere jenen Teil, und was größer ist einen größeren, was kleiner einen kleineren? Dann hättest du ja Teile verschiedener Größe! Aber bist du nicht vielmehr überall ganz, obschon kein Ding dich ganz fassen kann?

Gottes Herrlichkeit

Was bist du also, frage ich, du mein Gott? Was anders als Gott, der Herr? Denn ‚wer ist Herr außer dem Herrn, oder wer Gott außer unserm Gott?' Du Höchster, Bester, Mächtigster, Allermächtigster, Barmherzigster und Gerechtester, Verborgenster und Gegenwärtigster, Schönster und Stärkster, breit dastehend und doch unbegreiflich, unwandelbar und doch alles verwandelnd, nie neu, nie alt, aber alles erneuernd, ‚hinwelken lassend die Hochmütigen, und sie merken's nicht', immer tätig, immer ruhig, sammelnd ohne zu bedürfen, tragend, füllend und schützend, schaffend, nährend und vollendend, suchend, wo nichts dir fehlt [1]. Du liebst und gerätst doch nicht in Wallung, eiferst und bist doch gelassen, es reut dich und bist doch unbekümmert, du zürnst und bleibst doch ruhig, änderst wohl dein Verhalten, aber nie deinen Ratschluß, nimmst an dich, was du findest, und hast's doch niemals verloren, kennst keinen Mangel und freust dich doch des Gewinns, weißt nichts von Habgier und forderst doch Zinsen. Man zahlt dir zurück mehr als man schuldete, damit du Schuldner werdest, und hat doch nichts, was dir nicht längst gehört. Du trägst Schulden ab und bist niemandem schuldig, erlässest Schulden und wirst doch nicht ärmer [2]. Aber was soll all dies mein Reden, Gott, mein Leben, heilige Wonne meiner Seele? Kann denn ein Mensch Worte finden, die deiner würdig wären? Aber wehe denen, die von dir schweigen, wo doch die, deren Mund überfließt, wissen müssen, daß sie stumm sind!

Gott, das Heil der Seele

Wer hilft mir, daß ich ruhe in dir? Wer hilft, daß du einkehrst in mein Herz und es trunken machst, daß ich vergesse mein Elend und dich umfasse, mein einziges Gut? Was bist du mir? Erbarme dich, daß ich's sagen kann! Was bin ich denn dir, daß du von mir Liebe verlangst, mir zürnst und mich bedrohst mit furchtbarem Herzeleid, wenn ich sie versage? Ist's nicht Herzeleid genug, dich nicht zu lieben? Weh mir Armen! O sag mir um deiner Barmherzigkeit willen, Herr, mein Gott, was du mir bist! ‚Sprich zu meiner Seele: Ich bin dein Heil.' Sprich so, daß ich's vernehmen kann. Sieh, vor dir, Herr, sind meines Herzens Ohren. Tu sie auf und sprich zu meiner Seele: Ich bin dein Heil [1]. So will ich dieser Stimme nachlaufen und dich ergreifen. Verbirg dein Antlitz nicht vor mir. Laß mich sterben, daß ich nicht sterbe [2], sondern es schaue.

Zu eng ist meiner Seele Haus, als daß du eingehen möchtest bei ihr, mach du es weit. Zu baufällig ist es, stell es wieder her. Es beleidigt deine Augen, ich geb' es zu und weiß es wohl. Aber wer wird es säubern? Zu wem außer dir könnte ich schreien? ‚Reinige mich, Herr, von meinen verborgenen Fehlern, und vor fremden Fehlern bewahre deinen Knecht'. ‚Ich glaube, darum rede ich.' Du weißt es, Herr. Hab' ich nicht wider mich selber Zeugnis abgelegt und ‚meine Sünden bekannt, und vergabst du nicht meines Herzens Bosheit'? Über dein Urteil rechte ich nicht mit dir, der du die Wahrheit bist. Ich will mich nicht täuschen und auf der Hut sein, daß nicht ‚das verkehrte Herz sich selbst betrüge'. Ich rechte nicht mit dir über dein Urteil, denn ‚wenn du, Herr, Sünden zurechnest, wer wird bestehen'? [3]

Das Kleinkind unter Gottes Hut

Dennoch laß mich reden vor deiner Barmherzigkeit, mich, ‚der ich Erde und Asche bin', laß mich reden, denn sieh, es ist ja deine Barmherzigkeit, zu der ich rede, nicht ein Mensch, der mich auslacht. Und vielleicht lachst auch du über mich, aber ich weiß, du wirst freundlich dich mir zuwenden und dich mein erbarmen. Denn was soll ich dir anders sagen, Herr, als daß ich nicht weiß, von wo ich hierher gekommen bin, in dies – soll ich sagen – dahinsterbende Leben oder dahinlebende Sterben? Ich weiß es nicht. Es hießen mich willkommen Freundlichkeitsbeweise deines Erbarmens. So haben mir das erzählt die Eltern meines Fleisches, der Vater, durch den du mich erzeugt, die Mutter, in deren Leib du mich bildetest in der Zeit. Ich selbst erinnere mich nicht daran. Es hießen mich willkommen freundlich dargereichte Spenden von Muttermilch. Aber weder meine Mutter noch meine Ammen hatten sich selbst ihre Brüste gefüllt, sondern du botest mir durch sie die kindliche Nahrung, wie du es vorgesehen nach dem Reichtum deiner Güte, die die Welt bis zum Grunde durchwaltet. Du fügtest es auch, daß ich nicht mehr verlangte, als du darreichtest, und daß, die mich nährten, mir gern gewährten, was du ihnen gewährt. Gern gaben sie es hin mit jener mütterlichen Zärtlichkeit, die du ihnen nach Ordnung der Natur reichlich verliehen. Denn es tat ihnen wohl, mir solche Wohltat zu erweisen, die ich im Grunde nicht von ihnen, sondern nur durch ihre Vermittlung empfing. Alle Wohltaten, o Gott, stammen ja von dir, und von meinem Gotte strömt herab all mein Heil. Das hab' ich freilich erst später begriffen, als ich acht gab auf das, was du mir sagen wolltest durch leibliche und geistige Erquickung. Denn damals konnte ich nur saugen, mich durch Schmeicheln beruhigen lassen und weinen, wenn ich mich unbehaglich fühlte, weiter nichts.

Dann fing ich an zu lächeln, zuerst im Schlaf[1], darauf auch wachend. Denn so hat man mir's berichtet, und ich glaube es auch, denn wir beobachten es an anderen Kindern. Erinnern freilich kann ich mich nicht daran. Und siehe, nach und nach fühlte ich, wo ich war, und wollte meine Wünsche denen kundtun, die sie erfüllen sollten, und war's doch nicht imstande. Denn drinnen regten sich die Wünsche, und jene waren draußen, unfähig, mit einem ihrer Sinne in mein Seelenleben einzudringen. So gab ich durch Strampeln und Schreien Zeichen, die meine Wünsche zum Ausdruck bringen sollten. Wenige Zeichen waren es und nur kümmerlich, dem, was sie ausdrükken sollten, unähnlich. Und wenn man mir nicht willfahrte, da man mich nicht verstand oder da es mir schädlich gewesen wäre, ward ich zornig, weil die Großen mir kleinem Wicht nicht gehorchen, die Freien nicht meine Sklaven sein wollten, und rächte mich an ihnen durch Weinen. So ist's die Art der Kinder; das hab' ich von denen gelernt, die ich beobachtet, und daß auch ich so gewesen, haben mich unwissende Kinder besser gelehrt als meine einstigen Erzieher, die es wußten.

Siehe, meine Kindheit ist dahin und tot, und ich selbst lebe noch. Du aber, Herr, lebst immer und hast nichts Sterbliches an dir. Denn noch vor dem Uranfang der Zeiten, vor allem, was «vorher» heißen kann, bist du und bist Gott und Herr alles dessen, was du geschaffen hast. Fest stehen bei dir die Gründe aller unbeständigen Dinge, beharren unwandelbar die Ursprünge alles Wandelbaren, sind ewig lebendig die übersinnlichen Ideen alles dessen, was sinnlich und zeitlich ist[2]. So sag mir doch, der ich zu dir flehe, sag, Gott, erbarmend dem Erbärmlichen, sag mir, ob meiner Kindheit noch eine andere hingeschwundene Lebensperiode voraufging. Vielleicht lediglich jene, die ich unbewußt im Schoß der Mutter verlebte? Von ihr ist mir wohl einiges kundgeworden, auch hab' ich selbst schwangere Frauen gesehen. Aber ging ihr noch etwas vorauf [1]? Sag es, mein Gott, du meiner Seele Freud' und Wonne! War ich vorher irgendwo oder irgendwer? Es gibt ja sonst niemand, der mir's sagen könnte, weder Vater noch Mutter konnten es, nicht anderer Erfahrung, auch nicht eigene Erinnerung. Lachst du über mich, der ich so frage, und willst du, daß ich mich begnüge, allein um dessentwillen, was ich kenne, dich zu loben und zu preisen?

Ja, ich lobe und preise dich, Herr Himmels und der Erden, für meines Lebens Anfang und meine Kindheit, deren ich mich nicht erinnere, über die ein Mensch jedoch, da du es ihm gewährst, durch Rückschluß von anderen auf sich selbst sowie durch den Mund unwissender Frauen nicht wenig Glaubhaftes erfahren kann. Denn Dasein und Leben waren mir damals bereits verliehen, und ich bemühte mich, als meine frühe Kindheit sich nun dem Ende zuneigte, um Zeichen, meine Gefühle auch andern kund zu tun. Woher stammt solch Lebewesen, wenn nicht von dir, Herr? Oder gäbe es einen Werkmeister, der sich selbst fertigen könnte? Entspringt auch irgendwo eine Lebensader, durch die Dasein und Leben uns zuströmte, wenn du, Herr, uns nicht schüfest, du, für den Sein und Leben nicht zweierlei sein kann, weil höchstes Sein und höchstes Leben ein und dasselbe ist? Denn du bist der Höchste und unwandelbar. Der heutige Tag vergeht nicht in dir, und doch – in dir muß er auch vergehen, weil alles in dir beschlossen ist. Sind doch auch die Wege des Vergehens in deiner Hand. Und weil ‚deine Jahre kein Ende nehmen‘, sind diese deine Jahre nichts anderes als der heutige Tag. Wie viele von uns durchlebte Tage, wie viele Tage unserer Väter sind schon hindurchgegangen durch dein Heute und haben von ihm ihr Maß und Gepräge empfangen! Andere werden hindurchgehen und Gleiches empfangen. ‚Du aber bleibst wie du bist‘, und alles, was morgen und später sein wird, alles was gestern war und noch weiter zurückliegt, heute wirst du es schaffen, heute hast du es geschaffen [1]. Was kann's mich kümmern, wenn einer dies nicht versteht? Freue er sich, auch wenn er sagen muß: ‚Was ist das?' Ja, auch so mag er sich freuen und glücklicher sein, wenn er dich nicht findet und doch findet, als wenn er dich findet und doch nicht findet [2].

Das kleinste Kind ist sündig

Erhöre mich, Gott. Wehe über die Sünden der Menschen! So spricht ein Mensch, und du erbarmst dich sein, denn du hast ihn geschaffen, aber seine Sünde schufest du nicht. Wer zeigt sie mir, die Sünde meiner Kindertage? Ist doch niemand vor dir vor Sünde rein, auch kein Kindlein, das nicht älter ist als einen Tag. Wer zeigt sie mir? Vielleicht solch ein winziges Geschöpf, in dem ich jetzt vor Augen habe, was meinem Gedächtnis entfiel? Wie also sündigte ich damals? Dadurch etwa, daß ich mit Geschrei nach der Mutterbrust verlangte? Würde ich jetzt zwar nicht nach Säuglingskost, sondern nach der meinem Alter zustehenden Speise dermaßen verlangen, würde man mich mit Fug und Recht verspotten und schelten. Tadelnswert also war, was ich damals tat, aber weil ich den Tadel noch nicht verstehen konnte, verboten es Sitte und Vernunft, mich zu schelten. Wenn wir heranwachsen, stoßen und streifen wir ja dergleichen ab, hab' ich doch noch nicht erlebt, daß jemand beim Aufräumen mit Wissen und Willen etwas Gutes von sich würfe. Oder sollte auch das wohl gut sein, sei's auch als Kind, schreiend etwas zu verlangen, was schaden würde, wenn man es ihm gäbe? Sollte es gut sein, darüber zu ergrimmen, daß nicht untergebene, freie, ältere Menschen, noch dazu die eignen Eltern und viele weit klügere Leute dem Quälgeist nicht gleich gehorchen, und sogar nach ihnen zu schlagen und ihnen nach Kräften Leides zufügen zu wollen? Wo es doch für die Kinder unheilvoll wäre, wenn man ihren Willen täte? Nein,

FRÜHE JUGEND

schwach und darum unschuldig sind nur die kindlichen Glieder, nicht des Kindes Seele. Mit eigenen Augen sah und beobachtete ich einmal eines Knäbleins Eifersucht. Es konnte noch nicht sprechen und schaute doch blaß, mit bitterbösem Ausdruck auf seinen Milchbruder[1]. Wer kennt das nicht? Mütter und Ammen versichern, sie müßten das den Kindern, ich weiß nicht wie, erst abgewöhnen. Aber ist das noch Unschuld, vom überreichlich fließenden Milchquell den hungernden, ganz und gar auf diese Nahrung für sein Leben angewiesenen Gefährten verdrängen zu wollen? Aber man läßt das lächelnd hingehen, nicht als ob es nichts zu sagen hätte oder nur geringfügig wäre, sondern nur darum, weil es mit zunehmendem Alter sich schon von selber verlieren wird. Offenbar, denn man würde es nicht mit demselben Gleichmut ertragen, wenn bei einem Älteren derartig Ungehöriges sich zeigte.

So gabest du, mein Herr und Gott, dem Kinde das Leben und den Leib, den du, wie wir es vor Augen haben, mit Sinnesorganen ausgestattet und aus Gliedern aufgebaut hast. Auch hast du ihm schöne Gestalt verliehen und hast ihm, damit er ein lebensfähiges Ganze sei, alle Lebensregungen und Strebungen eingepflanzt. Dafür heißest du mich dich rühmen und ,preisen und lobsingen deinen Namen, du Höchster'. Denn du, Gott, bist allmächtig und gütig, und wärest es, auch wenn du nur dies geschaffen hättest, was sonst niemand schaffen kann außer dir allein, du der Eine, von dem jegliches Maß stammt, du der Schönste, der du alles zierst und alles ordnest durch dein Gesetz. Was nun dies mein frühestes Lebensalter anlangt, Herr, an das ich mich nicht mehr erinnere, von dem ich nur durch Aussagen anderer etwas weiß und durch Vermutungen, aus der Beobachtung anderer Kinder geschöpft – mag das auch noch so zuverlässig sein –, so scheue ich mich fast, es zu diesem meinem zeitlichen Leben hinzuzurechnen. Denn es ist nicht minder versunken in der Nacht der Vergessenheit als jenes, das ich im Mutterleibe zugebracht. ‚Bin ich nun in Unreinheit empfangen und hat mich meine Mutter in Sünden in ihrem Leibe genährt', wo, mein Gott, ich bitte dich, wo, Herr, wo oder wann war ich, dein Knecht, ohne Schuld? Doch siehe, ich übergehe jene Zeit. Was hab ich auch mit ihr zu schaffen, deren Spuren längst verwischt sind?

Wie man sprechen lernt

So gelangte ich denn auf der Wanderung von der Kindheit zur Gegenwart ins Knabenalter, oder vielmehr es kam zu mir und folgte auf die Kindheit. Und doch machte sich diese nicht davon, denn wo wäre sie geblieben? Aber schon war sie nicht mehr. Denn ich war kein lallendes Kind mehr, sondern ein Knabe, der sprach. Daran kann ich mich erinnern und habe später begriffen, wie ich sprechen gelernt. Denn die älteren Leute haben mich nicht in der Weise belehrt, daß sie mir nach einer bestimmten Methode Worte einprägten, wie später in der Schule die Buchstaben, sondern ich lernte es, als ich kraft der mir von dir, mein Gott, verliehenen Geistesgaben mit Seufzern und mancherlei Lauten und Gesten die Gefühle meines Herzens äußern wollte, daß man meine Wünsche erfüllte, wenn ich auch noch nicht alles, was ich wollte und wem ich's wollte, verständlich machen konnte. Dabei half mir mein Gedächtnis [1]. Wenn sie irgendeinen Gegenstand benannten und gleichzeitig eine entsprechende Körperbewegung machten, dann sah und erfaßte ich, daß mit solchem Wort ein bestimmtes Ding gemeint sei, das sie mir zeigen wollten. Daß sie eben dies wollten und meinten, war, wie gesagt, zu ersehen aus den Bewegungen des Körpers, gleichsam der natürlichen Sprache aller Völker, die durch Mienenspiel, Augenblinzeln sowie allerlei sonstige Gebärden und Laute die Regungen des Gemütes kundtut, das Gegenstände bald haben und behalten, bald von sich weisen und fliehen möchte. So sammelte ich mir allmählich einen Schatz von Worten, deren mancherlei Bedeutung und Stellung im Satzgefüge ich durch häufiges Hören erlernte, gewöhnte meine Zunge an sie und brachte durch sie meine Wünsche zum Ausdruck. So trat ich mit meiner Umgebung in Gedanken- und Gefühlsaustausch und fuhr, zunächst noch abhängig vom Befehl und Willen der Eltern und Erwachsenen, weiter hinaus auf das stürmische Meer der menschlichen Gesellschaft.

Schulbesuch, Spiele und Schläge

Gott, mein Gott, wie hat man mich da unglücklich gemacht und betrogen![1] Denn als Lebensregel empfahl man dem Knaben, denen zu folgen, die mich anfeuerten, weltlich mich auszuzeichnen und hervorzutun in jenen geschwätzigen Künsten, die nur dazu dienen, Ruhm vor den Menschen und eitlen Reichtum zu erlangen. So brachte man mich in die Schule, die Buchstaben zu erlernen, und ich Ärmster wußte nicht, wozu das nützlich sein könnte. Gleichwohl bekam ich Schläge, wenn ich im Lernen träge war. Die Erwachsenen hießen das gut, hatten doch schon viele vor uns so gelebt und die mühseligen Wege vorgezeichnet, auf denen wir Kinder Adams nun einhergehen mußten in stets sich mehrender Plage und Trübsal. Doch trafen wir auch Menschen, Herr, die zu dir beteten, und lernten von ihnen – und nun erwachte ein erstes Gefühl für dich – du seist gar groß und könntest, ohne unseren Sinnen zu erscheinen, uns erhören und zu Hilfe kommen. So begann ich dich kindlich zu bitten, ‚du meine Hilfe und Zuflucht‘, löste im Gebet das Band meiner Zunge und rief dich an, klein wie ich war, aber mit großer Inbrunst, du möchtest mich vor Schlägen in der Schule bewahren. Und als du mich nicht erhörtest, weil es mir nicht heilsam gewesen wäre[2], lachten die Erwachsenen, ja, sogar meine Eltern, die mir doch nichts Böses wünschten, über meine Schläge. Das war mir damals ein schwerer, bitterer Schmerz.

Ob es wohl jemanden gibt, o Herr, der so hochgemut ist und dir mit solch übergroßer Liebe anhängt, daß er nicht etwa aus stumpfer Gefühllosigkeit – auch das kommt vor –, vielmehr in frommer Hingabe so hohen Geistes ist, daß er die sogenannten Pferdchen [1] und Krallen und ähnliche Folterwerkzeuge so gering schätzt, daß er diejenigen, die in schrecklicher Angst dich in allen Landen anflehen, du mögest sie davor bewahren, ebenso verlacht [2], wie unsere Eltern damals uns Knaben auslachten, als wir von den Lehrern mißhandelt wurden? Denn nicht weniger fürchteten wir uns vor diesen Strafen, nicht weniger inständig baten wir dich, von ihnen verschont zu werden – und hörten darum doch nicht auf, uns dadurch zu versündigen, daß wir weniger schrieben, lasen und über unsere Aufgaben nachdachten als wir sollten. Dabei fehlte es uns, o Herr, weder an Gedächtnis noch Verstand, die du uns vielmehr dem damaligen Alter entsprechend vollauf verliehen, aber das Spiel bereitete mehr Vergnügen, und so wurden wir von denen gezüchtigt, die doch nichts Besseres taten. Freilich, den Zeitvertreib der Erwachsenen heißt man Geschäft, bestraft aber die Knaben, die doch im Grunde das gleiche treiben, und niemand erbarmt sich weder über die Knaben, noch über die Erwachsenen, noch über alle beide. Oder könnte ein verständiger Beurteiler es gut heißen, daß ich als Knabe geschlagen wurde, weil ich Ball spielte und dadurch vom schnellen Erlernen der Wissenschaft abgehalten wurde, mit der ich größer geworden ein noch häßlicheres Spiel treiben sollte? Tat denn der Mann, der mir Schläge verabreichte, im Grunde genommen etwas anderes als ich? Ward er nicht, wenn ihn bei einem nichtigen Wortstreit sein Kollege überwand, von Galle und Eifersucht weit mehr gequält als ich, wenn ich mit dem Balle [3] von einem Mitspieler besiegt wurde?

Der Reiz der Schauspiele

Dennoch sündigte ich, Herr, mein Gott, der du alle natürlichen Dinge schaffst und ordnest, Sünde dagegen lediglich ordnest[1], dennoch, Herr, mein Gott, sündigte ich, als ich die Gebote meiner Eltern und jener Lehrer übertrat. Ich hätte später ja die Kenntnisse gut anwenden können, die ich nach ihrem Willen, welches auch ihre Absicht sein mochte, lernen sollte. Denn nicht darum war ich ungehorsam, weil ich etwas Besseres erwählte, sondern aus Liebe zum Spiel, aus Verlangen nach stolzen Siegen in Wettkämpfen, und weil ich meine Ohren kitzeln lassen wollte von trügerischen Fabeln. Diese schürten das Feuer zu immer heißerer Glut, und je länger je mehr funkelte die Neugier aus meinen Augen, die die Schauspiele, die kindischen Spiele der Erwachsenen, zu sehen begehrten. Seltsam, ihre Veranstalter werden dermaßen verherrlicht, daß fast jedermann seinen Kindern gleiche Ehren wünschen möchte[2]. Und doch ist man gern damit einverstanden, daß sie Schläge bekommen, wenn sie sich durch solche Schauspiele vom Studium ablenken lassen, das sie dahin bringen soll, selbst einmal dergleichen zu veranstalten. Sieh mitleidig, Herr, all dies an und erlöse uns, die wir nun gelernt haben, dich anzurufen. Erlöse auch die, die dich noch nicht anrufen, damit sie es tun und du sie erlösen kannst.

Verlangen nach der Taufe · Ihre Verschiebung

Denn schon als Knabe hatte ich vernommen die Botschaft vom ewigen Leben, das uns verheißen ist durch die Erniedrigung unseres Herrn und Gottes, der herabstieg zu unserer Hoffart. Ich hatte auch gleich nach meiner Geburt das Zeichen seines Kreuzes empfangen und war mit seinem heiligen Salz gestärkt[3], dank meiner Mutter, die ihre ganze Hoffnung auf dich setzte.

Du sahest auch, Herr, als ich noch ein Knabe und eines Tages plötzlich, von heftigem Magenkrampf befallen, dem Tode nahe war, du sahest, mein Gott, der du schon damals mein Wächter warst, wie angstvoll und gläubig ich von der frommen Liebe meiner Mutter und deiner Kirche, unser aller Mutter, die Taufe deines Christus, meines Gottes und Herrn, erflehte. Und sicherlich hätte meine bestürzte leibliche Mutter, deren keusches, glaubensvolles Herz um mein ewiges Heil noch zärtlicher bangte als um mein irdisches Wohlergehen, eilends Sorge getragen, daß ich das heilsame Sakrament empfangen, mich zu dir, Herr Jesus, bekannt hätte und abgewaschen worden wäre zur Vergebung der Sünden, wenn ich nicht alsbald genesen wäre. So wurde denn meine Reinigung noch hinausgeschoben, da man meinte, daß ich mich im Leben unvermeidlich noch mehr beflecken würde und nach der Taufe die Schuld solcher Befleckung größer und gefährlicher wäre [1]. So stand ich schon damals im Glauben, ebenso wie meine Mutter und das ganze Haus mit Ausnahme allein meines Vaters. Doch obschon er selbst ungläubig war, ließ er der mütterlichen Frömmigkeit ihr Recht, mich zum Glauben an Christus zu führen [2]. Denn ihr Trachten war darauf gerichtet, daß du, Gott, mein Vater seiest, mehr als jener. Du aber standest ihr darin bei, daß sie ihren Gatten überwand, dem sie, obschon besser als er, treulich diente, wodurch sie auch dir diente, der du das befiehlst.

Ich bitte dich, mein Gott, ich wüßte gern, wenn du es erlaubst, in welcher Absicht du damals meine Taufe hinausschieben ließest. War es mir zum Heil, daß die Zügel der Sünde gleichsam gelockert wurden, oder wurden sie etwa nicht gelockert? Müssen wir es doch auch jetzt noch immer wieder bald von diesem, bald von jenem hören: «Laß ihn nur, mag er's tun – er ist ja noch nicht getauft.» Während man doch, wo es um leibliches Wohlbefinden geht, nicht zu sagen pflegt:

«Mag er weitere Wunden empfangen – er ist ja noch nicht geheilt.» Wie viel besser wäre es doch, ich wäre rasch genesen und mein und meiner Angehörigen Bemühen hätte es erreicht, daß das empfangene, von dir verliehene Seelenheil unter deinem Schutze sicher bewahrt worden wäre! Besser gewiß. Aber meine Mutter wußte schon, wie viele und mächtige Sturmfluten von Versuchungen über den zum Jüngling Herangewachsenen hereinbrechen würden. So wollte sie lieber den Ton[1], aus dem ich dereinst gebildet werden sollte, als das Bildnis selber gefährden lassen.

Heilsamer Zwang zum Lernen

In meinem Knabenalter, das man also für weniger besorgniserregend hielt als die Jünglingsjahre, liebte ich das Lernen nicht, und es verdroß mich, dazu genötigt zu werden. Gleichwohl nötigte man mich, und das tat mir gut. Aber ich selbst tat nicht gut; denn ohne Zwang hätte ich nicht gelernt. Denn niemand tut gut, wenn er widerwillig ist, mag auch gut sein, was er tut. Aber auch die, die mich nötigten, taten nicht gut, aber was du mir tatest, mein Gott, das war gut. Denn jene dachten, daß ich das unter Zwang Gelernte zu nichts anderem gebrauchen sollte, als zu sättigen die unersättliche Gier nach reicher Armseligkeit und schmählichem Ruhm. Du aber, der du ‚die Haare auf unserm Haupte alle gezählt hast‘, wandtest das Unrecht derer, die mich zum Lernen trieben, zu meinem Heil, das Unrecht meiner Trägheit jedoch zu meiner Strafe. Sie traf mich nicht unverdient, mich so kleinen Knaben und ach, so großen Sünder! So tatest du mir wohl durch die, die übel taten, und durch mich selbst, den Sünder, straftest du mich gerecht. Denn so hast du's angeordnet und geschieht es auch, daß jeder Geist, der aus deiner Ordnung fällt, sich selbst zur Pein und Strafe werden muß.

Elementarunterricht und Dichterfabeln

Weshalb ich aber gerade die griechische Sprache haßte, die ich schon als kleiner Knabe lernen mußte, das ist mir auch jetzt noch nicht ganz klar[1]. Die lateinische zwar liebte ich durchaus, freilich nicht wie man sie in der Grundschule lernt, sondern wie die sogenannten Grammatiker[2] sie lehren. Denn die Grundschule, in der man im Lesen, Schreiben und Rechnen unterwiesen wird, war mir nicht weniger lästig und peinvoll als das Griechische. Auch darin zeigte sich des Lebens Sünde und Eitelkeit, denn ‚Fleisch war ich, ein Wind, der dahinfährt und nicht wieder kommt'. War jener Elementarunterricht, dem ich es verdanke, daß ich Geschriebenes lesen und selbst schreiben kann, was ich will, nicht besser, weil zuverlässiger, als jener spätere, der mir die Irrfahrten eines gewissen Äneas einprägte und darüber mein eigenes Irren mich vergessen ließ, der es dahin brachte, daß ich die Dido beweinte, die sich aus Liebe das Leben nahm, während ich Elendester, davon gefesselt, zur selben Zeit trockenen Auges mir nichts daraus machte, mich von dir, Gott, meinem wahren Leben, abzukehren und den Todesweg zu beschreiten?

Was kann es auch Elenderes geben als einen Elenden, der sein Elend selbst nicht sieht, den Tod der Dido beweint, die aus Liebe starb zu Äneas, aber nicht weint über seinen eigenen Tod, den er sterben muß, weil er dich nicht liebt, dich, Gott, du meines Herzens Licht, du Brot, von dem meiner Seele Mund sich nährt, du Kraft, die meinen Geist und meines Denkens Schoß fruchtbar macht? Dich liebte ich nicht, sondern ‚entfernte mich buhlerisch von dir', und den Buhler umtönte es auf allen Seiten: ‚Gut, gut so!' Denn dieser Welt Freundschaft ist Buhlerei fern von dir, und «gut, gut so» ruft man, daß der Mensch sich schäme, wenn er dabei nicht mittut. Darüber weinte ich nicht, beweinte jedoch die Dido, die «hingestreckt durch den Stahl, zu Boden gesunken». Ach, ich selber sank zur untersten Tiefe deiner Kreatur, verließ dich und wandte mich, selbst Erde, der Erde zu. Hätte man mich verhindert, dies zu lesen, wär' ich traurig geworden, weil ich nicht lesen sollte, was doch traurig machte. Solch eine Torheit gilt als vornehmere, wertvollere Wissenschaft als jener erste Unterricht, der mich in Lesen und Schreiben unterwies.

Aber nun, mein Gott, ruf laut in meiner Seele, und deine Wahrheit verkünde es mir: Nein, nein, so ist es nicht. Besser fürwahr ist jener erste Unterricht. Denn sieh, viel lieber vergäße ich die Irrfahrten des Äneas und all dergleichen als Lesen und Schreiben. Aber es hängen Schleier über dem Eingang der höheren Schulen[1], die nicht so sehr die Würde des Geheimnisses andeuten als Deckmäntel des Irrtums sind. Verstummen möge das Geschrei, das Verkäufer und Käufer der Schulweisheit gegen mich erheben. Ich fürchte sie nicht mehr, seit ich dir, mein Gott, bekenne, was meine Seele begehrt, seit ich gelernt habe, meine bösen Wege zu verdammen und deine guten Wege zu lieben, und darüber still geworden bin. Verstummen möge ihr Geschrei! Denn wenn ich ihnen die Frage vorlege, ob es wahr sei, daß Äneas einst, wie der Dichter sagt, nach Karthago gekommen sei, werden je nach der geringeren oder größeren Gelehrsamkeit die einen antworten, sie wüßten es nicht, die andern, es sei unwahr. Wenn ich aber frage, mit welchem Buchstaben man den Namen Äneas schreibe, wird die Antwort aller, die das Nötige gelernt haben, der Wahrheit entsprechen, dem festen Übereinkommen gemäß, nach welchem sich die Menschen über den Gebrauch dieser Zeichen verständigt haben. Desgleichen wenn ich frage, was der Lebensführung größeren Schaden bringe, Lesen und Schreiben zu vergessen oder jene poetischen Fabeln, müßte doch ganz von Sinnen sein, wer darauf nicht die richtige Antwort gäbe. Also war es Sünde, daß ich damals als Knabe jene nichtigen Dinge den nützlicheren vorzog, vielmehr diese haßte, jene aber liebte [1]. Doch es war so: «eins und eins sind zwei, zwei und zwei vier» deuchte mich eine widrige Musik, gar köstlich dagegen erschienen mir solch eitle Phantasiegebilde wie das hölzerne Pferd voller Krieger, der Brand Trojas und Kreusas Schatten.

Die verhaßte Fremdsprache

Warum aber haßte ich denn die griechische Sprache, die doch ebenfalls dergleichen besingt? Denn auch Homer versteht sich auf solche Fabelgespinste, weiß gar anmutig zu schwindeln und war mir Knaben doch verdrießlich. Ich vermute, daß es griechischen Knaben mit Vergil ebenso ergeht, wenn man sie zwingt, ihn so zu lernen wie ich den Homer. Augenscheinlich war es die Mühe, die Mühe, die es macht, eine fremde Sprache gründlich zu erlernen, die allen Genuß der griechischen Fabelgeschichten mir mit Galle verbitterte. Ich kannte ja ihre Worte nicht und wurde mit unliebsamen Drohungen und Strafen scharf angehalten, sie zu lernen. Freilich als kleines Kind verstand ich auch von der lateinischen Sprache nichts und lernte sie dennoch durch bloßes Hinhören, ohne jede Furcht und Plage, unter den Liebkosungen der Wärterinnen, Scherzen und heiteren Spässen derer, die mich anlachten und mit mir spielten. Ich lernte sie also, ohne von irgendwem mit lästiger Strafe bedrängt zu werden. Nur mein Herz drängte mich, was es hörend empfangen, redend neu zu gebären, und das war nicht möglich ohne Erlernen mancher Worte, die ich nicht im Unterricht, sondern von Leuten, die mit mir plauderten, vernahm. Daß es auch in ihre Ohren eingehe, suchte ich sodann, was ich empfand, redend zur Welt zu bringen. Daraus ergibt sich klar genug, daß freie Neugier das Lernen wirksamer fördert als furchtbeschwerter Zwang [2]. Doch fügen es, Gott, deine Gesetze so, daß dieser die Flut der Neugier eindämmen muß, deine Gesetze, denen die Rutenstreiche der Lehrer und die Folterqualen der Märtyrer dienen, deine Gesetze, die in die giftschwangere Lust, die uns hinwegführt von dir, heilsame Bitternis mischen und uns so zu dir zurückrufen.

Gottes rettendes Erbarmen

Erhöre, Herr, mein Flehen, laß meine Seele nicht ermatten unter deiner Zucht, laß mich nicht matt werden, dein Erbarmen zu preisen, das mich errettet hat von all meinen schlimmen Wegen. Es hat mich gerettet, daß du mir süßer werdest als alle Verführungen, denen ich nachlief, daß ich dich glühend liebe, deine Hand mit ganzer Inbrunst fasse und du mich auch ferner aus aller Versuchung errettest bis an mein Ende. Denn siehe, du, Herr, bist ‚mein König und mein Gott', dir diene, was ich als Knabe Nützliches lernte, dir diene, was ich rede, schreibe, lese, rechne. Denn als ich eitle Dinge lernte, nahmst du mich in deine Zucht und hast mir nun meine sündhafte Freude daran vergeben. Auch dabei habe ich freilich viel nützliche Worte gelernt. Aber die hätten auch bei Beschäftigung mit ernsthaften Gegenständen gelernt werden können, und das ist der sichere Weg, auf dem Knaben gehen sollten.

Wozu die unsittlichen Mythen?

Aber wehe über dich, arger Strom menschlicher Gewohnheit! Wer kann dir widerstehen? Wirst du nie vertrocknen? Wie lange noch wirst du Evas Söhne hinwegreißen in das große, schreckliche Meer, das kaum die überqueren, die den rettenden Balken [1] ersteigen? Trieb ich nicht in dir, als ich las [2] von Jupiter, dem Donnerer und Ehebrecher? Zwar reimt sich beides schlecht zusammen, aber der falsche Donner sollte, das war des Dichters Absicht, Kupplerdienste leisten, den wahren Ehebrecher nachahmenswert erscheinen zu lassen. Doch wer von jenen gelehrten Langmänteln [1] hörte wohl nüchternen Ohres das Wort eines gleich ihnen staubgeborenen Mannes, der uns zuruft: «So dichtete Homer und übertrug menschliche Art auf die Götter, hätte er doch lieber göttliche auf uns Menschen übertragen!» Zutreffender freilich wäre es, wenn man sagte: Wohl hat er das erdichtet, aber darum frevlerische Menschen als Götter auftreten lassen [2], daß Frevel nicht mehr frevelhaft erscheine und jeder, der dergleichen begangen, nicht verkommene Menschen, sondern himmlische Götter nachgeahmt zu haben sich einbilde.

Und doch, du höllischer Strom, wirft man Menschenkinder in dich hinein mitsamt ihrem Gelde, damit sie dies lernen, und hält's für eine hochwichtige Sache, wenn es öffentlich auf dem Markte vor sich geht [3] im Schutze der Gesetze, die außer dem Schulgeld noch ein staatliches Honorar [4] bewilligen. Du aber brandest an die Felsen, rauschst und rufst: Hier lernt man schöne Worte, hier erlangt man Beredsamkeit, nötiger als alles andere, Leute zu überzeugen und ihnen alles klar zu machen. Könnte man denn nicht auch auf andere Weise solche Worte kennen lernen wie Regen, Golden, Schoß, Betrug, himmlische Tempel und dergleichen, wie man sie bei Terenz in einem seiner Stücke liest, wenn der Dichter nicht an dieser Stelle einen Jüngling auftreten ließe, der sich den Jupiter zum Vorbild seiner Unzucht nimmt? Er läßt ihn nämlich ein Wandgemälde betrachten, auf welchem dargestellt ist, wie Jupiter der Danae einst, wie man erzählt, einen goldenen Regen in den Schoß herabrieseln ließ und so Betrug an ihr verübte. Nun höre man, wie der Jüngling sich durch den vermeintlichen himmlischen Lehrmeister zur Wollust anstacheln läßt: «Das war ein Gott! Der die himmlischen Tempel mit Donnerhall erschüttert. Und ich Menschlein sollte nicht dasselbe tun? Doch ich tat's und tat's mit Lust.» Nein, und nochmals nein! Es bedarf nicht solcher Schändlichkeiten, die fraglichen Worte leichter zu erlernen, vielmehr, wenn man das liest, wird Schändlichkeit um so dreister vollbracht. Ich schelte nicht die Worte – sie sind erlesene, kostbare Gefäße – aber den Wein der Verführung, den trunkene Lehrer uns in ihnen kredenzten. Und wollten wir nicht trinken, schlug man uns, und es gab keinen nüchternen Richter, bei dem wir uns hätten beschweren können. Von mir jedoch, mein Gott, vor dessen Angesicht ich nun ohne Gefahr daran zurückdenken kann, muß ich sagen: Ich hab' das gern gelernt und meine erbärmliche Freude daran gehabt und hieß deswegen ein hoffnungsvoller Knabe.

Erster rednerischer Erfolg

Laß mich, mein Gott, noch etwas davon sagen, mit welchen Albernheiten ich meinen Geist, deine edle Gabe, verdarb. Es wurde mir eine Aufgabe gestellt, die meine nach Lob begierige, vor Schmach und Schlägen zitternde Seele nicht wenig erregte, ich sollte nämlich die Worte wiederholen, die Juno in Zorn und Schmerz geredet, als sie den König der Teukrer nicht von Italien hatte fernhalten können[1], Worte, die ich doch nie aus Junos Mund vernommen. Aber man zwang uns, in die Irre zu gehen, den Spuren poetischer Hirngespinste zu folgen und etwa dasselbe in freier Rede zum Ausdruck zu bringen, was der Dichter in Versen gesagt hatte. Wer nun in glatten, wohlgewählten, der Würde der dargestellten Göttin angemessenen Worten die Leidenschaft des Zorns und Schmerzes am täuschendsten schauspielerisch vorzuführen wußte, erhielt das größte Lob. Wozu mir das, o wahres Leben, du, mein Gott? Was half's mir, daß mein Vortrag vor vielen Altersgenossen und Mitschülern reichen Beifall fand? War nicht das alles Rauch und Wind? Gab es denn nichts anderes, an dem ich Geist und Zunge hätte üben können? Dein Lob, Herr, dein Lob, wie es in deinen heiligen Schriften ertönt, hätte der zarten Rebe meines Herzens Halt gewährt[1]. Dann wäre es nicht in Eitelkeit und Spielerei hin und her gerissen, eine schimpfliche Beute böser Geister[2]. Ach, auf mancherlei Weise opfert man den abtrünnigen Engeln.

Formale Korrektheit nicht viel wert

Aber ist's denn ein Wunder, daß ich so in Eitelkeit versank und weit weg von dir, mein Gott, mich verirrte? Stellte man mir doch als Vorbilder Menschen vor Augen, die vor Scham vergingen, wenn man sie tadelte, weil sie einwandfreie Taten mit plumpen, ungeschickten Worten erzählt, die aber gelobt wurden und prahlten, wenn sie ihre Ausschweifungen in wohlgesetzter, gut aufgebauter, wortreicher Rede geschildert hatten. Das alles siehst du, Herr, und schweigst, ‚denn langmütig bist du, voll Barmherzigkeit und Wahrheit'. Aber wirst du immer schweigen? Schon jetzt entreißest du solch schauriger Tiefe die Seele, die dich sucht und nach deinen Erquickungen dürstet, das Herz, das zu dir spricht: ‚Dein Antlitz hab' ich gesucht, dein Antlitz, Herr, will ich suchen.' Denn finstere Leidenschaft bleibt deinem Antlitz fern. Nicht mit Schritten und zurückgelegten Strecken entfernt man sich von dir und kehrt zurück zu dir. Als jener, dein Sohn, das Vaterhaus verließ, hat er nicht Pferde, Wagen oder Schiffe bestiegen, ist nicht mit sichtbarem Flügel davongeflogen, hat auch nicht mit hurtigem Schenkel seinen Weg zurückgelegt[3], um in fernem Lande sein Erbteil zu verprassen, das du, Vater, ihm beim Weggehen gabst, liebreich, als du es gabst, liebreicher noch, als er elend heimgekehrt. Nein, in Finsternis der Leidenschaft und Gier dahinleben, das heißt fern sein von deinem Angesicht.

Sieh, Herr, mein Gott, sieh es geduldig an – ich weiß, du tust's – wie sorgfältig die Menschenkinder Regeln der Buchstaben und Silben, von früheren Lehrmeistern überliefert, bewahren und dabei doch die von dir empfangenen, unvergänglichem Heil dienenden, ewig gültigen Regeln vernachlässigen. Wer die alten Lautgesetze kennt und lehrt, aber trotzdem gegen die grammatische Vorschrift die Anfangssilbe des Wortes homo – Mensch ohne Hauchlaut aussspräche, er würde bei den Menschen ärgeres Mißfallen erregen, als wenn er deinen Geboten zuwider einen wirklichen Menschen haßte. Und doch kann kein feindlich gesinnter Mensch größeres Unheil anrichten als der Haß, mit dem man ihm begegnet, und keiner einen anderen schwerer schädigen, als er sein eigenes Herz durch Feindschaft schädigt. Und nicht tiefer kann uns eingeprägt sein das richtige Sprachgefühl als die Gewissenseinsicht, daß wir einem anderen nicht antun dürfen, was wir selbst nicht leiden möchten. Wie geheimnisvoll thronst du doch in erhabenem Schweigen, einzig großer Gott, der du mit nimmermüdem Gesetz der Blindheit Strafe verhängst über die, die in frevlen Begierden leben! Denn es kann geschehen, daß ein Mann, der nach dem Ruhm der Beredsamkeit dürstet, vor dem Richter und großer Zuhörerschaft voll grimmigen Hasses seinen Feind andonnert und sich dabei aufs ängstlichste hütet, einen Sprachschnitzer zu begehen, also etwa einen Hauchlaut wegzulassen [1], aber sich gar nicht scheut, durch sein wildes Toben ein Menschenleben zu vernichten.

Lüge · Diebstahl · Ehrgeiz

So lag ich elender Knabe auf der Türschwelle solcher Sitten und kämpfte mit in jener Arena, da man sich mehr fürchtet, etwas Ungehobeltes zu sagen, als gegen andere, denen dies Mißgeschick nicht zustößt, keinen Neid zu empfinden. Das sage und bekenne ich dir, mein Gott. Und bei alledem ward ich von denen gelobt, deren Wohlgefallen für mich der Maßstab ehrbaren Lebens war. Denn ich sah den Abgrund der

Schande nicht, in den ich ‚von deinen Augen verstoßen war'. Was hätten sie auch Häßlicheres erblicken können als mich, der ich zuletzt sogar solchen Leuten mißfallen mußte? Denn mit ungezählten Lügen hinterging ich den Erzieher[1] sowie die Lehrer und Eltern, da ich das Spielen nicht lassen konnte und darauf brannte, nichtsnutzigen Schaustellungen zuzusehen und in ruhelosem Spieltrieb sie nachzuahmen. Auch bestahl ich Keller und Tisch meiner Eltern, bald um den eigenen leckeren Gaumen zu befriedigen, bald um andere Knaben damit zum Spiel zu verlocken, was sie sich, so großes Vergnügen es ihnen bereitete, noch bezahlen ließen. Bei solchen Spielen erlistete ich mir nicht selten trügerische Siege und war doch selbst besiegt von der eitlen Gier, mich hervorzutun. Denn was war mir so zuwider, was schalt ich, wenn ich andere darüber ertappte, so heftig wie eben das, was ich ihnen selber tat? Wurde ich aber selbst ertappt und ausgescholten, tobte ich lieber, als daß ich nachgegeben hätte. Ist das kindliche Unschuld? Nein, Herr, ach nein, ganz gewiß nicht, mein Gott. Denn dreht sich auch des Knaben Leben um Erzieher, Lehrer, Nüsse, Bälle und Sperlinge[2], das der Erwachsenen um Statthalter, Könige, Gold, Beute, Sklaven, im Grunde genommen ist's doch das gleiche. Das folgt aufeinander wie die Altersstufen, wie auf Rutenschläge härtere Strafen. Nur die Kleinheit und Schwäche des Kindes hattest du als Sinnbild der Demut im Auge, als du anerkennend sprachst: ‚Solcher ist das Himmelreich.'

Dank für verliehene Gaben

Dennoch, Herr, müßte ich dir, dem herrlichsten, besten Schöpfer und Lenker des Weltalls, unserm Gotte, auch dann Dank sagen, hättest du gewollt, daß ich nichts weiter als ein Knabe gewesen wäre. Denn schon damals war ich, lebte, fühlte und trachtete danach, mich in der unversehrten Ganzheit zu erhalten, die die Spuren der geheimnisvollen Einheit trägt, der ich entstamme[1]. Ferner überwachte ich mit dem inneren Sinn [2] das rechte Funktionieren der äußeren Sinne, und war auch mein Denkvermögen nur klein und nicht minder klein der ihm zugängliche Bereich, freute ich mich doch der Wahrheit. Täuschen lassen wollte ich mich nicht, hatte ein gutes Gedächtnis, wußte zu reden, war von Freundschaft beglückt, floh Schmerz, Mißachtung und Unwissenheit. Ist nicht in solch lebendigem Geschöpfe alles wunderbar und preiswürdig? Und das alles sind meines Gottes Gaben; nicht ich selbst hab's mir gegeben, gute Dinge sind es. Und all dies in eins – das bin ich. Gut also ist, der mich schuf und er selbst mein Gut, und ihm will ich lobsingen um all des Guten willen, das ich schon als Knabe in mir verkörperte. Das aber war meine Sünde, daß ich nicht in ihm, sondern in seinen Kreaturen, mir selbst und anderen, Lust, Erhebung und Wahrheit suchte und infolgedessen in Schmerz, Wirrsal und Irrtum fallen mußte[3]. Hab Dank, du meiner Seele Wonne, Ehre und Zuversicht, hab Dank, mein Gott, für deine Gaben und bewahre sie mir. So wirst du auch mich bewahren, gemehrt und vollendet wird werden, was du mir gegeben, und ich werde sein, wo du bist. Denn auch daß ich bin, ist deine Gabe.

ZWEITES BUCH

DAS SECHZEHNTE LEBENSJAHR
JUGENDLICHE VERIRRUNGEN

Warum er bekennt

Ins Gedächtnis will ich mir zurückrufen die Sündenflecken, die mich einst verunreinigt, die fleischlichen Verirrungen meiner Seele. Nicht als ob ich sie liebte, sondern um dich um so mehr zu lieben, mein Gott. Aus Liebe zu deiner Liebe tue ich's und durchwandere in schmerzlicher Vergegenwärtigung meine einstigen unheilvollen Wege, daß du mir um so wonniger werdest, du Wonne ohne Trug, Wonne voller Glück und Ruhe. So sammle ich mich aus der Zerstreuung, in der ich mich nutzlos zersplitterte, da ich von dir, dem Einen, abgewandt mich an eitles Vielerlei verlor[1]. Damals, in meiner Jugendzeit, gierte und hungerte ich nach Genüssen, die den Menschen in Höllentiefen hinabziehen, und ließ ohne Scham und in buntem Wechsel lichtscheue Liebesleidenschaft ins Kraut schießen. Da schwand meine Schönheit hin, und ob ich mir auch selbst gefiel und den Augen der Leute zu gefallen wünschte, war ich doch vor deinen Augen ein Bild ekler Fäulnis.

Erwachende Sinnlichkeit

Was war es anders, das mich freute, als lieben und geliebt zu werden? Aber auf dem lichthellen Pfade der Freundschaft zu wandeln, da Seele sich zu Seele findet, genügte mir nicht. Nein, nun stiegen Dünste auf aus dem Sumpf fleischlicher Begierde, dem Sprudel erwachender Männlichkeit, und umnebelten und verdunkelten mein Herz, daß es den Glanz reiner Liebe nicht unterscheiden konnte von der Düsternis der Wollust. Beide ineinander verwirrt wogten in mir, rissen meine schwache Jugend in die Abgründe der Leidenschaften, versenkten sie in den Strudel der Laster. Über mir hatte sich zusammengeballt die Wolke deines Zorns, und ich merkte es nicht. Taub hatte mich gemacht mit ihrem Geklirr die Kette meiner Sterblichkeit zur Strafe für den Hochmut meiner Seele. Immer weiter entfernte ich mich von dir, und du ließest es zu, ich hastete, stürmte, trieb schäumend und brausend dahin in meiner unkeuschen Sinnlichkeit, du aber schwiegst. Du meine, ach so späte Freude!¹ Damals schwiegst du, und weit, weit entfernte ich mich von dir. Schmerzen, immer mehr Schmerzen mußten erwachsen aus der unfruchtbaren Saat, die ich ausstreute in hochmütiger Niedertracht und ruheloser Schlaffheit.

Wenn doch jemand für mein Elend ein Maß gefunden, die flüchtigen, stets wechselnden Freuden auf ein Ziel gelenkt, ihrem süßen Genuß Schranken gesetzt hätte! Dann wären die wilden Fluten meines Jünglingsalters vom ehelichen Gestade aufgefangen, hätte es sich, wenn anders es nicht zur Ruhe kommen konnte, begnügt, Kinder zu erzeugen, wie dein Gesetz es befiehlt. Denn du, Herr, segnest mit Nachkommenschaft unser todverfallenes Geschlecht und vermagst mit milder Hand das Dorngestrüpp zu entwirren, das ausgeschlossen war von deinem Paradiese. Denn deine Allmacht ist uns nicht fern, wenn wir auch noch so weit uns entfernen von dir. Oder hätte ich doch aufmerksamer deiner Stimme gelauscht, die aus Wolkenhöhen spricht: ‚Solche werden leibliche Trübsal haben. Ich verschone euch aber gern'; ferner: ‚Es ist dem Menschen gut, daß er kein Weib berühre'; ferner: ‚Wer ledig ist, der sorgt, was dem Herrn angehört, wie er dem Herrn gefalle. Wer aber freit, der sorgt, was der Welt angehört, wie er dem Weibe gefalle.' Hätte ich nur diesen Worten aufmerksamer Gehör geschenkt, wie viel glücklicher wäre ich gewesen, ‚ein Verschnittener um des Himmelreiches willen', in Erwartung deiner seligen Umarmung!

Aber ich brauste auf, Elender, der ich war, gab nach dem Drang meiner wilden Fluten, wandte von dir mich ab und setzte mich hinweg über all deine Schranken. Aber deinen Rutenschlägen entging ich nicht, denn wer vermöchte das wohl? Immer warst du ja bei mir, barmherzig in deinem Grimm, und träuftest bittersten Harm in all meine verbotenen Freuden, daß ich Verlangen trüge, harmlos mich zu freuen. Wo hätte ich das finden können, außer bei dir, Herr, ‚der du den Schmerz[1] einfügst in dein Gebot‘, schlägst, um zu heilen, und uns tötest, daß wir nicht hinsterben fern von dir. Wo war ich doch damals, wie weit verbannt von den Freuden deines Hauses in jenem sechzehnten Jahr meines Erdenlebens, als der Wahnsinn wilder Wollust, den dein Gesetz zügelt, aber menschlicher Frevelmut zügellos schweifen läßt, anfing über mir das Szepter zu schwingen und ich mich ihm willenlos überließ! Die Meinen aber dachten nicht daran, im Sturz mich aufzufangen und mir in der Ehe Halt zu gewähren[2], waren vielmehr nur darauf bedacht, daß ich lerne, in Redekünsten zu glänzen und der Hörer Beifall zu gewinnen[3].

Müßig im Elternhause · Warnungen der Mutter verachtet

In jenem Jahre wurden meine Studien unterbrochen. Man rief mich aus der Nachbarstadt Madaura[4], wo ich meine gelehrte und rednerische Ausbildung begonnen hatte, nach Hause zurück, um die Kosten für den Aufenthalt in dem entfernteren Karthago aufzubringen. Meines Vaters Ehrgeiz wollte es so, trotz der begrenzten Einkünfte, die ihm, dem bescheidenen Bürger Thagastes, verfügbar waren[5]. Wem erzähle ich das? Nicht dir, mein Gott, aber im Aufblick zu dir erzähle ich es meinen Mitmenschen, mögen es auch nur wenige sein, die diese meine Schrift zu Gesicht bekommen. Und wozu das? Damit ich selbst und jeder, der dies liest, bedenke, aus welcher

Tiefe man rufen muß zu dir. Was aber ist näher als dein Ohr, wenn man von Herzen bekennt und aus dem Glauben lebt? Wer hätte damals nicht jenen Mann, meinen Vater, mit Lobeserhebungen überschüttet, da er, seine beschränkten Vermögensverhältnisse nichtachtend, seinem Sohne die zum Studium in der entfernten Stadt nötigen Mittel gewährte? Denn viele weit wohlhabendere Mitbürger machten keinen solchen Aufwand für ihre Kinder. Freilich darum kümmerte der Vater sich nicht, wie ich zu deinem Wohlgefallen heranwüchse und wie es um meine Keuschheit bestellt sein möchte. Nur darauf war er erpicht, daß ich in wohlgepflegter Rede mich ergehen lerne, mochte auch das Ackerfeld meines Herzens verwahrlosen, dessen einzig wahrer und guter Herr du bist, du, mein Gott.

Als ich nun infolge der Geldschwierigkeiten in jenem sechzehnten Lebensjahre in eingeschobener Mußezeit ohne jeden Unterricht bei meinen Eltern lebte, überwucherten die Dornen der Lüste mein Haupt, und keine Hand war da, sie auszureißen. Ja, als mein Vater mich, den eben Mannbaren, einst im Bade beobachtete und Zeichen schwellender Jugendkraft wahrnahm, erzählte er's, künftiger Enkel froh, heiteren Angesichts meiner Mutter. Trunkene Freude war's, in der diese Welt dich, ihren Schöpfer, vergißt und deine Kreatur statt deiner liebt, trunken vom unsichtbaren Wein verkehrten, dem Niedrigsten zugewandten Strebens. Aber in meiner Mutter Brust hattest du bereits begonnen deinen Tempel zu bauen, und Grund gelegt zu deiner heiligen Behausung, während er selber erst seit kurzem in den Stand der Katechumenen getreten war. Daher erzitterte sie in frommer Herzensangst und bangte um mich, obwohl ich noch nicht gläubig war, ich möchte unheilvolle Wege gehen, auf denen die wandeln, ›die dir den Rücken zukehren und nicht das Angesicht‹.

Wehe mir! Und ich wage zu behaupten, mein Gott, du habest geschwiegen, als ich mich immer weiter von dir entfernte?

Schwiegst du mir wirklich damals? Wessen, wenn nicht deine Worte waren es denn, die du mir durch meine Mutter, deine gläubige Dienerin, ins Ohr klingen ließest? Aber nichts davon drang in mein Herz, daß ich Folge geleistet hätte, wie sie es wollte. Ich erinnere mich noch daran, wie sie einst in einer stillen Stunde in schwerer Sorge mich beschwor, daß ich nicht der Unzucht verfalle und vor allem keines andern Frau verführen möge. Doch solche Mahnungen hielt ich für weibisch und hätte mich geschämt, sie zu befolgen. Aber es waren die deinen, und ich wußte es nicht, dachte, du schwiegest und jene nur rede. Doch durch sie sprachst du zu mir, und da ich sie verachtete, verachtete ich dich, ich, ihr Sohn, ‚deiner Magd Sohn, dein Knecht'. Ich wußte es nicht, lief mit Blindheit geschlagen den abschüssigen Pfad und hätte mich vor meinen Altersgenossen geschämt, wäre ich weniger schändlich gewesen als sie. Denn ich vernahm, wie sie ihrer Frevel sich rühmten, um so mehr, je abscheulicher sie waren. So war's nicht nur böse Lust, die zu gleichem Tun verlockte, sondern auch ihr Beifall. Was verdient wohl Schelte, wenn nicht das Laster? Ich aber, um Schelte zu vermeiden, ward immer lasterhafter, und hatte ich nichts begangen, was mit der Verkommenheit der Gefährten hätte wetteifern können, gab ich doch vor, nicht Begangenes begangen zu haben, aus Angst, man möchte größere Unschuld verächtlich, größere Keuschheit lächerlich finden.

Sieh, das waren die Genossen, mit denen ich auf den Gassen Babylons einherging, ja, in ihrem Schlamm mich wälzte, als wäre es Spezerei und köstliche Salbe. Und mitten drin, daß ich um so rettungsloser hängen bliebe, trat mich der unsichtbare Feind mit Füßen und verführte mich, der sich gern verführen ließ. Und auch meine leibliche Mutter, die zwar aus Babylons Mitte bereits entflohen war, aber nun am Stadtrand langsamer ging, mahnte mich wohl zur Keuschheit, aber trug nicht Sorge, daß meine erwachte Sinnlichkeit, von der mein Vater ihr gesagt und die sie für unheilvoll und gefahrdrohend hielt, durch das Band ehelicher Zuneigung zurückgehalten würde, wenn sie schon nicht durch tiefen Einschnitt gänzlich entfernt werden konnte. Sie unterließ es, weil sie fürchtete, die Fessel der Ehe könnte meinen Zukunftsaussichten hinderlich sein, nicht der Aussicht auf das Himmelreich, zu dem sie schon aufblickte, sondern der Aussicht auf guten Fortschritt in den Wissenschaften, worauf beide Eltern allzu großen Wert legten. Mein Vater dachte dabei an dich fast gar nicht, an mich nur mit eitlen Wünschen, meine Mutter meinte, der übliche Studiengang würde dem nicht nachteilig, sondern eher dienlich sein, daß ich dich fände. So vermute ich wenigstens, wenn ich mir, so gut ich's kann, meiner Eltern Wesensart vergegenwärtige. Auch ließ man, statt lediglich die Strenge zu mildern, die Zügel schießen, gab mir volle Freiheit zu spielen und in mancherlei Leidenschaften mich auszutoben. Über mir breitete sich völlige Finsternis, verbarg, mein Gott, deiner Wahrheit heiteres Licht, ,und es schoß ins Kraut wie aus fettem Erdreich meine Sünde'.

Der Birnendiebstahl

Sicherlich straft den Diebstahl, Herr, dein Gesetz, auch jenes, das in der Menschen Herzen geschrieben ist und das nicht einmal die Sünde austilgen kann. Oder gibt's wohl einen Dieb, der sich Diebstahl ruhig gefallen ließe? Wehrt sich doch selbst ein Reicher gegen Notdiebstahl. Ich aber wollte stehlen und stahl auch, von keinem Mangel gedrängt, nur daß die Gerechtigkeit mir mangelte und zuwider war und die Sünde mich reizte. Denn ich stahl, was ich selbst im Überfluß und viel besser besaß, wollte das gestohlene Gut auch nicht etwa genießen. Sondern den Diebstahl selbst und die Sünde wollte ich genießen. Ein Birnbaum stand in der Nähe unseres Weinbergs, mit

Früchten beladen, die weder durch Aussehen noch Geschmack locken konnten. Tief in der Nacht, die wir bis dahin nach übler Sitte auf den Straßen spielend zugebracht, machten wir bösen Buben uns daran, den Baum zu schütteln und plündern, und schleppten die Früchte haufenweise weg. Mochten wir auch einige essen, taten wir es doch nicht deswegen, sondern warfen sie meist den Schweinen vor. Was uns reizte, war nur dies, daß es verboten war [1]. Sieh mein Herz an, o Gott, sieh mein Herz! In Abgrundtiefe lag es, und doch hast du dich sein erbarmt. Sieh, nun soll dies mein Herz dir sagen, worauf ich eigentlich aus war, so für nichts und wieder nichts böse zu sein, wo es doch für meine Bosheit keinen andern Grund gab als die Bosheit selbst. Häßlich war sie, und ich liebte sie doch, liebte mein Verderben, liebte mein sündliches Vergehen, nicht das, weswegen ich mich scheinbar verging, sondern das Vergehen selbst. Wie abschreckend die Seele, die deinen Felsengrund verläßt, sich ins Verderben stürzt und schändlich nicht dies oder das, sondern die Schande selbst begehrt!

Die Motive der Sünde

Schön geformte Gegenstände, auch Gold, Silber oder dergleichen, sprechen den Gesichtssinn an, das Tastgefühl wird angenehm berührt von Dingen, die sich anschmiegen, kurz, jedem Sinne ist irgendeine Beschaffenheit der Gegenstände angepaßt. Auch weltliche Ehre sowie Macht, zu gebieten und herrschen, haben ihren Reiz, daher auch das Verlangen nach Befreiung aus Knechtschaft. Aber in dem Streben, all dies zu erlangen, darf man nicht abweichen von dir, Herr, nicht abirren von deinem Gesetz. Auch das Leben, wie wir hier es führen, empfinden wir als reizvoll, wenn es auf seine Weise schön ist und mit der niederen Schönheit aller Erdendinge zusammenklingt. Nicht minder süß ist Freundschaft, die durch ein trautes Band viele Seelen zur Einheit zusammenschließt. Aber all dies und anderes mehr verführt zur Sünde, wenn wir in gierigem Verlangen das Maß überschreiten, wenn wir über solch niederen Gütern die edleren preisgeben und wohl gar das höchste, dich, Herr, unser Gott, deine Wahrheit und dein Gesetz. Denn wohl haben auch jene armseligen Dinge ihre Freuden, aber nicht wie mein Gott, der alles geschaffen. In ihm freut sich der Gerechte, er ist die Wonne der Redlichen.

Wenn man eine Übeltat ins Auge faßt und forscht, warum sie begangen sei, nimmt jeder an, daß da eine Begierde nach einem jener Güter, die wir die niedrigsten nannten, oder auch die Furcht, sie zu verlieren, zugrunde liege. Denn schön und anziehend sind ja auch sie, obschon, verglichen mit den höheren, beseligenden, nur erbärmlich und verwerflich. Es habe jemand einen Mord begangen. Warum tat er's? Er liebte eines anderen Weib oder Gut, oder wollte durch Raub seinen Lebensunterhalt gewinnen, oder fürchtete, der andere möchte ihm seine Habe rauben, oder aber beleidigt brannte er, sich zu rächen. Sollte er ohne Grund, allein aus Lust am Morden, den Mord begangen haben? Wer glaubt das? Wohl ward uns von einem verbrecherischen und übermäßig grausamen Manne berichtet, er sei zwecklos schlecht und grausam gewesen. Doch hat auch in diesem Fall der Schriftsteller einen Grund angegeben: Er tat's, sagt er, «daß nicht in träger Muße Hand und Geist erschlaffe». Und warum das? Warum wollte er das nicht? Nun, Übung in Verbrechen sollte ihm schließlich die Stadt und damit Ehre, Macht und Reichtum in die Hände spielen. Auch wollte er der Furcht vor den Gesetzen und der elenden Lage, in die er durch Vermögensverfall und Schuldbewußtsein geraten war, entrinnen. Man sieht, nicht einmal Catilina liebte seine Schandtaten als solche, sondern das andere, um deswillen er sie beging.

Der Trug der Sünde

Was hab' ich Elender denn nun an dir geliebt, du mein Diebstahl, nächtliche Schandtat meines sechzehnten Lebensjahres? Schön warst du doch nicht, denn Diebstahl warst du. Bist du überhaupt etwas, daß ich dich so anreden kann? Schön waren wohl jene Früchte, die wir stahlen, denn es waren deine Geschöpfe, Schönster von allen, Schöpfer von allem, guter Gott, mein höchstes, mein wahres Gut. Schön waren jene Birnen, aber nicht nach ihnen trug meine erbärmliche Seele Verlangen. An besseren Früchten hatte ich mehr als genug; jene pflückte ich nur, um zu stehlen. Denn als ich sie gepflückt, warf ich sie weg und nährte mit ihnen bloß meine Schlechtigkeit, die ich froh genoß. Führte ich auch einige zum Munde, so verlieh doch nur die Sünde ihnen den Geschmack. Und nun frage ich, Herr, mein Gott, was mir am Diebstahl anziehend war. Da war doch keine Wohlgestalt, wie sie uns erfreut, wenn wir, ich sage nicht Redlichkeit und Klugheit, sondern auch nur den Verstand des Menschen, sein Gedächtnis, seine Sinne, sein leibliches Leben betrachten, nicht einmal wie die Gestirne wohlgestaltet sind, die ihren Platz am Himmelsgewölbe zieren, oder wie Erde und Meer mit ihrem Gewimmel von Geschöpfen, die werdend und vergehend sich ablösen. Ja nicht einmal die trügerische und schattenhafte Wohlgestalt war da, die Laster annehmen, wenn sie uns täuschen wollen.

Denn Hochmut nimmt den trügerischen Schein der Hoheit an, während du allein, Gott, über alles hoch erhaben bist. Ehrgeiz sucht nichts als Ehren und Ruhm, während du vor allen andern chrwürdig bist und ruhmreich in Ewigkeit. Grausame Strenge der Machthaber will gefürchtet sein. Doch wer ist zu fürchten außer dir allein, o Gott? Denn deiner Macht kann nichts entrissen und entzogen werden, nirgendwann, nirgendwo, nirgendwohin und von nirgendwem. Schmeicheleien wol-

JUGENDLICHE VERIRRUNGEN

lüstiger Menschen sollen zur Liebe anreizen. Aber nichts ist einschmeichelnder, als wenn du liebst, nichts heilsamer als Liebe zu deiner Wahrheit, deren Schönheit und Strahlenglanz alles andere in Schatten stellt. Neugier täuscht Wißbegierde vor, während du alles bis auf den Grund durchschaust. Unwissenheit und Torheit sogar schmückt sich mit dem Namen der Einfalt und Unschuld, wo doch lautere Einfalt nur bei dir zu finden, wo doch nichts so unschuldig ist wie du. Denn ihre eigenen bösen Taten sind der Übeltäter Feinde, nicht du. Feigheit stellt sich, als trachte sie nach Ruhe, aber sichere Ruhe gibt's nur beim Herrn. Wenn man praßt und schwelgt, soll von reichlicher Sättigung die Rede sein, aber du allein sättigst mit überströmender Fülle unvergänglicher Wonne. Verschwendung verkleidet sich als Freigebigkeit, du aber bist großmütigster Spender aller guten Gaben. Habgier will viel besitzen, du besitzest alles. Neid streitet um den Vorrang, du überragst alles. Zorn will vergelten – wer vergilt gerecht wie du? Furcht, um Sicherheit besorgt, bangt vor Unerwartetem, plötzlich Hereinbrechendem, das dem Begehrten und Geliebten gefährlich wäre. Was käme dir unerwartet, was plötzlich? Wer könnte von dem, das du liebst, dich trennen, wo gäbe es völlige Sicherheit wenn nicht bei dir? Traurigkeit verzehrt sich in Gram über den Verlust der Güter, woran Begierde sich erfreute. Sie möchte sie nicht fahren lassen, aber nur dir allein kann nichts genommen werden.

So wird zur Buhlerin die Seele, die sich abkehrt von dir und fern von dir sucht, was sie rein und makellos nur findet, wenn sie heimkehrt zu dir. Dich ahmt nach, aber ganz verkehrt, wer abseits von dir sich trotzig brüstet vor dir. Aber gerade durch seine Nachahmung muß er bekunden, daß du des Weltalls Schöpfer bist und ein Entfliehen vor dir gänzlich unmöglich ist. Was also hab' ich bei jenem Diebstahl geliebt und inwiefern, da ich ihn beging, meinen Herrn, sei's auch sündhaft und verkehrt, nachgeahmt? Gelüstete es mich, in heimlicher Arglist das Gesetz zu übertreten, dem ich offen nicht zu trotzen wagte? Wollte ich, der Sklave, durch ungestraftes Tun des Verbotenen eine falsche Freiheit vortäuschen, ein trügerisches Abbild deiner Allmacht? Sieh, das ist er, der Knecht, der seinem Herrn entlaufen und seinen Schatten haschen wollte[1]. O wie abscheulich, o Zerrbild des Lebens, Abgrund des Todes! Wie konnte ich nur das Verbotene begehren, allein darum, weil es verboten war!

Gott verzeiht

‚Wie soll ich's dem Herrn vergelten‘, daß mein Gedächtnis dies zurückrufen und meine Seele doch frei bleiben kann von Furcht? Ich will dich lieben, Herr, dir Dank sagen und deinen Namen preisen, daß du mir so große Sünden und Übeltaten vergabst. Deiner Gnade allein und Barmherzigkeit verdanke ich's, daß meine Sünden wie Eis geschmolzen sind. Deiner Gnade danke ich auch das Böse, das ich nicht getan. Denn was hätte ich nicht tun können, ich, der sogar an zwecklosem Frevel Gefallen fand? Aber alles, ich bekenne es, ist mir verziehen, das Böse, das ich aus eigenem Antrieb tat, und das Böse, das ich, von dir behütet, unterließ. Wer unter allen Menschen, seiner Schwachheit eingedenk, dürfte es wagen, Keuschheit und Unschuld seinen eigenen Kräften gutzuschreiben? Würde er dich dann nicht weniger lieben, sich einbildend, dein Erbarmen, das den Bußfertigen die Sünden vergibt, habe ihm weniger notgetan? Nein, wer von dir gerufen deiner Stimme folgte und vermieden hat, was ich hier meinen Erinnerungen nachgehend bekenne, soll nicht über mich lachen. Bin ich doch in meiner Krankheit von demselben Arzt geheilt, dem er es verdankt, daß er nicht krank ward, oder vielmehr nicht so schlimm erkrankte. So möge er dich ebensosehr, vielmehr noch mehr lieben, da er einsehen muß, daß derselbe, der mich vom schweren Siechtum meiner Sünden befreite, ihn selbst davor bewahrte, gleichem Siechtum zu verfallen.

Reiz der Sünde durch böse Gesellen vermehrt

‚Was für eine Frucht brachte mir' Elendem damals all das, woran ich nur errötend denken kann, zumal jener Diebstahl, an dem ich nichts anderes als eben den Diebstahl liebte, der, so nichtig er an sich war, mich doch nur noch elender machte? Aber ich hätte ihn nicht begangen, wäre ich allein gewesen – darüber bin ich mir in Erinnerung an meinen damaligen Seelenzustand klar – nein, allein hätte ich es gewiß nicht getan. Also liebte ich dabei auch die Gemeinschaft mit den daran Beteiligten. Demnach hätte ich doch etwas anderes als den Diebstahl geliebt? Nein, da gab es nichts anderes, auch jene Gemeinschaft ist ja nichts[1]. Was ist denn in Wahrheit? Wer wird's mich lehren? Er allein, der mein Herz erleuchtet und seine Schatten verscheucht. Was ist es nur, das mich treibt, hiernach zu fragen, zu forschen und Betrachtungen darüber anzustellen? Hätte ich damals jene Birnen, die ich stahl, geliebt und ihren Genuß begehrt, hätte ich auch allein, wenn ich's imstande gewesen wäre, die Sünde begehen und meine Begierde befriedigen können. Ich hätte nicht erst durch den Anreiz, Mitschuldige zu haben, mein erregbares Gelüst anzustacheln brauchen. Aber da die Früchte nun einmal nichts Begehrenswertes für mich hatten, war es die Tat selbst, die in Gemeinschaft mit Spießgesellen vollbrachte Tat, die mich lockte.

Was war's, das hierbei meine Seele bewegte? Sicherlich ein häßliches, überaus häßliches Gefühl. Wehe mir, daß ich es hegte! Aber was war es eigentlich? ‚Wer kennt seine Fehler?' Als hätte man unser Herz gekitzelt, brach's hervor wie ein Gelächter, weil wir die hintergingen, die uns solcher Tat nie für fähig gehalten hätten, und sie scharf mißbilligten. Und woher das Vergnügen darüber, daß ich's nicht allein war? Vielleicht daher, daß niemand so leicht lacht, wenn er allein ist? Gewiß, so leicht nicht. Aber es kommt doch vor, daß Leute, die allein sind und kein Mensch weit und breit, plötzlich vom Lachen überwältigt werden, weil ihnen etwas gar zu Lächerliches einfällt und in den Sinn kommt. Jedoch ich hätte jenen Frevel allein nicht begangen, nein, ganz gewiß nicht. Sieh, vor deinen Augen, mein Gott, liegt es offen da, woran ich mich jetzt so lebhaft erinnere. Allein hätte ich jenen Diebstahl nicht begangen, bei dem mich nicht das Gestohlene, sondern das Stehlen selber reizte. Nein, allein hätte ich nicht Lust dazu gehabt, hätte ich's nicht getan. O, feindselige Freundschaft, unbegreifliche Verführung des Geistes! Aus Spiel und Scherz springt sie heraus die Lust zu schaden, das Vergnügen an fremdem Verdruß ohne eigenen Gewinn, ohne Rachegefühl, das befriedigt werden möchte. Wenn es nur heißt: Komm, tun wir das! schämt man sich, nicht schamlos zu sein.

Aufblick zu Gott

Wer löst ihn auf, diesen vielfach verschlungenen und verwickelten Knoten? Häßlich ist er, ich will ihn nicht mehr beachten, nicht mehr darauf hinblicken. Dich will ich anschauen, Gerechtigkeit und Reinheit. Schön und herrlich bist du, leuchtest in edlem Lichte und sättigst den Unersättlichen. Tiefe Ruhe ist bei dir und Leben ohne Trübsal. Wer eingeht zu dir, ‚geht ein zu seines Herren Freude‘. Keine Furcht kennt er mehr, in dem Vollkommen ist auch er vollkommen. Aber ich in meiner Jugend wich von dir ab, verirrte mich weit von dir, mein Gott, der mein Halt sein sollte, und ward mir selbst eine Stätte des Darbens.

DRITTES BUCH

KARTHAGO · CICEROS HORTENSIUS
AUGUSTIN WIRD MANICHÄER

Liebesverlangen

Ich kam nach Karthago[1], der Hauptstadt, da schwirrte mir ums Haupt ein Gewimmel von Liebeshändeln. Noch liebte ich nicht[2], aber liebte zu lieben, und getrieben von einem tieferen Verlangen haßte ich mich selbst, weil ich zu wenig Verlangen empfand. Liebe liebend, suchte ich, was ich lieben möchte, und haßte die Sicherheit und einen Weg ohne Fallstricke. Denn im Innern regte sich ein Hunger, geweckt von dir selbst, mein Gott, meiner inneren Speise. Aber dieser Hunger quälte mich nicht, und ohne Sehnsucht war ich nach der unvergänglichen Kost[3]. Nicht darum war ich's, weil ich sie zur Genüge genossen hätte, sondern je weniger ich sie genossen, um so mehr widerstand sie mir. So war meine Seele krank, und mit Schwären bedeckt lief sie nach draußen, voll Gier, den erbärmlichen Reiz durch Berührung mit der Sinnenwelt lindern zu lassen. Unbeseeltes hätte sie gewiß nicht geliebt, doch deuchte lieben und geliebt zu werden mich um so süßer, wenn ich auch leiblich-sinnliche Liebesfreude genoß. So verunreinigte ich den Quell der Freundschaft mit dem Schmutz niederer Begehrlichkeit, verdunkelte ihren Glanz mit der abgründigen Finsternis der Wollust und trachtete doch, so häßlich und abstoßend ich war, in übergroßer Eitelkeit danach, fein und gebildet zu erscheinen[4]. So stürzte ich denn tatsächlich hinein in die Liebe, nach deren Fesseln mich verlangte. Aber wie hast du, mein Gott und Erbarmer, in weiser Güte meine Lust mit Galle besprengt! Denn ich ward geliebt und ein Knecht sinnlichen Genusses und ließ mich frohgemut umschlingen von schmerzenden Banden, um alsbald gepeitscht zu werden mit den glühenden Eisenruten der Eifersucht, des Argwohns, der Furcht, der zornigen Erregung und Zänkerei.

Theaterfreuden · Falsches und echtes Mitleid

Nun riß mich auch das Theater mit seinen Schauspielen hin, die in einer Fülle von lockenden Bildern mein Elend mir vor Augen führten und meinen Flammen Zündstoff boten. Wie kommt es nur, daß ein Mensch Schmerz empfinden will beim Anblick jammervoll tragischen Geschicks, das er doch um keinen Preis selbst erdulden möchte? Aber als Zuschauer will er darunter leiden, und eben dies Leid ist seine Lust. Ist das nicht kläglicher Wahnsinn? Um so mehr wird man ergriffen, je weniger man selbst von solchen Leidenschaften frei ist. Erfährt man dergleichen selber, so nennt man es Leid, nimmt man am Mißgeschick anderer teil, heißt's Mitleid. Aber was soll das Mitleid, wenn sich's nur um erdichtete Vorgänge handelt, die sich auf der Bühne abspielen? Denn da ruft den Hörer nichts zur Hilfeleistung, sondern nur zur Trauer wird er geladen, und je tiefer er sie empfindet, um so höher steigt der Darsteller solcher Szenen in seiner Gunst. Und werden die längst vergangenen oder bloß erdichteten traurigen Geschichten so dargestellt, daß der Zuschauer nicht vom Schmerz bewegt wird, geht er gelangweilt und scheltend davon, wird er aber schmerzlich gerührt, bleibt die Aufmerksamkeit rege und freut er sich.

So liebt man denn Tränen und Schmerzen. Gewiß will jeder Mensch sich freuen, niemand leiden. Wohl aber möchte man mitleidig sein. Werden vielleicht, da es Mitleid ohne Schmerzempfindung nicht gibt, aus diesem Grunde Schmerzen geliebt? Auch das kommt aus jenem Quell der Freundschaft. Aber wohin geht der Lauf, wohin fließt er? Warum eilt er hinab und ergießt sich in den Strom siedenden Pechs, in die wilden Wasserstrudel greulicher Begierden? So wandelt und verkehrt er sich aus eigenem bösem Drang, dreht ab und stürzt aus heiterer Himmelshöhe in die Tiefe. Soll man also das Mitleid verwerfen? Durchaus nicht. Mag man immerhin mitunter auch die Schmerzen lieben. Aber hüte dich, meine Seele, vor Unreinheit! Stell dich unter den Schutz meines Gottes, des Gottes unserer Väter, preiswürdig und hocherhaben in alle Ewigkeit, und hüte dich vor Unreinheit! Auch heute ist mir Mitleid nicht fremd, aber damals im Theater freute ich mich mit den Liebenden, die ihrem schmachvollen Liebesgenuß sich hingaben, mochte es auch nur in erdichtetem Bühnenspiel geschehen, und betrübte mich, als wäre ich mitleidig, wenn sie einander verloren, und beides bereitete mir Vergnügen[1]. Jetzt aber empfinde ich tieferes Mitleid mit dem, der sich in Schanden freut, als mit dem anderen, der ein vermeintlich hartes Schicksal beklagt, weil seine erbärmliche Lust, sein elendes Glück vergangen und dahingeschwunden sind. Das ist gewißlich wahreres Mitleid, aber sein Schmerz bereitet keinen Genuß. Denn mag auch die Liebesgesinnung, die sich im Mitleid kundtut, Anerkennung verdienen, so wünscht sich doch, wer aufrichtig mitleidig ist, es gäbe keinen Anlaß zu solchem Schmerz. Nur wenn übelwollend das Wohlwollen wäre, was doch nicht sein kann, könnte, wer wahres und echtes Mitleid fühlt, den Wunsch hegen, es möge Leidende geben, damit er sie bemitleide. So mag man hin und wieder den Schmerz billigen, aber lieben darf man keinen Schmerz. Darum, Herr Gott, Freund der Seelen, ist dein Mitleid so weitaus und unvergleichlich reiner und makelloser als das unsere, weil kein Schmerz dich verwundet. Doch ‚wer ist hierzu tüchtig?‘

Ich Elender aber liebte damals den Schmerz, suchte auf, worüber ich trauern könnte, und bei solch fremdem, falschem und vorgegaukeltem Leid gefiel mir um so mehr und lockte mich um so mächtiger des Schauspielers Darstellung, je mehr

Tränen sie mir auspreßte. Was Wunder, wenn ich armes Schäflein, abirrend von deiner Herde, deiner Obhut überdrüssig, von häßlicher Räude befallen wurde? Daher also meine Lust an Schmerzen, freilich nicht an solchen, die mich tiefer bewegt hätten – denn was ich beschaute, wünschte ich keineswegs selbst zu erdulden –, sondern solchen, die mit erdichteten und belauschten Fabeleien nur die Haut schabten. Doch darauf folgte, wie wenn man sich mit den Nägeln kratzt, brennende Geschwulst, Eiter und ekle Fäulnis. Dies mein Leben, o Gott, kann man es überhaupt noch Leben nennen?

Verdorben, aber keine «Umstürzler»

Aber hoch umkreiste mich bei alledem dein treues Erbarmen[1]. In welches Sündenelend versank ich doch, wie ergab ich mich frevelhaftem Vorwitz! Der ließ mich Abtrünnigen in trügerische Untiefen gleiten und dem Bann heimtückischer Dämonen verfallen. Ihnen brachte ich meine bösen Taten zum Opfer. Doch was ich auch tat, stets traf mich deine Zuchtrute. Ich erfrechte mich sogar, bei feierlichen Gottesdiensten im geheiligten Kirchenraum wollüstigen Gedanken nachzuhängen und Verabredungen zu treffen zum Genusse tödlicher Frucht[2]. Da hast du mich mit harten Schlägen gestraft, die doch nur gelinde waren verglichen mit meiner Schuld, o du mein übergroßes Erbarmen, mein Gott, meine Zuflucht vor den schrecklich drohenden Gefahren! Ach, dreist erhobenen Hauptes setzte ich mich ihnen aus, wich weit ab von dir, liebte nur meine, nicht deine Wege, liebte die Freiheit der Flucht[3].

Auch jene ehrenvoll genannten Studien zielten in ihrem Verlauf auf nichts Besseres ab, nämlich auf Auszeichnung in öffentlichen Rechtshändeln, bei denen man um so mehr bewundert wird, je mehr man trügt. So groß ist die Blindheit der Menschen, die ihrer Blindheit sich noch rühmen. Und schon glänzte ich in der Rednerschule, freute mich stolz und blähte mich auf in meiner Eitelkeit. Zwar trieb ich es längst nicht so arg, du weißt es, Herr, und hielt ich mich fern von den Greueln, die die «Umstürzler» begingen – dieser häßliche, ja teuflische Name gilt als Zeichen feiner Bildung[1] –, aber ich lebte doch unter ihnen und schämte mich schamlos, nicht zu sein wie sie. Ich war mit ihnen zusammen und erfreute mich zeitweise ihrer Freundschaft, obwohl ich ihre Taten stets verabscheute. Denn sie rissen die Ordnungen ein, mißbrauchten und verwirrten frech die Einfalt Unerfahrener und lachten sie obendrein aus, um so ihrer boshaften Freude immer neue Nahrung zuzuführen. Nichts kann dem Treiben der Dämonen ähnlicher sein als solches Tun. Welch treffenderen Namen könnte man ihnen beilegen als Umstürzler? Sind sie doch selber zuerst gestürzt, in die Tiefe gestürzt von täuschenden Geistern, die die Spötter und Betrüger ihrerseits insgeheim auslachen und betrügen.

Ciceros Hortensius zündet

Von solchen Leuten umgeben, studierte ich damals in noch ungefestigtem Alter die Lehrbücher der Beredsamkeit, in der ich mich auszuzeichnen wünschte. Verwerflich und nichtsnutzig war die Absicht, die ich dabei hegte, denn es ging mir nur um die Befriedigung der Eitelkeit. Den üblichen Lauf des Studiums verfolgend, stieß ich nun auf das Buch eines gewissen Cicero[2], dessen Sprache fast alle bewundern, weniger freilich seinen Charakter. Dies sein Buch, das den Titel Hortensius führt[3], enthält einen Mahnruf zur Philosophie. Dies Buch war es, das meinen Sinn umwandelte, auf dich, Herr, selbst[4] meine Bitten lenkte und meinem Wünschen und Verlangen neuen Inhalt gab. Da ward mir plötzlich schal all mein eitles Hoffen, und mit unglaublicher Inbrunst richtete sich meines Herzens Begehren auf die unsterbliche Weisheit. Ich begann aufzustehen, um heimzukehren zu dir. Nicht um meinen Stil zu feilen, wozu ich bis dahin meiner Mutter Geld [1] verwandt hatte, nicht um den Stil zu feilen, las ich dies Buch in meinem neunzehnten Lebensjahre – mein Vater war vor zwei Jahren bereits gestorben –, nein, nicht seine Ausdrucksweise, sondern sein Gehalt nahm mich gefangen.

Wie brannte ich, mein Gott, wie brannte ich, vom Irdischen mich aufzuschwingen, zurück zu dir, und wußte doch nicht, was du mit mir im Sinne hattest. ‚Denn bei dir ist die Weisheit.‘ Liebe zur Weisheit aber heißt auf Griechisch «Philosophie», und dafür hatte jene Schrift meinen Eifer entflammt. Leider fehlt es nicht an Leuten, die durch Philosophie verführen und mit ihrem großen, lockenden, vornehmen Namen ihre eigenen Irrtümer färben und schminken. Fast alle der Philosophie Beflissenen, die damals und früher lebten, werden in diesem Buche aufgeführt und ihre Ansichten dargelegt. So wird dadurch deines Geistes heilsame Mahnung beleuchtet, die du an uns richtest durch deinen guten und frommen Knecht: ‚Sehet zu, daß euch niemand täusche durch die Philosophie und lose Verführung nach der Menschen Lehre und der Welt Satzungen und nicht nach Christo. Denn in ihm wohnt die ganze Fülle der Gottheit leibhaftig.‘ Obwohl ich damals diese Apostelworte noch nicht kannte, wurde ich doch, als ich jene Mahnung vernahm – du weißt es, Licht meines Herzens –, nur von dem einen entzückt, daß ich nicht diese oder jene Schule, sondern die Weisheit selbst, was sie auch sei, zu lieben und zu suchen, ihr zu folgen, sie zu fassen und mit aller Kraft zu umfangen aufgerufen wurde. So geriet ich in flammende Begeisterung, und nur eins dämpfte meine Glut, daß mir hier Christi Name nicht begegnete. Denn dank deiner Barmherzigkeit, Herr, hatte mein jugendliches Herz diesen Namen, meines Heilandes, deines Sohnes Namen, schon mit der Muttermilch fromm in sich aufgenommen und tief sich eingeprägt. Wo dieser Name fehlte, konnte mich nichts, mochte es noch so schöngeistig, wortgewandt und überzeugend sein, völlig fesseln.

Die Bibel enttäuscht

So beschloß ich, die Heilige Schrift ins Auge zu fassen und zu prüfen. Und siehe, was ich fand, es war verschlossen den Hochmütigen, nicht enthüllt den Unreifen. Doch was beim Eingang arm und gering erscheint, im Fortgang ist's erhaben und geheimnisschwer. Aber ich war nicht derart, daß ich hätte eintreten können oder mich hätte bücken mögen, ihrem Gang zu folgen. Denn als ich mich damals der Schrift zuwandte, empfand ich noch nicht so wie jetzt, sondern sie deuchte mich unwert, mit ciceronianischer Vornehmheit auch nur verglichen zu werden [1]. Denn aufgeblasen, wie ich war, widerstrebte mir ihr Maß, und mein Scharfsinn drang nicht in ihre Tiefe. Ihre Weise war es, zu wachsen mit den Kleinen, ich jedoch verschmähte es, zu den Kleinen zu gehören, hielt mich vielmehr, gebläht von Stolz, für groß.

Augustin geht zu den Manichäern · Ihre Hirngespinste

So geriet ich denn in die Gesellschaft hochmütig narrender, allzu irdisch gesinnter und geschwätziger Menschen[2]. In ihrem Munde lauerten und lockten Teufelsstricke und ein Vogelleim, dem die Silben deines Namens und des Namens unseres Herrn Jesu Christi und des Heiligen Geistes, unsers Trösters, listig beigemischt waren[3]. Diese Namen wichen nicht von ihren Lippen, aber es war leerer Schall und Wortgeklingel, und ihr Herz wußte nichts von Wahrheit. Sie riefen: Wahrheit und nochmals Wahrheit! Immer wieder sprachen sie mir von ihr, und doch war sie niemals in ihnen[4]. Und nicht nur war falsch, was sie von dir sagten, der du in Wahrheit die Wahrheit bist, sondern auch was sie von den Baustoffen dieser Welt, deiner Schöpfung, sagten. Hiervon wußten die Philosophen wohl allerlei Wahres zu sagen, aber auch über sie hätte ich hinausschreiten sollen aus Liebe zu dir, mein Vater, du Allerbester, du Schönheit, die aus allem, was schön ist, strahlt! O Wahrheit, Wahrheit, wie sehnsüchtig seufzte ich schon damals aus innerstem Herzen nach dir, wenn jene in endlosem eitlem Geschwätz und vielen bombastischen Büchern prahlerisch von dir redeten! Das waren die Schüsseln, in denen man mir, der doch nach dir nur hungerte, die Sonne und den Mond anbot. Gewiß, es sind deine schönen Werke, aber doch nur deine Werke, nicht du selbst, auch nicht die ersten unter deinen Werken. Denn ihnen, die ja nur Körper, wenn auch leuchtende, himmlische Körper sind, gehen deine geistigen Werke voran [1]. Aber auch nach diesen deinen ersten Werken hungerte und dürstete ich nicht, sondern nach dir selbst, du Wahrheit, an welcher ‚keine Veränderung, nicht der Schatten eines Wechsels ist'. Obendrein wurden mir in jenen Schüsseln glänzende Trugbilder vorgesetzt. Da tat man schon besser, diese Sonne zu lieben, die in Wahrheit unsern Augen scheint, als jene Hirngespinste eingebildeten Schauens. Dennoch, weil ich glaubte, du seiest es, aß ich davon, wenn auch ohne Begier. Denn was ich schmeckte, es glich nicht dir – was hast du auch mit solchen Phantastereien zu schaffen? – und ich ward nicht satt davon, nur hungriger und schwächer. Traumspeise ist ganz ähnlich den Speisen, die man wachend verzehrt, aber sie nährt die Schlafenden nicht. Sie träumen ja nur davon. Aber jene Gebilde waren dir, wie du jetzt zu mir sprichst, nicht im geringsten ähnlich, denn es waren Trugbilder von Körpern, Scheinkörper nur. Wirklicher als sie sind die himmlischen oder irdischen Körper, die wir mit leiblichen Augen sehen. Wir sehen sie gemeinsam mit den Vierfüßlern und Vögeln, und sie sind wirklicher, als stellten wir sie uns bloß vor. Wiederum haben größeren Wirklichkeitsgehalt die Nachbilder unserer Vorstellung als jene vermeintlich gewaltigeren, ja unermeßlichen Phantome, zu denen wir uns von ihnen ausgehend verirren. Sie sind überhaupt nichts. Mit solchen Nichtigkeiten wollte man mich damals nähren, aber sie gaben keine Nahrung. Du aber, meine Liebe, zu der ich aufblicke, hinschwindend in ‚Schwachheit, um stark zu sein', du bist nichts von dem, was wir an körperlichen Gestalten im Himmel oder auf Erden erblicken. Denn du hast es alles geschaffen, und es zählt nicht einmal zu deinen höchsten Werken. Wieviel ferner bist du jenen meinen Trugbildern, Phantomen von Körpern, die es überhaupt nicht gibt! Mehr Wirklichkeit haben die Vorstellungen [1] vorhandener Körper und noch mehr Wirklichkeit die Körper selbst. Auch sie sind nicht, was du bist. Aber auch Seele bist du nicht, die das Leben der Körper ist – als Leben der Körper besser und wirklicher als Körper –, sondern der Seelen Leben bist du, des Lebens Leben, ‚lebst in dir selber' und wandelst dich nicht, du, auch meiner Seele Leben!

Wo warest du mir damals? Ach, wie fern von mir! Fern von dir wanderte ich, sogar die Treber blieben mir hier versagt, mit denen ich die Schweine fütterte [2]. Wie viel besser waren doch die Fabeln der Grammatiker und Dichter als jener Schwindel! Denn Vers und Lied und Medeas Flug sind fraglos nützlicher als die fünf Elemente, verschieden gefärbt wegen der fünf Höhlen der Finsternis [3], die ja gänzlich unwirklich sind und dem, der dran glaubt, den Tod bringen. Denn Vers und Lied können auch zu wahrer Geistesnahrung dienen, und deklamierte ich vom Flug der Medea, so behauptete ich doch nicht, es sei wahr, und hörte ich über dies Thema anderer Deklamation, glaubte ich nicht daran. Jene Dinge aber glaubte ich, wehe mir, wehe! Was waren das für Stufen, auf denen man mich in Höllentiefen hinabführte, während ich mich abmühte und in Sehnsucht nach der Wahrheit verzehrte! Aber ich suchte dich, mein Gott – ich bekenne es dir, der du dich mein erbarmtest, eh' ich noch bekannte –, nicht mit der Klarheit des Geistes, die uns nach deinem Willen über die vernunftlosen Tiere erheben soll, sondern mit fleischlichem Sinne. Doch du warst innerlicher als mein Innerstes und überragtest meine höchste Höhe. Ich aber war jenem frechen und törichten Weibe, Salomos Rätselgestalt begegnet, die auf dem Stuhl in der Tür des Hauses sitzt und spricht: ‚Kommt und eßt mit Freuden das heimlich entwendete Brot und trinkt das gestohlene Wasser, denn es ist süß.' Sie hat mich verführt, denn sie fand mich draußen, dem fleischlichen Blick verhaftet und wiederkäuend, was ich durch ihn in mich geschlungen.

Ihre törichte Kritik an der Heiligen Schrift
Gottes ewiges Gesetz, das den Zeitverhältnissen sich anpaßt

Denn das andere, das wahrhaft und wirklich ist, kannte ich nicht, und es reizte meinen kindischen Scharfsinn, den törichten Betrügern beizufallen, wenn man mich fragte, woher das Böse stamme[1], ob Gott körperliche Gestalt besitze und Haare und Nägel habe, und ob man Leute für gerecht halten könne, die in Vielweiberei lebten, Menschen töteten und Tieropfer darbrachten[2]. Unwissend, wie ich war, wurde ich hierdurch verwirrt und bildete mir ein, der Wahrheit zu folgen, während ich ihr doch den Rücken kehrte. Denn ich hatte noch nicht begriffen, daß das Böse nichts anderes ist als Minderung des Guten, bis hin zu gänzlichem Nichtsein[3]. Doch wie hätte ich das auch einsehen können, ich, dessen leibliches Auge nur Körper, dessen Geist nur Trugbilder zu sehen vermochte? Ich wußte nicht, daß Gott Geist ist, keine Glieder hat, die lang und breit sich dehnen, daß er keine raumfüllende Masse ist. Denn eine Masse ist in ihren Teilen kleiner als im Ganzen, und ist sie unendlich, so ist ein abgemessener Teil von ihr kleiner als das unendliche Ganze selbst. Sie kann nicht überall ganz sein, wie der Geist, wie Gott. Was vollends in unserm eigenen Inneren ist, das, wonach wir geschaffen sind und worauf die Schrift mit den Worten hinweist «nach Gottes Ebenbild», so wußte ich davon nicht das Geringste.

Auch kannte ich nicht die wahre innere Gerechtigkeit, die nicht nach Gewohnheit urteilt, sondern nach dem untrüglichen Gesetz des allmächtigen Gottes, nach welchem sich bilden sollten die Sitten der Länder und Zeiten, wie es ebendiesen Ländern und Zeiten entspricht, während es selbst überall und immer dasselbe bleibt, nicht anders anderswo und zu anderer Zeit. Nach diesem Gesetz sind gerecht Abraham, Isaak und Jakob, Moses und David und all die anderen, die Gottes Mund gelobt. Ungerecht genannt werden sie nur von Unwissenden, die nach dem Brauch ‚eines menschlichen Gerichtstages urteilen' und die Sitten des ganzen Menschengeschlechtes mit dem beschränkten Maßstab ihrer eigenen Sitte messen. Das ist wie wenn einer, der von Waffenrüstung nichts versteht und nicht weiß, was für die einzelnen Glieder paßt, mit der Beinschiene sein Haupt bedecken und mit dem Helm sich stiefeln will und nun murrt, weil ihm das nicht gelingt; oder wie wenn einer darüber schilt, daß er eines Tages nach Ankündigung des nachmittäglichen Geschäftsschlusses nicht mehr Ware verkaufen darf, was er doch am Morgen noch durfte, oder darüber, daß in einem Hause ein Sklave Handarbeit[1] verrichtet, die der Mundschenk nicht verrichten darf, oder darüber, daß im Stall etwas geschieht, was im Speisezimmer verboten ist, und sich ärgert, daß in einem Hause und einer Familie nicht überall und von allen das gleiche getan werden soll. So machen es die, die sich entrüsten, daß in einem früheren Jahrhundert die Gerechten etwas tun durften, was ihnen in dem gegenwärtigen nicht erlaubt ist, daß Gott den einen dies befiehlt, den anderen bei veränderten Zeitverhältnissen etwas anderes, wo doch beide der gleichen Gerechtigkeit dienen. Müssen sie nicht einsehen, daß auch, wo es sich um einen und denselben Menschen, um einen einzigen Tag und ein einziges Gebäude handelt, für die einzelnen Glieder Verschiedenes sich schickt, manches erst erlaubt gewesen sein kann, was eine Stunde später nicht mehr erlaubt ist, dies oder das in dem einen Winkel gestattet oder geboten ist, was im andern verboten und gestraft wird? Ist deshalb die Gerechtigkeit selbst wechselnd und wandelbar? Nein, aber die Zeiten, über die sie herrscht, gehen verschiedene Wege. So sind nun einmal die Zeiten. Die Menschen aber, deren Leben auf Erden so kurz ist, bringen es in ihrer beschränkten Einsicht nicht fertig, die Lebensverhältnisse früherer Zeiten und fremder Völker, die sie nicht kennen, mit denen, die sie kennen, in Einklang zu bringen, obschon sie bei einem Leibe, einem Tage, einem Hause leicht begreifen, was jedem Gliede, jeder Tageszeit und den einzelnen Räumen und Personen zukommt. Darum nehmen sie dort Anstoß, während sie hier sich schicken.

Doch dies wußte ich damals nicht und gab nicht acht darauf. Obwohl es sich von allen Seiten meinen Blicken darbot, sah ich's nicht. Deklamierte ich Gedichte, durfte ich auch nicht jeden Versfuß nach Belieben setzen, sondern je nach dem Versmaß bald so, bald so, und in einem und demselben Verse nicht überall den gleichen Versfuß. Gleichwohl enthielt die Verskunst selbst, nach der ich deklamierte, nicht bloß diese oder jene Versart, sondern alle zugleich. Das sah ich wohl, aber konnte nicht begreifen, daß die Gerechtigkeit, der die guten und heiligen Männer dienten, noch weit vortrefflicher und erhabener alle ihre Vorschriften in sich vereinigt und, obwohl selbst niemals sich ändernd, dennoch zu verschiedenen Zeiten nicht alles zugleich, sondern stets wie es gerade paßt, anordnet und vorschreibt. So tadelte ich Blinder die frommen Väter, nicht nur wenn sie nach Gottes Geheiß und Eingebung ihren Zeitverhältnissen Rechnung trugen, sondern auch wenn sie, wie Gott es ihnen offenbart, die Zukunft vorausverkündeten.

Was allezeit böse ist

Könnte es etwa irgendwann oder irgendwo ungerecht sein, ‚Gott von ganzem Herzen, von ganzer Seele und von ganzem Gemüte und den Nächsten wie sich selbst zu lieben'? Ausgeschlossen! Ebenso sind widernatürliche Schandtaten, wie die Sodomiter sie sich zuschulden kommen ließen, überall und immer verabscheuenswert und strafbar. Selbst wenn alle Völker ihnen frönten, würde das göttliche Gesetz sie dem gleichen Schuldspruch verhaften, denn es hat die Menschen nicht dazu geschaffen, sich in dieser Weise zu mißbrauchen. Auch wird die Gemeinschaft, die uns mit Gott verbinden soll, zerstört, wenn die von ihm geschaffene Natur durch verderbtes Gelüst besudelt wird. Dagegen müssen Vergehen, die lediglich menschlichen Sitten widerstreiten, nur aus Rücksichtnahme auf deren Verschiedenheit gemieden werden. Denn die Lebensordnung, die in einem Staat oder Volk durch Gewohnheit oder Gesetz aufgerichtet ist, darf nicht durch das Gelüst eines Bürgers oder Fremden verletzt werden. Ein Teil, der sich dem Ganzen, zu dem er gehört, nicht einfügen will, ist ja widerwärtig. Wenn aber Gott etwas befiehlt, was der Sitte oder einer vereinbarten Ordnung widerspricht, so muß man es tun, auch wenn es an seinem Orte völlig neu sein sollte. Ist es in Wegfall gekommen, muß man's erneuern, ist es noch nicht eingeführt, muß man es jetzt einführen. Hat doch auch der König in einem Staat, den er beherrscht, das Recht, Befehle zu erteilen, die keiner vor ihm und auch er selbst bis dahin noch nicht erteilt hatte, und ist es doch auch nicht der Staatsordnung zuwider, ihm zu gehorchen – im Gegenteil, Ungehorsam wäre ordnungswidrig –, da Gehorsam gegen die Obrigkeit die Grundordnung aller menschlichen Gemeinschaft ist. Wieviel mehr hat Gott, der Beherrscher des Weltalls, dieses Recht! Jeden seiner Befehle muß man befolgen, da ist kein Zweifel erlaubt. Denn wie beim

Aufbau der Gewalten in einer Gemeinschaft die höhere Gewalt von der niederen Gehorsam fordern kann, so Gott von allen.

Dasselbe gilt auch von den Übeltaten[1], deren Wurzel die Lust zu schaden ist, sei es durch Schmährede, sei es durch Anwendung von Gewalt. Man tut dergleichen aus Rachsucht, wie Feind am Feinde sich rächt, oder um äußeren Vorteils willen, wie der Räuber einen Wanderer überfällt, oder um Schaden zu vermeiden aus Angst vor dem, der Übles zufügen könnte, oder aus Neid, der den Ärmeren gegen den Glücklicheren aufreizt und den Begünstigten treibt, den Nebenbuhler, der es ihm gleichtun möchte, zu fürchten, dem, der es ihm gleichtut, zu grollen, oder aus reiner Lust an fremdem Elend, wie die Zuschauer bei Gladiatorenkämpfen oder schadenfrohe Spötter sie empfinden. Das sind die Hauptsünden, die aus der Gier nach Herrschaft, Augenweide und fleischlichem Genuß erwachsen, sei es aus einer dieser Wurzeln, sei es aus zweien oder auch aus ihnen allen. Wer so lebt, verstößt gegen deine Gebote, die drei ersten und die sieben folgenden, den Psalter mit den zehn Saiten[2], dein Zehngebot, hocherhabener Gott, meines Herzens Wonne. Doch wie kann man an dir sich schändlich vergehen, der du unverletzlich bist, mit welcher Übeltat dich treffen, dem nichts schaden kann? Aber du strafst das Unrecht, das die Menschen sich selbst zufügen, denn auch wenn sie gegen dich sündigen, freveln sie wider ihre eigenen Seelen. Und immer betrügt ihre Bosheit sich selbst, mögen sie nun ihre eigene Natur, der du das Dasein und die Bestimmung gabest, verkehren und verderben, mögen sie beim Genuß erlaubter Dinge das Maß überschreiten oder in der Gier nach unerlaubten ‚den natürlichen Brauch in unnatürlichen verwandeln‘, mögen sie dadurch schuldig werden, daß sie mit Gedanken und Worten gegen dich wüten und ‚wider den Stachel löcken‘, oder mögen sie endlich die Schranken der menschlichen Gesellschaft durchbrechen und dreist an selbstgestifteten Verbindungen und Trennungen, je nachdem sie sich angezogen oder abgestoßen fühlen, ihre Freude haben. Das kommt, wenn man dich verläßt, dich, die Quelle des Lebens, den einen und wahren Schöpfer und Lenker des Weltalls, und in eigenwilligem Hochmut ein Teilstück liebt, ein Trugbild der Einheit. Daher ist's fromme Demut, wenn man zurückkehrt zu dir. Du aber reinigst uns von böser Gewohnheit, bist gnädig denen, die ihre Sünden bekennen, erhörst die Seufzer der Gebundenen und befreist uns von den Fesseln, in die wir uns selbst verstrickt. Wenn wir nur nicht die Hörner einer falschen Freiheit wider dich erheben, getrieben von Begier, mehr zu gewinnen, trotz der Gefahr, alles zu verlieren, wenn wir nur nicht unser eigen Gut heißer lieben als dich, aller Menschen höchstes Gut!

Gottes, nicht der Menschen Urteil gilt

Doch neben all den vielen Schandtaten, Übeltaten und anderen Vergehungen gibt es auch die Sünden der sittlich Fortschreitenden, die von guten Beurteilern zwar getadelt werden, wenn sie den Maßstab der Vollkommenheit anlegen, aber doch auch gelobt werden, wie man das grüne Kraut der Saat lobt, weil man sich Frucht davon verspricht [1]. Und es gibt auch manches, das wie Schandtat und Übeltat anmutet und doch keine Sünde ist, da es weder gegen dich, unseren Herrn und Gott verstößt noch gegen die Ordnung des Gemeinwesens, so wenn jemand Vorräte ansammelt, die zum Lebensunterhalt in harter Zeit dienen sollen, und es könnte so aussehen, als geschehe es aus Habsucht, oder wenn er kraft obrigkeitlicher Gewalt, mit der Absicht zu bessern, Strafen verhängt, und man könnte meinen, es mache ihm Freude, wehe zu tun. Denn viele Taten, die den Menschen verwerflich scheinen, billigt dein Urteil, vieles, was Menschen preisen, verdammt dein

Zeugnis, und oft genug legt eine Handlungsweise, von außen betrachtet, ein anderes Urteil nahe, als die Gesinnung des Täters und die uns undurchsichtige Zeitlage es erfordern. Wenn aber du plötzlich einen unvermuteten, unerwarteten Befehl gibst, wer dürfte dann zögern, ihn zu befolgen, magst du es auch einst verboten haben, magst du auch den Grund des Befehls zur Zeit verborgen halten, mag er auch gegen die Satzungen eines menschlichen Kreises verstoßen?[1] Ist doch nur die Gemeinschaft gerecht, die dir dient. Selig die wissen, daß du es geboten hast![2] Denn alles, was deine Diener tun, geschieht, um auszurichten, was die Stunde verlangt, oder aber vorauszuverkünden, was kommen wird.

Manichäische Absurditäten

Das alles wußte ich nicht und verspottete deine heiligen Diener und Propheten. Aber während ich sie verspottete, forderte ich deinen Spott heraus. Denn Schritt für Schritt ließ ich mich zu derartigen Torheiten verleiten, daß ich glaubte, die Feige weine, wenn man sie pflücke, samt ihrer Mutter, dem Baum, milchige Tränen[3]. Falls aber ein Heiliger[4] die Feige verzehre, die nicht er selbst, sondern fremde Freveltat gepflückt, hauche er beim Gebet, seufzend und aufstoßend, die in ihr enthaltenen Engel, vielmehr Teilchen Gottes, die er in sich hineingeschlungen, aus. Diese Teilchen des höchsten und wahren Gottes seien, hieß es, in jener Frucht gefesselt und würden nun durch Zähne und Magen eines auserwählten Heiligen erlöst[5]. Ich Elender bildete mir ein, man schulde den Früchten des Feldes mehr Mitleid und Erbarmen als den Menschen, für die sie doch wachsen. Hätte aber ein Hungriger, kein Manichäer, danach verlangt, so wäre, schien es mir, der ihm gereichte Bissen gleichsam zur Todesstrafe verdammt gewesen[6].

Der Mutter Tränen und Traum

Da hast du ‚von der Höhe herab deine Hand ausgestreckt und solch tiefer Finsternis meine Seele entrissen'. Denn es weinte um mich zu dir meine dir treu ergebene Mutter, mehr als sonst wohl Mütter ihrer Kinder leiblichen Tod beweinen. Denn da du ihr Glauben und Geist verliehen, sah sie den Tod meiner Seele, und du, Herr, hast sie erhört. Du hast sie erhört und ihre Tränen nicht verachtet, die ihren Augen entströmten und den Boden benetzten, wo immer sie betete. Ja, du hast sie erhört. Denn woher sonst wäre jener Traum gekommen, durch den du sie tröstetest, so daß sie einwilligte, wieder mit mir im gleichen Hause zusammen zu leben und Tischgemeinschaft zu halten? Aus Widerwillen und Abscheu vor meiner gotteslästerlichen Verirrung hatte sie sich nämlich dessen bereits geweigert[1]. Sie sah sich also im Traum auf einem hölzernen Richtscheit stehen, ganz in Kummer und Traurigkeit versunken. Da nahte sich ihr, heiter lächelnd, ein lichtstrahlender Jüngling und fragte sie, wie man zu fragen pflegt, wenn man Rat geben, nicht bloß Neugier befriedigen will, nach der Ursache der Traurigkeit und ihrer täglichen Tränen. Auf ihre Antwort, sie klage um mich, ihren verlorenen Sohn, hieß er sie ganz ruhig sein. Sie möge acht geben und zuschauen, wo sie selber sei, da stehe auch ich. Als sie nun aufblickte, sah sie mich tatsächlich neben ihr auf demselben Richtscheit[2] stehen. Woher nun dieser Traum? Deine Ohren waren ihrem Herzen nah, o du Gütiger, Allmächtiger, der du um jeden von uns dich kümmerst, als wäre er der Einzige, und um die ganze Menschheit, als wären's lauter Einzelne.

Woher ferner das, was ich jetzt erzählen will? Als sie mir ihr Traumgesicht mitgeteilt hatte und ich den Versuch machte, es in dem Sinne zu deuten, sie werde ohne Zweifel künftig einmal meinen Standpunkt teilen, erwiderte sie sogleich und ohne

Zögern: «Nein, nicht wurde mir gesagt: Wo er, da wirst du, sondern wo du, da wird auch er stehen.» Ich bekenne dir, Herr, was ich schon mehrfach ausgesprochen habe: Soweit ich mich erinnern kann, hat mich diese deine Antwort, die du mir durch meiner Mutter Mund gabest, die sich nicht durch meine so naheliegende falsche Deutung beirren ließ, sondern klar das Richtige erkannte – das ich selbst, bevor sie es ausgesprochen, nicht erkannt hatte –, damals hat mich, sage ich, diese Antwort mehr ergriffen als der Traum selbst, der der frommen Frau zum Trost in ihrem gegenwärtigen Kummer so lange vorher die künftige Freude ankündigte. Denn es folgten noch fast neun Jahre, in denen ich ‚im Schlamm der Tiefe' und den Finsternissen des Truges mich wälzte, zwar oft aufzustehen versuchte, aber nur um so tiefer hineinsank. Während dessen hörte jene Witwe, keusch, fromm und nüchtern, wie du sie liebst, nicht auf, in allen ihren Gebetsstunden zu dir um mich zu klagen, nunmehr bereits hoffnungsfreudiger, aber nicht lässiger zu weinen und zu seufzen. Wohl ‚kamen vor dein Angesicht ihre Bitten', doch ließest du noch weiterhin mich winden und mich vergraben in jener Finsternis.

Das Trostwort des Bischofs

Du gabest ihr damals noch eine andere Antwort, deren ich mich entsinne. Denn ich übergehe vieles, weil ich bald zu dem kommen möchte, was mir mehr am Herzen liegt, dir zu bekennen, und vieles habe ich auch vergessen. Du gabst sie ihr durch deinen Priester, einen in der Kirche aufgewachsenen, in deinen Schriften wohlbewanderten Bischof. Meine Mutter hatte ihn gebeten, er möge mich einer Unterredung würdigen, meine Irrtümer widerlegen, vom Bösen mir ab- und zum Guten mir zureden. Das tat sie nämlich auch sonst, wenn sie jemand fand, der hierzu taugte. Aber jener lehnte ab, und zwar wohlweislich, wie ich später eingesehen habe. Er antwortete, ich sei noch zu ungelehrig, berückt durch die Neuheit jener Ketzerei, wie sich darin zeige – sie selbst hatte ihm das mitgeteilt –, daß ich schon manche unerfahrene Christen mit spitzfindigen Fragen beunruhigt habe [1]. «Laß ihn nur», sagte er, «wo er ist, und bete für ihn zum Herrn. Er wird selbst durch Forschen zur Einsicht kommen und erkennen, in welch einem Irrtum er befangen und wie groß seine Gottlosigkeit ist.» Er erzählte ferner, er sei selbst von seiner verführten Mutter als kleiner Knabe den Manichäern übergeben worden und habe fast alle ihre Bücher nicht nur gelesen, sondern auch abgeschrieben. Aber ohne daß jemand mit ihm gestritten und ihn überführt habe, sei ihm aufgegangen, daß man jene Sekte fliehen müsse, und so sei er ihr entflohen. Als nun meine Mutter sich durch diese Worte nicht beruhigen lassen wollte, sondern fortfuhr, ihn mit reichlichen Tränen nur noch mehr zu bestürmen, er möge mich doch aufsuchen und mit mir reden, wurde er beinahe ärgerlich und sprach: «Geh weg, so wahr du lebst, ein Sohn so vieler Tränen kann nicht verloren gehen.» Sie aber nahm dies auf – im Gespräch mit mir hat sie oft dessen gedacht –, als sei es eine Stimme vom Himmel gewesen.

VIERTES BUCH

IRRTUM UND HERZELEID
ERSTER SCHRIFTSTELLERISCHER
VERSUCH

Ein erbärmliches Leben

Während dieser neun Jahre, von meinem 19. bis zum 28. Lebensjahr, lebte ich so dahin in mancherlei Lüsten, verführt und Verführer, betrogen und Betrüger. Öffentlich spielte sich's ab auf dem Felde der sogenannten freien Wissenschaft, heimlich [1] trieb ich's unter dem falschen Deckmantel der Religion, dort hochmütig, hier abergläubisch, immer und überall eitel und nichtig. Dort trachtete ich nach erbärmlicher Volksgunst, dem Beifallsklatschen der Bühne, dem Sieg im poetischen Wettkampf, rasch welkenden Ruhmeskränzen, nach Vergnügen an Theaterpossen und Befriedigung zuchtloser Begierden, hier suchte ich Reinigung von all diesem Schmutz, indem ich sogenannten Auserwählten und Heiligen Speise zutrug, daß sie mir daraus in der Werkstatt ihres Magens Engel und Götter bereiteten, die uns erlösen möchten [2]. Davon war ich hingenommen und betrieb es gemeinsam mit meinen wie ich und durch mich verführten Freunden. Mögen mich auslachen die Stolzen, die du, mein Gott, noch nicht zu ihrem Heil niedergeworfen und zerschlagen hast, ich will dennoch zu deiner Ehre meine Schmach bekennen. Laß mich, ich flehe dich an, in der lebendigen Erinnerung des heutigen Tages meinen einstigen Irrgängen nachgehen und dir ‚darbringen das Opfer des Jubelgesangs'. Denn was bin ich ohne dich? Ein Führer ins eigene Verderben! Und was bin ich, wenn es wohl um mich steht? Ein Kindlein, das deine Milch saugt und als unvergängliche Speise genießt – dich selbst. Und was ist der Mensch, wer er auch sei? Nichts als ein Mensch. Mögen die Starken und Mächtigen über mich lachen! Ich bin schwach und arm und will dir bekennen.

Anzeichen edleren Sinns

Ich lehrte in jenen Jahren die Redekunst und bot, selbst von Begierde besiegt, siegreiche Geschwätzigkeit feil. Gleichwohl wollte ich gern, du weißt es, Herr, gute Schüler haben – was man so gute Schüler nennt – und unterwies sie ohne Trug in den Künsten des Trugs, nicht daß sie sich ihrer zum Schaden Unschuldiger, aber doch wohl gelegentlich zum Vorteil Schuldiger bedienten. Und du, Gott, sahest von ferne zu, wie mein Glaube auf schlüpfrigem Wege glitt, mein Glaube, dessen Funken unter dichtem Rauche noch glimmten und den ich in meinem Lehramt denen, ‚die das Eitle lieb und die Lüge gern hatten‘, selbst nicht anders als sie, darbot. In jenen Jahren lebte ich mit einem Weibe zusammen, dem ich nicht in sogenannter gesetzmäßiger Ehe verbunden war, sondern das schweifende, törichte Liebesglut mir aufgespürt hatte. Doch war es nur die eine, und ich wahrte ihr die Treue[1]. Hier sollte ich nun durch eigene Erfahrung lernen, welch ein Unterschied ist zwischen einem Ehebund, den man zum Zweck der Kindererzeugung schließt, und einer durch ungeregelte Liebesleidenschaft gestifteten Verbindung, wo auch wohl Kinder geboren werden, aber gegen Wunsch und Willen, mögen sie auch, wenn sie geboren sind, die Eltern zur Liebe zwingen.

Als ich mich damals um den für eine dramatische Dichtung ausgesetzten Preis bewarb, fragte, wie ich mich erinnere, ein Wahrsager bei mir an, welchen Lohn ich ihm zahlen wollte, wenn er mir zum Siege verhülfe. Ich aber, voll Widerwillen und Abscheu gegen solch schwarze Zauberkünste[2], gab ihm zur Antwort, wenn auch ein Kranz von unvergänglichem Golde mir winkte, ließe ich doch für meinen Sieg nicht eine

Fliege töten. Denn jener hätte bei seinen Opfern Tiere geschlachtet und mir, so glaubte ich, durch solche Ehrengaben die Gunst der Dämonen zuwenden wollen. Doch auch diesen Greuel wies ich nicht zurück aus frommer Scheu vor dir, ‚meines Herzens Gott'[1]. Denn dich zu lieben verstand ich damals noch nicht, da mein Verstand sich nur stofflichen Lichtglanz vorzustellen vermochte. Eine Seele aber, die solchen Hirngespinsten nachjagt, wendet sie sich nicht unkeusch ab von dir, traut auf Trug und ‚weidet Winde'? Ach, ich wollte nicht für mich den bösen Geistern opfern lassen und brachte mich doch selbst durch jenen abergläubischen Wahn ihnen zum Opfer dar. Denn «Winde weiden», was könnte anders damit gemeint sein, als bösen Geistern zur Weide dienen, das heißt, ihnen in seiner Verirrung ein Gegenstand der Lust und des Gelächters sein?

Er läßt sich vom Irrwahn der Astrologie nicht abbringen

So trug ich denn auch kein Bedenken, jene Gaukler, die man Mathematiker nennt[2], um Rat zu fragen, da sie keine Opfer darbrachten und keine Bitten an irgendwelche Geister richteten, die Zukunft zu enthüllen. Doch auch dies muß wahre christliche Frömmigkeit durchaus verwerfen und verdammen. Denn gut ist es, dir, Herr, zu bekennen und zu sprechen: ‚Sei mir gnädig, heile meine Seele, denn ich habe an dir gesündigt', nicht zu dreistem Sündigen deine Nachsicht zu mißbrauchen, sondern des Herrenwortes zu gedenken: ‚Siehe, du bist gesund geworden; sündige hinfort nicht mehr, daß dir nicht etwas Ärgeres widerfahre.' Doch diese Gesundung wollen jene vereiteln, die sprechen: «Unwiderstehlich kommt dir vom Himmel der Zwang zur Sünde», oder «Venus ist daran schuld oder Mars oder Saturn». Dann ist also der Mensch, Fleisch und Blut und hochmütige Fäulnis, schuldlos, schuldig aber der Schöpfer und Lenker des Himmels und der Gestirne, er, der doch kein anderer ist als unser Gott, unsere Wonne und Quelle der Gerechtigkeit, er, von dem es heißt: ‚Du vergiltst einem jeden nach seinen Werken' und ‚ein geängstet und zerschlagen Herz wirst du, Gott, nicht verachten.'

Es lebte damals ein gescheiter, in der ärztlichen Kunst wohl bewanderter, ja hochangesehener Mann, der mir als Prokonsul mit eigener Hand den Siegeskranz in jenem Wettstreit aufs kranke Haupt gedrückt hatte, freilich nicht als Arzt[1]. Denn diese Krankheit kannst du allein heilen, der du den Hoffärtigen ‚widerstehst, aber den Demütigen Gnade gibst'. Doch hast du es nicht unterlassen, mir auch durch jenen Greis Beistand zu leisten und meiner Seele Heil zu wirken. Ich war nämlich näher mit ihm bekannt geworden und lauschte fleißig und aufmerksam seinen Gesprächen, die ohne schönrednerischen Prunk lebhaft, gedankenreich, ansprechend und gewichtig waren. Als dieser aus Unterredungen mit mir ersehen hatte, daß ich den Schriften der Horoskopsteller ergeben sei, mahnte er mich gütig und väterlich, ich möge sie wegwerfen und Sorge und Mühe, die man nützlicher Beschäftigung schulde, nicht zwecklos auf solchen Wahn verschwenden. Er sagte, auch er habe sich einst damit abgegeben, und zwar so angelegentlich, daß er in jungen Jahren seinen Lebensberuf darauf habe gründen wollen, und da er den Hippokrates[2] verstanden, hätte er auch jene Schriften wohl verstehen können. Trotzdem habe er sie später beiseite getan und sich der Medizin zugewandt, aus keinem anderen Grunde, als weil er sie durch und durch verkehrt befunden und als ernster Mann es verschmäht habe, durch Betrügerei seinen Lebensunterhalt zu erwerben. «Du aber», sprach er, «betreibst als Beruf, der dich ernährt, die Redekunst und widmest dich jener Scheinwissenschaft nicht um Erwerbs willen, sondern aus bloßem Interesse. Um so mehr solltest du mir glauben, was ich dir davon sage, da ich, der ich ein Brotstudium daraus machen wollte, mich aufs eingehendste damit befaßt habe.» Als ich ihn dann fragte, woher es komme, daß auf diese Weise doch oft Künftiges richtig vorausgesagt werde, antwortete er, so gut er konnte, das bringe wohl das Ahnungsvermögen so mit sich, das überall in der Natur anzutreffen sei. Geschehe es doch oft, daß jemand, der Rat suche, das Buch eines Dichters aufschlage, der ganz etwas anderes singe und sage, und ihm dann doch ein Vers in die Augen springe, der wunderbar zu seinem Anliegen stimme [1]. So sei es auch nicht verwunderlich, wenn aus der menschlichen Seele, die selbst nicht wisse, wie ihr geschehe, durch höhere Eingebung in Kraft jenes Ahnungsvermögens und nicht mittels irgendeiner Kunst bisweilen ein Orakelspruch ertöne, der zur Lage und zum Tun des Ratfragenden passe.

Das war es, was du mir von ihm oder durch ihn zukommen ließest, und so hast du in meinem Gedächtnis für eigene spätere Forschungen den Weg bereitet. Damals aber konnte weder er noch mein liebster Freund Nebridius, ein ungemein trefflicher und reiner Jüngling, der diesen ganzen Weissagungsschwindel verlachte, mich überreden, davon abzulassen. Denn das Ansehen jener Schriftsteller machte auf mich stärkeren Eindruck, und noch hatte ich keinen sicheren Beweis, wie ich ihn suchte, gefunden, der mir unwiderleglich gezeigt hätte, daß die Wahrheit jener Weissagungen vom Zufall oder Ahnungsvermögen, aber nicht von der Kunst der Sterngucker herrührt.

Krankheit, Taufe und Tod des liebsten Freundes · Liebesgram

In jenen Jahren, da ich zuerst in meiner Vaterstadt mit meiner Lehrtätigkeit begann [2], hatte ich einen gleichaltrigen und wie ich in frischer Jugend blühenden Freund gewonnen, der mir in der Gemeinschaft gleichen wissenschaftlichen Strebens allzulieb geworden war. Wir waren zusammen aufgewachsen, gemeinsam zur Schule gegangen und Spielgefährten gewesen.

Aber damals war er mir noch nicht so befreundet wie nunmehr. Freilich auch jetzt war es keine wahre Freundschaft, die ja nur da besteht, wo du Menschenseelen miteinander innig verbindest durch die ‚Liebe, die ausgegossen ist in unser Herz durch den Heiligen Geist, der uns gegeben ist'. Dennoch war sie uns süß, gereift in der Sonnenwärme gemeinsamen Strebens. Denn auch vom wahren Glauben, den er als Jüngling sich noch nicht aufrichtig und gründlich zu eigen gemacht, hatte ich ihn zu den abergläubischen und verderblichen Wahnideen verleitet, derenthalben meine Mutter um mich trauerte. Mit mir ging er nun in die Irre, und ich konnte ohne ihn nicht leben. Und siehe, schon standest du drohend hinter den Flüchtlingen, du ‚Gott der Rache' und Quell des Erbarmens, der du wundersam zu dir uns zu bekehren weißt. Sieh, du hast ihn aus diesem Leben weggerafft, als kaum ein Jahr unserer Freundschaft verstrichen war, einer Freundschaft mir so süß wie sonst nichts auf Erden.

Wer vermöchte es aufzuzählen, was Preiswürdiges du getan, und dächte er auch nur an das, was er im eigenen Leben erfahren? Auch damals, mein Gott, wie unergründlich war der Abgrund deiner Gerichte! Denn es geschah, als jener an hohem Fieber erkrankte und lange besinnungslos im Todesschweiß dalag, so daß man an seiner Genesung verzweifelte, da ward er ohne sein Wissen getauft [1]. Ich kümmerte mich nicht darum, bildete mir auch ein, er werde sich mehr an das halten, was ich ihn gelehrt, als an dies doch nur äußerliche, ihm selber unbewußte Geschehnis. Aber es kam ganz anders. Denn er erholte sich und genas, und als ich zum ersten Mal wieder mit ihm sprechen konnte – das konnte sogleich geschehen, als er selbst wieder zu sprechen imstande war; denn ich wich nicht von seiner Seite, da wir so innig aneinander hingen – fing ich an vor ihm spöttische Reden zu führen, in der Annahme, auch er werde mit mir über seine Taufe lachen, die er völlig geistesabwesend empfangen hatte [1]. Daß er sie empfangen, hatte er nämlich bereits vernommen. Da aber schrak er vor mir zurück, als wäre ich sein Feind, und bat mit unerwartetem, erstaunlichem Freimut, wenn ich ferner sein Freund sein wolle, möge ich solche Reden unterlassen. Ich aber, bestürzt und verwirrt, zügelte meine Erregung und wollte warten, bis er seine Gesundheit und volle Kraft wiedererlangt haben würde, um dann mit ihm hierüber mich weiter in meinem Sinn auseinanderzusetzen. Aber er ward meiner Torheit entrissen, um bei dir zu meinem Troste ewig aufbewahrt zu werden. Denn wenige Tage später, während ich abwesend war, kehrte das Fieber zurück, und er starb.

Wie wurde damals mein Herz von Gram verdüstert! Wohin ich auch blickte, überall begegnete mir der Tod. Die Vaterstadt ward mir zur Pein, das elterliche Haus zu unsagbarem Elend. Woran ich einst mit ihm gemeinsam mich gefreut, ohne ihn verkehrte es sich zur Folterqual. Überall suchten ihn meine Augen und fanden ihn nicht. Alles war mir verhaßt, weil er fehlte und nichts mir sagen konnte: Da kommt er! wie früher, wenn er fort gewesen war und zurück erwartet wurde. Ich ward mir selbst zu einem großen Rätsel und fragte meine Seele, ,warum sie sich betrübe und so unruhig sei in mir', aber sie konnte keine Antwort geben. Und wenn ich ihr zusprach: ,Hoffe auf Gott', gehorchte sie nicht. Und das mit Recht, denn wahrer und wertvoller war doch der Mensch, der Liebling, den sie verloren, als das Hirngespinst, auf das sie hoffen sollte. Nur das Weinen war mir noch süß, die einzige Wonne, die auf die Wonnen der Freundschaft folgte.

Warum sind Tränen süß?

Nun, Herr, das alles ist längst vergangen, und die Zeit hat den Schmerz der Wunde gelindert. Darf ich jetzt von dir hören, der du die Wahrheit bist, und meines Herzens Ohr deinem Munde nähern, daß du mir sagest, warum Tränen so süß sind den Traurigen? Oder ist, trotz deiner Allgegenwart, unser Elend zu weit abgerückt von dir, und du bleibst unbewegt in deiner Ruhe, während uns die schweren Prüfungen umtreiben? Doch dränge nicht unser Weinen hinauf zu deinen Ohren, uns bliebe nichts zu hoffen übrig. Wie kommt es denn, daß man von der Bitternis des Lebens süße Frucht sich pflückt, nämlich Seufzen und Tränen, Stöhnen und Klagen? Ist vielleicht nur dies uns süß, daß wir hoffen, du werdest uns erhören? So ist's in der Tat beim Beten, da es sich sehnt, vor dich zu kommen. Doch so war es nicht bei dem Schmerz über meinen Verlust und der Trauer, die mich niederdrückte. Denn keine Hoffnung hatte ich, er könnte wieder aufleben, bat auch nicht darum mit meinen Tränen, sondern trauerte und weinte nur. Denn elend fühlte ich mich und hatte meine Freude verloren. Ist etwa das Weinen an sich bitter und freut uns nur, weil das andere, das wir einst genossen, uns nun zum Überdruß und Abscheu geworden ist?

Des Schmerzes Leidenschaft · Todesfurcht

Doch wozu das? Jetzt ist's nicht die Zeit zu grübeln, sondern dir zu bekennen. Elend war ich, und elend ist jede Seele, die von der Liebe zu den vergänglichen Dingen gefesselt und dann zerrissen wird, wenn sie sie verliert. Denn dann fühlt sie ihr Elend, das doch schon vor dem Verluste auf ihr gelastet. So stand es damals mit mir. Ich weinte bitterlich und versenkte mich in Bitterkeit. So elend war ich und hatte doch mein elendes Leben lieber noch als meinen Freund. Denn anders wünschte ich es mir wohl, doch hätte ich es keineswegs eher hingegeben als ihn. Ich weiß auch nicht, ob ich es für ihn geopfert hätte, wie von Orestes und Pylades erzählt wird – wenn's nicht bloß eine Fabel ist –, die gewillt waren, füreinander zu sterben, weil ein Ende ihrer Lebensgemeinschaft sie schrecklicher deuchte als der Tod. Aber dagegen sträubte sich in mir heftig ich weiß nicht welch ein anderes Gefühl, und übergroß wie der Lebensüberdruß war auch meine Todesfurcht. Ich glaube, je mehr ich den Freund liebte, um so mehr haßte und fürchtete ich den Tod, der ihn mir entrissen, als meinen grimmigsten Feind, und wähnte, er möge wohl unversehens alle Menschen wegraffen, weil er ihn wegraffen konnte. So war ich damals, ich erinnere mich deutlich. Ja, das war mein Herz, das mein innerstes Fühlen. Sieh es an, mein Gott, wie auch ich mich daran erinnere, du, meine Hoffnung, der du mich reinigst von der Unreinheit solcher Leidenschaften, der du meine Augen auf dich richtest und ‚meine Füße aus dem Netze ziehst'. Ich wunderte mich, daß andere sterbliche Menschen noch lebten, da doch der eine gestorben war, den ich geliebt hatte, als könne er nie sterben, und noch mehr nahm's mich wunder, daß ich selbst, sein anderes Ich, noch leben konnte, wo er tot war. Treffend hat einmal jemand seinen Freund die Hälfte seiner Seele [1] genannt. Auch ich empfand es so, als wäre meine und seine Seele nur eine Seele in zwei Leibern [2] gewesen. So ward mir grauenhaft das Leben, weil ich nicht als halber Mensch leben wollte, und vielleicht hatte ich darum solche Angst vor dem Tode, weil ich fürchtete, stürbe auch ich, dann würde er, den ich so sehr geliebt, ganz und gar hinsterben [3].

Ruhelosigkeit · Flucht nach Karthago

O Torheit, die nicht menschlich die Menschen zu lieben weiß! O wie töricht ein Mensch, der über menschliches Geschick maßlos trauert! So war ich damals. Es wogte in mir, ich seufzte, weinte und war zerrüttet; da war keine Ruhe und kein Rat. Ich trug in mir meine zerrissene, blutende Seele, die es nicht leiden wollte, daß ich sie trug. Aber ich fand keine Ruhestatt für sie. Nicht in lieblichen Hainen, nicht bei Spiel und Gesang, nicht da, wo Wohlgerüche strömen, nicht bei üppigen Gelagen, nicht in nächtlichen Liebesgenüssen, auch nicht bei Büchern und Dichtungen, nirgends gab es Ruhe. Alles stieß mich ab, selbst das Tageslicht; alles außer ihm allein war übel und widerwärtig, nur nicht Geseufz und Tränen. Darin allein fand die Seele ein wenig Ruhe. Sobald sie aber anderem sich zuwandte, drückte mich die schwere Bürde des Elends wieder zu Boden. Zu dir hätte ich meine Seele erheben sollen, daß sie Heilung finde. Das wußte ich wohl, aber ich wollte es nicht und konnte es auch nicht, um so weniger, als du mir damals, wenn ich über dich nachdachte, noch nichts Zuverlässiges und Festes warst. Nicht du warst es, sondern ein eitles Trugbild, ja, mein Irrwahn das war mein Gott. Suchte ich da meine Seele zur Ruhe zu betten, glitt sie ins Leere und fiel auf mich zurück. So blieb ich wie ich war, eine Stätte des Jammers, wo ich es nicht aushalten, von wo ich doch auch nicht fortgehen konnte. Denn wohin sollte wohl mein Herz vor meinem eigenen Herzen fliehen? Wohin ich mir selbst entfliehen? Wohin wäre ich nicht nachgekommen? Gleichwohl floh ich hinweg aus meiner Vaterstadt. Denn meine Augen suchten den Freund dort weniger, wo sie nicht gewohnt waren, ihn zu sehen. So kam ich von Thagaste nach Karthago.

Die Zeit lindert, neue Freundschaft erquickt

Nicht müßig sind die Zeiten, nicht fruchtlos rollen sie dahin im Strombett unserer Sinneswahrnehmung; Wundersames wirken sie im Gemüte. Siehe, sie kamen und gingen vorüber von einem Tag zum anderen, und im Kommen und Vorübergehen säten sie in meine Seele neues Hoffen und Erinnern. Zu den altgewohnten Vergnügungen führten sie mich allmählich zurück. Mein Schmerz mußte ihnen weichen. Aber folgten auch nicht neue Schmerzen sogleich den alten, so doch Ursachen zu neuen Schmerzen. Denn wie hätte jener Schmerz so leicht, so tiefinnerlich mich durchdringen können, wenn ich nicht gleichsam meine Seele in den Sand geschüttet hätte, da ich einen Sterblichen, als sei er unsterblich, liebte? Am meisten stärkten und erquickten mich die Tröstungen anderer Freunde, mit denen ich liebte, was ich statt deiner liebte, nämlich das ungeheuerliche Truggebilde, das lange Lügengewebe, dessen buhlerischer Reiz unsere Ohren kitzelte und unseren Geist verdarb[1]. Dieser Trug aber starb nicht, wenn mir einer meiner Freunde starb. Es gab freilich auch noch anderes, was beim Verkehr mit ihnen meine Seele fesselte. Was war's? Miteinander plaudern und lachen, sich gegenseitig Gefälligkeiten erweisen, gemeinsam schöngeistige Bücher lesen, einander bald necken, bald Achtung bezeugen, bisweilen Meinungsverschiedenheiten austragen, aber ohne Haß, wie man ja auch wohl mit sich selber uneins ist, durch den nur selten vorkommenden Streit die sonst meist bestehende Übereinstimmung würzen, einander belehren und voneinander lernen, die Abwesenden schmerzlich vermissen, die Rückkehrenden freudig begrüßen, durch solche und ähnliche Zeichen, wie sie in Liebe und Gegenliebe, durch Kuß, Rede, Blicke und tausend freundliche Gebärden sich kundtun, die Herzen in Glut versetzen und die vielen zur Einheit verschmelzen[2].

Wer nur Gott zum Freunde hat

Das ist's, was man an Freunden liebt und dermaßen liebt, daß man sich Gewissensvorwürfe machte, wollte man nicht Liebe mit Gegenliebe, Gegenliebe mit Liebe vergelten, wollte man vom andern noch Greifbareres verlangen als solche Beweise des Wohlwollens. Daher diese Trauer, wenn einer stirbt, diese Finsternis des Jammers, dies Siechtum des Herzens, dessen Wonne in Bitterkeit verkehrt ist, aus dem hingestorbenen Leben der Abgeschiedenen entspringend dieses Todesweh der Überlebenden. Selig, wer dich liebt, in dir seinen Freund und um deinetwillen auch den Feind! Er allein verliert keinen, der ihm lieb ist, da er alle in dem Einen liebt, der nie verloren gehen kann. Kein anderer ist's als unser Gott, der Gott, der Himmel und Erde geschaffen hat und sie erfüllt. Schaffen aber und erfüllen ist eins. Dich verliert nur, wer dich verläßt. Und wenn er dich verläßt – wohin geht, wohin sonst flieht er, wenn nicht von deiner Huld zu deinem Zorn? Denn überall findet er in seiner Strafe dein Gesetz. Und ,dein Gesetz ist Wahrheit', und die Wahrheit bist du.

Vergängliches soll man nicht lieben

Herr der Heerscharen, ,bekehre uns, laß leuchten dein Angesicht, so genesen wir'. Denn wohin sich auch wenden mag des Menschen Seele, wendet sie sich nicht zu dir, bleibt sie hängen an Schmerzen, hängte sie sich auch an noch so schöne Dinge, wie sie außer dir und ihr irgendwo sein mögen. Doch es gäbe gar keine, wären sie nicht von dir. Sie entstehen und vergehen. Mit ihrer Entstehung beginnt ihr kreatürliches Sein [1], dann wachsen und reifen sie. Sind sie gereift, altern sie und sterben. Nicht alles wird alt, aber alles muß sterben. Was so entsteht und zu sein trachtet, je schneller es seinshungrig wächst, um so mehr eilt es dem Nichtsein entgegen. Das ist das Los der Erdendinge. Nur Teilstücke zu sein, hast du ihnen verliehen. Nicht gleichzeitig, sondern nacheinander kommend und gehend bilden sie das Weltall, dessen Teile sie sind. So bildet sich auch unsere Rede aus tönenden Zeichen. Sie könnte nichts Ganzes sein, wenn nicht ein jedes Wort, sowie es erklungen ist, abträte und einem andern Platz machte. Es preise dich, Gott, Schöpfer des Alls, um ihretwillen meine Seele, doch soll sie nicht liebend in sinnlicher Begier an ihnen kleben. Denn sie gehen, wohin sie immer gingen, dem Nichtsein entgegen, erwecken unheilvolle Wünsche und zerreißen die Seele. Denn die Seele will sein und Ruhe finden in dem, was sie liebt. In ihnen aber findet sie keine, denn sie haben nicht Bestand. Sie entfliehen, und wer könnte ihnen mit den Sinnen des Fleisches folgen, ja, wer wirklich sie fassen, selbst wenn sie zugegen sind? Träge ist des Fleisches Sinn, denn fleischlich ist er. Das ist seine Weise. Mag er anderes leisten, wozu er geschaffen ist. Was vom vorbestimmten Anfang bis zum vorbestimmten Ende flüchtig dahineilt, dies festzuhalten vermag er nicht. Denn dein Wort, das sie erschafft, ruft ihnen zu, und sie vernehmen's: Hier fangt an, dort hört auf!

Alles Irdische vergeht, Gott bleibt

Sei nicht eitel, meine Seele, laß des Herzens Ohr nicht betäuben vom Lärm deiner Eitelkeit. Höre auch du! Das Wort selbst ist es, das dich zur Umkehr ruft. Dort ist die Stätte unwandelbarer Ruhe, wo nichts der Liebe entschwindet, wenn sie nicht selber schwindet. Sieh, jene Dinge gehen dahin und andere müssen folgen, daß aus all seinen Teilen das Weltall hienieden sich erbaue. Aber Gottes Wort spricht: Was meinst du, entschwinde wohl auch ich? Nein, bei ihm schlag deine Wohnung auf, befiehl ihm, meine Seele, so müde von all dem Trug, was du von ihm empfingest. Befiehl der Wahrheit, was von der Wahrheit du empfangen hast, so wirst du nichts verlieren. Neu aufblühen wird, was dir schon faulen wollte, und genesen wirst du von all deinen Gebrechen. Was hinfällig war an dir, wird aufgerichtet, erneuert und fest mit dir verbunden werden, und es wird dich nicht herabziehen, wenn es hinsinkt [1]. Vielmehr nun wird es mit dir stehen und verharren bei dem Gott, der ewig steht und beharrt.

Wie kannst du nur, verführte Seele, deinem Fleische folgen? Kehre um, so wird es dir folgen. Was du fleischlich wahrnimmst, ist Stückwerk. Das Ganze bleibt dir verborgen, an dessen Teilen, die du allein vor Augen hast, du dich gleichwohl erfreust. Aber auch wenn deines Fleisches Sinn imstande wäre, das Ganze zu fassen, wenn er nicht selbst dir zur Strafe in einem Teil des Universums die ihm zukommende beschränkte Rolle spielen müßte, würdest du wollen, daß das heute Gegenwärtige vorüberginge und du am All um so größere Freude habest. Auch die Worte, die man spricht, vernimmst du ja mit demselben Fleischessinn und willst nicht, daß die Silben stehen bleiben, sondern dahin eilen und anderen Platz machen, damit du das Ganze vernehmest. So ist's immer mit allen Teilen, daraus ein Ganzes besteht. Die Teile, aus denen es besteht, können nicht alle zugleich sein. Alle zusammen, wenn man sie in ihrer Gesamtheit wahrnehmen kann, erfreuen mehr als die einzelnen. Aber hoch über ihnen steht, der sie alle gemacht hat, er selbst, unser Gott, der nicht entweicht, weil nichts an seine Stelle treten kann.

Die Gottesliebe · Gott selbst in Christus ruft dazu auf

Sind es körperliche Gebilde, die dir gefallen, so lobe Gott um ihretwillen und wende deine Liebe ihrem Schöpfer zu, auf daß du nicht im Wohlgefallen an ihnen selbst mißfällig werdest. Gefallen dir Seelen, so liebe sie in Gott, denn auch sie sind wandelbar. Nur in ihm festgewurzelt haben sie Bestand, sonst gehen sie dahin und zugrunde. Liebe sie in ihm und ziehe so viele du kannst mit dir zu ihm empor. Sprich zu ihnen: Laßt uns ihn lieben, ja, ihn lieben, denn er hat all dies geschaffen und ist nicht fern. Denn er schuf nicht und ging davon, sondern aus ihm und in ihm ist alles. Siehe, da ist er, wo man die Wahrheit schmeckt. Im innersten Herzen ist er, doch das Herz ist abgeirrt von ihm. ‚So kehrt zurück, ihr Abtrünnigen, zu eurem eigenen Herzen' und hanget an dem, der euch geschaffen hat![1] Steht zu ihm, so werdet ihr fest stehen, ruht in ihm, so werdet ihr ruhig sein. Was lauft ihr in die Wildnis? Ach, wohin lauft ihr? Das Gute, das ihr liebt, kommt von ihm, aber gut und süß ist's nur, wenn man es in ihm genießt. Sonst wird es bitter, und das mit Recht, denn unrecht hat, wer die Gabe liebt und den Geber verläßt. Was soll's, daß ihr fort und fort die beschwerlichen und mühseligen Wege wandelt? Da ist nicht Ruhe, wo ihr sie sucht. Sucht immerhin, was ihr sucht, aber wißt: Es ist nicht da, wo ihr's sucht. Ihr sucht das selige Leben im Gefilde des Todes. Da ist es nicht. Wie könnte seliges Leben sein, wo gar kein Leben ist?

Herabgestiegen kam in diese Welt, er, der selbst unser Leben ist, nahm unseren Tod auf sich und tötete ihn aus der Überfülle seines Lebens. Mit Donnerlaut rief er uns, heimzukehren zu ihm in jenes Heiligtum, aus dem er einst hervortrat und zu uns kam und einging in der Jungfrau Leib, wo sich ihm die menschliche Natur vermählte, sterbliches Fleisch, das nicht immer sterblich bleiben sollte. Und von da ‚ging er hervor wie ein Bräutigam aus seiner Kammer, frohlockend wie ein Riese zu laufen seinen Weg'. Denn er zögerte nicht, sondern lief und rief mit Worten und Taten, durch Tod und Auferstehung, durch Höllen- und Himmelfahrt, rief uns heim zu sich. Und er entschwand den Augen, damit wir den Weg zurück zum Herzen gehen und ihn dort finden möchten. Er entschwand und siehe, da ist er. Er wollte nicht lange bei uns bleiben und hat uns doch nicht verlassen. Denn dorthin ist er entschwunden, von wo er niemals sich entfernt[2]. ‚Denn die Welt ist durch ihn gemacht, und er war in der Welt und ist in die Welt gekommen, die Sünder selig zu machen.' Ihm bekennt meine Seele, und ‚er heilt sie, denn an ihm hat sie gesündigt'. Ihr ‚Menschenkinder, wie lange zieht euch euer Herz herab'? Wollt ihr nun nicht, da euer Leben herniederstieg, aufsteigen und leben? Doch wie könnt ihr aufsteigen, wenn ihr hoch einherfahrt und ‚vom Himmel herab euer Mund redet'? Steigt hernieder, daß ihr aufsteigen möget, aufsteigen zu Gott, denn ihr seid herabgefallen, als ihr Gott zuwider aufsteigen wolltet. Sag ihnen das, daß ihre Tränen fließen im ‚Tränental', und zieh sie so mit dir empor zu Gott, denn aus seinem Geiste sagst du es ihnen, wenn du's ihnen sagst, brennend vom Feuer der Liebe[1].

Die Erstlingsschrift über das Schöne und Passende

Doch das wußte ich damals noch nicht, liebte nur das niedere Schöne, durchwandelte die Tiefe und sprach zu meinen Freunden: «Ist's nicht das Schöne allein, das wir lieben? Was ist nun schön, und was ist Schönheit? Was ist es, das uns an Dingen, die wir lieben, lockt und fesselt? Besäßen sie nicht Zierde und Wohlgestalt, könnten sie uns unmöglich anziehen.» Und ich prüfte und sah, daß bei Körpern zweierlei zu unterscheiden ist, ein Ganzes, das wir schön nennen, und etwas, das darum gefällt, weil es einem andern angepaßt ist, wie der Körperteil dem ganzen Körper oder der Schuh dem Fuß und dergleichen. Diese Betrachtung brachte mein Herz in Wallung und ließ es überströmen. So schrieb ich über das Schöne und das Passende, ich weiß nicht mehr, waren es zwei oder drei Bücher. Du weißt es, Gott, denn mir ist's entfallen. Ich besitze sie nicht mehr, sie sind mir, ich weiß nicht wie, verlorengegangen.

Die ehrgeizige Widmung, und wie es zu ihr kam

Was aber war's, das mich bewog, Herr, mein Gott, diese Bücher dem Hierius[2], einem Redner in Rom, zu widmen? Ich kannte ihn persönlich nicht, hatte den Mann aber wegen des weit verbreiteten glänzenden Rufes seiner Gelehrsamkeit lieb gewonnen, auch einige Aussprüche von ihm gehört, die mir gefallen hatten. Noch mehr gefiel er mir, weil er andern gefiel, die ihn anstaunten und mit Lob überschütteten, weil er, ein Syrer und zuerst in griechischer Beredsamkeit ausgebildet, nachher auch in lateinischer Sprache bewundernswerte Redegewandtheit erlangt hatte und auf allen Gebieten philosophischen Wissens aufs beste beschlagen war. So lobte man ihn, und so ward er aus der Ferne geliebt. Kommt wohl vom Munde des Lobenden die Liebe ins Herz dessen, der das Lob vernimmt? O nein. Vielmehr an des einen Liebe entzündet sich die des andern. Dann nur liebt man den Gelobten, wenn man des Glaubens ist, daß er aufrichtigen Herzens gerühmt wird, das heißt, wenn ein Liebender ihn lobt.

So liebte ich damals die Menschen nach der Menschen Urteil, nicht nach deinem untrüglichen Urteil, mein Gott. Aber warum liebte ich ihn nicht bloß so, wie man einen berühmten Wagenlenker liebt oder einen Tierkämpfer, den die Volksgunst erhebt, sondern ganz anders und viel ernsthafter, so wie ich selbst wohl gelobt zu werden wünschte? Hätte ich doch nicht gelobt und geliebt sein mögen wie die Schauspieler, obgleich auch ich sie lobte und liebte, und wäre lieber unbekannt geblieben als in dieser Weise bekannt zu werden, ja, lieber gehaßt als in dieser Weise geliebt. Wonach bemißt sich das Gewicht der mancherlei verschiedenen Arten von Liebe in derselben Seele? Wie kommt's, daß ich an einem andern etwas liebe, was ich wiederum auch hassen muß, weil ich es sonst an mir nicht verabscheuen und verschmähen könnte?[1] Sind wir doch beide Menschen! Denn von einem Schauspieler, der ein Mensch ist wie wir, gilt nicht, was man von einem guten Pferde sagen kann, das man liebt, auch wenn man nicht, falls das anginge, seinesgleichen sein möchte. Also liebe ich, selbst Mensch, an einem Menschen dasselbe, das ich, wär' es mein, hassen würde? Welch tiefes Rätsel ist doch der Mensch! Du, Herr, hast die Haare seines Hauptes gezählt, und keines fehlt dir; doch leichter sind seine Haare zu zählen als die Regungen und Empfindungen des Herzens.

Aber jener Redner gehörte zur Gruppe derer, die ich so liebte, daß ich gern ihnen gleich gewesen wäre. So irrte ich umher in meinem Hochmut, ließ von jedem Wind mich treiben und ward doch tief geheimnisvoll von dir geleitet. Und woher weiß ich es, und wie kann ich dir's mit solcher Gewißheit bekennen, daß ich ihn mehr um der Liebe seiner Bewunderer willen liebte als um der Vorzüge willen, die man an ihm bewunderte? Weil ich mich, wenn ihn dieselben Leute nicht gelobt, sondern getadelt, wenn sie tadelnd und verächtlich dieselben Tatsachen erzählt hätten, nicht so für ihn erwärmt und begeistert haben würde. Es wäre dann die gleiche Sachlage und der gleiche Mann gewesen, nur die Gesinnung derer, die von ihm erzählten, eine andere. Sieh, wie schwächlich liegt doch die Seele danieder, die noch nicht auf dem festen Grunde der Wahrheit Fuß gefaßt hat! Wie gleich unsteten Winden die Worte hervorgehen, wenn die Brust nur Meinungen und Vermutungen hegt, so wird die Seele hin und her getrieben, wendet und windet sich, durchdringt nicht die Nebelhülle und schaut nicht die Wahrheit. Und die Wahrheit liegt doch vor uns! Es war mir ein großes Anliegen, daß meine Abhandlung und meine Studien jenem Manne bekannt würden. Hätte er ihnen Beifall gespendet, wäre ich noch mehr entflammt, hätte er aber Mißfallen geäußert, so wäre mein eitles, deines sicheren Halts entbehrendes Herz schmerzlich verwundet gewesen. Gleichwohl habe ich über den Gegenstand meiner Schrift, das Schöne und Passende, die ich ihm gewidmet, weiterhin eifrig gegrübelt, meinen Betrachtungen nachgehangen und sie bewundert, mochte auch kein Beifall laut werden [1].

Inhalt der Schrift und Kritik des Bischofs

Doch noch erkannte ich bei meiner Beschäftigung mit dieser wichtigen Frage den Angelpunkt nicht, nämlich deinen Künstlergeist, du Allmächtiger, ‚der du allein Wunder tust'. Mein Geist durchwanderte die körperlichen Gestalten und bestimmte als schön, was an sich gefällt, als passend, was gefällig zu einem andern stimmt. So unterschied ich und belegte es mit Beispielen aus der Körperwelt. Dann wandte ich mich zur Natur der Seele, aber die falsche Meinung, die ich mir vom Wesen des Geistigen gebildet, ließ mich das Wahre nicht erfassen. Die Macht der Wahrheit drängte sich meinen Augen auf, aber ich wandte den zitternden Geist vom Unkörperlichen zu Linien, Farben und schwellenden Größen, und weil ich diese an meinem Geiste nicht wahrnehmen konnte, meinte ich meinen Geist überhaupt nicht erkennen zu können. Da ich nun an der Tugend den Frieden liebte, beim Laster den inneren Zwiespalt haßte [1], stellte ich dort Einheit, hier aber eine gewisse Zertrennung fest. In jener Einheit schien mir der vernünftige Geist sowie das Wesen der Wahrheit und des höchsten Gutes zu bestehen, in jener Zertrennung des unvernünftigen Lebens dagegen vermutete ich Elender so etwas wie eine Substanz und Natur des höchsten Bösen, eine Substanz und sogar ein Leben, das doch nicht von dir, mein Gott, herstammen sollte, von dem doch alles kommt. Und ich nannte jene eine Monade und stellte sie mir vor als eine Art geschlechtslosen Vernunftwesens, diese dagegen, wie sie mir im Zorn des Gewalttätigen, in der Gier des Wollüstlings entgegentrat, eine Dyade [2]. Aber ich wußte nicht, was ich sagte. Denn ich hatte noch nicht erkannt und gelernt, daß das Böse überhaupt keine Substanz und unser Geist keineswegs das höchste und unwandelbare Gut ist.

Wie nämlich Gewalttaten entstehen, wenn der seelische Trieb, der zum Handeln drängt, fehlerhaft ist und frech und stürmisch einherfährt, und Wollustsünden, wenn jener seelische Hang, der fleischliche Genüsse begehrt, zuchtlos wird, so beflecken Irrtümer und falsche Meinungen das Leben, wenn der vernünftige Geist selber fehlerhaft ist. So stand es damals mit mir, der ich nicht begriff, daß ein andres Licht meinen Geist erleuchten mußte, sollte er der Wahrheit teilhaftig werden. Sein eigenes Wesen ist ja nicht Wahrheit. ‚Denn du erleuchtest meine Leuchte, der Herr, mein Gott, macht meine Finsternis licht‘, und ‚von deiner Fülle haben wir alle genommen‘. ‚Du bist das wahrhaftige Licht, welches alle Menschen erleuchtet, die in diese Welt kommen‘, denn ‚in dir ist keine Veränderung noch Wechsel des Lichts und der Finsternis‘.

Ich aber strebte zu dir, ward von dir zurückgestoßen und bekam den Tod zu schmecken. Denn ‚du widerstehest den Hoffärtigen‘. Was konnte es auch Hoffärtigeres geben als die unglaublich törichte Behauptung, ich sei von Natur dasselbe, was du bist?[1] Denn da ich selbst wandelbar war und es daran erkannte, daß ich weise zu sein trachtete, um aus Unvollkommenheit in vollkommeneren Zustand zu gelangen, so wollte ich auch dich lieber für wandelbar halten, als nicht das sein, was du bist. So ward ich zurückgestoßen, und du widerstandest meinem windigen Trotze. Ich träumte von körperlichen Gebilden und erhob, obwohl selbst fleischlich, Vorwürfe wider das Fleisch[2]. Ein ‚umherirrender Geist‘ kehrte ich nicht zu dir zurück, sondern wandte mich dahinschweifend zu dem, was nicht ist, was weder in dir, noch in mir, noch irgendwo in der Körperwelt sich findet, was nicht etwa deine Wahrheit mir geschaffen, sondern mein Wahn aus körperlichen Eindrücken sich erdichtet hat. Und ich sprach zu den Kleinen, deinen Gläubigen, meinen Mitbürgern, von denen ich mich unwissend losgesagt, schwatzhaft und töricht: Warum irrt die Seele, die Gott geschaffen hat? und wollte mir nicht entgegenhalten lassen: Warum irrt denn Gott? Lieber behauptete ich, dein unwandelbares Wesen irre unfreiwillig, als daß ich bekannt hätte, mein veränderliches Wesen sei freiwillig abtrünnig geworden und müsse nun zur Strafe irre gehen.

Sechsundzwanzig oder siebenundzwanzig Jahr alt mochte ich sein, als ich jene Schrift verfaßte. Körperliche Trugbilder, in denen ich schwelgte, umlärmten meines Herzens Ohren, die doch, süße Wahrheit, deiner inneren Melodie lauschend zugewandt waren, als ich damals über das Schöne und Passende nachdachte. Mich verlangte danach, zu ‚stehen und dir zuzuhören und mich hoch zu freuen über des Bräutigams Stimme‘, aber ich konnte es nicht, denn meines Irrwahns Stimmen rissen mich nach außen, und das Schwergewicht meiner Hoffart zog mich zur Tiefe. Denn noch ließest du mich ‚nicht hören Freude und Wonne‘, noch nicht ‚wurden fröhlich meine Gebeine‘, da sie nicht ‚zerschlagen waren‘.

*Studium und rasches Verständnis des Aristoteles und
anderer Gelehrter fördern ihn nicht*

Was half es mir, daß ich, etwa zwanzig Jahre alt, eine mir zu Händen gekommene Schrift des Aristoteles mit dem Titel «von den zehn Kategorien», die mein Lehrer, ein karthagischer Redner, und andere, die als gelehrt galten, mit hochmütig aufgeblasenen Backen anzuführen pflegten und an die ich erwartungsvoll, als wär es etwas Großes und Göttliches, heranging, ganz allein las und verstand? Als ich sie dann mit denen durchsprach, die mir sagten, sie hätten sie kaum verstanden, als sie ihnen von den gescheitesten Lehrern nicht nur mit Worten, sondern auch durch mancherlei veranschaulichende Zeichnungen erklärt worden sei, konnten sie mir nichts anderes eröffnen, als was ich selber schon beim einsamen Lesen begriffen hatte. Deutlich genug schien jene Schrift von den Substanzen zu reden, etwa der des Menschen, sodann von dem, was in ihnen ist [1], etwa der Gestalt des Menschen, nämlich wie er beschaffen ist, wie viel Fuß groß er ist, wie es um seine Verwandtschaft steht, wessen Bruder er ist, an welchem Ort er sich aufhält, wann er geboren ist, ob er steht oder sitzt, beschuht oder bewaffnet ist, etwas tut oder etwas leidet, und was sich sonst noch Unzähliges in diesen neun Gattungen, wovon ich beispielshalber einiges angeführt habe, oder auch in der Gattung der Substanz selbst finden mag.

Was half es mir? Schadete es mir doch vielmehr. Denn da ich nun meinte, jenen zehn Bestimmungen sei schlechterdings alles unterworfen, suchte ich auch dich, mein Gott, den wundersam einfachen, unwandelbaren, so zu verstehen, als seiest auch du das Subjekt deiner Größe und Schönheit, so daß diese sich zu dir wie Eigenschaften verhielten, wie das bei einem Körper freilich der Fall ist. Doch du selbst bist deine Größe und Schönheit, während ein Körper nicht darum groß und schön ist, weil er Körper ist. Denn auch wenn er weniger groß und schön wäre, bliebe er ein Körper [2]. So war es Falschheit, was ich von dir dachte, nicht Wahrheit, meine jämmerlichen Träume waren es, nicht die sicheren Grundlagen deiner Seligkeit. Denn du hattest befohlen und so geschah es auch, daß ‚die Erde mir Dornen und Disteln tragen und ich im Schweiße meines Angesichts mein Brot essen sollte'.

Was half es mir, dem nichtswürdigen Sklaven böser Begierden, der ich damals war, daß ich alle Schriften der sogenannten freien Künste, deren ich habhaft werden konnte, für mich allein las und verstand? Ich freute mich an ihnen, wußte aber nicht, woher das stammt, was wahr und gewiß in ihnen ist. Denn meinen Rücken hatte ich dem Lichte zugekehrt und das Angesicht dem, was es erleuchtete, so konnte mein Gesicht, mit dem ich das Erleuchtete erblickte, selbst nicht erleuchtet werden. Was ich von der Kunst der Rede und des Vortrags, der Raumlehre, der Musik und Arithmetik ohne große Schwierigkeit und ohne Unterweisung gelernt und begriffen habe, du weißt es, Herr, mein Gott, denn Schnelligkeit der Auffassung und Schärfe des Verstandes sind dein Geschenk. Doch ich brachte dir kein Dankopfer davon, und so gereichte es mir nicht zum Vorteil, sondern vielmehr zum Verderben. Denn nur darauf war ich bedacht, über diesen wertvollen Teil meines Wesens eigenmächtig zu verfügen. Nicht ‚für dich bewahrte ich mein Vermögen‘, ‚sondern zog hinweg von dir in ein fernes Land‘, um es dort in ‚zuchtlosen‘ Begierden ‚zu vergeuden‘. Was konnte die gute Gabe mir nützen, wenn ich sie nicht gut gebrauchte? Ich achtete nicht darauf, daß jene Künste auch von strebsamen und begabten Schülern nur mit großer Mühe verstanden wurden, wenn ich sie ihnen nicht zu erklären versuchte, und als trefflichster von ihnen galt mir der, der meinen Erklärungen nicht zu langsam folgte.

Was konnte mir das helfen, der ich wähnte, du, mein Herr und Gott, du, die Wahrheit, seiest ein leuchtender Körper, unendlich groß, und ich ein Teilstück dieses Körpers? Welch abgründige Verkehrtheit! Doch so war ich damals und erröte nicht, mein Gott, vor dir zu bekennen, daß du barmherzig dich meiner angenommen, und zu dir zu flehen, der ich damals nicht errötete, vor den Menschen meine Lästerungen auszukramen und wider dich zu bellen. Was half es mir, daß mein behender Geist sich leicht in jenen Wissenszweigen zurechtfand, daß ich beim Lesen ohne Hilfe menschlicher Lehrer die verwickeltsten Knoten auflöste, wo ich in der Lehre frommen Glaubens so schmählich und gotteslästerlich irre ging?[1] Was schadete viel deinen Kleinen ihr weit langsamerer Geist, wenn sie sich nur nicht weit von dir entfernten, geborgen im Nest deiner Kirche flügge wurden und die Flügel ihrer Liebe durch die gesunde Nahrung des Glaubens kräftigten? O Herr, unser Gott, ‚im Schatten deiner Flügel‘ laß uns hoffen, schütze du und trage uns! Ja, du wirst tragen, wirst tragen auch die Kleinen, ‚tragen, bis sie grau werden'. Denn hältst du uns fest, haben wir Halt, suchen wir Halt bei uns selbst, sind wir haltlos. Bei dir ist's gut sein immerdar, und ganz verkehrt, sich abkehren von dir. Zurückkommen, Herr, wollen wir zu dir, daß wir nicht umkommen, denn bei dir ist's gut sein, wahrhaft gut und ohne Mangel, denn du selbst bist unser Gut. Sind wir gleich herabgestürzt, brauchen wir doch nicht zu fürchten, es sei für uns nun keine Zuflucht mehr. Sind wir auch fern, fällt doch unser Haus nicht ein, deine Ewigkeit.

FÜNFTES BUCH
DER MANICHÄISMUS ENTTÄUSCHT ROM UND MAILAND

Lobpreis Gottes

Nimm an das Opfer meiner Bekenntnisse, das ich darbringe mit meiner Zunge, die du bereitet und ermuntert hast, ‚deinen Namen zu bekennen. Heile alle meine Gebeine‘, daß sie rufen: ‚Herr, wer ist dir gleich?‘ Niemand, der dir bekennt, enthüllt dir, was im Innern vor sich geht, das verschlossene Herz schließt deinen Blick nicht aus, und keines Menschen Härte hält deine Hand ab. Sie schmilzt hin, wenn du willst, magst du Erbarmen üben oder strafen, denn ‚nichts bleibt vor deiner Hitze verborgen‘. Es preise dich meine Seele, daß sie dich liebe, bekenne das Erbarmen, welches du ihr bewiesen, daß sie dich preise. Ohn' Aufhören verkündet deinen Ruhm das Weltall, das du schufst, auch jedes Menschen Geist, dessen Mund sich dir zuwendet, desgleichen jegliche beseelte und unbeseelte Kreatur durch den Mund derer, die sie betrachten. So erhebe sich von ihrer Mattigkeit unsere Seele, lasse sich anregen durch alles, was du schufst[1], und schwinge sich darüber hinaus zu dir, der so wunderbar es schuf! Da allein ist Erquickung und wahre Kraft.

Wer sich bekehrt, findet Gnade

Mögen von dir gehen und hinwegfliehen die Ruhelosen, Ruchlosen. Du siehst sie, unterscheidest Licht und Schatten, und siehe, auch mit ihnen, wiewohl sie selber häßlich sind, ist alles zusammen doch schön. Was können sie dir auch schaden? Wie könnten sie dein Reich, das vom Himmel bis herab zur tiefsten Tiefe recht und ohne Makel ist, verunzieren?[2] Denn ‚wohin sollten sie fliehen', wenn sie fliehen ,vor deinem Angesicht?' Wo könntest du sie nicht finden? Sie flohen, daß sie nicht mehr dich sähen, der sie doch sieht, und mußten nun blindlings auf dich stoßen – denn du verlässest keines deiner Geschöpfe –, mußten ungerecht auf dich stoßen, um gerechterweise gepeinigt zu werden. Deiner Freundlichkeit sich entziehend, stießen sie auf deinen Ernst, fielen anheim deiner Strenge. Sie wissen ja nicht, daß du überall bist, kein Raum dich umfaßt, daß du allein stets gegenwärtig bleibst, mag man sich noch so weit von dir entfernen. So mögen sie denn umkehren und dich suchen; denn ob sie auch dich, ihren Schöpfer, verließen, hast doch du dein Geschöpf nicht verlassen. Mögen sie umkehren und dich suchen, und siehe, schon bist du da in ihrem Herzen, im Herzen derer, die dir bekennen, sich in deine Arme werfen und an deiner Brust sich ausweinen nach der Mühsal ihrer Wanderungen. Du aber trocknest linde ihre Tränen, die nur um so reichlicher fließen; aber weinend sind sie dessen froh, daß du, Herr, und nicht ein Mensch von Fleisch und Blut, du Herr, der sie geschaffen hat, sie neu schaffst und tröstest. Wo war ich doch, Herr, als ich dich suchte? Du standest vor mir, ich aber, mir selbst entlaufen, fand mich nicht, wieviel weniger dich!

*Von Faustus, dem Manichäer, weltlicher Wissenschaft,
ihren Erfolgen und ihrem Versagen*

Erzählen will ich nun vor dem Angesicht meines Gottes, was sich in meinem neunundzwanzigsten Lebensjahre zugetragen. Ein Bischof der Manichäer, namens Faustus, war nach Karthago gekommen, eine arge Schlinge des Teufels, in der viele sich fingen, betrogen von seiner einschmeichelnden Beredsamkeit[1]. Auch ich zollte ihr Beifall, wußte jedoch zwischen ihr und der Wahrheit dessen, was ich voll Eifer zu lernen trachtete, zu unterscheiden. Nicht auf das Gefäß der Rede, sondern auf den Inhalt an wirklichem Wissen, den mir der viel bewunderte Faustus als Speise anbot, richtete ich meine Aufmerksamkeit. Denn es war ihm der Ruf vorausgegangen und zu mir gedrungen, daß er in allen Zweigen echter Wissenschaft höchst bewandert und zumal in den freien Künsten wohl unterrichtet sei. Da ich nun viel in den Schriften der Philosophen gelesen und meinem Gedächtnis eingeprägt hatte, pflegte ich manches davon mit jenen weitschweifigen Fabeln der Manichäer zu vergleichen. Da schien mir denn einleuchtender, was jene sagten, die immerhin so viel vermochten, ‚daß sie die irdische Welt zu würdigen wußten, wenn sie auch ihren Herrn auf keine Weise finden konnten. Denn du, Herr, bist hoch und siehest auf das Niedrige und kennest den Stolzen' von ferne und bist ‚nahe nur denen, die zerbrochenen Herzens sind'. Du lässest dich nicht finden von den Hochmütigen, auch wenn sie in ihrer eitlen Wißbegier die Sterne zählen und den Sand am Meere, auch wenn sie die Himmelsräume ausmessen und die Gestirnbahnen berechnen.

Denn mit ihrem Verstande und dem Geiste, den du ihnen verliehen, suchen sie das zu erforschen, haben auch vieles gefunden und viele Jahre vorher Sonnen- und Mondfinsternisse nach Tag und Stunde und Umfang vorausgesagt, ohne sich zu verrechnen. Wie sie vorhergesagt, ist's gekommen, und sie haben die ausfindig gemachten Regeln aufgeschrieben. Noch heute kann man sie lesen und nach ihnen voraussagen, in welchem Jahr, welchem Jahresmonat, welchem Monatstag, zu welcher Tagesstunde und an welchem Teil ihrer Lichtscheibe Mond oder Sonne sich verfinstern werden, und wie vorausgesagt, so geschieht es auch. Darüber wundern sich und staunen die Menschen, die das nicht verstehen. Die es aber verstehen, frohlocken und lassen sich rühmen, und in ihrem gottlosen Stolze entziehen sie sich deinem Licht und werden selbst ver-

DER MANICHÄISMUS ENTTÄUSCHT 115

finstert. Die künftige Finsternis der Sonne sehen sie lange vorher, ihre eigene gegenwärtige sehen sie nicht. Denn sie versäumen es, andächtig zu erforschen, woher sie den Geist haben, mit dem sie ihre Forschungen anstellen. Finden sie aber, daß du sie geschaffen hast, geben sie sich dir doch nicht zu eigen, daß du bewahrest, was du schufest. Was sie selbst aus sich gemacht, wollen sie nicht in den Tod geben, dir ihre überheblichen Gedanken nicht opfern wie die Vögel, auch nicht ihre vorwitzigen Grübeleien, mit denen sie die verborgenen Pfade der Tiefe wandeln, wie die Fische des Meeres, und ihre Sinnenlust wie die Tiere des Feldes [1], auf daß du, Gott, wie ein Feuerbrand ihre getöteten Sorgen vollends verzehrest und sie neu schaffest zur Unsterblichkeit.

Nein, sie kennen den Weg nicht, dein Wort, durch welches du all das schufest, was sie zählen, sie selbst schufest, die da zählen, und den Sinn, mit dem sie wahrnehmen, was sie zählen, und den Verstand, mit dem sie zählen. ‚Aber an deine Weisheit reicht keine Zahl.‘ Er aber, der Eingeborene, ist ‚uns gemacht zur Weisheit und zur Gerechtigkeit und zur Heiligung‘, ward zu uns gezählt und zahlte dem Kaiser Tribut [2]. Sie kennen den Weg nicht, auf dem sie von ihrem Standort zu ihm hinabsteigen sollten, um durch ihn zu ihm emporzusteigen [3]. Sie kennen diesen Weg nicht, meinen erhaben zu sein und leuchtend wie die Sterne, und siehe, sie sind niedergefallen zur Erde, und ‚ihr unverständiges Herz ist verfinstert‘. Viel Wahres sagen sie von der geschaffenen Welt, aber versäumen es, den Künstler, der sie geschaffen, die Wahrheit, fromm zu suchen. Darum finden sie ihn auch nicht, und ob sie ihn finden und als Gott erkennen, ‚ehren sie ihn doch nicht als Gott, danken ihm auch nicht und sind in ihrem Dichten eitel geworden. Sie halten sich für weise‘, messen sich zu, was dein ist, und trachten folglich in verderblicher Verblendung dir zuzumessen, was ihr eigen ist, belasten dich mit ihren Lügen, der du die Wahrheit bist, und ‚verwandeln so die Herrlichkeit des unvergänglichen Gottes in ein Bild gleich dem vergänglichen Menschen und der Vögel und der vierfüßigen und kriechenden Tiere, verkehren deine Wahrheit in Lüge und ehren und dienen dem Geschöpf mehr als dem Schöpfer'.

Viele Wahrheiten jedoch, die sie bei ihrer Erforschung der kreatürlichen Welt gefunden und ausgesprochen hatten, hielt ich fest, und die Begründung leuchtete mir ein, die sie durch Hinweis auf Zahlen, Zeitverlauf und sichtbare Zeugnisse der Gestirne vorbrachten. Damit verglich ich die Behauptungen Manis[1], der hierüber weitschweifig viel sinnloses Zeug zusammengeschrieben hat, und fand keine vernünftigen Gründe für Sonnenwenden, Tag- und Nachtgleichen, Verfinsterungen und was ich sonst noch dergleichen aus den Schriften der Weltweisheit gelernt hatte. Hier hieß man mich vielmehr glauben, aber mit jenen durch Zahlenrechnung und Augenschein bestätigten Ergebnissen stimmte es nicht überein, war vielmehr ganz anders.

Das wahre Glück

Doch sag mir, Herr, du Gott der Wahrheit, ist dir jeder wohlgefällig, der solches weiß? Nein, unglücklich ist der Mensch, der zwar dies alles, aber von dir nichts weiß, selig dagegen, wer dich kennt, auch wenn er von all dem andern keine Kenntnis hat. Wer aber sowohl dich als auch jene Dinge kennt, der ist nicht um ihretwillen seliger, sondern selig durch dich allein, wenn er nur dich kennt und preist, wie es dir gebührt, dir Dank sagt und nicht in seinem Dichten eitel wird. Besser daran ist ja, wer weiß, daß ihm ein Baum gehört, und der dir für den Nutzen, den er ihm bringt, Dank sagt, auch wenn er nicht weiß, wie viel Ellen hoch er ist und wie breit er sich dehnt, als ein anderer, der den Baum mißt und alle seine Zweige zählt, aber ihn weder besitzt noch dich, seinen Schöpfer, kennt und liebt. So ist auch – nur ein Tor zweifelt daran – der gläubige Mensch, dem die ganze Welt mit all ihren Schätzen zu eigen gehört, weil er, ‚ob er gleich nichts hat, doch alles besitzt', da er dir anhangt, dem alles dient, mag er auch nichts wissen vom Umlauf des großen Bären, ungleich besser dran, als wer den Himmel ausmißt, die Gestirne zählt, die Elemente wägt und deiner nicht achtet, ‚der du alles nach Maß, Zahl und Gewicht geordnet hast'.

Nicht Unwissenheit, sondern Vermessenheit schadet

Wer hieß auch diesen Mani[1] über solche Dinge schreiben, ohne deren Kenntnis man doch sehr wohl fromm sein kann? Du hast dem Menschen gesagt: ‚Siehe, Frömmigkeit ist Weisheit.' Die hätte ihm freilich fremd bleiben sein können, auch wenn er jenes Wissen in vollstem Maße sich zu eigen gemacht hätte. Da er aber auch davon nichts verstand und trotzdem so unverschämt es zu lehren sich unterfing, war es klar, daß ihm jene Weisheit gänzlich fehlen mußte. Eitelkeit ist's, mit weltlichem Wissen, mag man sich noch so gut darauf verstehen, zu prunken, Frömmigkeit aber, dir zu bekennen. Von ihr abirrend, schwatzte er viel über astronomische Fragen. So mußte es denn, als er von Sachverständigen auf diesem Gebiete widerlegt wurde, zu Tage kommen, daß er von sonstigen noch verborgeneren Dingen erst recht nichts verstehen konnte. Denn auf nicht geringe Ehre machte er Anspruch, behauptete vielmehr und suchte davon zu überzeugen, daß der heilige Geist, der Tröster und Gabenspender deiner Gläubigen, mit all seiner Vollmacht persönlich in ihm wohne. Wenn er also von Himmel und Sternen, von Sonnen- und Mondumläufen, mochte das auch nichts mit dem christlichen Glauben zu tun haben, nachweislich Falsches lehrte, war solche Frechheit offenkundig gotteslästerlich. Denn nicht nur Dinge, von denen er nichts wußte, sondern geradezu Lügenhaftes brachte er mit solch unsinnig eitlem Stolze vor, als wären es Orakelsprüche einer göttlichen Person.

Höre ich einmal von diesem oder jenem christlichen Bruder, daß er von diesen Dingen auch nichts versteht und eins mit dem andern verwechselt, schaue ich mit Geduld auf seine irrigen Vermutungen und sehe, sie schaden ihm nichts, wenn er nur nichts glaubt, was deiner, Herr und Schöpfer des Alls, unwürdig ist, mag er auch über Lage und Gestalt der räumlichen Dinge wenig wissen. Schaden würde es ihm freilich, wenn er meinte, es gehöre dies wesentlich zur christlichen Heilslehre, und wenn er infolgedessen hartnäckig zu verfechten wagte, was er doch nicht weiß. Doch auch solche Schwäche wird, wenn der Glaube noch in der Wiege liegt, von der Liebe mütterlich getragen, bis der neue Mensch ‚zum vollkommenen Mannesalter heranwächst und nicht mehr von jedem Wind der Lehre' umgetrieben werden kann. Wenn jedoch jemand sich vermessen zum Lehrer und Meister, Führer und Fürsten derer, denen er solcherlei vorredet, aufwirft, so daß sie, ihm folgend, nicht irgendwelchem Menschen, sondern deinem Heiligen Geist zu folgen meinen, wer sollte solchen Wahnsinn, wo sich's um nachweislich falsche Behauptungen handelt, nicht verabscheuen und weit von sich weisen? Immerhin war mir damals noch nicht völlig klar, ob der Wechsel längerer und kürzerer Tage und Nächte sowie der von Tag und Nacht selbst und die Verfinsterungen der Himmelslichter und was ich sonst dergleichen in andern gelehrten Büchern gelesen hatte, sich nicht auch nach seinen Ausführungen erklären lassen möchte. Sollte das der Fall gewesen sein, wäre es mir wieder ungewiß geworden, ob sich's so oder anders verhielte, und hätte ich mich dahin geneigt, der Autorität jenes Mannes um seiner vermeintlichen Heiligkeit willen größeren Glauben zu schenken.

Faustus erweist sich als Blender

Und fast die ganzen neun Jahre, in denen mein ruhelos schweifender Geist auf die Lehren der Manichäer hörte, wartete ich mit inbrünstigem Verlangen auf die Ankunft jenes Faustus. Denn die andern, an die ich mich etwa heranmachte und die versagten, wenn ich ihnen dergleichen Fragen vorlegte, wiesen mich immer auf ihn hin. Wenn er käme und mit mir sich bespräche, würden diese und wohl noch schwierigere Fragen leicht und einleuchtend beantwortet werden. Als er nun eintraf, lernte ich in ihm einen liebenswürdigen, redegewandten Mann kennen, der über dasselbe, was die andern auch vorzubringen pflegten, weit angenehmer zu plaudern verstand. Doch was half's meinem Durst, wenn mir der höflichste Mundschenk kostbare, aber leere Becher reichte? Mit dergleichen Dingen waren meine Ohren längst übersättigt. Was besser vorgetragen wurde, hielt ich darum noch nicht für besser, nicht darum etwas für wahr, weil es schön gesagt, nicht darum eine Seele für weise, weil das Mienenspiel ansprechend und die Ausdrucksweise einnehmend war. Jene aber, die mich auf ihn vertröstet hatten, waren keine guten Sachbeurteiler und hielten ihn für klug und weise, weil er ihnen als Schönredner gefiel. Freilich habe ich auch eine andere Sorte von Menschen kennengelernt, die sogar die Wahrheit beargwöhnen und ihr nicht trauen wollen, wenn sie in gepflegter und edler Sprache vorgetragen wird. Mich aber hattest du, mein Gott, bereits auf wunderbare und geheime Weise belehrt, und daß du es warst, der mich lehrte, glaube ich darum, weil es wahr ist, was ich gelehrt ward. Denn außer dir gibt es keinen anderen Lehrer der Wahrheit, wo auch immer und woher auch sie ans Licht treten mag. So hatte ich denn von dir gelernt, daß nicht deswegen etwas wahr genannt werden darf, weil es beredt vorgetragen wird, und noch nicht deshalb etwas falsch, weil die

Laute stotternd über die Lippen kommen, daß hinwiederum auch nicht das wahr sein muß, was ungeschickt, und nicht falsch, was in glänzender Rede vorgebracht wird, daß vielmehr Weisheit und Torheit wie gesunde und ungesunde Speisen sind, während mit glatten und ungehobelten Worten wie in wohlgeformten und plumpen Gefäßen beiderlei Speisen dargereicht werden können.

So ward das sehnliche Verlangen, mit dem ich diesen Mann so lange Zeit erwartet hatte, zwar durch die Lebhaftigkeit und das Feuer seines Vortrages sowie die wohlgewählten Worte, in die er seine Gedanken mühelos zu kleiden wußte, befriedigt. Ja, ich war entzückt und mit vielen, sogar vor vielen anderen lobte und pries ich ihn, aber es war mir leid, daß ich ihm im Kreise der Hörer die Fragen, die mich quälten, nicht unterbreiten und in vertrauter Rede und Gegenrede mit ihm erörtern konnte. Als dies dann endlich gelang und ich mit einigen näheren Freunden bei ihm zu einer Zeit Gehör fand, da man schicklich ein Zwiegespräch führen konnte, und als ich dann einiges vorbrachte, was mich bewegte, fand ich in ihm einen Mann, der von den freien Künsten nur die Grammatik und auch diese nur so einigermaßen beherrschte. Da er nun einige Reden Ciceros, dazu sehr wenige Schriften Senecas, etliche Dichterwerke und von den Büchern seiner Sekte die lateinisch und flüssig geschriebenen gelesen hatte und tägliche Übung hinzukam, hatte er sich eine beträchtliche Redefertigkeit erworben, die um so einnehmender und verführerischer wirkte, da sie von taktvollem Benehmen und einer gewissen natürlichen Anmut begleitet war. So ruft mir's mein Gedächtnis zurück. Trifft es auch zu, Herr, mein Gott, Richter meines Gewissens? Offen vor dir liegt mein Herz und meine Erinnerung, vor dir, der du schon damals nach deiner tief verborgenen Vorsehung mich leitetest und mir meine schimpflichen Irrtümer vor die Augen rücktest, daß ich sie sähe und hassen lernte.

DER MANICHÄISMUS ENTTÄUSCHT

Augustin wird am Manichäismus irre, ohne mit ihm zu brechen

Als ich nun festgestellt hatte, daß er in jenen Wissenschaften keineswegs, wie ich angenommen, hervorragend, sondern überhaupt nicht beschlagen war, begann ich daran zu verzweifeln, daß er mir die Fragen, die mich bewegten, werde auflösen und beantworten können. Auch ohne hierauf sich zu verstehen, hätte er ja gewiß die Wahrheit frommen Glaubens sich zu eigen gemacht haben können, wenn er nur kein Manichäer gewesen wäre. Denn ihre Bücher sind voll endloser Fabeleien über Himmel, Gestirne, Sonne und Mond. Ich hatte gewünscht, er möge mir unter Vergleich mit den zahlenmäßigen Berechnungen, die ich anderswo gelesen hatte, sorgfältig auseinandersetzen, entweder, ob es nicht doch stimmte, wie die Manichäerbücher es lehrten, oder ob deren Behauptungen nicht wenigstens ebenso gut möglich wären. Doch glaubte ich nun nicht mehr daran, daß er das könnte. Als ich ihm gleichwohl dies Ansinnen zur Erwägung und Erörterung vortrug, machte er bescheiden genug nicht einmal den Versuch, die Bürde auf sich zu laden. Denn er wußte, daß er nichts davon verstand, und schämte sich auch nicht, das einzugestehen. Er war keiner von den vielen Schwätzern, deren ich längst überdrüssig war, die mich zu belehren suchten und doch nichts Gescheites vorbrachten. Er hatte ‚ein Herz‘, das zwar nicht ‚dir aufrichtig zugewandt war‘, doch auch nicht gedankenlos sich selbst genügte. Er war sich seiner Unwissenheit bewußt und wollte sich nicht in verwegenem Wortgefecht in eine Sackgasse treiben lassen, wo er keinen Ausweg und so leicht auch keinen Rückweg gefunden hätte. Dadurch gefiel er mir um so mehr. Denn schöner ist die Bescheidenheit einer aufrichtigen Seele als all das, was ich von ihm wissen wollte. So also erging es mir mit ihm bei allen schwierigeren und verwickelteren Fragen, die ich ihm vorlegte.

So war denn der Eifer, mit dem ich mich auf die manichäischen Schriften geworfen, gebrochen. Denn da dieser berühmte Mann in den vielen Fragen, die mich bewegten, dermaßen versagte, verzweifelte ich erst recht an den anderen Lehrern. Doch trat ich in näheren Verkehr mit ihm. Dazu veranlaßte mich sein lebhaftes Interesse an den Wissenschaften, die ich damals als Rhetor in Karthago die jungen Leute lehrte. Ich las also mit ihm teils solche Werke, die er nur vom Hörensagen kannte und kennen zu lernen wünschte, teils solche, die ich selbst seiner Geistesart angemessen fand. Im übrigen war jeglicher Wunsch, wie ich ihn bisher wohl gehegt hatte, in jener Sekte aufzurücken, infolge der Bekanntschaft mit diesem Manne erstorben. Doch brach ich die Beziehung zu ihnen nicht ganz ab, sondern, da ich einstweilen nichts Besseres fand als das, wo hinein ich nun einmal geraten war, beschloß ich, mich so lange zufrieden zu geben, bis mir vielleicht ein neues hoffnungsvolleres Licht aufginge. So mußte jener Faustus, der vielen zur ‚Schlinge des Todes' geworden, die Fessel, die mich gebunden hatte, ohne es zu wollen und zu wissen, auflockern. Denn im Dunkel deiner Vorsehung ließen deine Hände meine Seele nicht im Stich, und in täglich und nächtlich geweinten Tränen ward das Herzblut meiner Mutter für mich geopfert. Seltsam und wunderbar ist, was du an mir tatest. Ja, du hast's getan, mein Gott. Denn ‚von dem Herrn wird eines Mannes Gang gefördert, und er hat Lust an seinem Wege'. Wodurch sonst sollte uns das Heil beschert werden, wenn nicht durch deine Hand, die neu schafft, was du einst geschaffen?

Seine Übersiedelung nach Rom unter Täuschung der Mutter

Du hast's auch gewirkt, daß ich mich überreden ließ, nach Rom überzusiedeln und dort zu lehren, was ich bisher in Karthago lehrte. Ich will in meinem Bekenntnis nicht übergehen, warum ich mich dazu bereden ließ, um auch darin die abgründige Tiefe deiner Ratschlüsse und die Allgegenwart deines Erbarmens zu bedenken und zu preisen. Nicht darum wollte ich nach Rom übersiedeln, weil mir dort von den Freunden, die mich berieten, größere Einnahmen und höheres Ansehen in Aussicht gestellt wurden, obschon auch das damals auf mich Eindruck machte, sondern der hauptsächlichste und beinah einzigste Grund war ein anderer. Ich hörte, daß die jungen Leute dort ruhiger arbeiteten, durch straffere Disziplin in Schranken gehalten würden, nicht etwa dreist und wild in eines Lehrers Schule, bei dem sie gar nicht hörten, eindrängen, daß vielmehr überhaupt niemand ohne dessen Erlaubnis zugelassen würde. Dagegen herrscht in Karthago unter den Schülern eine üble, alles Maß überschreitende Zuchtlosigkeit. Unverschämt stürmen sie herein und zerstören mit frecher Stirn alle Ordnung, die man zur Förderung des Unterrichts eingeführt hat. In unglaublicher Roheit verüben sie viel tolle Streiche und müßten nach den Gesetzen bestraft werden, schützte sie nicht die Gewohnheit [1]. Doch kommt dadurch, daß sie tun, als wäre erlaubt, was doch dein ewiges Gesetz niemals zuläßt, nur noch mehr zu Tage, wie elend sie sind. Während sie straflos zu handeln wähnen, werden sie durch die Blindheit ihres Tuns gestraft, und unvergleichlich schlimmer als was sie tun, ist was sie leiden. Als ich selbst noch lernte, hatte ich dies Treiben nicht mitgemacht, nun mußte ich's als Lehrer von anderen ertragen. Darum zog ich vor, mich dahin zu begeben, wo nach dem Bericht aller, die Bescheid wußten, dergleichen nicht vorkam. Du aber ‚meine Zuversicht und mein Teil im Lande der Lebendigen‘, hast, auf daß ich zum Heil meiner Seele den Wohnort wechselte, in Karthago Stacheln angesetzt, die mich forttrieben, in Rom dagegen mir Lockspeisen vorgehalten, und zwar durch Menschen, die ein totes Leben liebten, teils Unsinniges verübten, teils Eitles versprachen. Meine

Schritte auf den rechten Weg zu lenken, hast du so insgeheim ihrer und meiner Verderbtheit dich bedient. Denn die mir meine Ruhe störten, waren blind in ihrer argen Verwilderung, und die mir ein anderes Ziel zeigten, hafteten am Irdischen; ich aber, hier wahren Elendes überdrüssig geworden, suchte dort ein falsches Glück.

Warum ich aber von hier hinweg und dorthin mich begeben sollte, du wußtest es, Gott, doch tatest du mir's nicht kund, auch nicht meiner Mutter, die meine Abreise bitter beklagte und bis ans Meer mir nachfolgte. Ich aber täuschte sie, die sich an mich klammerte, um mich entweder zurückzuhalten oder mit mir zu fahren, und gab vor, bei einem Freunde bleiben zu wollen, der auf günstigen Wind zur Abfahrt wartete [1]. So belog ich meine Mutter, solch eine Mutter, und machte mich davon. Doch auch das hast du barmherzig mir verziehen, hast mich, den von häßlichem Schmutz Bedeckten, bewahrt vor den Wassern des Meeres für das Wasser deiner Gnade, daß ich abgewaschen würde und getrocknet der Tränenstrom meiner Mutter, mit dem sie täglich, zu dir um mich weinend, den Erdboden benetzte. Da sie sich weigerte, ohne mich umzukehren, überredete ich sie mit Mühe, die Nacht ganz nah beim Landungsplatz an einer Gedächtnisstätte des seligen Cyprian [2] zu verbringen. Aber in eben dieser Nacht segelte ich ohne sie ab, die betend und weinend zurückblieb. Und was war es, mein Gott, das sie von dir mit so viel Tränen erbat? Nichts anderes als das, du mögest mich nicht abfahren lassen. Du aber, der du droben waltest und erhörtest, was sie im tiefsten Innern sich ersehnte, hast, was sie damals bat, ihr nicht gewährt, um aus mir das zu machen, worum sie immer bat. Der Wind blies und schwellte unsere Segel, und die Küste entschwand unsern Blicken. Sie aber stand frühmorgens da, fast wahnsinnig vor Schmerz, und füllte mit ihren Klagen und Seufzern deine Ohren. Du fragtest nicht danach, ließest von

Begierden mich hinwegtreiben, um gerade dadurch meinen Begierden ein Ende zu bereiten, und ließest ihr fleischliches Verlangen durch die gerechte Geißel ihrer Schmerzen züchtigen. Denn sehnlich wünschte sie nach Art der Mütter, weit mehr noch als viele andere, mich um sich zu haben, und wußte nicht, welche Freude du ihr durch die Trennung von mir bereiten würdest. Sie wußte es nicht und weinte und jammerte und ward durch solche Qual erinnert an das Erbteil der Eva, da sie mit Seufzen suchen mußte, was sie mit Seufzen geboren hatte. Doch nach all ihren Klagen über meine Falschheit und Grausamkeit wandte sie sich von neuem fürbittend für mich an dich und ging an ihre gewohnte Arbeit. Ich aber ging nach Rom.

Krankheit und Genesung

Und siehe, dort empfing mich die Geißel körperlicher Krankheit, und schon war ich auf dem Wege zum Totenreiche, beladen mit all dem Bösen, dem vielen und schweren, das ich begangen gegen dich und mich und die andern, ganz abgesehen von der Fessel der Erbsünde, durch die ‚wir alle in Adam sterben‘. Denn noch hattest du mir nichts davon in Christo vergeben, noch hatte er nicht durch sein Kreuz die Feindschaft mit dir aufgehoben, die ich mir durch meine Sünden zugezogen. Wie hätte sie auch getilgt werden können durch Kreuzigung eines Trugbildes, woran ich damals noch glaubte?[1] So falsch wie mir sein leiblicher Tod erschien, so wahrhaftig war der Tod meiner Seele, und so wahrhaftig sein leiblicher Tod, so falsch das Leben meiner Seele, die nicht daran glauben wollte. Das Fieber stieg immer höher, und wenig fehlte, so wäre ich dahingegangen, zugrunde gegangen. Denn wohin anders wäre ich gegangen, wäre ich damals von hier abgegangen, als ins Feuer und in die Qualen, wie nach der Wahrheit deiner Ordnung meine Taten es verdient? Davon wußte meine

Mutter nichts, doch betete sie für mich in der Ferne. Du aber, allgegenwärtig, erhörtest sie an ihrem Orte und schenktest mir Erbarmen an dem meinen. So erlangte mein Leib seine Gesundheit wieder, doch blieb ich krank mit meinem gottlosen Herzen. Denn in jener großen Lebensgefahr empfand ich kein Verlangen nach deiner Taufe [1]. So war ich in meinem Knabenalter, wo ich sie von meiner frommen Mutter erfleht, wie ich in meinem Bekenntnis dessen bereits gedachte, besser gewesen als damals. Aber nur zu meiner Schande war ich herangewachsen und lachte töricht der Heilmittel, die dein Ratschluß mir zugedacht, doch ließest du nicht zu, daß ich, so wie ich war, eines zwiefachen Todes sterbe. Hätte diese Wunde meiner Mutter Herz getroffen, wäre sie wohl nie genesen. Denn ich kann's mit Worten nicht sagen, wie zärtlich sie mich liebte, und wie viel größer die Angst war, mit der sie mich geistlich gebar, als ihre Angst bei meiner leiblichen Geburt.

So sehe ich nicht, wie sie hätte genesen können, wenn solch unseliger Tod, wie er mir damals drohte, ihr innerstes Herz zerrissen hätte. Wo wären auch ihre inbrünstigen, häufigen, ununterbrochenen Gebete geblieben? Sie kamen doch zu dir, nur zu dir. Wie hättest du, barmherziger Gott, verschmähen können das ‚zerschlagene und gedemütigte Herz' der keuschen, nüchternen Witwe? So fleißig gab sie Almosen, war willfährig und dienstbar deinen Heiligen, brachte tagtäglich ihre Opfergabe [2] auf deinen Altar, kam zweimal des Tages, morgens und abends, ohne Ausnahme zu deiner Kirche [3], nicht eitlen Fabeln und Altweibergeschwätz zu lauschen, sondern auf daß sie dich höre in der Predigt deines Worts und du sie hörest in ihren Gebeten. Du aber hättest ihre Tränen verachten sollen, mit denen sie nicht Gold oder Silber oder sonst ein wandelbar unbeständiges Gut, sondern das Seelenheil ihres Sohnes von dir erbat? Du, durch dessen Gnade sie war, wie sie war, hättest sie verachten und ihr deine Hilfe versagen sollen?

O nein, Herr, nein, du warst bei ihr, erhörtest sie und handeltest, wie du nach deinem ewigen Ratschluß dir vorgenommen. Wie hättest du sie täuschen können mit jenen deinen Gesichten und Antworten, die ich teils erwähnt, teils auch nicht erwähnt habe, die sie in treuem Herzen bewahrte und dir stets im Gebet als deine Handschrift vor Augen hielt? Nein, ,ewig währet dein Erbarmen‘, und huldvoll bist du bereit, durch Verheißungen, die du gibst, Schuldner derer zu werden, denen du all ihre Schulden erläßt.

Er neigt zur Skepsis,
bleibt aber in manichäischen Vorstellungen befangen

So hast du mich denn von jener Krankheit genesen lassen und einstweilen leibliche Heilung geschenkt ,dem Sohne deiner Magd‘, um ihm später ein besseres und gewisseres Heil zu gewähren. Auch in Rom schloß ich mich damals jenen betrogenen und betrügerischen Heiligen an, nicht bloß ihren sogenannten Hörern, deren einer jener Mann war, in dessen Hause ich krank und wieder gesund geworden war, sondern auch denen, die sie die Auserwählten heißen. Denn noch meinte ich, nicht wir seien es, die sündigen, sondern in uns sündige irgendeine fremde Natur. Mein Hochmut freute sich, ohne Schuld zu sein, und hatte ich Böses getan, wollte ich, statt ein Schuldbekenntnis abzulegen, daß du ,meine Seele heilest, die an dir gesündigt‘, mich lieber entschuldigen und etwas Fremdes anschuldigen, das, wie ich wähnte, irgendwie mit mir verbunden und doch nicht ich selber sei. In Wirklichkeit war ich es ganz allein, und mir selbst zuwider hatte meine Gottlosigkeit mich zerspalten [1], und meine unheilbare Sünde war, daß ich kein Sünder zu sein glaubte, und mein schändlicher Frevel, daß ich lieber wollte, du, der allmächtige Gott, werdest in mir zu meinem Verderben überwunden, als ich von dir überwunden zu meinem Heil. Denn ‚noch hattest du keine Wache gesetzt meinem Mund und eine Tür der Verschwiegenheit meinen Lippen, daß mein Herz sich nicht neige zu bösen Worten, sich zu entschuldigen wegen seiner Sünden, wie Übeltäter tun'. So verkehrte ich noch immer mit ihren Auserwählten, verzweifelte aber daran, in dieser falschen Lehre noch Fortschritte machen zu können. Ich beschloß zwar, mich zufrieden zu geben, wenn ich nichts Besseres fände, hing ihr aber gleichgültiger und nachlässiger an.

Es stieg mir auch der Gedanke auf, klüger als alle andern seien jene Philosophen gewesen, die man die Akademiker nennt. Denn sie waren der Meinung, man müsse an allem zweifeln, und hatten gelehrt, nichts Wahres könne vom Menschen sicher erkannt werden. Denn auch mir schien, wie man gemeinhin annahm, daß dies unstreitig ihre Ansicht gewesen sei, weil ich ihre wirkliche Absicht noch nicht durchschaute [1]. So nahm ich denn keinen Anstand, meinen Gastgeber von der allzugroßen Vertrauensseligkeit abzubringen, mit der er, wie ich merkte, an den Fabeleien hing, deren die Bücher der Manichäer voll sind. Dennoch verkehrte ich mit ihnen freundschaftlicher als mit anderen, die nicht zu dieser ketzerischen Sekte gehörten, verteidigte diese freilich nun nicht mehr mit der früheren Lebhaftigkeit. Aber der vertraute Umgang mit ihnen – Rom verbarg [2] ihrer damals eine ganze Menge – machte mich lässiger, etwas anderes zu suchen. Zumal verzweifelte ich daran, in deiner Kirche, Herr Himmels und der Erden, Schöpfer alles Sichtbaren und Unsichtbaren, die Wahrheit finden zu können, von der jene mich abwendig gemacht hatten, und für überaus schimpflich hielt ich den Glauben, du habest die Gestalt eines menschlichen Leibes und seiest wie wir in die engen Grenzen körperlicher Glieder eingeschlossen. Wollte ich aber über meinen Gott nachdenken, so konnte ich ihn mir bloß als körperliche Masse denken – denn daß es etwas anderes geben könnte, war mir ganz unvorstellbar –, und ebendies war die hauptsächlichste und fast einzige Ursache meines unüberwindlichen Irrtums.

So meinte ich denn auch, das Böse sei solch eine Art Substanz, eine häßliche und ungestalte Masse, sei es von grober Dichtigkeit und darum Erde genannt, sei es dünn und fein, wie die stoffliche Luft. Diese soll, so bilden sie sich ein, als böser Geist sich durch die Erde hinschlängeln. Da mich nun die Frömmigkeit, soweit sie mir noch geblieben war, zu dem Glauben zwang, der gute Gott könne keine böse Natur geschaffen haben, nahm ich zwei einander feindliche Massen an, beide unendlich, doch die böse auf beschränktere, die gute auf umfassendere Weise. Aus diesem giftschwangeren Keim erwuchsen sodann meine übrigen Lästerungen. So oft mein Geist nämlich beim katholischen Glauben Zuflucht suchte, ward er zurückgestoßen, weil es nicht der katholische Glaube war, was ich dafür hielt. Denn mir schien es frommer, dich, mein Gott, den das rettende Erbarmen preist, das du mir erwiesen, wenigstens auf allen anderen Seiten für unbegrenzt zu halten und nur auf der einen, wo die Masse des Bösen entgegenstand, notgedrungen für begrenzt, als zu meinen, du seist wegen deiner körperlichen Menschengestalt auf allen Seiten begrenzt. Da ich ferner in meiner Unwissenheit das Böse nicht nur für eine Substanz, sondern obendrein für körperlich hielt, wie ich auch den Geist mir nur als feinen, räumlich sich ausdehnenden Körper denken konnte [1], schien es mir immer noch besser, zu glauben, du habest nichts Böses geschaffen, als solch eine Natur des Bösen stamme von dir. Selbst unsern Erlöser, deinen eingeborenen Sohn, dachte ich mir so, als sei er aus deiner strahlenden Lichtmasse zu unserem Heil hervorgegangen. Denn auch von ihm vermochte ich nichts anderes zu glauben, als was ich in meinem eitlen Sinn mir vorspiegeln konnte. Solch eine Natur, meinte ich, könne von der Jungfrau Maria nicht geboren sein, ohne mit Fleisch vermengt zu werden. Diese Vermengung aber hätte Befleckung bedeutet, anders konnte ich mir's nicht vorstellen. So scheute ich mich, seine fleischliche Geburt zu glauben, um nicht an eine fleischliche Befleckung glauben zu müssen. Jetzt werden deines Geistes Kinder mild und freundlich über mich lächeln, wenn sie von diesen meinen Gedankenverirrungen lesen. Aber so war ich damals.

Die Bibel bleibt verschlossen

Ich glaubte ferner, was jene an deinen heiligen Schriften tadelten, lasse sich nicht verteidigen. Gleichwohl wünschte ich gelegentlich, mit einem gelehrten Kenner dieser Bücher einzelnes zu besprechen, um zu hören, was er darüber denke. Denn es hatten bereits in Karthago die Predigten eines gewissen Elpidius, der die Manichäer öffentlich angriff, Eindruck auf mich gemacht, da er über die heiligen Schriften Ausführungen machte, die sich nicht leicht widerlegen ließen. Die Antwort, die jene darauf gaben, nicht öffentlich freilich – das taten sie nicht gern –, sondern insgeheim vor uns, schien mir recht schwach zu sein. Denn sie behaupteten, die neutestamentlichen Schriften seien von allerlei Leuten, ich weiß nicht welchen, die das jüdische Gesetz in den christlichen Glauben hätten einschmuggeln wollen [1], gefälscht worden, doch konnten sie keine unverfälschten Exemplare vorzeigen. Da ich aber noch ganz in materialistischer Denkweise befangen war, fesselten, ja erstickten mich fast jene Massen, unter deren Druck ich keuchte und die reine, klare Luft deiner Wahrheit nicht einatmen konnte.

Auch die römischen Schüler enttäuschen

Inzwischen hatte ich mit Eifer die Arbeit aufgenommen, deretwegen ich nach Rom gekommen war, lehrte die Redekunst und sammelte zunächst in meiner Wohnung einige Hörer, mit denen ich bekannt geworden war und durch die ich meinen Bekanntenkreis erweiterte. Und siehe, da mußte ich erleben, daß in Rom Dinge geschahen, die mir in Afrika erspart geblieben waren. Es stimmte nämlich in der Tat, daß solche Ruhestörungen durch verwilderte Jünglinge nicht vorkamen, aber nun erfuhr ich, daß hier viele junge Leute, um nicht dem Lehrer sein Honorar zahlen zu müssen, sich verabredeten, zu einem andern hinüberzuwechseln, somit wortbrüchig zu werden und aus Liebe zum Gelde die Gerechtigkeit preiszugeben. Auch diesen zürnte mein Herz, doch war's kein ‚heiliger Zorn'. Denn Gegenstand meines Zornes war wohl mehr der Schaden, den sie mir zufügen wollten, als das Unrecht, das sie etwa einem anderen taten. Sicherlich sind solche Leute schändlich, weil sie ‚zuchtlos von dir weichen' und flüchtigen Zeitvertreib und schmutzigen Gewinn lieben, der die Hand besudelt, die danach greift. Sie klammern sich an die dahinfliehende Welt und verschmähen dich, der du bleibst, die abtrünnige Menschenseele zurückrufst und ihr verzeihst, wenn sie dem Rufe folgt. Auch jetzt noch zürne ich solch schlechten und verkehrten Menschen, liebe sie jedoch, um sie zu bessern, daß sie es lernen, dem Gelde die zu erlernenden Kenntnisse vorzuziehen und diesen wiederum dich, Gott, der du die Wahrheit bist und die Fülle gesicherten Guts und reinster Friede. Aber damals lag mir mehr daran, daß sie um meinetwillen aufhörten schlecht zu sein, als daß sie um deinetwillen gut würden.

Er kommt nach Mailand und lernt den Bischof Ambrosius kennen

Als man nun von Mailand nach Rom zum Stadtpräfekten schickte, er möge für jene Stadt einen Lehrer der Rhetorik besorgen, der seine Reise dahin auf Staatskosten zurücklegen konnte, bewarb ich mich darum unter Fürsprache jener vom manichäischen Wahn berauschten Freunde, von denen ich durch diese Trennung mich lösen sollte, was wir freilich beiderseits nicht wußten. Ich erreichte es durch einen Probevortrag, der beifällig aufgenommen wurde, daß Symmachus, der damalige Präfekt[1], mich dorthin entsandte. So kam ich nach Mailand zum Bischof Ambrosius[2]. Auf weitem Erdenrund war er als einer der Besten bekannt, dein frommer Verehrer, dessen Predigten damals deinem Volke treulich ‚das Mark deines Weizens, das Öl der Freude' und die nüchterne Trunkenheit[3] deines Weins spendeten. Ohne mein Wissen ward ich von dir ihm zugeführt, auf daß er mich vollbewußt dir zuführe. Mit väterlicher Freundlichkeit nahm dieser Gottesmann mich auf und hatte an meiner Übersiedlung bischöfliches Wohlgefallen[4]. So begann ich ihn zu lieben, anfänglich zwar noch nicht als Lehrer der Wahrheit, die ich in deiner Kirche nun einmal nicht finden zu können glaubte, sondern als einen mir wohlwollend gesinnten Mann. Eifrig hörte ich ihm zu, wenn er zum Volke sprach, freilich nicht mit der Absicht, die ich hätte haben sollen, sondern nur um seine Beredsamkeit zu prüfen, ob sie ihrem Ruf entspräche oder größer oder geringer sei, als man rühmte. Gespannt und aufmerksam lauschte ich seinen Worten, aber gleichgültig und geringschätzig blickte ich auf ihren Inhalt. Ich freute mich der Anmut seines Vortrags, der, was die Redeweise anlangt, zwar gebildeter, aber weniger heiter und einschmeichelnd war als der des Faustus. Inhaltlich konnte man beider Rede natürlich nicht vergleichen, da dieser die manichäischen Irrwege ging, während jener heilsam die Heilswahrheit verkündete. Doch ‚das Heil ist fern von den Gottlosen', deren einer ich damals war, als ich ihn hörte. Aber ich näherte mich ihm allmählich und wußte es nicht.

Dessen Schriftauslegung macht Eindruck
Er sagt sich vom Manichäismus los

Denn obschon mir nichts daran lag, zu erfahren, was er sagte, sondern nur zu hören, wie er's sagte – nur diese eitle Sorge war mir geblieben, da ich den Weg zu dir für verschlossen hielt – so drang doch zugleich mit den Worten, die mir gefielen, auch der Inhalt, nach dem ich nichts fragte, in meine Seele. Denn das konnte ich nicht voneinander trennen. Während ich mein Herz öffnete, zu vernehmen, wie beredt er sprach, fand auch die Einsicht Eingang, wie wahr er sprach, freilich erst nach und nach. Denn zuerst begann mir einzuleuchten, was er vorbrachte, lasse sich wenigstens verteidigen, und ich fand nun, der katholische Glaube, den ich für wehrlos gegen die Angriffe der Manichäer gehalten hatte, könne ohne Verlegenheit vertreten werden, zumal ich zu hören bekam, wie verschiedene Rätselfragen des Alten Testamentes ihre Lösung fanden. An ihnen war ich bisher gescheitert, da ich mich an den ‚tötenden Buchstaben' gehalten hatte. Jetzt wurden manche jener Schriftstellen geistlich ausgelegt [1], und ich mußte es mißbilligen, daran ganz verzweifelt zu haben, das Gesetz und die Propheten gegen die Schmähungen und Spöttereien verteidigen zu können. Doch meinte ich noch nicht, nun schon deshalb den Weg des katholischen Glaubens einschlagen zu müssen, weil auch er seine gelehrten Vertreter haben konnte, die eingehend und überzeugend die Einwürfe zurückzuweisen verstanden, meinte auch nicht, ich müsse nun meinen bisherigen Standpunkt verdammen, weil das Für und Wider sich das Gleichgewicht hielt. So schien mir die katholische Lehre zwar unbesiegt, doch konnte ich ihr noch nicht den Sieg zusprechen.

Aber von nun an richtete ich mein Augenmerk ernstlich darauf, ob ich die Manichäer nicht irgendwie mit zwingenden Beweisgründen des Irrtums überführen könnte. Hätte ich mir nur ein geistiges Wesen denken können, wären alle jene Wahngebilde sogleich zerstört und aus meinem Geiste verbannt worden, aber dazu war ich nicht imstande. Doch gewann ich mehr und mehr durch Betrachtung und Vergleichung die Überzeugung, daß die meisten Philosophen über die Gestalt dieser Welt und die ganze sinnlich wahrnehmbare Natur weit einleuchtendere Meinungen geäußert hatten [1]. So zweifelte ich nach Art der Akademiker, wie man sie zu verstehen pflegt, an allem, schwankte zwischen allen erdenklichen Ansichten hin und her und faßte den Entschluß, mich von den Manichäern loszusagen. Denn ich hielt es in dieser meiner Zweifelsperiode für unstatthaft, jener Sekte, der ich bereits einige Philosophen vorzog, noch länger anzugehören. Jedoch lehnte ich es entschieden ab, diesen Philosophen die Heilung meines Seelenschadens anzuvertrauen, weil ich bei ihnen den heilsamen Namen Christi vermißte. Ich beschloß demnach, so lange als Katechumene in der mir von den Eltern empfohlenen katholischen Kirche zu bleiben [2], bis mir ein sicheres Ziel aufleuchtete, wohin ich dann meine Schritte lenken würde.

SECHSTES BUCH

DIE KATHOLISCHE KIRCHE ZIEHT AN
FREUNDE · PLÄNE · HEMMUNGEN

Die Mutter kommt nach

Du, ›meine Hoffnung von meiner Jugend an‹, wo warst du mir, wohin warst du entschwunden? Hattest du mich nicht geschaffen, mich unterschieden von den vierfüßigen Tieren und den Vögeln des Himmels und mich klüger gemacht als sie? Dennoch wanderte ich in Finsternis und auf schlüpfrigen Wegen, suchte dich draußen und fand dich nicht, dich, den ›Gott meines Herzens‹. Ich geriet in ›des Meeres Tiefe‹, verlor den Mut und verzweifelte daran, die Wahrheit zu finden. Schon war meine Mutter zu mir gekommen, stark in ihrem frommen Glauben. Über Land und Meer war sie mir gefolgt, deines Schutzes gewiß in allen Gefahren. So konnte sie in Seenot den Schiffern Trost zusprechen, die doch sonst die unerfahrenen Passagiere in ihrer Aufregung zu trösten pflegen. Denn sie verhieß ihnen glückliche Landung, da du es ihr in einem Gesicht verheißen hattest. Als sie mich traf, schwebte ich wohl noch in schwerer Gefahr, da ich an der Möglichkeit, die Wahrheit aufzufinden, verzweifelte. Aber als ich ihr mitteilte, ich sei nun kein Manichäer mehr, wenn auch noch kein katholischer Christ, und als sie über diesen Punkt meines Elends beruhigt war, brach sie doch keineswegs in lauten Jubel aus, als wäre ihr eine Überraschung zuteil geworden. Sie hatte dich ja angefleht, du wollest mich vom Tode erwecken, und hatte mich auf der Bahre ihrer Gedanken hinausgetragen, daß du zum Sohn der Witwe sprächest: ›Jüngling, ich sage dir, stehe auf!‹ und er wiederauflebe, zu reden anfinge und du ihn der Mutter wiedergäbest. Aber als sie nun erfuhr, daß es zum großen Teil bereits eingetroffen war, worum sie täglich weinend zu dir gebetet, daß ich zwar die Wahrheit noch nicht ergriffen habe, aber der Falschheit bereits entrissen sei, setzte keineswegs stürmische Freude ihr Herz in Wallung. Vielmehr dessen gewiß, du werdest auch das noch Ausstehende gewähren, da du volles Heil verheißen, gab sie mir ganz sanft, aber voller Zuversicht zur Antwort, sie glaube in Christo, mich noch, ehe sie aus dem Leben abscheide, als gläubigen Katholiken zu sehen. So zu mir. Zu dir aber, Quell des Erbarmens, sandte sie um so reichlichere Bitten und Tränen, du wollest deine Hilfe beschleunigen und meine Finsternis erhellen, eilte um so eifriger zur Kirche und hing an des Ambrosius Lippen, schlürfend aus ,dem Brunnen des Wassers, das ins ewige Leben quillt'. Diesen Mann liebte sie ,wie einen Engel Gottes', da es ihm, wie sie einsah, zu verdanken war, daß ich mich einstweilen in jenem Zustand unschlüssigen Schwankens befand. Sie nahm nun als sicher an, es werde dies ein Übergangszustand aus Krankheit zu voller Gesundheit sein, wenn auch vielleicht erst nach Überwindung einer letzten andrängenden ernsteren Gefahr, der Krisis, wie die Ärzte es nennen.

Sie verehrt den Ambrosius und gehorcht ihm

Hier ein Zeichen ihrer Verehrung. Als sie zu den Gedächtnisstätten der Heiligen, wie sie in Afrika zu tun pflegte, Mehlbrei, Brot und Wein hintrug, wurde sie vom Türhüter zurückgewiesen. Sie erfuhr, es sei vom Bischof verboten, und fügte sich so fromm und gehorsam drein, daß ich mich selbst wundern muß, wie leicht sie, statt jenes Verbot anzufechten, vielmehr ihre eigene frühere Gewohnheit verurteilte. Denn Neigung zum Trunk beherrschte sie nicht, noch konnte Liebe zum Wein sie zum Haß gegen die Wahrheit anstacheln, wie so viele Männer und Frauen, die ein Loblied auf die Nüchternheit anekelt wie den Säufer ein Schluck Wasser. Sondern wenn sie einstmals zur Feier einen Korb mit Speisen brachte, die man erst vorzukosten, dann zu verteilen pflegte, so nahm sie für sich selbst, um damit Bescheid zu tun, nicht mehr als nur ein einziges Becherlein verdünnten Weins, wie ihr nüchterner Gaumen es verlangte. Und war es eine größere Anzahl von Gedächtnisstätten Verstorbener, die auf diese Weise geehrt werden sollten, trug sie immer nur diesen einen Becher herum, den sie stark gewässert und obendrein zuletzt ganz schal in kleinen Schlucken mit ihren Begleitern teilte. Denn fromm zu sein, nicht zu genießen, war ihr Begehr. Als sie nun erfuhr, daß der treffliche Prediger und fromme Bischof dies untersagt habe, und zwar auch denen, die selbst nüchtern blieben, um den Unmäßigen keine Gelegenheit zu geben, trunkfällig zu werden, und weil solche Feiern mit den abergläubischen heidnischen Totenmahlen größte Ähnlichkeit hatten, ließ sie ganz willig davon ab[1]. Statt des Korbes voll irdischer Früchte hatte sie gelernt, ein Herz voll um so reinerer Gebete zu den Gedächtnisstätten der Märtyrer zu bringen, dort den Armen nach bestem Vermögen Gaben zu spenden und so die Gemeinschaft des Leibes Christi zu feiern[2], in dessen Leidensnachfolge die Märtyrer geopfert und gekrönt waren. Doch scheint es mir, Herr, mein Gott – das ist vor deinem Angesicht meines Herzens Meinung –, meine Mutter hätte vielleicht nicht so leicht ihre Gewohnheit aufgegeben, wenn das Verbot von einem anderen erlassen wäre, den sie nicht wie den Ambrosius liebte. Ihn liebte sie unendlich um meines Heiles willen, er aber liebte sie wegen ihres so frommen Wandels, da sie ,brünstig im Geist' gute Werke tat und häufig zur Kirche kam, so daß er oft, wenn er mich erblickte, in Lobeserhebungen ausbrach und mir Glück wünschte, solch eine Mutter zu haben. Aber er wußte nicht, welch einen Sohn sie hatte, der an all dem zweifelte und nicht glaubte, daß der ,Weg zum Leben' irgend gefunden werden könne.

*Augustin ihm ferner stehend,
aber unter dem Einfluß seiner Predigten*

Noch seufzte ich nicht im Gebet, daß du mir zu Hilfe kommest, aber eifrig und ruhelos war mein Geist zu forschen und zu disputieren. Den Ambrosius hielt ich im Sinne der Welt für einen glücklichen Mann, da ihm die höchsten Machthaber Ehre erwiesen. Nur seine Ehelosigkeit deuchte mich beschwerlich. Was er aber für Hoffnung hegte, wie er gegen Versuchungen zu kämpfen hatte, die seine hohe Würde mit sich brachten, was ihn im Unglück tröstete, welch köstlichen Genuß dem verborgenen Mund seines sinnenden Herzens die Speise deines Brotes [1] bereitete, das konnte ich weder vermuten, noch hatte ich es erfahren. Er seinerseits wußte nichts von meiner inneren Drangsal und der Fallgrube, die mir drohte. Denn ich konnte von ihm nicht erfragen, was ich wollte, wie ich's wohl wollte, da mich von seinem Ohr und Mund die Haufen geschäftiger Menschen absperrten, deren Schwachheit er diente. War er nicht von ihnen umgeben, was nur vorübergehend geschah, stärkte er entweder seinen Leib durch die nötige Nahrung oder seinen Geist durch Lektüre. Las er aber, so glitten seine Augen über die Seiten, und sein Herz ergründete den Sinn, Stimme und Lippen aber schwiegen. Oft, wenn wir anwesend waren – es war niemandem verwehrt einzutreten und eine Anmeldung der Besucher nicht üblich –, sahen wir zu, wie er so schweigend las, immer nur schweigend [2], saßen selber in langem Schweigen da – denn wer hätte dem so Vertieften lästig fallen mögen? – und entfernten uns dann wieder. Wir vermuteten, in jener kurzen Zeit, die er frei vom Gedränge anderer Geschäfte der Erholung seines Geistes widmete, wolle er nicht abgelenkt werden. Auch fürchtete er vielleicht, sagten wir uns, daß ein eifriger, aufmerksamer Hörer ihn, hätte er laut gelesen, genötigt haben möchte, schwer verständliche Ausführungen des Schriftstellers zu erklären oder über verwickeltere Probleme zu disputieren. Darüber hätte er dann so viel Zeit versäumt, daß er weniger weit, als er gewollt, in dem Buche hätte vordringen können. Auch hatte er Grund, seine Stimme zu schonen, die leicht heiser wurde, und das schon rechtfertigte sein leises Lesen. Doch was auch der Beweggrund dieses Mannes gewesen sein mag, ein guter war es gewiß.

Jedenfalls bot sich mir keine Gelegenheit, bei diesem deinem heiligen Orakel, nämlich seinem Herzen, das zu erfragen, wonach ich Verlangen trug, wenn ich mich nicht mit einigen wenigen Worten begnügen wollte. Um ihm aber meine inneren Bedrängnisse auszuschütten, mußte ich eine längere Muße abwarten, und die fand sich niemals. Freilich hörte ich ihm allsonntäglich zu, wie er ‚das Wort der Wahrheit recht austeilte‘, und mehr und mehr bestätigte sich mir, daß alle Knoten arglistiger Verleumdung, die unsere Betrüger zur Herabsetzung der göttlichen Schriften geknüpft hatten, sich lösen ließen. Als ich vollends erfuhr, die Erschaffung des Menschen nach deinem Ebenbilde werde von deinen geistigen Söhnen, die du neu geboren aus dem Schoße der Mutter Kirche hervorgehen ließest, nicht so verstanden, als glaubten und dächten sie, auch du habest die umgrenzte Gestalt eines menschlichen Körpers, da, obschon ich von einer geistigen Substanz nicht die entfernteste und dunkelste Ahnung hatte, errötete ich doch vor Freude, weil mir nun klar war, daß ich so viel Jahre lang nicht gegen den katholischen Glauben, sondern nur gegen die Einbildungen fleischlicher Gedanken angebellt hatte. So war ich denn vermessen und gottlos gewesen, da ich Anklagereden gehalten hatte, wo ich hätte fragen und lernen sollen. Du aber, Höchster und Nächster, Verborgenster und Gegenwärtigster, hast keine Glieder, größere oder kleinere, sondern bist überall ganz, aber nirgendwo an einzelnen Orten. Du hast nichts an dir von unserer leiblichen Gestalt und hast dennoch den Menschen nach deinem Bilde geschaffen, der doch – schau nur hin! – vom Kopf bis zu den Füßen im Raume ist.

*Die Anstöße des christlichen Glaubens schwinden,
die Unentschlossenheit bleibt*

Da ich also nicht wußte, wie dies dein Ebenbild beschaffen sei, hätte ich anklopfen und fragen sollen, was man darüber glauben müsse, aber nicht scheltend dem widersprechen, was ich damals für geglaubt hielt. Je mehr ich mich nun schämte, genarrt und betrogen durch die Verheißung sicherer Erkenntnisse, unreif irrend und leidenschaftlich, so lange viel Ungewisses, als wäre es gewiß, hergeschwatzt zu haben, um so quälender zernagte die Sorge mein Innerstes, was ich denn noch als gewiß würde festhalten können. Daß es völlig falsch war, was ich mir einst eingebildet, ist mir freilich erst später klar geworden. Doch schon jetzt war gewiß, daß es ungewiß war und von mir gleichwohl für gewiß gehalten, als ich deine katholische Kirche in blinden Streitreden beschuldigte. Hatte ich auch die Wahrheit ihrer Lehre noch nicht erfaßt, wußte ich doch nun, daß sie das nicht lehrte, was ich so heftig angegriffen. So war ich bestürzt, kehrte um und freute mich, mein Gott, daß deine Kirche, die eine, geliebte, deines Eingeborenen Leib, in der meinem kindlichen Gemüt der Name Christi eingeprägt war, keinen Geschmack habe an kindischer Torheit und in ihrer heilsamen Lehre keineswegs behaupte, daß dich, den Schöpfer aller Dinge, eine menschliche Gestalt in einen wohl sehr hohen und weiten, dennoch begrenzten Raum hineinzwänge.

Auch freute ich mich, daß man mich anwies, die alten Schriften des Gesetzes und der Propheten mit anderen Augen zu lesen als früher, wo sie mir unsinnig erschienen, damals als ich deinen Heiligen vorwarf, auch sie verständen die Schrift so, während sie es in Wirklichkeit nicht taten. Und mit Freude hörte ich, wie Ambrosius in seinen Predigten vor dem Volk immer wieder angelegentlich gleichsam als Richtschnur das Wort empfahl: ‚Der Buchstabe tötet, aber der Geist macht lebendig.' So hob er, wenn eine Schriftstelle, buchstäblich verstanden, Ungereimtes zu lehren schien, den mystischen Schleier, erschloß einen geistigen Sinn und sagte nun nichts mehr, das mich hätte abstoßen können, wenngleich manches, wovon ich noch nicht wußte, ob es wahr sei. Ich hielt mein Herz von jeder Zustimmung zurück, da ich den Absturz in Irrtum fürchtete, aber empfand um so mehr: dies Hinhalten brachte mich um. Denn ich wollte dessen, was ich nicht sah, so gewiß werden, wie ich gewiß war, daß sieben und drei zehn sind. So von Sinnen war ich ja nicht, daß ich auch das angezweifelt hätte, aber ebenso gewiß, wie es mir war, verlangte ich, sollte nun auch das übrige sein, sowohl das Körperliche, das meinen Sinnen nicht zugänglich war, als auch das Geistige, das ich mir noch nicht anders als körperlich vorstellen konnte. Durch Glauben hätte ich Heilung finden können. In größerer Reinheit hätte sich dann meines Geistes Scharfblick deiner Wahrheit, der unwandelbaren, nie versagenden, zugewandt. Aber wie es zu gehen pflegt: wer einem schlechten Arzt in die Hände gefallen ist, mag sich einem guten nicht mehr anvertrauen. Ebenso verhielt sich's nun mit dem Zustand meiner Seele, die nur durch Glauben gesunden konnte, sich aber, um nichts Falsches zu glauben, der Heilung widersetzte. So erwehrte sie sich deiner Hände, der du die Heilmittel des Glauben bereitet und weithin ausgeteilt hast für die Krankheiten in aller Welt, Heilmittel, denen du solches Ansehen verliehen [1].

Die Schriftautorität

Seit dieser Zeit gab ich bereits der katholischen Lehre den Vorzug und sah ein, daß hier weit bescheidener und ehrlicher für das, was nicht bewiesen ward, Glaube gefordert wurde – mochte es nun Beweise geben, wenn auch vielleicht nicht für jeden, oder mochte es auch keine geben –, während man dort die Leichtgläubigkeit durch dreistes Versprechen wissenschaftlicher Erkenntnis zum besten hielt und hernach viel phantastisches und albernes Zeug, da man's nicht beweisen konnte, zu glauben befahl. Sodann hast du, Herr, allmählich mit gar sanfter und mildtätiger Hand mein Herz berührt und beruhigt. Denn ich erwog nun, wie Unzähliges ich doch glaube, das ich nicht gesehen, bei dessen Geschehen ich nicht zugegen gewesen, so vieles aus der Völkergeschichte, so vieles über Orte und Städte, wo ich nicht gewesen, daß ich so vieles meinen Freunden glaube, so vieles den Ärzten, so vieles allen möglichen anderen Menschen. Glaubten wir das alles nicht, könnten wir in diesem Leben überhaupt nichts machen. Ich überlegte schließlich, wie unerschütterlich fest es mir stand, von welchen Eltern ich abstammte, was ich doch nicht wissen konnte, sondern auf Grund von Hörensagen gläubig angenommen hatte. So brachtest du mich zu der Überzeugung, daß nicht die, die deinen Büchern glauben, deren Ansehen du in fast allen Völkern so fest begründet hast, sondern die ihnen nicht glauben, Vorwürfe verdienen, und daß ich nicht auf die hören dürfe, die mir vielleicht sagen: Woher weißt du denn, daß diese Bücher durch den Geist des einen, wahren, durchaus wahrhaftigen Gottes der Menschheit dargereicht sind? Eben dies mußte vor allem geglaubt werden. Hatten mir doch weder die Streitsucht noch die arglistigen Fragestellungen der sich in ihren vielen mir bekannten Schriften gegenseitig bekämpfenden Philosophen den Glauben entwinden können, daß du seist – wußte ich auch nicht, was du seist – und daß die Lenkung der menschlichen Dinge in deinen Händen ruhe[1].

Zwar war mein Glaube daran bald stärker, bald schwächer, immer aber glaubte ich, du seiest und kümmertest dich um uns, obschon ich weder wußte, was ich von deinem Wesen denken sollte, noch welcher Weg hin zu dir oder zurück zu dir führe. Da wir also augenscheinlich zu schwach waren, die Wahrheit durch klare Vernunfterkenntnis zu finden, und deswegen die Autorität heiliger Schriften von Nöten war, fing ich bereits an zu glauben, du hättest sicherlich nicht jener Schrift solch hervorragendes Ansehen in allen Landen verliehen, hättest du nicht gewollt, daß man durch sie an dich glauben, durch sie dich suchen solle. Denn schon führte ich die Ungereimtheiten, die mir in diesen Schriften anstößig waren, auf die Tiefe der Geheimnisse [1] zurück, da vieles Schwerverständliche mir nun bereits befriedigend ausgelegt war. Nur um so ehrwürdiger und demütig-heiligen Glaubens würdiger schien mir ihre Autorität, da sie sich einerseits von jedermann bequem lesen ließ, andererseits die Würde ihres Geheimnisses tieferem Nachsinnen vorbehielt, da sie in leicht verständlichen Worten und ganz anspruchsloser Redeweise sich allen darbot und zugleich die Aufmerksamkeit ernster, nachdenklicher Gemüter zu fesseln wußte. So nimmt sie alle auf in ihren leutseligen Schoß und führt durch enge Pforten wenige zu dir, weit mehr jedoch, als wenn sie nicht in solch hochragendem Ansehen dastände und nicht ganze Scharen mit dem mütterlichen Arm heiliger Demut umfinge. Das bedachte ich, und du standest mir bei, ich seufzte und du hörtest mich, ich taumelte und du leitetest mich, ich ging den breiten Weg der Welt, und du verließest mich nicht.

Der beneidenswerte Bettler

Ich lechzte nach Ehre, Reichtum und ehelichem Glück, und du verlachtest mich. Diese Gier bereitete mir bitterste Not, aber um so mehr erwiesest du mir deine Gunst, je weniger du mir süß werden ließest, was du nicht warst. Sieh an mein Herz,

Herr! Du wolltest ja, daß ich hieran gedenke und es dir bekenne. Nun soll sie dir anhangen, meine Seele, die du gelöst hast vom zähen Vogelleim des Todes. Wie war sie elend! Empfindlich berührtest du ihre schmerzende Wunde, daß sie alles verlasse und dir sich zuwende, dir, ,der du über allem bist' und ohne den alles, was ist, gar nichts wäre, sich dir zuwende und Genesung finde. Wie war ich doch elend, und wie hast du mich mein Elend fühlen lassen an jenem Tage, als ich eine mit Lügen gespickte Lobrede auf den Kaiser [1] vorbereitete, um mir, dem Lügner, damit die Gunst derer zu erwerben, die wußten, daß ich log, als mein Herz unter der Last dieser Sorgen ächzte und im Fieber zehrender Gedanken glühte! Da erblickte ich auf einer Gasse Mailands, die ich durchschritt, einen armen Bettler, der vermutlich angetrunken und nun lustig und guter Dinge war. Und ich seufzte auf und redete mit meinen befreundeten Begleitern über die mancherlei Schmerzen, die wir uns mit unseren Torheiten selbst bereiten. Denn mit all unseren Bemühungen, wie auch ich sie auf mich nahm, der ich von Begierden gestachelt die Last meines Unglücks daherschleppte und schleppend immer noch vergrößerte, wollten wir doch nichts anderes als sorglose Freude erlangen, wie jener Bettler sie, uns dahinten lassend, gefunden, während wir sie vielleicht niemals finden würden. Denn was er mit ein paar Bettelpfennigen sich erworben, nämlich den Genuß zeitlichen Glückes, danach hastete ich auf mühseligen, sich windenden Umwegen. Gewiß besaß er die wahre Freude nicht, aber was ich mit all meinen Anstrengungen erstrebte, war noch viel falscher. Und er unfraglich freute sich doch, ich aber ängstete mich, er war sorglos, ich zitterte. Und wenn jemand mich gefragt hätte, ob ich lieber fröhlich sein oder mich fürchten wollte, hätte ich geantwortet: Fröhlich sein. Hätte er aber weiter gefragt, ob ich lieber solch ein Mensch sein wollte wie jener Bettler oder so, wie ich damals war, hätte ich doch mich trotz aller Angst und Sorgen vorgezogen. Freilich eine falsche Wahl. Ausgeschlossen, daß ich recht gewählt. Denn meiner höheren Bildung wegen hätte ich mir vor ihm nicht den Vorzug geben dürfen. Deren erfreute ich mich ja nur, um damit den Menschen zu gefallen, nicht um sie zu belehren, sondern lediglich, um ihnen zu gefallen. Darum hast du auch mit dem Stabe deiner Zucht ‚meine Gebeine zerschlagen'.

Mögen fern bleiben meiner Seele, die ihr sagen: «Es macht doch einen Unterschied, worüber man sich freut. Jenes Bettlers Freude war Trunkenheit, du freutest dich am Ruhm.» An welchem Ruhm denn, Herr? Nicht dem in dir! War jene Freude nicht die rechte, so auch jener Ruhm nicht der wahre, verkehrte er doch meinen Geist nur noch mehr. Jener Bettler schlief in der nächsten Nacht seinen Rausch aus; ich aber war mit dem meinen eingeschlafen und aufgestanden und sollte weiterhin so einschlafen und aufstehen, ach, wie viele Tage noch! Gewiß macht es einen Unterschied, worüber man sich freut, ich weiß es wohl, und die Freude gläubiger Hoffnung, wie ich sie jetzt kenne, steht unvergleichlich höher als jener Wahn. Aber auch damals war zwischen uns beiden ein Unterschied und jener Bettler unfraglich der Glücklichere, nicht nur weil er ungetrübter Heiterkeit sich erfreute, während ich mich mit Sorgen marterte, sondern auch weil er für gute Wünsche sich Wein verschafft hatte, während ich mit Lügen nach eitler Ehre trachtete. In diesem Sinne sagte ich noch manches meinen Freunden und beobachtete oft dabei, wie es mir zumute war, fühlte mich elend, ward traurig darüber und verdoppelte dadurch bloß mein Elend [1]. Und wenn mich schon einmal ein Glück anlächelte, verdroß es mich, danach zu greifen, weil es ja doch verflog, ehe man es fassen konnte.

Alypius von seiner Leidenschaft für Zirkusspiele geheilt

Gemeinsam klagten wir hierüber, die wir freundschaftlich zusammen lebten, und zumal mit Alypius und Nebridius sprach ich von alledem. Von ihnen stammte Alypius aus derselben Vaterstadt wie ich, und zwar aus einer der angesehensten Familien, war aber jünger als ich[1]. Er war mein Schüler gewesen, als ich in unserer Stadt zu lehren begann, und auch später in Karthago, und liebte mich sehr, weil er mich für gut und gelehrt hielt. Ich aber liebte ihn wegen seines ernsten Tugendstrebens, das ihm natürlich war und bereits in jugendlichem Lebensalter deutlich hervortrat. Aber der Strudel der Sittenverderbnis zu Karthago, die den nichtsnutzigen Schauspielen so förderlich ist, hatte ihn in den Wahnsinn der Zirkuskämpfe hineingerissen. Als diese unselige Leidenschaft ihn in Bann schlug, lehrte ich ebenda in öffentlicher Schule die Redekunst. Er aber hatte wegen eines Zerwürfnisses zwischen mir und seinem Vater noch nicht angefangen meine Vorträge zu hören. Als ich nun erfuhr, daß er dieser verderblichen Sucht verfallen war, fürchtete ich sehr, die große Hoffnung, die ich auf ihn setzte, möchte mir verloren gehen, falls dies nicht schon geschehen sei. Aber weder mein freundschaftliches Wohlwollen noch mein Ansehen als Lehrer gaben mir die Möglichkeit, ihn mahnend oder strafend zurückzuhalten. Denn ich dachte, daß er seines Vaters Gesinnung mir gegenüber teilte. Doch das traf nicht zu. Vielmehr fing er an, seines Vaters Willen nichtachtend, mich zu grüßen, meinen Hörsaal zu betreten, eine Weile zuzuhören und dann wieder zu gehen.

Aber ich dachte schon nicht mehr daran, ihm vorzuhalten, er möge nicht durch solch blinde, heillose Leidenschaft für die Spiele seinen edlen Geist zugrunde richten. Du aber, Herr, der du alles steuerst und lenkst, was du geschaffen, hattest ihn nicht vergessen, der künftig unter deinen Söhnen Verwalter deines Sakramentes sein sollte, und damit seine Umkehr offenkundig dein Werk sei, wirktest du sie zwar durch mich, aber ohne mein Vorwissen. Denn eines Tages, als ich an meinem gewohnten Platze saß und vor mir die Schüler, kam er herein, grüßte, setzte sich hin und richtete seine Aufmerksamkeit auf das, was gerade beredet wurde. Ich hatte ein Lesestück in Händen, bei dessen Erläuterung mir ein den Zirkusspielen entnommener Vergleich geeignet schien, was ich im Sinne hatte, gefälliger und einleuchtender zu machen. Als ich bei der Gelegenheit diejenigen mit bissigem Spott bedachte, die dieser Torheit frönen, kam es mir nicht in den Sinn, du weißt es, Gott, den Alypius von dieser Pest heilen zu wollen. Er aber bezog es auf sich und glaubte, nur seinetwegen habe ich's gesagt, und während ein anderer mir darob gezürnt haben würde, nahm dieser redliche Jüngling es zum Anlaß, sich selbst zu zürnen und mich um so glühender zu lieben. Wohl hattest du einst gesagt und es eingefügt in deine Schriften: ‚Strafe den Weisen, der wird dich lieben.' Aber nicht ich hatte ihn gestraft, sondern du, der du nach deiner Ordnung, die nur du kennst, nach deiner gerechten Ordnung aller dich bedienst, sie mögen es wissen oder nicht, du hast aus meinem Herzen und meiner Zunge glühende Kohlen bereitet, mit denen du den schwärenden Schaden seines hoffnungsvollen Geistes ausbrennen und heilen wolltest. Mag schweigen von deinem Lob, wer deine Rettungstaten nicht beachtet, die meines Herzens Grund zu deinem Preise bewegen. Er aber, getroffen von meinen Worten, raffte sich auf und erhob sich aus der tiefen Grube, in der er willentlich versunken war und mit seltsamer Wollust sich hatte umnachten lassen. In tapferer Selbstbeherrschung machte er sich frei, der ganze Unrat der Zirkusspiele fiel von ihm ab, und er besuchte sie von nun an nicht mehr. Sodann setzte er es bei seinem widerstrebenden Vater, der nachgab und einwilligte, durch, meinen Unterricht besuchen zu dürfen. Als er nun wieder anfing mich zu hören, geriet er mit mir in die Netze jenes Aberglaubens und liebte an den Manichäern ihre zur Schau getragene Enthaltsamkeit, die er für wahr und echt hielt. Doch sie war arglistig und trügerisch [1], darauf berechnet, edle Seelen einzufangen, die das Wesen der Tugend noch nicht gründlich erkannt hatten und durch den Firnis einer bloß oberflächlichen, erheuchelten Tugend leicht getäuscht werden konnten.

Ein verhängnisvoller Rückfall

Doch hatte er die ihm von seinen Eltern angepriesene irdische Laufbahn nicht verlassen, sondern war mir nach Rom vorausgegangen, um Rechtswissenschaft zu studieren. Hier nun ließ er sich unverständlicherweise von geradezu unbegreiflicher Leidenschaft für die Gladiatorenschauspiele hinreißen. Denn obwohl er gegen derlei Widerwillen und Abscheu empfand, ließ er sich doch von einigen Freunden und Mitschülern, denen er zufällig auf dem Heimweg von der Mahlzeit begegnete, trotz heftigen Widerstrebens und Sträubens mit freundlicher Gewalt ins Amphitheater führen. Es waren nämlich gerade die Tage, an denen jene grausamen und schaurigen Spiele stattfanden. Er sagte ihnen: «Mögt ihr immerhin meinen Leib dahin schleppen; werdet ihr auch meinen Geist und meine Augen zwingen können, auf die Schauspiele achtzugeben? Wenn auch anwesend, werde ich doch abwesend sein und so über euch und die Spiele triumphieren.» Sie hörten sich das an und führten ihn nichtsdestoweniger mit sich. Sie waren wohl begierig zu sehen, ob er seinen Vorsatz würde ausführen können. Als man nun angekommen war und sich, wo Plätze frei waren, niedergesetzt hatte, flackerte überall bereits die wildeste Lust. Er aber schloß die Pforten seiner Augen und untersagte seinem Geist, an diesen Greueln Anteil zu nehmen. Hätte er doch auch seine Ohren verstopft! Denn was geschah? Als bei einem Zwischenfall des Kampfes das ganze Volk in ungeheures Geschrei ausbrach, wurde er so erschüttert, daß er, von Neugier überwunden und vielleicht sich einredend, er werde, was er auch erblicken möge, es verachten und Herr drüber werden, die Augen aufschlug. Da ward seiner Seele eine schwerere Wunde geschlagen als dem Leib dessen, den zu sehen ihn gelüstete, kam er jämmerlicher zu Fall als jener, dessen Fall das Geschrei verursacht hatte. Das drang durch seine Ohren ein und riegelte seine Fenster auf. So konnte es geschehen, daß sein mehr verwegener als tapferer Geist geschlagen und von seiner Höhe herabgestürzt wurde. Um so schwächer war er, je mehr er auf sich selbst vertraute, statt, wie er sollte, auf dich. Denn sobald er das Blut sah, durchdrang ihn wilde Gier, konnte er sich nicht mehr abwenden, sondern war von dem Anblick wie gebannt, schlürfte Wut ein und wußte es selbst nicht, hatte seine Wonne an dem frevlen Kampf und berauschte sich an grausamer Wollust. Nun war er nicht mehr, der er gekommen war, sondern nur noch einer aus der Masse, der er sich angeschlossen [1], und in Wahrheit ein Geselle derer, die ihn hergeführt. Was weiter? Er schaute, schrie, glühte und nahm seinen Wahnsinn mit nach Hause, der ihn stachelte, nicht nur wiederzukommen mit denen, die ihn verleitet, sondern es ihnen zuvorzutun und andere nach sich zu ziehen. Dennoch hast du mit gewaltiger, erbarmungsreicher Hand ihn herausgerissen und gelehrt, nicht auf sich, sondern auf dich sich zu verlassen. Aber das geschah erst viel später.

Ein Vorfall aus des Alypius Jugendzeit

Doch prägte er das Erlebnis als Heilmittel für die Zukunft seinem Gedächtnis ein. Ebenso ein weiteres, nämlich dies, daß er in seiner Studienzeit zu Karthago, damals schon mein Hörer, während er mittags auf dem Markte über einen Vortrag nachdachte, den er als Schulübung halten sollte, von den Gerichtsdienern als Dieb aufgegriffen wurde. Aus keinem anderen Grunde, davon bin ich überzeugt, hast du, unser Gott, das zugelassen, als weil du wolltest, jener später so bedeutende Mann sollte zeitig lernen, daß beim Gerichtsverfahren nicht rasch in voreiliger Leichtgläubigkeit ein Mensch den andern verurteilen darf. Er ging nämlich ganz allein mit Tafel und Griffel vor dem Gerichtshaus auf und ab, da trat ein junger Mensch, gleichfalls Schüler, der wirkliche Dieb, mit einem Beil, das er heimlich mitgebracht, ohne daß jener es merkte, an die Bleigitter heran, die die Wechslergasse überragen, und fing an das Blei abzuschlagen. Den Schall des Beiles hörten die Wechsler drunten, redeten leise miteinander und schickten Häscher, den festzunehmen, wen sie fänden. Doch er hörte ihre Stimmen, ließ das Werkzeug fallen, um nicht mit ihm ergriffen zu werden, und machte sich aus dem Staube. Alypius aber, der nicht gemerkt hatte, wie er eintrat, sah ihn herauskommen und schleunigst weglaufen, wollte wissen, warum und ging hin. So fand er das Beil, stand und betrachtete es erstaunt. Schon kommen die Häscher, finden ihn allein dastehend, das Beil, dessen Schall sie hergelockt hatte, in der Hand, halten ihn fest und schleppen ihn fort. Da nun die Marktbewohner zusammenlaufen, rühmen sie sich, den offenkundigen Dieb gefaßt zu haben. Darauf ward er abgeführt, um vor Gericht gestellt zu werden.

Soweit sollte er belehrt werden, und damit war es auch genug. Denn alsbald standest du, Herr, seiner Unschuld bei, deren einziger Zeuge du warest. Als er nämlich weggeführt wurde, sei es ins Gefängnis, sei es zum Strafvollzug, begegnet ihnen ein Architekt, dem insbesondere die Aufsicht über die öffentlichen Gebäude anvertraut war. Sie freuen sich, gerade den zu treffen, der sie wegen sonstiger auf dem Markt abhanden gekommener Sachen in Verdacht zu haben pflegte. Jetzt mußte er ja einsehen, wer der Täter gewesen war. Doch der Mann hatte den Alypius häufig im Hause eines gewissen Senators [1] gesehen, den er öfter besuchte, erkannte ihn sogleich, ergriff seine Hand und führte ihn aus dem Gedränge heraus. Sodann erfragte er die Ursache solchen Mißgeschicks, hörte, was sich zugetragen, und hieß die lärmende Drohungen ausstoßende Menge mitkommen. Nun kamen sie zum Hause des jungen Mannes, der die Tat begangen hatte. Vor der Tür stand ein Sklave, der noch so jung war, daß er, ohne deswegen für seinen Herrn Befürchtungen zu hegen, die ganze Sache leicht verraten konnte. Er hatte ihn nämlich auf den Markt begleitet. Alypius erkannte ihn wieder und machte den Baumeister auf ihn aufmerksam. Der wies dem Sklaven das Beil und fragte, wem es gehöre. Sofort antwortete er: «Es ist unseres», wurde verhört und gab auch das übrige zu. So fiel die Tat auf jenes Haus, und die Menge, die schon über Alypius triumphieren wollte, mußte beschämt abziehen. Er aber, der künftige Verwalter deines Wortes, der so viele Streitsachen in deiner Kirche schlichten sollte [2], ging an Erfahrung und Einsicht bereichert von dannen.

Seine Unbestechlichkeit · Nebridius

Ihn also hatte ich in Rom angetroffen. Er war mir in innigster Freundschaft zugetan und ging mit mir nach Mailand, um mich nicht verlassen zu müssen, sowie auch die erlernte Rechtswissenschaft praktisch auszuüben, wobei er freilich mehr dem Wunsch der Eltern als seinem eigenen folgte. Schon dreimal war er Beisitzer [3] gewesen, und zwar mit einer Uneigennützigkeit, die die anderen in Erstaunen setzte, während er sich nur über die verwunderte, die Gold höher schätzten als Unschuld. Sein Charakter wurde aber nicht nur durch die Lockungen der Habsucht, sondern auch durch den Stachel der Furcht auf die

Probe gestellt. Er war seinerzeit in Rom Beisitzer des Schatzmeisters von Italien [1]. Damals lebte dort ein sehr mächtiger Senator, dem viele, sei es durch Geschenke verpflichtet, sei es durch Furcht eingeschüchtert, untertänig ergeben waren. Er wollte wieder einmal durch Machtmißbrauch irgend etwas durchsetzen, was gesetzlich unzulässig war, doch Alypius leistete Widerstand. Man versprach ihm eine Belohnung, er lachte darüber, Drohungen wurden angebracht, er spottete ihrer. Alle wunderten sich über solch ungewöhnliche Seelengröße, daß er diesen gewaltigen Mann, der überall im Rufe stand, auf unzählige Weise Vorteile verschaffen und Schaden zufügen zu können, weder zum Freund begehrte noch als Feind fürchtete. Der Richter selber, dessen Berater Alypius war, mißbilligte zwar jenes Ansinnen auch, mochte es aber nicht offen zurückweisen, sondern schob die Schuld auf den Beisitzer, der, wie er sagte, seine Einwilligung nicht gebe. So war es auch in der Tat, denn Alypius hätte sein Amt niedergelegt, wenn jener sich auf das Unrecht eingelassen hätte. Einzig und allein sein Eifer für die Wissenschaft hätte ihn beinah dazu verleitet, sich für Gerichtssporteln [2] Bücher anzuschaffen. Doch er zog die Gerechtigkeit zu Rate, wandte seinen Sinn zum Besseren und hielt Rechtlichkeit, die das nicht zuließ, für wertvoller als die Macht, die es gestattete. Das ist zwar nur etwas Geringes, doch ‚wer im Geringsten treu ist, der ist auch im Großen treu‘, und es ist gewiß kein leeres Wort, das deiner Wahrheit Mund gesprochen: ‚So ihr in dem ungerechten Mammon nicht treu seid, wer will euch das Wahrhaftige anvertrauen, und so ihr in dem Fremden nicht treu seid, wer wird euch geben, was euer ist?‘ Ja, so war er, der mir damals anhing und mit mir hin und her überlegte, welcher Lebensweg einzuschlagen sei.

Auch Nebridius hatte seine nahe bei Karthago gelegene Vaterstadt und Karthago selbst, wo er sehr häufig weilte, verlassen, hatte auch sein schönes väterliches Landgut, sein Haus und seine Mutter, die ihm nicht folgen wollte, verlassen und war nur aus dem einen Grunde nach Mailand gekommen, um mit mir in glühendem Verlangen nach Wahrheit und Weisheit das Leben zu teilen. Ebenso wie ich seufzte und schwankte er, war von brennender Sehnsucht nach dem glückseligen Leben erfüllt und zugleich der scharfsinnigste Grübler über schwierigen Fragen. So waren es ihrer drei Bettler, die sich gegenseitig ihre Not klagten und auf dich warteten, daß ,du ihnen ihre Speise gebest zu seiner Zeit'. Und immer wenn wir bei all der Bitterkeit, die unser weltliches Treiben nach deinem erbarmenden Ratschluß begleitete, nach dem Sinn ausschauten, warum wir so leiden mußten, stießen wir auf Finsternis. Dann wandten wir uns seufzend ab und sprachen: Wie lange soll das währen? Häufig sagten wir so und lebten doch so weiter, denn noch hatte uns nichts Gewisses eingeleuchtet, das greifbar gewesen wäre und um deswillen wir alles andere hätten aufgeben mögen.

Gott ruft · Die weltlichen Bande halten fest

Ich aber wunderte mich zuallermeist, wenn ich überlegte und zurückdachte, wie lange Zeit schon verflossen war seit meinem neunzehnten Lebensjahre, in dem mein glühender Eifer für die Weisheit erwachte und ich den Entschluß faßte, fände ich sie, allen eitlen Hoffnungen nichtiger Begehrlichkeit und allen trügerischen Narrheiten den Abschied zu geben. Und sieh, nun war ich dreißig Jahr alt und saß noch immer fest in demselben Schlamm, voll Gier, die flüchtigen, zerstreuenden Freuden der Gegenwart zu genießen, und sprach: Morgen werde ich's finden, dann wird es klar, dann halt ich's fest; dann wird ein Faustus kommen und alles offenbaren. O ihr großen Männer, ihr Akademiker! Läßt sich denn wirklich nichts Sicheres ausmachen über die rechte Lebensführung? Wohlan, laß uns noch eifriger suchen und nicht verzweifeln! Sieh, schon ist's nicht mehr widersinnig, was einst in den Büchern der Kirche widersinnig schien. Es läßt sich auch anders und ganz vernünftig verstehen. So will ich denn auf der Stufe Fuß fassen, auf die mich schon als Knaben meine Eltern stellten, bis die volle lichte Wahrheit sich findet. Aber wo soll man sie suchen? Wann sie suchen? Ambrosius hat keine Zeit, auch zum Lesen ist keine Zeit. Und wie soll man zu den Büchern kommen? Woher und wann sie erwerben? Von wem sie leihen?[1] Die Zeit muß eingeteilt, Stunden angesetzt werden, die dem Seelenheil gewidmet sind. Große Hoffnung hat sich aufgetan. Der katholische Glaube lehrt nicht, was wir meinten und ihm irrtümlich vorwarfen. Seine Lehrer erklären es für Unrecht, zu glauben, Gott habe wie der Mensch einen räumlich begrenzten Leib. Sollen wir zögern anzuklopfen, daß auch das übrige sich auftue? Die Stunden am Vormittag nehmen die Schüler in Anspruch, was mache ich mit den anderen? Warum nicht sie hierfür verwenden? Aber wann soll ich die einflußreichen Freunde besuchen, deren Gunst ich doch nötig habe? Wann die Stunden vorbereiten, für die die Schüler mich bezahlen? Wann mich ausruhen und erholen von all der Sorgenlast?

Fort mit alledem! Lassen wir diese eiteln, nichtsnutzigen Dinge, der Erforschung der Wahrheit sei unsere ganze Kraft geweiht! Das Leben ist elend, die Stunde des Todes ungewiß. Plötzlich kann er uns überfallen. Wie steht's dann mit uns, wenn wir von hier abscheiden? Wo sollen wir dann lernen, was wir hier versäumt? Werden wir nicht vielmehr für unsere Säumnis büßen müssen? Doch wie, wenn der Tod mit der Sinneswahrnehmung auch alle Sorge wegnähme und beendete? Auch darüber muß man nachdenken. Aber nein, das kann ja nicht sein! Nicht von ungefähr, nicht ohne Grund ist es doch, daß der christliche Glaube mit solch überragendem Ansehen sich auf Erden ausgebreitet hat. Nie hätte Gott so Großes, so

Herrliches für uns getan, wenn mit dem leiblichen Tode auch das Leben der Seele schwände. Was zögern wir denn, die weltlichen Hoffnungen fahren zu lassen, einzig und allein Gott und das selige Leben zu suchen? Doch halt ein! Auch die Welt ist schön, ihre Wonne nicht gering. Nicht so leichthin soll man den Sinn von ihr abwenden, denn schimpflich wär's, wollte man später zurückkehren zu ihr. Nicht viel fehlt, so ließe sich ein ehrenvolles Amt erlangen, und was wäre dann noch mehr zu wünschen? Einflußreiche Freunde gibt's genug. Steuern wir nicht auf etwas anderes los [1], so könnte uns wohl ein Statthalterposten übertragen werden. Dann würde man eine Frau mit einigem Vermögen heiraten, daß der nötige Aufwand nicht weiter lästig fiele, und wäre ja wohl am Ziel seiner Wünsche. Haben doch viele große, in jeder Hinsicht vorbildliche Männer sich im Ehestande dem Studium der Weisheit gewidmet.

So sprach ich. Aber die Winde wechselten und trieben mein Herz bald hierhin, bald dahin. Die Zeit ging hin, und ‚ich verzog, mich zum Herrn zu bekehren‘, verschob es von Tag zu Tag, in dir zu leben, verschob es aber nicht, täglich in mir selbst zu sterben. Ich liebte das selige Leben, aber dort, wo es zu Hause ist, mochte ich ängstlich es nicht suchen, floh vor ihm und verlangte doch danach. Gar zu elend, wähnte ich, werde ich sein, fehlten mir des Weibes Liebkosungen. Daß dein Erbarmen Arznei darreicht, diese Schwäche zu heilen, daran dachte ich nicht, denn das hatte ich noch nicht erfahren. Ich glaubte, die Enthaltsamkeit sei Leistung eigener Kraft, und deren war ich mir nicht bewußt. Denn so töricht war ich noch, nicht zu wissen, daß, wie geschrieben steht, ‚niemand enthaltsam sein kann, du gebest es denn‘. Du hättest es mir gewiß gegeben, hätte ich nur mit innerlichem Seufzen deine Ohren bestürmt und mit festem Glauben meine Sorge auf dich geworfen.

Trotz des Alypius Widerspruch
will Augustin auf eine Ehe nicht verzichten

Alypius allerdings hielt mich stets davon zurück, eine Ehe einzugehen. Er betonte immer wieder, wenn ich das täte, könnten wir unmöglich in ungestörter Gemeinschaft und Ruhe der Liebe zur Weisheit leben, wie wir doch schon lange uns wünschten. Er selbst nämlich führte damals ein vollkommen keusches Leben, so daß man sich wundern mußte. Denn auch er hatte in seinen ersten Jünglingsjahren weiblichen Verkehr kennengelernt, sich aber nicht fesseln lassen, sondern sich mit Trauer und Verachtung davon losgesagt, und lebte seitdem durchaus enthaltsam. Ich aber widersprach ihm mit dem Hinweis auf das Beispiel derer, die im ehelichen Stande Weisheit gepflegt, Gottes Wohlgefallen erworben und ihren Freunden Treue und Liebe erzeigt hätten. Von deren Geistesgröße war ich freilich weit entfernt und schleppte, der Krankheit fleischlicher Lust und ihrer todbringenden Wonne verfallen, meine Kette, voll Angst, sie könne mir abgenommen werden. Als hätte man rauh eine Wunde angefaßt, stieß ich die hilfreiche Hand, jene Worte wohlmeinenden Rats, zurück. Mehr noch, durch mich redete die Schlange auch zu Alypius, flocht, meiner Zunge sich bedienend, lockende Fallstricke und legte sie auf seinen Weg, daß seine ehrbar und frei wandelnden Füße sich darin verfangen sollten.

Denn da er sich wunderte, daß ich, den er doch hoch schätzte, so fest am Leim der Wollust klebte und versicherte, so oft wir uns darüber besprachen, ein eheloses Leben könne ich unmöglich führen, verteidigte ich mich und machte seiner Verwunderung gegenüber geltend, es sei ein großer Unterschied, ob man wie er eine Lust nur so eben heimlich und verstohlen gekostet habe, so daß man sich ihrer kaum erinnere und sie ohne Beschwer leicht verachten könne, oder ob man sich an jene Genüsse wie ich gewöhnt habe. Trete dann noch der ehrbare Name der Ehe hinzu, dürfe er nicht darüber erstaunt sein, daß ich solch ein Leben keineswegs verschmähen könne. So kam es dahin, daß er selbst anfing nach der Ehe zu trachten, nicht etwa von wollüstigem Verlangen bezwungen, sondern aus Neugier. Er sagte, er möchte doch auch wissen, was das sei, ohne das mein Leben, das ihm sonst so gut gefiel, für mich kein Leben, sondern eine Strafe zu sein scheine. Frei von jener Fessel betrachtete er verwundert meine Knechtschaft, und die Verwunderung weckte in ihm die Lust, selbst die Erfahrung zu machen. Hätte er sie aber gemacht, wäre er vielleicht auch in dieselbe Knechtschaft gefallen, über die er sich wunderte. Denn er wollte einen ‚Bund mit dem Tode machen', und ‚wer sich in Gefahr begibt, kommt darin um'. Denn keiner von uns wurde dabei mehr als nur nebenbei von dem bestimmt, was die Würde des Ehestandes ausmacht, nämlich Gewissenhaftigkeit in der Führung des Haushalts und der Kindererziehung. Mich hielt größtenteils in harten, qualvollen Banden gefangen die Gewohnheit, unersättlich nach Sättigung der Lust zu streben, jenen aber zog seine Verwunderung in die Gefangenschaft hinein. So waren wir, bis du, Höchster, der du die Staubgeborenen nicht verschmähst, über uns Arme dich erbarmtest und wunderbar und geheimnisvoll Hilfe brachtest.

Er verlobt sich auf Wunsch der Mutter

Unablässig setzte man mir zu, ein Weib zu nehmen, und schon hatte ich einen Antrag gestellt und Zusage empfangen. Zumal das Bemühen meiner Mutter ging dahin, daß ich einen Ehebund schließen sollte, damit dann die heilige Taufe mich reinigen möchte. Denn sie sah mit Freuden, daß ich auf sie von Tag zu Tage besser vorbereitet ward und so ihre Wünsche und deine Verheißungen durch meinen Glauben in Erfüllung gehen würden. Als sie jedoch, veranlaßt durch meine Bitte und ihr eigenes starkes Verlangen, mit heißer Inbrunst dich täglich anflehte, du mögest ihr in einem Gesicht [1] über meine künftige Ehe Offenbarungen schenken, versagtest du ihr ständig die Erhörung. Wohl sah sie einige eitle, phantastische Bilder, wie sie aus dem Drang des menschlichen Geistes zu entspringen pflegen, wenn er von solch einem Anliegen hingenommen ist, aber sie erzählte mir davon nicht mit der Zuversicht wie sonst, wenn du ihr etwas kund getan, sondern nur mit Geringschätzung. Sie pflegte nämlich zu sagen, sie könne an einem gewissen, mit Worten nicht auszusprechenden Gefühl zwischen einer von dir stammenden Offenbarung und einem bloßen Traumbild ihrer Seele unterscheiden [2]. Gleichwohl drang man auf mich ein, und ich hielt um ein Mädchen an, das jedoch erst etwa in zwei Jahren heiratsfähig war [3]. Aber es gefiel, und so mußte eben gewartet werden.

Pläne freundschaftlichen Zusammenlebens unausführbar

Eine ganze Anzahl Freunde waren wir, die in mancherlei Gesprächen hin und her überlegten und, angewidert von dem Wirrwarr und der Mühsal des menschlichen Lebens, schon beinah den festen Entschluß gefaßt hatten, fern vom Weltgetriebe ein Leben in stiller Muße zu führen. Diese Muße dachten wir uns auf die Weise zu verschaffen, daß wir unsern derzeitigen Besitz zusammentäten und aus allem ein gemeinsames Vermögen bildeten. Aufrichtige Freundschaft sollte das Privateigentum aufheben, aus allem eins werden, das Ganze jedem einzelnen und alles allen gehören. Wir berechneten, daß wir unser etwa zehn zu solcher Gemeinschaft uns zusammenschließen könnten, darunter einige sehr reiche Leute, vor allen Romanianus [4], unser Landsmann, seit früher Jugend mein vertrauter Freund, den damals schwere Geschäftssorgen an den Hof gezogen hatten. Dieser war besonders für den Plan begeistert, und seine Stimme hatte großes Gewicht, weil sein Vermögen das der übrigen weit übertraf. Wir hatten uns geeinigt, daß alljährlich immer je zwei gleichsam als unsere Obrigkeit die nötigen Geschäfte führen, die andern aber unbehelligt bleiben sollten. Aber als dann die Frage auftauchte, ob auch die Weiblein damit einverstanden sein würden, welche die einen bereits hatten und wir andern gern haben wollten, sprang der ganze schön ausgedachte Plan in den Händen entzwei und ward weggeworfen. Und wieder begann das Seufzen und Stöhnen und das Wandern auf den breiten, ausgetretenen Pfaden dieser Welt. Ja, ,viel Anschläge waren in unserm Herzen', aber ,dein Rat bleibt ewiglich'. Nach diesem Ratschluß verlachtest du den unseren und trafst Vorkehrung, den deinen auszuführen und ,uns Speise zu geben zu seiner Zeit, deine Hand aufzutun' und unsere Seelen ,mit Wohlgefallen zu erfüllen'.

Trennung von der Konkubine

Unterdes häuften sich meine Sünden, und weil nun die, mit der ich mein Lager zu teilen pflegte, da sie dem Heiratsplan im Wege stand, von meiner Seite weggerissen war, wurde meinem Herzen, das an ihr hing, ein harter Schlag versetzt. Es ward wund und blutete. Sie war nach Afrika zurückgekehrt und hatte dir gelobt, nie mehr von einem andern Mann etwas wissen zu wollen. Zurückgelassen hatte sie den natürlichen Sohn, den sie mir geboren. Aber ich Unglücklicher folgte nicht dem Beispiel der Frau und ertrug den Aufschub nicht, da ich erst nach Ablauf von zwei Jahren die Braut heimführen sollte. Nicht so sehr ein Freund der Ehe als ein Sklave meiner Begierde, verschaffte ich mir eine andere, aber keine Gattin. So sollte meine Seelenkrankheit unvermindert oder noch verschlimmert durch die knechtende Macht dauernder Gewöhnung hingehalten und ins Reich der Ehe hinübergeschleppt werden. Doch wollte die Wunde, die mir die Trennung von der früheren Geliebten geschlagen, nicht heilen, ward vielmehr, nachdem die Glut des ersten heftigsten Schmerzes überstanden war, brandig, schmerzte nicht mehr so heiß, aber um so hoffnungsloser [1].

Die Rettung naht, das Elend wird immer größer

Preis sei dir und Ehre, du Quell des Erbarmens! Ich ward immer elender, aber du kamst mir näher. Ganz nah schon war deine Rechte [2], mich aus dem Schlamm herauszureißen und rein zu waschen, aber ich wußte es nicht. Es gab nichts, was mich von noch tieferem Versinken im Abgrund fleischlicher Wollüste hätte zurückhalten können als die Furcht vor dem Tode und deinem künftigen Gericht, die trotz des Wechsels meiner Ansichten niemals aus meinem Herzen geschwunden war. Und im Disput mit meinen Freunden Alypius und Nebridius über das höchste Gut und höchste Übel erklärte ich, ich würde dem Epikur die Palme gereicht haben, hätte ich nicht an ein Fortleben der Seele nach dem Tode und eine Vergeltung nach Verdienst geglaubt, was Epikur nicht glauben wollte. Ich fragte, wenn wir unsterblich wären und in beständigem Genuß sinnlicher Freuden ohne Angst, sie zu verlieren, lebten, ob wir dann nicht glückselig wären, oder was wir dann noch suchen könnten [3]. Und ich wußte nicht, daß mein großes Elend gerade darin bestand, daß ich, tief gesunken und blind, mein Denken nicht zum reinen Licht der Tugend und einer Schönheit, die um ihrer selbst willen geliebt wird, erheben konnte, einer Schönheit, die kein fleischliches Auge sieht und die nur im innersten Herzen geschaut wird. Ich Elender bedachte nicht, aus welcher Quelle mir zufloß die süße Lust, mit meinen Freunden Gedanken, mochten sie noch so erbärmlich sein, auszutauschen, woher es kam, daß ich ohne Freunde nicht glücklich sein konnte, auch nicht bei meiner damaligen Gesinnung und dem größten Überfluß fleischlicher Genüsse. Liebte ich doch die Freunde um ihrer selbst willen und fühlte, daß auch sie mich so liebten [1]. O, welch verschlungene Wege! Weh meiner verwegenen Seele, daß sie hoffte, sie werde etwas Besseres finden, wenn von dir sie wiche! Ich war wie einer, der sich hin und her wälzt, auf den Rücken, die Seiten, den Bauch, und überall ist es hart. Du allein bist die Ruhe. Und sieh, du bist da, befreist uns von jammervollem Irrtum, stellst uns auf deinen Weg, tröstest und sprichst: Lauft, ich will euch tragen, euch ans Ziel führen und auch dort euch tragen.

SIEBENTES BUCH

BEFREIUNG DURCH PLATO

*Augustin denkt sich Gott zwar unverletzlich,
aber stofflich, quantitativ*

Schon war sie hingeschwunden, meine böse, gottlose Jugend, und ich trat ins Mannesalter[1] ein. Je älter ich ward an Jahren, um so schimpflicher meine Wahngedanken: konnte ich mir Wesenhaftes doch nur so denken, wie man es mit diesen unseren Augen erblickt. Zwar dachte ich mir dich, Gott, nicht in menschlich-leiblicher Gestalt. Seitdem ich etwas von Weisheit in mich aufgenommen, hab' ich das immer gemieden und freute mich nun, es im Glauben unserer geistlichen Mutter, der katholischen Kirche, ebenso zu finden. Aber wie ich mir sonst dich denken sollte, das wollte mir nicht einleuchten. Wohl versuchte ich dich zu denken, ich ein Mensch und was für ein Mensch, dich, den höchsten, einzigen, wahren Gott, und glaubte mit ganzer Inbrunst meines Herzens, du seiest unvergänglich, unverletzlich und unwandelbar. Denn das sah ich klar und war dessen gewiß, wußt' ich auch nicht, woher und wie mir die Einsicht kam, daß, was vergehen kann, schlechter sein muß als was nicht vergehen kann, und daß, was nicht verletzt werden kann, ohne Zaudern dem Verletzlichen vorzuziehen ist, und was keinen Wandel erleidet, besser ist als was sich wandeln kann. Laut schrie mein Herz gegen all meine Wahnvorstellungen, und mit diesem einen Schlage suchte ich den unreinen Schwarm, der mich umflatterte, vom hellen Auge meines Geistes wegzuscheuchen. Aber kaum vertrieben, war er in einem Augenblick zusammengeballt schon wieder da, drang auf mich ein und verdunkelte meinen Blick. Denn selbst das Unvergängliche, Unverletzliche, Unwandelbare, das ich dem Vergänglichen, Verletzlichen und Wandelbaren vorzog, konnt' ich mir, wenn auch nicht in menschlicher Leibesgestalt, so doch nicht anders als körperlich und räumlich ausgedehnt denken, sei es die Welt durchströmend, sei es noch über die Welt hinaus ins Unermeßliche sich verströmend. Denn hätte ich einem Wesen auch diese Räumlichkeit entzogen, wäre es mir als nichts erschienen, und zwar als ein völliges Nichts, nicht etwa bloß als etwas Leeres, wie wenn aus einem Raum der Körper, sei er nun aus Erde, Wasser, Luft oder himmlischer Natur, entfernt wird und nur noch der entleerte Raum bleibt, immerhin ein leerer Raum und gleichsam ein ausgedehntes Nichts.

So hielt ich denn stumpfen Geistes und unfähig, mein eigenes Wesen zu erfassen, alles, was sich nicht irgendwie räumlich dehnte oder ergoß, sich ballte oder blähte, oder was nicht etwas Derartiges umschloß oder umschließen konnte, für ganz und gar nichts. Wie die Gestalten waren, über die meine Blicke hingingen, so waren auch die Bilder, in denen mein Herz sich erging, und ich merkte nicht, daß gerade die geistige Kraft, vermöge deren ich diese Bilder gestaltete, nichts dergleichen ist[1]. Und doch könnte sie dieselben nicht gestalten, wenn sie nicht selbst etwas Großes wäre. So dachte ich mir auch dich, meines Lebens Leben, gewaltig, unermeßlich und überall die ganze Masse dieser Welt durchdringend und noch darüber hinaus nach allen Seiten unendlich und grenzenlos sich ausbreitend, so daß Erde und Himmel und alles dich in sich faßten und in dir begrenzt wären, du aber nirgends. Gleichwie dem Sonnenlicht die körperliche Luft oberhalb der Erde keinen Widerstand leistet, so daß es sie strahlend durchdringen kann, ohne sie zu zerbrechen oder zu zerreißen, sondern sie ganz erfüllt, so meinte ich, für dich sei nicht nur des Himmels, der Luft und des Meeres, sondern auch der Erde Körper durchlässig und in seinen größten und kleinsten Teilen durchdringlich und fähig, deine Gegenwart zu fassen, so daß du nun mit geheimnisvollem Geisteswehen drinnen und draußen alles ordnend durchwalten könnest, was du schufst [1]. So vermutete ich, weil ich anders es nicht denken konnte. Aber es war falsch. Denn auf diese Weise würde ein größerer Teil der Erde einen größeren Teil von dir in sich enthalten, und ein kleinerer einen kleineren, und alles wäre dermaßen von dir erfüllt, daß eines Elefanten Leib mehr von dir erfaßte als der eines Sperlings, weil er größer ist und größeren Raum einnimmt, und so würdest du stückweise großen Teilen der Welt mit großen, kleinen mit kleinen Teilen von dir gegenwärtig sein. Nein, so ist's nicht. Doch du hattest meine Finsternis noch nicht erleuchtet.

Manichäismus widerlegt

Indessen genügte mir, o Herr, zur Widerlegung jener betrogenen Betrüger und stummen Schwätzer – darum stumm, weil nicht dein Wort aus ihnen ertönte – genügte mir, was schon lange, als wir noch in Karthago waren, Nebridius vorzubringen pflegte, womit er uns alle, die es hörten, außer Fassung brachte. Was hätte dir, sagte er, jenes wunderliche Nachtgezücht, entsprungen aus der entgegengesetzten Macht des Bösen, das sie dir gegenüberzustellen pflegten, tun können, wenn du mit ihm nicht hättest kämpfen wollen? Antwortete man darauf, es würde dir Schaden getan haben, wärest du verletzlich und verderblich gewesen. Sagte man aber, es hätte dir nichts schaden können, wäre kein Grund ausfindig zu machen gewesen, weswegen du hättest kämpfen, noch dazu so kämpfen sollen, daß ein Teil oder Glied von dir oder Sprößling deines eigenen Wesens sich mit den feindlichen Mächten, nicht von dir geschaffenen Naturen, hätte vermischen müssen und von ihnen dermaßen verderbt und zum Schlechteren verkehrt worden wäre, daß seine Seligkeit in Qual sich gewandelt und sein hilfsbedürftiges Verlangen nun nach Rettung und Reinigung ausgeschaut hätte. Das sollte die Seele sein, der dann, wie es hieß, dein Wort zu Hilfe gekommen sei, das freie der geknechteten, das reine der befleckten, das unversehrte der verderbten, das aber selbst dem Verderben ausgesetzt gewesen wäre, da es angeblich wesensgleich mit ihr war. Sagten sie also, du seiest, so wie du bist, das heißt, deinem Wesen nach, unverderblich, so waren all diese Behauptungen falsch und lästerlich; sagten sie aber, du seist verderblich, so war eben dies falsch und augenblicks mit Abscheu zurückzuweisen[1]. Das genügte also, die bedrängte Brust zu erleichtern und diejenigen gänzlich auszuspeien, die, wenn sie so von dir dachten und redeten, keinen Ausweg finden konnten, ohne mit Herz und Mund schändlich zu lästern.

Ursache des Bösen bleibt dunkel

Aber obschon ich nunmehr behauptete und fest davon überzeugt war, daß du jeder Befleckung, Veränderung und Wandlung unzugänglich seiest, du, unser Herr und wahrer Gott, der du nicht nur unsere Seelen, sondern auch unsere Leiber, nicht nur unsere Seelen und Leiber, sondern alle und alles geschaffen hast, blieb mir doch noch ganz unklar und verworren die Ursache des Bösen. Doch welches sie auch sein mochte, ich sah, daß keine Antwort auf meine Frage tragbar war, die mich genötigt hätte, den unwandelbaren Gott für wandelbar zu halten; sonst wäre ich ja selbst das geworden, worüber ich grübelte[2]. So war ich bei meinem Forschen bereits gesichert und gewiß, daß nicht wahr sein konnte, was jene sagten, mit denen ich nun nichts mehr zu tun haben wollte. Denn ich sah, daß sie bei ihrem Suchen nach dem Ursprung des Bösen selbst voller Bosheit waren, da sie lieber glauben wollten, dein Wesen leide Böses, als daß ihres Böses tue.

Und ich bemühte mich einzusehen, was ich sagen hörte, freie Willensentscheidung sei die Ursache unseres bösen Tuns und dein gerechtes Urteil Ursache unseres Leidens, aber klar einsehen konnte ich es nicht. Suchte ich mit Geisteskraft mich aus der Tiefe aufzuschwingen, sank ich wieder herab. Häufig versuchte ich's, aber wieder und wieder sank ich herab. Eins hob mich empor zu deinem Lichte: Daß ich einen Willen hatte, wußte ich so gewiß, wie daß ich lebte[1]. So war ich denn auch ganz gewiß, daß, wenn ich etwas wollte oder nicht wollte, kein anderer als ich selbst es wollte und nicht wollte, und mehr und mehr leuchtete es mir ein, daß hier die Ursache meiner Sünde liegen mußte. Was ich aber wider Willen tat, das war, wie ich sah, mehr ein Leiden als Tun. Ich urteilte, daß das nicht Schuld, sondern Strafe sei, und da ich dich gerecht dachte, gab ich bald zu, sie werde mir nicht ungerecht auferlegt. Aber wiederum sagte ich: Wer schuf mich denn? Schuf mich nicht mein Gott, der nicht nur gut, sondern das Gute selbst ist? Woher kommt es denn, daß ich Böses will und Gutes nicht will? Sollte etwa ein Grund vorhanden sein, weswegen ich gerechterweise bestraft werden könnte? Wer hat ihn in mir angelegt und besät, diesen Garten voll Bitternis, in mir, der doch ganz und gar geschaffen ward von meinem süßesten Gott? War's der Teufel, woher dann der Teufel selbst? Und wenn auch er durch Willensverderbnis aus einem guten Engel zum Teufel ward, wie konnte denn in ihm der böse Wille entstehen, der ihn zum Teufel machte, wo doch der beste Schöpfer ihn ganz und gar zum Engel gemacht? Solche Gedanken drückten mich immer von neuem nieder und drohten mich zu ersticken, doch stürzten sie mich nicht in den Abgrund des Irrtums, ‚wo niemand deiner gedenkt', daß ich eher geglaubt hätte, du littest Böses, als daß der Mensch es tue.

Ein fester Punkt: Gottes Unverletzlichkeit

Ich strengte mich nun an, auch das übrige ebenso zu finden, wie ich bereits gefunden hatte, das Unverderbliche sei besser als das Verderbliche, und wie ich demzufolge bekannte, daß du, was du sonst auch sein mögest, jedenfalls unverderblich seiest. Denn nie hat eine Menschenseele sich etwas erdenken können, wird's auch niemals können, was besser wäre als du, das höchste und beste Gut. Wird aber mit voller Wahrheit und Gewißheit das Unverderbliche dem Verderblichen vorgezogen, wie ich das bereits tat, so hätte ich mit meinen Gedanken etwas erreichen können, das besser wäre als mein Gott, wärst du nicht unverderblich [1]. Da also, wo ich sah, das Unverderbliche sei dem Verderblichen vorzuziehen, da [2] mußte ich dich suchen und von da aus ergründen, wo das Böse ist, das heißt, woher die Verderbnis stammt, die doch dein Wesen auf keine Weise schädigen kann. Denn nie und nimmer schädigt Verderbnis unsern Gott, kein Wille, keine Notwendigkeit, kein unvorhergesehener Zufall kann das bewirken. Denn er ist Gott, was er will, ist gut, und er selbst das Gute. Verderbnis aber ist nichts Gutes. Auch kannst du nicht wider Willen zu etwas gezwungen werden, denn dein Wille ist nicht größer als deine Macht [3]. Nur dann wäre er größer, wenn du größer wärst als du selbst. Denn Wille und Macht Gottes das ist Gott selbst. Was könnte unvorhergesehen dich treffen, der du alles weißt? Besteht doch alles und jedes nur dadurch, daß du es weißt. Doch wozu so viele Worte, zu beweisen, das Wesen, das Gott heißt, sei nicht verderblich, da er doch, wäre er's, nicht Gott wäre?

Grübeleien über Gott und Ursprung des Bösen

Ich suchte ausfindig zu machen, woher das Böse, aber ich suchte böse und sah das Böse in meinem Suchen nicht. Ich stellte vor das Auge meines Geistes die ganze Schöpfung, alles, was wir in ihr wahrnehmen können, wie Land, Meer, Luft, Gestirne, Bäume und sterbliche Lebewesen, dazu was unsichtbar ist in ihr, wie die Feste des Himmels droben und alle seine Engel und die ganze Geisteswelt, was ich in meiner Einbildung mir ebenfalls, als wären es Körper, nur räumlich und räumlich verteilt vorstellen konnte. So faßte ich deine Schöpfung auf als eine gewaltige, aus verschiedensten Körpern zusammengesetzte Masse, mochten es nun wirkliche Körper sein oder Geister, die ich mir körperlich vorstellte. Ich dachte sie mir mächtig groß, nicht so wie sie wirklich war, was ich nicht wissen konnte, sondern nach meinem Belieben, jedoch auf allen Seiten begrenzt. Dich aber, Herr, dachte ich nach allen Seiten unbegrenzt und jene Masse überall umgebend und durchdringend. Wie wenn da ein Meer wäre, überall und nach allen Seiten ungemessen sich ausdehnend, nichts als ein unendliches Meer, und hätte einen großen, aber begrenzten Schwamm in sich, und dieser Schwamm wäre in all seinen Teilen von dem unermeßlichen Meere voll, so dachte ich mir deine endliche Kreatur voll von dir, dem Unendlichen, und sprach: Siehe, das ist Gott, und siehe, das ist's, was Gott geschaffen hat, und Gott ist gut, unvergleichlich besser und vortrefflicher als all das. Dennoch hat er, selbst gut, nur Gutes geschaffen, und siehe, wie er alles umfaßt und erfüllt! Aber wo bleibt denn da das Böse, von woher und wie hat sich's eingeschlichen? Was ist seine Wurzel und was sein Same? Oder ist es überhaupt nicht? Aber warum fürchten wir es denn und scheuen uns vor dem, was gar nicht ist? Oder wenn wir uns ohne Grund fürchten, dann ist wohl die Furcht selber das Übel, wodurch unser Herz sinnlos gepeinigt und gemartert wird, ein um so schwereres, als gar nichts existiert, wovor wir uns fürchten müßten, und wir fürchten uns doch. Dann gibt es also entweder ein Übel, wovor wir uns fürchten, oder das Übel besteht darin, daß wir

BEFREIUNG DURCH PLATO

uns fürchten. Aber woher kommt das, da doch Gott selbst gut ist und alles gut geschaffen hat? Mag es ein größeres, ja das größte Gut sein, das das geringere Gut hervorgebracht hat, so ist doch alles, Schöpfer und Geschaffenes, gut. Woher also das Übel? Oder war da ein böser Stoff, aus dem er alles bildete, und hat er ihn gestaltet und geordnet, aber etwas ist geblieben, das er nicht in Gutes verwandelte? Aber warum das? Hatte er nicht die Macht, es gänzlich zu ändern und umzuwandeln, so daß nichts Böses zurückblieb, er, der doch allmächtig ist? Warum endlich wollte er überhaupt aus diesem Stoff etwas machen und bewirkte nicht vielmehr durch seine Allmacht, daß er völlig aufhörte zu sein? Oder konnte er gar gegen seinen Willen da sein? Oder wenn er ewig war, warum ließ er ihn solch ungemessene Zeiträume bleiben, wie er war, und faßte erst so viel später den Entschluß, etwas daraus zu machen? Oder wenn er schon plötzlich in Tätigkeit treten wollte, warum wirkte der Allmächtige dann nicht dies, daß jener Stoff zu nichts ward und er selbst allein zurückblieb, das durch und durch wahre, höchste und unendliche Gut? Oder wenn es nicht gut gewesen wäre, daß er, der Gute, nicht auch Gutes gebildet und bereitet hätte, warum beseitigte und vernichtete er nicht zuerst den bösen Stoff, um dann einen guten hervorzubringen, aus dem er alles hätte schaffen können? Er wäre ja nicht allmächtig gewesen, hätte er nichts Gutes herstellen können, ohne dabei jenen Stoff zu verwenden, den er nicht selbst geschaffen. Dergleichen wälzte ich hin und her in meiner elenden Brust, beschwert von nagenden Sorgen, die der Todesfurcht und unbefriedigtem Wahrheitsdrang entsprangen. Dennoch haftete fest in meinem Herzen der Glaube der katholischen Kirche an deinen Christus, unsern Herrn und Heiland, wenn auch in vielen Stücken noch unfertig und von der Richtschnur wahrer Lehre abweichend. Aber meine Seele ließ ihn nun nicht mehr fahren, sondern sog ihn von Tag zu Tag immer mehr in sich ein.

Die Astrologie als Aberglaube entlarvt

Schon hatte ich auch von den trügerischen Weissagungen und gottlosen Wahnvorstellungen der Astrologen mich losgesagt. Auch für dies dein Erbarmen, mein Gott, will ich aus innerstem Herzen dich preisen. Du warst es, du allein! Wer anders könnte uns wohl aus dem Tode jeglichen Irrtums zurückrufen als das Leben selbst, das vom Tode nichts weiß, die Weisheit, die, selber keines Lichtes bedürftig, bedürftige Seelen erleuchtet und die Welt durchwaltet bis hin zum verwehenden Laub der Bäume? Du hast meinen Starrsinn gebrochen, mit dem ich dem Vindicianus, jenem klugen Greise, und dem jugendlichen bewundernswerten Nebridius widersprach, die beide, der erstere heftig und mit Nachdruck, der letztere nicht ohne Zweifel, aber immer wieder, mir zusetzten, es sei nichts mit jener Kunst, die Zukunft vorherzusehen. Ausgesprochene Vermutungen stellten sich oft als Weissagungen heraus; man sage eben vieles und einiges davon treffe auch ein, aber ohne daß man's gewußt, man habe blindlings daherredend zufällig das Richtige getroffen. Du gabst mir nämlich einen Mann zum Freunde, der ein eifriger Befrager der Astrologen war, ohne daß er freilich von dieser Wissenschaft viel verstanden hätte. Er war, wie gesagt, nur ein neugieriger Befrager, aber er wußte eine Tatsache, die er von seinem Vater erfahren hatte, ahnte jedoch nicht, wie viel sie dazu beitragen konnte, den Glauben an jene Kunst zu zerstören. Dieser Mann also, namens Firminus, wohl gebildet und redegewandt, befragte mich einst als seinen guten Freund in einigen Angelegenheiten, mit denen seine hochgespannte weltliche Hoffnung zusammenhing, was ich über seine Konstellationen, wie man's nennt, dächte. Obwohl ich damals bereits der Ansicht des Nebridius hierüber zuneigte, lehnte ich es doch nicht ab, einige Vermutungen auszusprechen, wie sie einem in den Sinn kommen konnten, gab jedoch zu verstehen, ich sei bereits ziemlich überzeugt, daß all das lachhaft und eitel sei. Da erzählte er mir, sein Vater habe dergleichen Schriften mit brennender Neugier gelesen und einen Freund gehabt, der nicht minder begierig mit ihm demselben Interesse nachgegangen sei. In gleichem Eifer glühend und mit vereinten Kräften gingen sie in ihrem unverständigen Bemühen so weit, daß sie in ihren Häusern sogar die Geburtszeiten der stummen Tiere genau ermittelten und dazu die Stellung der Gestirne verzeichneten, um Beweismaterial für ihre fragwürdige Kunst zu sammeln. Er sagte sodann, er habe von seinem Vater gehört, zur selben Zeit, als seine, des Firminus Mutter mit ihm schwanger ging, habe auch eine Sklavin jenes väterlichen Freundes ein Kind erwartet. Das konnte natürlich ihrem Herrn, der sich sogar über den Wurf seiner Hündinnen mit peinlicher Sorgfalt zu unterrichten pflegte, nicht verborgen bleiben. So sei es denn geschehen, daß während der eine in sorgfältigster Beobachtung die Tage, Stunden und kleinsten Stundenteile bei seiner Gattin, der andere bei seiner Sklavin zählte, beide Frauen zugleich niederkamen, so daß sie sich genötigt sahen, beiden Sprößlingen, der eine dem Sohn, der andere dem Sklaven, bis in alle Einzelheiten genau das gleiche Horoskop zu stellen. Denn als die Geburtswehen ihren Anfang nahmen, meldeten die beiden Freunde einer dem anderen, was im Hause vorging, und hielten Leute bereit, die zu erwartende Geburt, sobald sie einem jeden kundgeworden, sich gegenseitig zu berichten. Als Herren ihres Hauses war es ihnen ja ein leichtes, für schleunigste Benachrichtigung zu sorgen. Die beiderseits abgesandten Boten, so erzählte er weiter, seien einander in so genau gleichem Abstand von beiden Häusern begegnet, daß keiner der Freunde eine andere Stellung der Gestirne oder auch nur im geringsten einen anderen Zeitpunkt der Geburt hätte verzeichnen können. Dennoch wandelte Firminus, seiner vornehmen Abstammung entsprechend, auf den sonnenhellen Pfaden der Welt, mehrte seinen Reichtum und ward mit Ehren überhäuft, während jener Sklave, ohne vom Joch seines niederen Standes befreit zu werden, seinen Herren dienen mußte, wie jener, der ihn kannte, es mir selber versicherte.

Diese Erzählung, der ich bei dem Charakter meines Freundes Glauben schenken mußte, ließ meinen letzten Widerstand hinschwinden und zusammenbrechen. Zunächst suchte ich nunmehr den Firminus selbst von seiner abergläubischen Neugierde zu heilen. Ich sagte ihm, nach Einsicht in seine Konstellationen hätte ich, um die Wahrheit ankündigen zu können, ersehen müssen, daß seine Eltern zu den Angesehensten unter ihresgleichen zählten, seine Familie in der Bürgerschaft einen hohen Rang einnähme, daß er selbst von edler Herkunft sei und eine vornehme Erziehung und Ausbildung in den freien Künsten genossen habe. Wenn dagegen jener Sklave auf Grund derselben Konstellationen, die ja auch die seinen waren, mich befragt hätte, dann hätte ich, um auch ihm Wahres mitteilen zu können, die elende Lage seiner Familie, seinen Sklavenstand und all das übrige, von dem vorhin Erwähnten so himmelweit Verschiedene, ersehen müssen. So hätte ich also, um Wahres zu sagen, dieselbe Vorlage verschieden deuten müssen, und bei gleicher Deutung wäre ganz Falsches herausgekommen. Daraus ergebe sich doch mit voller Gewißheit, daß wahre Voraussagen auf Grund von Konstellationen nicht der Kunst, sondern dem Zufall zu verdanken seien, falsche dagegen nicht mangelhafter Beherrschung der Kunst, sondern dem Zufallstrug.

So hatte ich den ersten sicheren Schritt getan und erwog nun weiter, wie ich jene Wahnsinnigen, die aus der Astrologie ein Gewerbe machten und die ich angreifen und dem Gelächter preisgeben wollte, widerlegen könnte, wenn einer einwenden sollte, Firminus habe mir oder sein Vater habe ihm nicht die Wahrheit gesagt. So richtete ich mein Augenmerk auf die Zwillinge, die meist so rasch nacheinander den Mutterleib verlassen, daß die kurze Zwischenzeit, mag man ihr auch im Naturzusammenhang Bedeutung beimessen, doch von menschlicher Beobachtung nicht festgestellt und schriftlich niedergelegt werden kann, so daß der Astrolog davon Kenntnis nehmen könnte, um die Wahrheit zu ermitteln. Er wird sie nicht ermitteln, denn an Hand derselben schriftlichen Unterlagen hätte er Esau und Jakob das gleiche ankündigen müssen, und doch war ihr Schicksal so ungleich. Er hätte also Falsches gesagt, oder wenn's wahr gewesen wäre, hätte es nicht das gleiche sein können, obwohl er das gleiche vor Augen hatte. Er hätte also nicht mit Hilfe seiner Kunst, sondern bloß durch Zufall die Wahrheit gesagt. Denn du, Herr, des Weltalls gerechtester Lenker, durch geheimnisvolle Eingebung und ohne daß Frager und Befragte es wissen, fügst es so, daß jeder der fragt, die Antwort erhält, die ihm nach dem verborgenen Verdienst der Seelen zusteht. Das kommt aus dem Abgrund deines gerechten Gerichts. Da sage der Mensch nicht: Was ist das? oder: wozu das? So sage er nicht, nein, so sage er nicht! Denn er ist ein Mensch.

Ruhelosigkeit

So hattest du, mein Helfer, mich aus diesen Banden befreit, doch noch fragte ich, woher das Böse, und fand keinen Ausweg. Aber ich glaubte nun, und durch keinen Wogenschlag unruhigen Nachdenkens ließest du mich von dem Glauben abbringen, daß du bist, dein Wesen unwandelbar ist, daß du für die Menschen sorgst und sie richtest und daß du in Christo, deinem Sohn, unserm Herrn, und den heiligen Schriften, die das Ansehen der katholischen Kirche empfiehlt, den Heilsweg zum künftigen Leben nach dem Tode eröffnet hast. Fest und unerschütterlich hatte ich mir das zu eigen gemacht, aber in ruheloser Sorge forschte ich noch, woher das Böse[1]. Welch qualvolle Geburtswehen mußte mein Herz aushalten, welche Seufzer, mein Gott, stieß es aus! Deine Ohren vernahmen es, ob ich's schon nicht wußte. Derweil ich so in der Stille angestrengt grübelte, waren die stummen Qualen meines Geistes ein lautes Schreien zu deinem Erbarmen. Du allein wußtest, was ich litt, kein Mensch. Wie wenig war's doch, was ich aussprechen und meinen vertrautesten Freunden zu Gehör bringen konnte! Oder drang er etwa zu ihren Ohren, jener stumme Aufruhr meines Geistes? Weder Zeit noch Stimme langten, ihn kund zu tun. Aber dein Ohr vernahm es alles, ‚was hervorstöhnte aus meines Herzens Unruhe. Vor dir war all mein Verlangen, und das Licht meiner Augen war nicht bei mir'. Denn es war drinnen, ich aber draußen. Nein, im Raume war es nicht. Ich aber dachte nur an das, was in Räumen sich ausbreitet, und fand da keine Ruhestätte, nichts, was mich hätte aufnehmen können, daß ich sagen könnte: Nun ist's genug, hier ist mir wohl. Doch ließ es mich auch nicht los, daß ich hätte dorthin gehen können, wo es mir wohl gewesen wäre. Denn ich stand höher als diese Dinge, doch du standest über mir. Dir untertan sollte ich wahre Freude finden, unterworfen aber mir nach deinem Willen sein, was du unter mir geschaffen. Das war das richtige Verhältnis und die goldene Mittelstraße meines Heils; so hätte ich dein Ebenbild bewahrt, wäre dein Knecht gewesen und zugleich Herr über meinen Leib. Aber da ich stolz mich wider dich erhob und anlief gegen meinen Herrn, ‚schildbewehrt mit steifem Nacken', gewann das Niedere die Oberhand und drückte mich zu Boden, und es gab keine Linderung, kein Aufatmen. Blickte ich um mich, so drang es von allen Seiten massenhaft und zusammengeballt auf mich ein, wollte ich nachdenkend bei mir selbst einkehren, traten mir die körperlichen Abbilder in den Weg, als ob sie sprächen: Wo willst du hin, unwürdig und schmutzig, wie du bist? Das aber kam von meiner Wunde, ‚denn gleich als wäre er wund, hast du den Stolzen gedemütigt'. Meine Aufgeblasenheit hielt mich fern von dir, und mein gedunsenes Gesicht ließ mich nicht aus den Augen sehen.

Gottes Stachel

Du aber, Herr, bleibest ewiglich, doch ‚nicht ewiglich zürnst du über uns'. Du erbarmtest dich der Erde und Asche, und es hat dir gefallen, umzugestalten vor deinem Angesicht meine Mißgestalt. Mit inneren Stacheln triebst du mich, daß ich keine Ruhe fände, bis du mir durch innere Schau gewiß geworden wärst[1]. Unter der heilenden Kraft deiner geheimnisvoll wirkenden Hand schwand meine Geschwulst dahin, und meines Geistes getrübte und verdüsterte Hellsicht ward durch die scharfe Salbe heilsamer Schmerzen allmählich geheilt.

Die neuplatonischen Schriften, ihr Wahrheitsgehalt und was ihnen fehlt

Zuerst wolltest du mir zeigen, wie du ‚den Hoffärtigen widerstehst, den Demütigen aber Gnade gibst', und mit welcher Barmherzigkeit du den Menschen den Weg der Demut kund getan[2], da ‚das Wort Fleisch ward und unter uns Menschen Wohnung nahm'. So verschafftest du mir durch einen von ungeheuerlichem Hochmut aufgeblähten Mann einige Schriften der Platoniker[3], aus der griechischen in lateinische Sprache übersetzt. Daselbst las ich, zwar nicht mit den gleichen Worten, aber im Grunde ganz dasselbe und mit vielen und vielfältigen Vernunftgründen gestützt: ‚Im Anfang war das Wort, und das Wort war bei Gott, und Gott war das Wort. Dasselbe war im Anfang bei Gott. Alle Dinge sind durch dasselbe gemacht, und ohne dasselbe ist nichts gemacht, was gemacht ist. In ihm ist das Leben, und das Leben war das Licht der Menschen. Und das Licht scheint in der Finsternis, und die Finsternis hat's nicht begriffen.' Ferner, daß des Menschen Seele [1], wiewohl sie ,Zeugnis gibt von dem Licht', doch ,nicht selbst das Licht ist', sondern ,das Wort, Gott selbst, ist das wahrhaftige Licht, welches alle Menschen erleuchtet, die in diese Welt kommen'. Ferner: ,Es war in der Welt, und die Welt ist durch dasselbe gemacht, und die Welt kannte es nicht.' Jedoch ,er kam in sein Eigentum, und die Seinen nahmen ihn nicht auf. Wieviele ihn aber aufnahmen, denen gab er Macht, Gottes Kinder zu werden, die an seinen Namen glauben', das las ich daselbst nicht.

Desgleichen las ich dort, daß das Wort, Gott, ,nicht aus dem Fleisch, noch aus dem Geblüt, noch aus dem Willen eines Mannes, noch aus dem Willen des Fleisches, sondern aus Gott geboren ist [2]'. Aber daß ,das Wort Fleisch ward und unter uns wohnte', das las ich dort nicht. Ich fand zwar, daß in jenen Schriften manchmal und auf vielerlei Weise gesagt ist, daß ,der Sohn in des Vaters Gestalt sei, und es nicht für einen Raub gehalten habe, Gott gleich zu sein', weil er von Natur dasselbe ist [3]. Aber, ,daß er sich selbst entäußerte und Knechtsgestalt annahm und ward wie ein anderer Mensch und an Gebärden als ein Mensch erfunden, daß er sich selbst erniedrigte und gehorsam ward bis zum Tode, ja zum Tode am Kreuz, und daß Gott ihn darum erhöht hat und ihm einen Namen gegeben, der über alle Namen ist, daß im Namen Jesu sich beugen sollen aller derer Knie, die im Himmel und auf Erden und unter der Erde sind, und alle Zungen bekennen sollen, daß Jesus der Herr sei, zur Ehre Gottes des Vaters', das steht nicht in jenen Schriften. Daß vor allen Zeiten und über allen Zeiten unwandelbar, gleich ewig wie du, beharrt dein eingeborener Sohn, und daß ,aus seiner Fülle' die Seelen ihre Seligkeit empfangen, daß sie durch Anteilnahme an der in sich beharrenden Weisheit selbst zur Weisheit erneuert werden, das findet sich da, aber daß er ‚nach der Zeit für uns Gottlose gestorben ist' und daß ‚du deines eigenen Sohnes nicht verschont, sondern ihn für uns alle dahingegeben hast', das findet sich da nicht. Denn ‚solches hast du den Weisen verborgen und hast es den Unmündigen geoffenbart', auf daß ‚zu ihm kommen die Mühseligen und Beladenen und er sie erquicke'. Denn ‚er ist sanftmütig und von Herzen demütig' und ‚leitet die Sanftmütigen in Gerechtigkeit und lehrt die Bescheidenen seine Wege, sieht an unsere Demut und unser Elend und vergibt uns alle unsere Sünden'. Die aber stolz einherschreiten auf dem Kothurn ihrer vermeintlichen höheren Weisheit, hören nicht auf ihn, der spricht: ‚Lernet von mir, denn ich bin sanftmütig und von Herzen demütig, so werdet ihr Ruhe finden für eure Seelen'. ‚Obschon sie Gott erkennen, preisen sie ihn nicht als Gott noch danken sie ihm, sondern werden eitel in ihren Gedanken, und ihr unverständiges Herz wird verfinstert. Da sie sich für weise hielten, sind sie zu Narren geworden.'

So las ich denn dort auch, daß sie ‚verwandelt haben die Herrlichkeit deines unvergänglichen Wesens in allerlei götzenhafte Gestalten und Figuren, in ein Bild gleich dem vergänglichen Menschen und der Vögel und vierfüßigen und kriechenden Tiere'[1]. Das war die Ägyptische Speise[2], für die Esau seine Erstgeburt hingab. Denn dein erstgeborenes Volk[3] verehrte statt deiner eines Vierfüßlers Kopf, ‚wandte sich um mit seinem Herzen nach Ägypten' und beugte seine Seele, dein Bild, vor dem Bilde ‚eines Ochsen, der Gras frißt'. Das fand ich da und aß nicht davon. Denn es hat dir gefallen, Herr, die Schmach der Zurücksetzung von Jakob hinwegzunehmen, ‚daß der Ältere dem Jüngeren diene', und hast die Heiden berufen in dein Erbe[4]. Auch ich war zu dir gekommen von den Heiden und richtete meine Blicke auf das Gold, das dein Volk nach deinem Willen aus Ägypten mitnehmen sollte; denn wo es auch war, es war dein[5]. Und du verkündetest den Athenern durch deinen Apostel, ‚daß in dir wir leben, weben und sind, wie es auch etliche von ihnen gesagt haben', und von daher stammten jene Bücher. Aber auf die Götzenbilder der Ägypter, denen sie mit deinem Golde dienten, warf ich meine Blicke nicht. ‚Sie aber verwandelten Gottes Wahrheit in Lüge und ehrten und dienten dem Geschöpfe mehr denn dem Schöpfer'.

Augustin schaut das Sonnenlicht der ewigen Wahrheit

Hierdurch gemahnt, zu mir selbst zurückzukehren [1], trat ich, geführt von dir, in mein Innerstes ein. Ich vermochte es, denn ‚du warst mein Helfer'. Ich trat ein und sah mit dem Auge meiner Seele, so schwach es war, über diesem meinem Seelenauge, über meinem Geiste ein unwandelbares Licht [2]. Es war nicht das gewohnte, allem Fleisch sichtbare Licht, auch nicht von seiner Art, nur gewaltiger, wie wenn dies Licht heller und immer noch heller leuchtete und mit seiner Strahlenmacht alles erfüllte. Nein, so war es nicht, sondern anders, ganz anders als all das [3]. Nicht so war es über meinem Geiste wie das Öl über dem Wasser oder wie der Himmel über der Erde, sondern darum höher, weil es mich schuf, und ich darum niedriger, weil ich sein Geschöpf. Wer die Wahrheit kennt, der kennt es, und wer es kennt, kennt die Ewigkeit. Die Liebe kennt es. O ewige Wahrheit, wahre Liebe, liebe Ewigkeit! Du bist mein Gott, zu dir seufze ich Tag und Nacht. Und als ich dich zum erstenmal erkannte, zogst du mich an dich heran, daß ich sähe, da sei etwas zu sehen, aber ich sei noch nicht so, es sehen zu können. Mit Macht drangen deine Strahlen auf mich ein, mein schwacher Blick prallte zurück, und ich erbebte in Liebe und Angst. Ich begriff, daß ich fern war von dir, ganz unähnlich noch, aber mir war, als vernähme ich von oben her deine Stimme: Ich bin Speise der Starken; wachse, und du wirst mich genießen. Nicht wirst du mich in dich verwandeln wie die Speise deines Fleisches, sondern wirst verwandelt werden in mich. Und ich erkannte, daß ‚du um der Sünde willen den Menschen züchtigst und hinschwinden lässest wie Spinngewebe meine Seele'[1], und sprach: Ist die Wahrheit nichts, weil sie sich nicht dehnt in begrenzten und unbegrenzten Weiten und Räumen? Da riefst du von fern: ‚Ich bin, der ich bin[2]'. Ich aber hörte es, wie man mit dem Herzen hört; all mein Zweifel war geschwunden, und eher hätte ich an meinem Leben gezweifelt als daran, daß eine Wahrheit ist, ‚die an den Werken der Schöpfung erkannt und ersehen wird'.

Das Wesen der Geschöpfe

Nun faßte ich ins Auge auch das übrige, das unter dir ist, und sah, daß es weder schlechthin ist, noch schlechthin nicht ist. Es ist zwar, weil von dir geschaffen, aber ist doch auch nicht, weil nicht dasselbe, was du bist. Denn wahrhaft ist nur, was unwandelbar beharrt. ‚Für mich aber gibt's nur eins, was gut: Gott anzuhangen.' Denn bliebe ich nicht in ihm, könnt' ich's auch nicht in mir. ‚Er aber bleibt in sich und macht alles neu'; und ‚das bist du, Herr, denn meiner Güter bedarfst du nicht.'

Alles Geschaffene ist gut

Und es ward mir klar, daß es Gutes gibt, das verderbt wird. Wäre es das höchste Gut, könnte es nicht verderbt werden, aber ebensowenig könnte es verderbt werden, wenn es nicht doch auch ein Gut wäre. Denn wäre es das höchste Gut, wär' es unverderblich, wäre es aber überhaupt kein Gut, gäbe es an ihm nichts zu verderben. Denn Verderbnis schadet, und kein Schaden ohne Minderung des Guten. Also entweder schadet die Verderbnis nichts, was doch nicht möglich ist, oder aber, und das ist ganz gewiß, alles was verderbt wird, verliert etwas Gutes. Verlöre es aber alles Gute, würde es überhaupt zu sein aufhören. Denn wenn es wäre und nicht mehr verderbt werden könnte, wäre es ein Besseres geworden, weil es nun unverderblich bliebe. Und was könnte man Tolleres sagen, als durch Verlust alles Guten werde etwas besser? Verliert es also alles Gute, ist's überhaupt nicht mehr, und so lange es ist, ist's auch gut. Also was ist, ist auch gut, und das Böse, nach dessen Ursprung ich fragte, ist nichts Wesenhaftes, denn wäre es ein Wesen, wäre es gut[1]. Denn entweder wäre es ein unverderbliches Wesen – fürwahr ein großes Gut! – oder aber ein verderbliches Wesen, das nicht verderblich sein könnte, wäre es nicht auch gut. So sah ich denn und ward es mir klar, daß alles Gute du geschaffen hast und daß es kein Wesen gibt, das du nicht schufst. Und weil du nicht alles überein erschaffen hast und jedes sein besonderes Wesen hat, ist jedes einzelne gut, und alles zusammen sehr gut[2]. Denn was unser Gott erschaffen hat, war ,alles sehr gut'.

Die Weltordnung

Und für dich gibt's überhaupt nichts Böses, und nicht nur für dich nicht, sondern auch nicht für das All deiner Schöpfung. Denn es ist nichts draußen, das in sie einbrechen und deine für sie gestiftete Ordnung stören könnte. In ihren Teilen freilich ist manches, was nicht zusammenstimmt und darum für böse gehalten wird, doch eben dies stimmt wieder zu anderem, ist insofern gut und ist auch in sich selbst gut. Und alle diese Dinge, die eins zum andern nicht zusammenstimmen, stimmen doch zum niederen Teil der Schöpfung, den wir Erde nennen, die ihren Himmel hat mit seinen Wolken und Stürmen, der zu ihr paßt. Fern sei es, daß ich sagte: Dies sollte nicht sein! Denn wenn ich nur dies vor Augen hätte, würde ich zwar nach Besserem verlangen, müßte aber allein um seinetwillen dich preisen. Denn daß preiswürdig du bist, tun kund auf Erden ‚die Drachen und alle Tiefen, Feuer, Hagel, Schnee, Eis, Sturmwinde, die dein Wort ausrichten, Berge und alle Hügel, fruchtbare Bäume und alle Zedern, wilde Tiere und alles Vieh, Gewürm und Vögel, die Könige auf Erden und alle Völker, Fürsten und alle Richter auf Erden, Jünglinge und Jungfrauen, Alte mit den Jungen, die sollen loben deinen Namen'. Da man aber auch im ‚Himmel dich preist, da dich, unsern Gott, loben in der Höhe alle deine Engel, alle deine Kräfte, Sonne und Mond, alle Sterne und das Licht, der Himmel Himmel und alle Wasser über den Himmeln', da auch dies alles deinen Namen lobt, verlangte ich schon nicht mehr nach einzelnem Besserem, weil ich an alles dachte. Denn besser ist zwar das Höhere als das Niedere, aber besser als das Höhere allein ist alles zusammen [1]. Das war es, was ich nun mit gesunderem Urteil erwog.

Der Wahn schwindet

Denen fehlt gesundes Urteil, welchen etwas an deiner Schöpfung mißfällt, wie es auch mir damals fehlte, als vieles mir mißfiel, was du geschaffen. Und weil meine Seele sich nicht soweit erfrechte, daß auch mein Gott ihr mißfiele, wollte sie nicht, daß dein sei, was ihr mißfiel. So war sie auf die Meinung gekommen, es gebe zwei Wesenheiten, aber sie fand keine Ruhe und redete irre. Davon sich abwendend, hatte sie sich einen durch die unendlichen Weiten aller Räume hingedehnten Gott gemacht und gewähnt, das seist du [2], hatte ihn in ihrem Herzen aufgestellt und war so wiederum zum Götzentempel geworden, ein Greuel für dich. Aber nachher nahmst du mein Haupt in freundliche Pflege, und ich wußte es nicht, und ‚schlossest meine Augen, daß sie nicht Eitles erblickten', da bekam ich ein wenig Ruhe vor mir selbst, und mein Wahn schlummerte wie betäubt. Und nun erwachte ich zu dir und schaute dich Unendlichen ganz anders, und diese Schau kam nicht vom Fleische.

Alles ist in Gott beschlossen

Dann blickte ich zurück auf das andere und sah, daß es dir sein Dasein verdankt und daß alles in dir beschlossen ist, freilich nicht wie in einem Raum, sondern anders: weil du alles hältst in deiner Hand, der Wahrheit. Und alles ist wahr, soweit es ist, und Falschheit gibt es nicht, es sei denn man halte für seiend, was doch nicht ist. Und ich sah, daß nicht nur an seinem Ort ein jedes passend ist, sondern auch zu seiner Zeit, und daß du, der du allein ewig bist, nicht erst nach Ablauf ungezählter Zeiträume zu wirken begannst. Denn alle Zeiträume, die vergangen sind und noch vergehen werden, könnten nicht gehen und nicht kommen, wirktest und bliebest nicht du.

Sünde kein Wesen, sondern Willensabkehr

Und ich machte mir klar, wie ich ja aus Erfahrung weiß, daß es kein Wunder ist, wenn dem kranken Gaumen das Brot nicht schmeckt, das doch dem Gesunden mundet, und daß entzündete Augen das Licht hassen, das den hellen Augen lieblich ist. So mißfällt deine Gerechtigkeit den Bösen, und nicht minder Natter und Gewürm, die du doch gut geschaffen hast und passend zu den niederen Teilen deiner Kreatur. Zu ihnen passen auch die Bösen, um so besser, je unähnlicher sie dir sind. Doch je ähnlicher sie dir werden, um so besser werden sie zu den höheren Teilen passen. Und ich forschte, was Sünde sei, und fand kein Wesen, sondern die Verkehrtheit des vom höchsten Wesen, von dir, o Gott, dem Niedersten sich zuwendenden Willens [1], der ‚sein Innerstes wegwirft' und draußen sich aufbläht.

Aufstieg zur Gotteserkenntnis · Absinkende Schwachheit

Und ich wunderte mich, daß ich dich nunmehr schon liebte und nicht ein Trugbild statt deiner, trotzdem aber nicht im

BEFREIUNG DURCH PLATO

Genusse meines Gottes verharrte. Sondern deine Schönheit riß mich wohl zu dir empor, aber bald ward ich wieder hinweggerissen von dir durch mein eigenes Schwergewicht und fiel mit Seufzen ins Irdische zurück. Das Gewicht aber war meine fleischliche Gewohnheit. Doch es blieb mir die Erinnerung an dich, und nicht im geringsten zweifelte ich daran, daß einer sei, dem ich anhangen sollte, aber ich noch nicht so sei, daß ich ihm anhangen könnte, denn ‚der sterbliche Leib beschwert die Seele und die irdische Hütte drückt den zerstreuten Sinn‘, und ich war dessen ganz gewiß, daß ‚dein unsichtbares Wesen, desgleichen deine ewige Kraft und Gottheit, seit Anbeginn der Welt an dem, was erschaffen ward, erkannt und ersehen werden kann‘. Denn als ich mich fragte, was mich befähigte, die Schönheit irdischer oder himmlischer Körper zu loben, und welcher Maßstab mir gegeben sei, zutreffend über die vergänglichen Dinge zu urteilen und zu sprechen: Das muß so sein, jenes nicht so, wenn ich also fragte, was mich bei solchem Urteil leite, fand ich über meinem veränderlichen Geiste unwandelbar und wahr die Ewigkeit der Wahrheit. So stieg ich stufenweise [1] empor von den Körpern zu der durch Vermittlung des Körpers empfindenden Seele, von da zu ihrer inneren Kraft, der die körperlichen Sinne melden, was in der Außenwelt vorgeht, und über die auch die Tiere verfügen [2]. Von da erhob ich mich weiter zum Vermögen des Verstandes [3], dem die Beurteilung des von den Sinnen Übermittelten obliegt. Dieser aber, veranlaßt durch die Erfahrung seiner eigenen Veränderlichkeit, schwang sich auf zu seiner höheren Einsicht [4], löste das Denken von der Gewohnheit, entzog sich dem widerspruchsvollen Schwarm der Phantasievorstellungen, um das zu finden, dessen Glanz ihm leuchtet, wenn er sonder Zweifel ruft, das Unwandelbare sei dem Wandelbaren vorzuziehen, um zu finden, woher er denn dies Unwandelbare kennt – kennte er es nicht irgendwie, würde er es dem Wandelbaren sicher nicht vorziehen - und so gelangte er zu dem, was ist, in raschem, zitterndem Augenaufschlag [1]. Damals also hab' ich dein ‚unsichtbares Wesen durch das, was erschaffen ward, erkannt und ersehen', aber ich vermochte es nicht, meinen Blick daran zu heften. Meine Schwachheit ward zurückgeschreckt, ich wandte mich wieder dem Herkömmlichen zu und nahm nur die liebende Erinnerung mit, gleichsam den Duft einer ersehnten Speise, die ich noch nicht genießen konnte.

Christus, der Menschgewordene, ist der einzige Weg zum Heil

So suchte ich nach dem Wege, die Kraft zu gewinnen, die mich befähigte, dich zu genießen, doch fand ich ihn nicht eher, als bis ich den umfaßte, der ‚Mittler ist zwischen Gott und den Menschen, nämlich den Menschen Jesus Christus', ‚der da ist Gott über alles, gelobt in Ewigkeit'[2]. Er ruft und spricht: ‚Ich bin der Weg, die Wahrheit und das Leben', er verbindet die Speise, die zu genießen ich zu schwach war, mit dem Fleische, denn ‚das Wort ward Fleisch', auf daß deine Weisheit, durch die du alles erschufst, zur Milch werde für uns Kinder. Noch begriff ich ihn nicht, Jesum, meinen Gott, demütig den Demütigen, und erkannte nicht, was seine Schwachheit uns lehren sollte. Denn dein Wort, die ewige Wahrheit, die höchsten Sphären deiner Schöpfung weit überragend, hebt zu sich empor, die sich ihm beugen. Aber im niederen Gelände erbaute es sich aus unserem Lehm ein demütig Haus, daß auch wir, die es nötig haben, uns bücken lernten und so von uns selbst hinweg und zu ihm hinübergezogen würden. So heilt es die Hoffart, nährt die Liebe und macht, daß wir nicht selbstvertrauend zu weit uns vorwagen, sondern unserer Schwachheit eingedenk, da wir zu unseren Füßen sehen die Gottheit, schwach geworden und bekleidet mit unserem ‚Rock aus Fellen'[3], ohnmächtig uns vor ihr niederwerfen, sie aber aufstehe und uns erhebe.

Die damaligen christologischen Irrtümer Augustins und seines Freundes

Ich aber dachte anders und hielt Christus, meinen Herrn, nur für einen hervorragend weisen Mann, dem niemand zu vergleichen sei, zumal da er, wunderbar von einer Jungfrau geboren, uns ein Beispiel gegeben habe, um der Unsterblichkeit willen das Zeitliche zu verachten, und sich so, dank göttlicher Fürsorge für uns, die hohe Würde seines Lehramts verdient habe [1]. Welch ein Geheimnis aber darin beschlossen ist, daß es heißt: «Das Wort ward Fleisch», konnte ich nicht von ferne ahnen. Nur so viel hatte ich aus der heiligen Schrift, die uns von ihm erzählt, daß er gegessen, getrunken, geschlafen, gewandert, sich gefreut, getrauert und geredet hat, entnommen und begriffen, daß dieses Fleisch nicht ohne menschliche Seele und menschlichen Geist [2] mit dem Worte verbunden sein konnte. Das weiß ein jeder, auch wenn er die Unwandelbarkeit deines Wortes erkennt, die ich nun bereits, soweit es mir möglich war, erkannte und woran ich nicht im mindesten zweifelte. Denn jetzt die Glieder des Leibes durch Willensantrieb bewegen und jetzt wieder nicht, jetzt eine Gemütsbewegung erleiden und jetzt wieder nicht, jetzt durch allerlei Zeichen vernünftige Gedanken äußern, jetzt sich in Schweigen hüllen, ist Merkmal der Wandelbarkeit von Seele und Geist. Wäre das fälschlich von ihm überliefert, bestände die Gefahr, alles könnte erlogen sein, und dann wäre in jenen Schriften für den Glauben des Menschengeschlechts kein Heil zu finden. Da nun also die Wahrheit des in der Schrift Berichteten feststeht, erkannte ich in Christus einen vollen Menschen, nicht nur eines Menschen Leib, oder außer dem Leib zwar noch eine Seele, aber ohne Geist. Doch von diesem Menschen urteilte ich, daß er nicht als die Wahrheit in Person, sondern nur durch eine besondere Vortrefflichkeit der menschlichen Natur und vollkommeneren Besitz der Weisheit vor den übrigen sich auszeichne.

Alypius aber war der Ansicht, die Katholiken glaubten, Gott habe in der Weise Fleisch angenommen, daß in Christus außer Gott und Fleisch keine Seele wäre, dachte auch nicht, daß man ihm eines Menschen Geist beilege. Da er nun fest davon überzeugt war, daß all das, was von ihm überliefert ist, nur von einem beseelten und vernunftbegabten Wesen ausgeführt werden könne, verhielt er sich dem christlichen Glauben gegenüber zurückhaltender. Später erkannte er jedoch, daß dies der Irrtum der Apollinaristischen Ketzer [1] sei, freute sich des katholischen Glaubens und pflichtete ihm bei. Ich aber muß gestehen, daß ich erst eine Zeitlang später gelernt habe, wie sich im Verständnis der Fleischwerdung des Wortes die katholische Wahrheit von der Irrlehre des Photinus [2] unterscheidet. So bringt die Verwerfung der Ketzer klar zutage, was deine Kirche denkt und welches die heilsame Lehre ist. Denn ‚es müssen auch Irrlehren sein, damit die Bewährten unter den Schwachen offenbar werden'.

Platonismus macht hochmütig, führt nicht zum Ziel

Damals aber, als ich jene Bücher der Platoniker gelesen und in ihnen die Mahnung vernommen hatte, die unkörperliche Wahrheit zu suchen, hab' ich wohl ‚dein unsichtbares Wesen durch die Werke der Schöpfung im Geiste erblickt', aber zurückgeschleudert, zu spüren bekommen, was ich bei der Finsternis meiner Seele noch nicht schauen konnte. So war ich dessen gewiß, daß du bist, unendlich, doch nicht durch endliche und unendliche Räume hingedehnt, und daß du in Wahrheit bist, weil du immer derselbe bist, keineswegs, sei's auch nur teilweise oder durch irgendeine Regung, ein anderer oder anders, und daß alles übrige von dir ist, aus dem einen unerschütterlichen Grunde, weil es ist [3]. Dessen war ich zwar gewiß, aber allzu schwach noch, dich zu genießen. Ich schwatzte daher, als hätte ich's bereits gefunden, doch hätte ich nicht in Christus, unserm Heiland, deinen Weg gesucht, ich hätt' es nicht gefunden, sondern wäre verloren. Denn schon fing ich an weise scheinen zu wollen und stand doch noch unter dem Druck meiner Strafe; ich weinte nicht, sondern wähnte mich groß in meinem Wissen. Wo war jene Liebe, die auf dem Grunde der Demut, nämlich auf Jesus Christus, das Haus baut? Wann auch hätten jene Bücher sie mich gelehrt? Ich glaube, du ließest mich darum, ehe ich deine heiligen Schriften näher kennenlernte, auf sie stoßen, daß meinem Gedächtnis sich einprägen sollte, welcher Art ihr Einfluß auf mich gewesen, und daß ich nachher, wenn deine Schriften mich demütig gemacht und deine fürsorglichen Hände meine Wunden geheilt haben würden, klar zu unterscheiden wüßte zwischen Prahlen und Bekennen, zwischen denen, die sehen, wohin man gehen, aber nicht, wie man dahin gelangen soll, und dem, der der Weg ist und uns zum seligen Vaterland führt, nicht nur es zu schauen, sondern dort zu wohnen. Denn wäre ich zuerst von deinen heiligen Schriften unterwiesen, und wärest du mir durch Vertrautheit mit ihnen lieb geworden, und wären mir erst nachher jene Bände in die Hände gefallen, hätten sie mich vielleicht vom Grunde der Frömmigkeit losgerissen, oder aber, hätte mein Herz das erfahrene Heil sich bewahrt, so hätte ich glauben können, auch in jenen Büchern, wenn man sie allein kennenlerne, könne man's finden.

*Augustin vernimmt in der Heiligen Schrift
die Botschaft der rettenden Gnade*

So griff ich denn mit größter Begier nach der verehrungswürdigen Schrift deines Geistes und vornehmlich nach deinem Apostel Paulus [1], und alle jene Anstöße, als ob er, wie mir einstens schien, sich selbst widerspräche, und als ob der Wortlaut seiner Predigt nicht zum Zeugnis des Gesetzes und der Propheten stimme, schwanden dahin. Ein einziges klares Gesicht [1] trat mir aus all den geheiligten Aussprüchen entgegen, und ich lernte es, ‚mit Zittern zu frohlocken'. Was ich Wahres dort gelesen, fand ich hier wieder, aber hier ward es mit Empfehlung deiner Gnade gesagt. So ward es deutlich, daß wer da sieht, ‚sich nicht rühmen darf, als hätte er's nicht empfangen', und zwar nicht nur, was er sieht, sondern auch daß er sieht, – ‚denn was hat er, das er nicht empfangen hat?' – ferner, daß er hier nicht nur ermahnt wird, dich, den stets sich Gleichen, zu schauen, sondern auch geheilt wird, dich festhalten zu können, endlich daß, wer von fern her noch nicht schauen kann, doch den Weg wandeln soll, auf dem man zum Schauen und Festhalten gelangt. Denn wenn auch ‚jemand Lust hat am Gesetze Gottes nach dem inwendigen Menschen', was soll er machen, ‚da ein anderes Gesetz in seinen Gliedern dem Gesetz in seinem Gemüte widerstreitet und ihn gefangen nimmt in der Sünde Gesetz, welches in seinen Gliedern ist?' ‚Denn du, Herr, bist gerecht, wir aber haben gesündigt, Unrecht getan, gottlos gehandelt', ‚und schwer liegt auf uns deine Hand', und mit Recht wurden wir überliefert dem alten Sünder, dem Fürsten des Todes, da er uns überredete, unsern Willen dem seinen anzugleichen, ‚der nicht bestanden hat in der Wahrheit'. Was soll er machen, ‚der elende Mensch? Wer wird ihn erlösen vom Leibe dieses Todes, wenn nicht deine Gnade durch Jesum Christum, unsern Herrn?' Ihn hast du gleich-ewig erzeugt und ‚geschaffen [2] am Anfang deiner Wege', ihn, an dem ‚der Fürst dieser Welt' nichts Todeswürdiges fand und tötete ihn dennoch. ‚So ward ausgetilgt die Handschrift, die wider uns war [3]'. Doch das steht nicht in jenen Schriften. Nicht finden sich auf jenen Blättern die Züge dieser Frömmigkeit, nicht die Tränen des Bekennens, nicht ‚dein Opfer, der geängstete Geist, das zerknirschte und gedemütigte Herz', nicht das Heil des Volkes, ‚die bräutliche Stadt', ‚das Unterpfand des Heiligen Geistes', der Kelch unseres Heils. Niemand singt da: ‚Meine Seele ist stille zu Gott, der mir hilft. Denn er ist mein Hort, meine Hilfe, mein Schutz, daß mich kein Fall stürzen wird.' Niemand hört dort den Ruf: ‚Kommet her zu mir, ihr Mühseligen.' Sie verschmähen es, von ihm zu lernen, ‚denn er ist sanftmütig und von Herzen demütig'. Denn dies ‚hast du den Weisen und Klugen verborgen und hast es den Unmündigen geoffenbart'. Etwas anderes ist es, von waldiger Bergeshöhe das Vaterland des Friedens erblicken, die Straße dahin nicht finden und umsonst weglos sich abmühen, umlagert und umlauert von flüchtigen Überläufern nebst ihrem Fürsten, dem Löwen und Drachen; etwas anderes, den Weg dorthin mit festen Schritten wandeln, den des himmlischen Herrschers Fürsorge uns bahnt, wo keine Räuber streifen, die die himmlische Fahne verlassen haben. Denn diesen Pfad fliehen sie wie die Pest. Das alles drang mir wundersam ins Herz, als ich ‚den geringsten deiner Apostel' las. Ich betrachtete deine Werke, und ein Schauer ergriff mich.

ACHTES BUCH

DIE BEKEHRUNG

Die Situation

Laß mich, mein Gott, in Dankbarkeit deiner gedenken und dich preisen, daß du dich mein erbarmtest. ‚Meine Gebeine‘, durchströmt von deiner Liebe, ‚sollen sprechen: Herr, wer ist dir gleich?‘ ‚Du hast meine Bande zerrissen. Dir will ich Dank opfern.‘ Erzählen will ich nun, wie du sie zerrissen hast, und alle, die zu dir beten, sollen sagen, wenn sie es hören: Gelobet sei der Herr im Himmel und auf Erden, groß und wunderbar ist sein Name. Tief hafteten deine Worte in meinem Herzen, und auf allen Seiten umlagertest du mich. Deines ewigen Lebens war ich gewiß, wenn ich es auch nur ‚im Rätsel und wie durch einen Spiegel sah‘. Aller Zweifel an der Unverderblichkeit deines Wesens, und daß von ihm alles andere sein Wesen hat, war mir geschwunden, nicht deiner sicherer, sondern fester in dir gegründet zu sein, wünschte ich. Was aber mein zeitliches Leben anlangt, so war noch alles im Fluß, und mein Herz mußte noch gereinigt werden von dem alten Sauerteige. Wohl hatte es schon Gefallen an dem rechten Wege, dem Heilande selbst, aber seine Engpässe zu durchschreiten, scheute es sich noch. Da gabst du mir in den Sinn und schien es mir gut, den Simplicianus [1] aufzusuchen, den ich als deinen treuen Knecht kannte und in dem deine Gnade sich leuchtend offenbarte. Ich hatte auch gehört, er habe von Jugend auf ein dir fromm ergebenes Leben geführt. Nun aber war er ein Greis, und mich deuchte, er werde in seinem langen Leben, in dem er sich mit Ernst und Eifer um deinen Weg bemüht, viel erfahren und viel gelernt haben, und so war es auch. So wollte ich mit ihm gern über meine inneren Nöte mich aussprechen und von ihm mir raten lassen, was wohl für einen Mann in meiner seelischen Lage die rechte Weise sein möchte, auf deinem Wege zu wandeln.

Denn ich sah in deiner Kirche ein Fülle von Menschen, und der eine wandelte so, der andere so. Mir aber mißfielen meine weltlichen Geschäfte und waren mir zur schweren Last geworden. Denn Hoffnung auf Ehre und Gelderwerb konnten nicht mehr wie früher meine Begierden entflammen, daß ich jenen Knechtsdienst willig weiter ertragen hätte. Sie lockten mich nicht mehr, weil du mir süß geworden warst und ‚lieb deines Hauses Zier', aber noch hielt mich in harter Fessel die Liebe zum Weibe. Zwar verbot mir der Apostel die Ehe nicht, wenn er auch ein Besseres anriet und von Herzen gern wollte, alle Menschen ‚lebten so wie er selbst'. Aber ich war zu schwach und wählte ein bequemeres Los, und aus diesem einen Grunde kam ich haltlos auch mit dem übrigen nicht zurecht, schlaff und von quälenden Sorgen verzehrt. Denn alles andere, dessen ich doch überdrüssig war, mußte dem ehelichen Leben angepaßt sein, von dem ich nun einmal nicht lassen wollte und konnte. Ich hatte aus dem Munde der Wahrheit vernommen, es gebe ‚Verschnittene, die um des Himmelreichs willen sich selbst verschnitten haben', doch fügt sie hinzu: ‚Wer es fassen kann, der fasse es'. ‚Eitel sind freilich alle Menschen, die von Gott nichts wissen, die an den sichtbaren Gütern den nicht erkennen, der da ist.' Aber in dieser Eitelkeit befand ich mich bereits nicht mehr, hatte sie hinter mir gelassen und durch das Zeugnis der gesamten Schöpfung dich, unsern Schöpfer, gefunden, desgleichen dein Wort, das bei dir, Gott, mit dir und eins mit dir ist, durch welches du alles geschaffen hast. Aber es gibt noch eine andere Art Gottloser, die, ‚ob sie gleich Gott erkennen, ihn doch nicht gepriesen haben als einen Gott noch ihm gedankt'. Unter sie war auch ich geraten, ‚aber deine Rechte nahm mich auf', hinweg von da, und stellte mich an einen Platz, wo ich genesen sollte. Denn du hast zum Menschen gesagt: ‚Siehe, Frömmigkeit, das ist Weisheit', und: ‚Wolle nicht für weise gelten', denn ‚die sich für weise hielten, sind zu Narren geworden'. Schon hatte ich die köstliche Perle gefunden und sollte nun verkaufen alles was ich hatte, um sie zu kaufen, aber ich zauderte.

Simplicianus erzählt von Victorinus

So ging ich denn zu Simplicianus, der seinerzeit beim Bischof Ambrosius, als er in den Gnadenbund eintrat, Vaterstelle vertreten hatte und den dieser in Wahrheit wie einen Vater liebte. Ihm erzählte ich von allen meinen Irrwegen, die ich kreuz und quer gegangen. Als ich dabei erwähnte, ich hätte einige Bücher der Platoniker gelesen, die einst Victorinus, ein römischer Redner, der, wie ich gehört, als Christ gestorben war, ins Lateinische übersetzt habe, wünschte er mir Glück, daß ich nicht auf die Schriften anderer Philosophen, voll Trug und Täuschung ‚nach den Grundsätzen dieser Welt', verfallen sei. In jenen werde doch auf alle Weise auf Gott und sein Wort hingewiesen. Um mich sodann zur Demut Christi zu mahnen, ‚die den Weisen verborgen und den Unmündigen offenbart ist', gedachte er des Victorinus [1] selbst, den er bei seinem Aufenthalt in Rom genau kennengelernt. Was er mir von ihm erzählte, das will ich nicht verschweigen, denn man vernimmt daraus lauten Lobpreis deiner Gnade. Dieser hochgelehrte, in allen freien Künsten trefflich beschlagene Greis, der soviel von den Philosophen gelesen und erklärt hatte, Lehrer so vieler edler Senatoren, der sich durch seine glänzende Lehrtätigkeit die höchste Auszeichnung, die Weltbürger kennen, verdient und erworben hatte, nämlich ein Standbild auf dem Markte von Rom, war bis in sein hohes Alter ein Verehrer der Götzen und Teilnehmer an ihrem unheiligen Kult gewesen, dem damals noch fast der ganze römische Adel blindlings anhing. Ungetümen von Göttern aller Art wie Anubis, dem Hundskopf, die einst gegen Neptun, Venus und Minerva gestritten, huldigte jetzt Rom, das sie doch besiegt hatte, und auch jener greise Victorinus hatte sie viele Jahre lang mit dem Donner seiner Rede verteidigt. Aber nun schämte er sich nicht, ein Jünger deines Christus zu werden und ein Kind deines Gnadenquells, seinen Nacken unter das Joch der Demut zu beugen und seine Stirn zu senken vor der Schmach des Kreuzes.

O Herr, Herr, ,der du die Himmel neigtest und herabfuhrest und die Berge anrührtest, daß sie rauchten', wie hast du nur in diese Brust Eingang gefunden? Er las, wie Simplicianus berichtete, die Heilige Schrift, durchforschte eifrigst und gründlich die ganze christliche Literatur und sagte zu Simplicianus, nicht öffentlich, sondern insgeheim und im Vertrauen: «Wisse, daß ich nun auch ein Christ bin.» Dieser aber gab zur Antwort: «Das glaube ich nicht und kann dich nicht eher zu den Christen zählen, als bis ich dich in der Kirche Christi erblicke.» Jener lachte und erwiderte: «So sind es wohl die Kirchenwände, die einen zum Christen machen.» Noch mehrfach versicherte er, bereits Christ zu sein, Simplicianus aber wiederholte ebensooft jene Antwort und bekam dann wiederum von ihm die spöttische Bemerkung über die Kirchenwände zu hören. Denn Victorinus fürchtete seine Freunde, die stolze Teufelsdiener waren, zu beleidigen und dachte, daß von ihnen, die auf Babels Höhen und wie die Zedern des Libanon dastanden, ,die Gott noch nicht zerschmettert', schwere Feindschaft auf ihn hereinbrechen möchte. Aber nachdem er durch Lesen und ernstes Nachdenken Festigkeit gewonnen hatte, fürchtete er, Christus werde ihn ,vor den heiligen Engeln verleugnen', wenn er sich scheue, ,ihn vor den Menschen zu bekennen', und ward sich des schweren Unrechts bewußt, daß er sich der Geheimnisse deines demütigen Wortes schämte, aber sich nicht schämte des unheiligen Kults stolzer Dämonen, an dem er, ein stolzer Nachahmer, sich beteiligt hatte. Nun verabscheute er seine Eitelkeit, ward schamrot vor der Wahrheit und sprach plötzlich und unerwartet zu Simplicianus, wie dieser selbst erzählte: «Laß uns zur Kirche gehen, ich will Christ werden.» Jener, fassungslos vor Freude, ging mit ihm. Sobald er nun die ersten Unterweisungen in der heiligen Lehre empfangen, meldete er sich bald darauf mit Namen an [1], um durch die Taufe wiedergeboren zu werden. Rom staunte, voll Freude war die Kirche. Die Hochmütigen ‚sahen es, und es verdroß sie, ihre Zähne bissen sie zusammen und vergingen‘, doch dein Diener ‚setzte seine Hoffnung auf Gott, den Herrn, und sah sich nicht um nach Eitelkeiten und törichten Lügen‘.

So kam endlich die Stunde, in der er seinen Glauben bekennen sollte. Dies Bekenntnis pflegt in Rom von denen, die zum Empfang deiner Gnade zugelassen sind, in vorgeschriebenem, dem Gedächtnis eingeprägtem Wortlaut von erhöhtem Ort vor dem ganzen gläubigen Volke abgelegt zu werden [2]. Da, so sagte er, hätten die Presbyter dem Victorinus angeboten, das Bekenntnis leise zu sprechen, wie man es auch sonst manchen, die in ängstlicher Befangenheit unsicher werden könnten, anbot. Er aber habe vorgezogen, von dem Heil, das ihm widerfahren, vor den Augen der frommen Menge lautes Zeugnis abzulegen. Denn in der Redekunst, deren Lehrer er gewesen, war kein Heil, und doch hatte er sie öffentlich vorgetragen. Hatte er sich nicht gescheut, zu Scharen von Toren mit seinen eigenen Worten zu reden, wieviel weniger durfte er sich jetzt scheuen, vor deiner sanften Herde dein Wort zu verkünden! Als er nun hinaufstieg, das Bekenntnis zu sprechen, raunten sich alle, die ihn kannten – und wer hätte ihn da nicht gekannt? – in freudigem Gemurmel seinen Namen zu. Und gedämpften Tones jubelte es aus aller Munde: «Victorinus, Victorinus!» Rasch schwoll das Jauchzen an, als sie ihn droben sahen, und rasch schwiegen sie wieder still, begierig, ihn zu hören. Da verkündete er den wahren Glauben mit herrlicher Zuversicht, und alle hätten ihn gern an ihr Herz gezogen. Und sie taten's auch in Liebe und Freude – denn das waren die Hände, mit denen sie ihn an sich zogen [1].

Je größer die Not, um so größer die Freude über die Rettung

Was geht doch, gütiger Gott, in dem Menschen vor, daß er sich mehr über die Rettung einer hoffnungslos verlorenen Seele und ihre Befreiung aus ärgerer Gefahr freut, als wenn er immer für sie gehofft hätte und die Gefahr geringer gewesen wäre? Freust doch auch du, barmherziger Vater, dich mehr ‚über einen Sünder, der Buße tut, als über neunundneunzig Gerechte, die der Buße nicht bedürfen'. Und gar lieblich klingt es uns, wenn wir hören, wie das verirrte Schaf auf den Schultern des frohlockenden Hirten heimgetragen und der Groschen in dein Schatzhaus zurückgebracht wird, während die Nachbarinnen an der Freude des Weibes, das ihn gefunden, frohen Anteil nehmen. Tränen der Rührung aber entlockt uns das Freudenfest deines Hauses, wenn man in deinem Hause liest von deinem jüngeren Sohne, ‚der tot war und wieder lebendig ward, verloren war und wiedergefunden ward'. Ja, du freust dich in uns und deinen heiligen, durch heilige Liebe geheiligten Engeln. Denn du bist immer derselbe, und auch was nicht immer gleich und überein ist, in deinem Wissen ist es doch alles gleich und überein [2].

Was also geht in der Seele vor, daß sie sich mehr freut, Dinge, die sie liebt, wiederzufinden oder zurückzubekommen, als wenn sie sie immer behalten hätte? Dafür sprechen noch manche andere Beweise, ja alles ist voll von Zeugnissen, die rufen: So ist es. Ein siegreicher Kaiser triumphiert, aber ohne Kampf hätte er den Sieg nicht errungen, und je größer in der Schlacht die Gefahr war, um so größer die Freude beim Triumph. Ein Sturm schleudert die Seefahrer hin und her, und Schiffbruch droht. Alle erblassen angesichts des bevorstehenden Todes. Da beruhigen sich Himmel und Meer, und nun ist übergroß der Jubel, weil vorher die Angst übergroß gewesen. Ein lieber Freund wird krank, sein Puls läßt Schlimmes befürchten. Alle, denen seine Gesundheit am Herzen liegt, leiden teilnehmend mit. Da tritt Besserung ein, und ob er schon nicht gleich in alter Kraft auf den Füßen steht, ist doch die Freude weit größer als früher, da er noch gesund und stark einherging. Selbst die sinnlichen Genüsse des Lebens verschafft man sich nicht durch unerwartete, wider Willen hereinbrechende, sondern durch absichtlich und freiwillig übernommene Beschwerden. Am Essen und Trinken hat man kein Vergnügen, wenn nicht die Beschwerde des Hungers und Durstes voraufgeht. Trinker verzehren scharf gesalzene Speisen, wodurch ein lästiges Brennen entsteht, um den Genuß zu haben, den Brand durch einen Trunk wieder zu löschen. Und es ist Brauch, eine verlobte Braut nicht gleich dem Manne zu übergeben, damit er als Gatte sie nicht gering schätze, wenn er sich nicht als Bräutigam in langer Wartezeit nach ihr gesehnt.

So also ist's bei schmählicher und schändlicher Freude, so auch bei zulässiger und erlaubter, so bei reiner und edler Freundschaft, und ebenso bei dem, der tot war und wieder lebendig ward, verloren und wiedergefunden ward. Überall ist um so größer die Freude, je größere Beschwerde voraufging. Wie kommt das, Herr, mein Gott, da doch deine Freude ewig ist, da du selbst die Freude bist und alles, was dich umgibt, immerdar sich deiner freut? Woher hienieden dieser Wechsel von Abnehmen und Zunehmen, von Widerspruch und Ausgleich? Ist das nun einmal der Welt Lauf, und hast du es so gefügt, als du vom höchsten Himmel bis zur untersten Erdentiefe, vom Anbeginn bis zum Ende der Zeiten, vom Engel bis zum

Würmlein, vom ersten Glied in der Kette der Bewegungen bis zum letzten, lauter guten, wenn auch noch so verschiedenen Geschöpfen, einem jeden seinen Platz anwiesest und lauter gerechte Werke, jedes zu seiner Zeit, vollführtest? Wehe mir! Wie bist du hoch in deiner Höhe, wie tief in deiner Tiefe! Nie gehst du von dannen, und wie schwer nur finden wir zu dir zurück!

Große Freude, wenn ein Großer sich bekehrt

Wohlan, Herr, weck auf und ruf uns zurück, entflamme und reiße hin, laß deinen Duft, deine Süßigkeit genießen, laß uns lieben, laß uns laufen! Kehren nicht viele aus noch tieferem Abgrund der Blindheit zu dir zurück als Victorinus? Sie treten hinzu, werden erleuchtet, empfangen das Licht, und wenn sie es empfangen, ‚gibst du ihnen die Macht, deine Kinder zu werden'. Aber weil sie dem Volk weniger bekannt sind, freuen sich weniger über sie, auch die sie kennen. Denn freut man sich mit vielen zugleich, ist auch die Freude der einzelnen größer, da sie sich einer am anderen erwärmen und entflammen. Sodann, wenn die zum Glauben Erweckten vielen bekannt sind, sind sie auch für viele ein kräftiger Antrieb zum Heil, und viele werden ihrem Vorgang folgen. Daher sind auch die ihnen schon Vorangegangenen hoch erfreut, freuen sie sich doch nicht über sie allein. Doch das sei fern, daß in deinem Zelt die Reichen vor den Armen oder die Vornehmen vor den Niedrigen den Vortritt hätten, da du vielmehr ‚was schwach ist vor der Welt erwählt hast, um zu Schanden zu machen, was stark ist, und das Unedle vor der Welt und das Verachtete und das da nichts ist erwählt hast, als wäre es was, um zunichte zu machen, was etwas ist'. Und doch, als der ‚geringste deiner Apostel', durch dessen Mund du diese Worte sprachst, den Stolz des Prokonsuls Paulus siegreich niedergekämpft, ihn unter das sanfte Joch Christi gebeugt und zum Untertan des großen Königs gemacht hatte, da wollte er zum Andenken an solch herrlichen Sieg statt wie früher Saulus, nun Paulus heißen. Denn je fester der Feind jemanden hält und je mehr andere er zugleich mit dem einen festhält, um so größer der Sieg, wenn man dem Feinde den entreißt. Die Hoffärtigen aber hält er um so fester durch den Glanz des Adels und durch sie wiederum noch manche andere durch das Gewicht ihres Ansehens. Darum, je dankbarer man war, wenn man des Herzens dieses Victorinus gedachte, das einst des Teufels unbezwingliches Bollwerk gewesen, und seiner Zunge, die mit wuchtigem und scharfem Geschoß so viele niedergestreckt, um so freudiger mußten deine Kinder nun jubeln, da unser König ‚den Starken band‘ und sie sahen, wie ihm sein ‚Hausgerät geraubt ward‘, um gereinigt und zu deiner Ehre zubereitet und dem Herrn ‚nützlich zu werden zu allem guten Werk‘.

*Die Kette will noch nicht reißen,
der Schlaf sich nicht abschütteln lassen*

Als mir dein Diener Simplicianus dies von Victorinus erzählte, entbrannte mein Eifer ihm nachzufolgen, und eben deswegen hatte er mir's erzählt. Als er sodann aber noch hinzufügte, zur Zeit Kaiser Julians [1] sei den Christen gesetzlich untersagt worden, Literatur und Redekunst zu lehren, und er, willig sich fügend, habe lieber der geschwätzigen Schule als deinem Worte, ‚das der Unmündigen Zunge beredt macht‘, den Abschied geben wollen, da schien er mir weniger tapfer als glücklich zu sein, weil sich ihm nun die Gelegenheit geboten hatte, für dich frei zu werden. Das aber war's, wonach ich seufzte, gefesselt, wie ich war, nicht durch ein fremdes Band, sondern das Eisenband meines Willens. Mein Wollen aber war in des Feindes Gewalt, und der hatte mir daraus eine Kette geschmiedet, mit der er mich gefesselt hielt. Denn aus verkehrtem Willen ward Leidenschaft, und da der Leidenschaft ich nachgab, ward Gewohnheit daraus, Gewohnheit aber, der man nicht widersteht, wird zum Zwang. So fügten sich gleichsam die Ringe ineinander – darum nannte ich's eine Kette –, und damit hielt harte Knechtschaft mich gefangen. Der neue Wille aber, der sich bereits in mir regte, dir, mein Gott, meines Herzens einzig sichere Freude, frei zu dienen und anzuhangen, war noch zu schwach, den alten und festgewurzelten zu überwinden. So stritten in mir zwei Willen, ein alter und ein neuer, der eine fleischlich, der andere geistig, miteinander, und ihr Hader zerriß meine Seele.

So lernte ich es denn aus eigener Erfahrung verstehen, was ich gelesen hatte, wie ‚das Fleisch wider den Geist gelüstet, und den Geist wider das Fleisch'. Ich aber lebte in beidem, mehr jedoch in dem, was ich an mir billigte, als in dem, was ich an mir mißbilligte. Denn hier war ich's zumeist schon nicht mehr ich selber, da ich es großenteils mehr widerwillig litt als mit Willen tat. Doch hatte ich selbst die Gewohnheit zum Streit gegen mich so stark gemacht, denn mit Willen war ich dahin gelangt, wohin ich nicht wollte. Und wer kann mit Recht etwas dagegen einwenden, daß den Sünder die gerechte Strafe trifft? Schon konnte ich mich nicht mehr damit entschuldigen, wie ich früher zu tun pflegte, nur darum habe ich noch nicht dem Weltleben zu deinem Dienst entsagt, weil mir die Erkenntnis der Wahrheit noch ungewiß sei; denn nunmehr war sie mir bereits gewiß. Ich aber, der Erde noch verhaftet, weigerte mich, in deinem Heer zu kämpfen, und fürchtete mich ebensosehr davor, alle belastenden Bürden abzuwerfen, wie man sich hätte fürchten sollen, sie sich aufbürden zu lassen.

So lag die Last der Welt, wie es wohl im Schlafe geschieht, süß und drückend auf mir, und meine Gedanken, die ich sinnend auf dich richtete, glichen den Versuchen derer, die aufwachen wollen, aber vom tiefen Schlummer überwältigt wieder zurücksinken. Und wie niemand immerfort schlafen möchte, vielmehr jeder, wenn er vernünftig ist, dem Wachen den Vorzug gibt, aber dennoch manch einer zögert, den Schlaf abzuschütteln, weil es ihm bleischwer in den Gliedern liegt, und er darum mit Genuß weiterschläft, obschon er's nicht gutheißen kann und die Zeit zum Aufstehen gekommen ist, so wußte ich genau: Es war besser, mich deiner Liebe zu weihen, als meiner Wollust zu weichen. Das eine hatte mein Herz gewonnen und überwunden, aber das andere lockte und hielt mich gebunden. Nichts mehr konnte ich dir zur Antwort geben, da du zu mir sprachst: ‚Wache auf, der du schläfst, und stehe auf von den Toten, so wird dich Christus erleuchten!' Auf Schritt und Tritt tatest du mir die Wahrheit kund, und von ihr überwältigt, konnte ich nichts erwidern als träge, schlaftrunkene Worte: «Bald, ja bald, laß mich noch ein Weilchen!» Aber das «bald, bald» ward nicht zum «jetzt», und das Weilchen zog sich in die Länge. Umsonst ‚hatte ich Lust an deinem Gesetz nach dem inwendigen Menschen, weil ein anderes Gesetz in meinen Gliedern dem Gesetz in meinem Gemüte widerstritt und mich gefangennahm in der Sünde Gesetz, das in meinen Gliedern war'. Das Gesetz der Sünde ist die Tyrannei der Gewohnheit, die den Menschengeist auch wider Willen fortzieht und festhält, und zwar verdientermaßen, weil er ihr willig sich hingegeben hat. Wer hätte ‚mich Elenden erlösen können vom Leibe dieses Todes, wenn nicht deine Gnade durch Jesum Christum, unsern Herrn'?

Die Erzählung des Ponticianus von Beispielen der Weltentsagung

Wie du mich nun von der Fessel sinnlichen Liebesverlangens, die mich so eng umschnürte, und von der Knechtschaft weltlicher Geschäfte befreit hast, das will ich jetzt erzählen und ‚deinem Namen danken, Herr, mein Hort und mein Erlöser'.

Ich ging der gewohnten Arbeit nach, während meine Bangigkeit wuchs und ich täglich zu dir seufzte, auch besuchte ich oft deine Kirche, soweit meine Geschäfte das zuließen, unter deren Last ich stöhnte. Alypius war bei mir und zur Zeit ohne Beschäftigung in seinem Beruf, nachdem er die dritte Sitzungsperiode als Beisitzer hinter sich hatte. Er wartete nun auf solche, die sich seinen juristischen Rat erkaufen wollten, wie ich die Redefertigkeit verkaufte, soweit man sie überhaupt durch Unterricht vermitteln kann. Nebridius aber, unserm freundschaftlichen Drängen nachgebend, hatte sich dem Verecundus, einem Mailänder Bürger und Sprachlehrer, der unser aller vertrauter Freund war, als Hilfskraft zur Verfügung gestellt, da dieser sehr danach verlangte und mit dem Recht der Freundschaft von unserm Kreis die Hilfe, deren er dringend bedurfte, forderte. So war es nicht etwa Gewinnsucht, was den Nebridius dahin zog, denn er hätte, wenn er wollte, durch Fortsetzung seiner wissenschaftlichen Arbeiten mehr erreichen können, sondern nur aus Gefälligkeit wollte er, ungemein liebenswürdig und nachgiebig, wie er war, unsere Bitte nicht abschlagen. Er verrichtete aber diesen Dienst mit größter Klugheit, suchte nicht die Bekanntschaft weltlich einflußreicher Männer und ging so jeder Beunruhigung des Geistes aus dem Wege. Denn der sollte nach seinem Wunsch und Willen frei bleiben und möglichst viel Muße haben, zu forschen, zu lesen und weisen Gesprächen zu lauschen.

Eines Tages nun, als Nebridius, ich erinnere mich nicht weshalb, abwesend war, besuchte mich und Alypius ein gewisser Ponticianus, der als Afrikaner unser Landsmann war und ein hervorragendes Amt bei Hofe bekleidete. Ich weiß nicht mehr, was er von uns wollte. Wir setzten uns zum Gespräch nieder. Da erblickte er auf einem Spieltische vor uns ein Buch, nahm es zur Hand, schlug es auf und fand, sicher ganz wider Erwarten, den Apostel Paulus. Er hatte nämlich gedacht, es sei eins der Bücher, mit denen ich mich berufsmäßig zu plagen hatte. Da lächelte er, schaute mich verwundert an und wünschte mir Glück, daß er gerade diese und nur diese Schrift unvermutet vor mir liegen sehe. Denn er war ein gläubiger Christ und warf sich oft in der Kirche vor dir, unserm Gott, in häufigen und langen Gebeten nieder. Ich berichtete ihm, daß ich diesen Schriften die größte Aufmerksamkeit schenke, und dann kam das Gespräch, indes er das Wort führte, auf Antonius, den ägyptischen Mönch [1], dessen Name damals bei deinen Knechten in höchsten Ehren stand, von dem wir aber bisher noch nichts vernommen hatten. Als er das merkte, verweilte er länger bei dem Gegenstande und schilderte uns, deren Unkenntnis ihn in Erstaunen setzte, diesen hochbedeutenden Mann. Wir aber waren aufs höchste überrascht, daß noch vor kurzem und fast zu unserer Zeit solch sicher bezeugte Wunder im wahren Glauben und in der katholischen Kirche sich zugetragen hatten. So wunderten wir uns alle, wir ob solch großer Dinge, er darüber, daß sie uns noch unbekannt waren.

Darauf wandte sich seine Rede den Klöstern zu, und er sprach von ihrer Menge, der Lebensführung ihrer Bewohner, die von deinem Wohlgeruch duftet, und den fruchtbaren Einöden der Wüste, wovon wir nichts wußten. Gab es doch sogar in Mailand außerhalb der Mauern ein Kloster voll frommer Brüder unter Obhut des Ambrosius, und auch das war uns unbekannt. Er fuhr fort und sprach weiter, während wir in gespannter Aufmerksamkeit lauschten. So traf sich's, daß er erzählte, er sei einst, ich weiß nicht wann, jedenfalls aber bei Trier [2], während der Kaiser bei den nachmittäglichen Zirkusspielen weilte, mit drei anderen Zeltgenossen in den vor den Mauern gelegenen Gärten spazieren gegangen. Zu je zweien wandelnd, er selbst mit dem einen und die beiden andern für sich, hätten sie sich zufällig voneinander getrennt. Da seien

DIE BEKEHRUNG

jene beim Umherschweifen in eine Hütte eingetreten, in der einige deiner Knechte wohnten, ‚Arme im Geiste, derer das Himmelreich ist', und dort hätten sie ein Buch mit der Lebensbeschreibung des Antonius gefunden. Einer von ihnen fing an darin zu lesen, staunte, geriet in Flammen und ward, während er noch las, von dem Gedanken ergriffen, auch solch ein Leben zu erwählen, die weltliche Laufbahn zu verlassen und dir zu dienen. Sie gehörten aber zur Zahl der kaiserlichen Hofbeamten [1]. Plötzlich erfüllt von heiliger Liebe und in ernster Scham sich selbst grollend, blickte er seinen Freund scharf an und rief: «Sag doch, ich bitte dich, was wollen wir mit all unsern Mühen erreichen? Was suchen wir denn? Wozu stehen wir im Dienst? Haben wir am Hof mehr zu erhoffen, als daß wir des Kaisers Gunst erlangen? Und welch zerbrechliches, gefährliches Gut ist das! Gerät man nicht durch lauter Gefahren hindurch in immer größere Gefahr? Und wie lange soll das dauern? Ein Freund Gottes aber, wenn ich nur will, kann ich jetzt gleich werden.» So sprach er, und erschüttert von den Geburtswehen des neuen Lebens, heftete er wieder seine Augen auf die Seiten des Buches. Er las, ward innerlich umgewandelt – du sahest es – und sein Geist löste sich von der Welt, wie sich alsbald zeigen sollte. Denn während er noch las und die Wellen innerer Erregung hoch gingen, seufzte er einige Male tief auf, wog ab und erwählte das Bessere und sprach, nun bereits dein Diener, zu seinem Freunde: «Jetzt hab' ich sie über Bord geworfen, unsere alte Hoffnung, bin entschlossen, Gott zu dienen, und will heute, in dieser Stunde, hier an diesem Ort den Anfang machen. Wenn du dich scheust, mir zu folgen, so halte mich doch nicht zurück.» Jener erwiderte, er schließe sich ihm an und wolle solchen Lohn und Dienst mit ihm teilen. So waren sie beide dein und brachten für den ‚Turmbau die erforderlichen Kosten auf', da sie alles verließen und dir nachfolgten. Sodann kamen auch Ponticianus und sein Begleiter, die sich in andern Teilen des Gartens ergangen hatten, auf der Suche nach ihnen an denselben Ort, fanden und ermahnten sie, umzukehren, da der Tag bereits zur Neige gegangen sei. Jene aber berichteten von ihrem Entschluß und Vorhaben, und wie dieser Wille in ihnen entstanden und fest geworden sei, und baten, sie möchten ihnen nicht im Wege stehen, wenn sie ihnen auch nicht folgen wollten. Diese aber, nicht umgewandelt und an ihren früheren Plänen festhaltend, beweinten zwar, wie Ponticianus erzählte, sich selbst, beglückwünschten sie fromm und empfahlen sich ihren Gebeten, begaben sich jedoch alsdann mit ihrem am Irdischen hängenden Herzen wieder an den Hof. Jene aber, deren Herz dem Himmel verschrieben war, blieben in der Hütte. Beide hatten Bräute. Als diese davon erfuhren, weihten auch sie dir ihr jungfräuliches Leben.

Augustin erschüttert

So erzählte Ponticianus. Du aber, Herr, während er sprach, drehtest du mich um, hin zu mir selber, so daß ich mir nicht länger den Rücken zukehrte, wie ich tat, solange ich mich selbst nicht sehen wollte. Jetzt stelltest du mich Auge in Auge mir selbst gegenüber, daß ich schaute, wie häßlich ich sei, wie entstellt und schmutzig, voller Flecken und Schwären. Ich sah's und schauderte und wußte nicht, wohin ich vor mir selbst hätte fliehen sollen. Und wenn ich den Blick von mir abzuwenden suchte, fuhr er in seiner Erzählung fort, und wiederum stelltest du mich mir selbst gegenüber und rücktest mit Gewalt mein eigen Bild vor meine Augen, daß ich meine Sünde erkenne und hasse. Ich kannte sie ja wohl, aber ich leugnete sie ab, schloß vor ihr die Augen und vergaß sie.

Nun aber, je glühender ich jene Männer liebte, die, wie ich vernommen, voll heiligen Eifers sich ganz dir ergeben hatten, daß du sie heilest, um so abscheulicher und hassenswerter erschien ich mir selbst, wenn ich mich mit ihnen verglich. Denn so viele Lebensjahre waren mir schon dahingeflossen, wohl zwölf, seit ich, neunzehn Jahr alt, Ciceros Hortensius gelesen und dadurch zum Streben nach Weisheit erweckt war. Und immer hatte ich's verschoben, das Erdenglück zu verschmähen und mich für diese Aufgabe frei zu machen. Und doch war schon das Suchen nach Weisheit, geschweige das Finden, weit vorzuziehen dem Besitz von Schätzen und Königreichen und allen erdenklichen, jeden Augenblick zur Verfügung stehenden leiblichen Genüssen. Ich elender Jüngling aber, so jammervoll elend schon im Beginn meines Jünglingsalters, hatte von dir Keuschheit erbeten und gesagt: Gib sie mir, die Keuschheit und Enthaltsamkeit, aber noch nicht gleich! Denn ich war bange, du möchtest mich rasch erhören und rasch von der Krankheit meiner Begehrlichkeit heilen, die ich doch lieber sättigen als austilgen lassen wollte. So war ich böse Pfade gewandelt in gotteslästerlichem Aberglauben, war seiner freilich nicht gewiß geworden, zog ihn aber dem anderen vor, das ich, statt fromm zu suchen, feindlich bestritt.

Ich hatte geglaubt, nur deshalb verschöbe ich's von einem Tag auf den andern, den weltlichen Hoffnungen zu entsagen und dir allein zu folgen, weil sich mir nichts Sicheres zeigen wollte, wohin ich meinen Lauf hätte richten können. Nun aber war der Tag gekommen, an dem ich nackt dastand vor mir selbst und das Gewissen mich schalt: «Was sagst du nun? Immer hast du behauptet, weil ungewiß dir noch die Wahrheit sei, wollest du die Bürde der Eitelkeit nicht abwerfen. Sieh, nun ist sie gewiß, und noch immer drückt dich die Bürde, und anderen, die sich nicht wie du mit Suchen abgequält, nicht ein Jahrzehnt und länger über diese Dinge gegrübelt haben, wachsen auf freieren Schultern die Flügel.» So nagte es in mir, und in furchtbarer Scham verging ich fast, während Ponticianus solches redete. Als nun das Gespräch beendet und die Angelegenheit, die ihn hergeführt, erledigt war, ging er davon, und Einkehr hielt ich selbst. Was hab' ich mir nicht alles gesagt, mit welchen Rutenschlägen von Vorwürfen nicht meine Seele gegeißelt, daß sie nun endlich mitgehe, wenn ich versuchte, dir zu folgen! Aber sie sträubte sich, leistete Widerstand und konnte sich doch nicht entschuldigen. Alle ihre Gründe waren widerlegt und zu Boden geschlagen. Übrig geblieben war nur ein stummes Zittern, und als müßte sie sterben, schreckte sie davor zurück, dem Fluß der Gewohnheit entrissen zu werden, der sie doch dahinsiechend dem Tode entgegentrug.

Seelenkampf im Mailänder Garten

Und jetzt in diesem wilden Kampf, der im Innern meines Hauses, in unserm Kämmerlein, meinem Herzen, tobte, in dem ich verzweifelt mit meiner Seele rang, geh' ich mit verstörtem Angesicht und Gemüt auf Alypius los und schrei' ihn an: «Ist das zu ertragen? Hast du's gehört? Die Ungelehrten stehen auf und reißen den Himmel an sich, und wir mit unserer Gelehrsamkeit, sieh, wie wir uns wälzen in Fleisch und Blut! Schämen wir uns, ihnen zu folgen, weil sie voraus sind, und sind so schamlos, ihnen nicht zu folgen?» Ich weiß nicht, was ich derart sonst noch sprach. Meine Erregung trieb mich von ihm hinweg, während er wie angedonnert mich schweigend anstarrte. Denn meine Stimme klang ganz ungewohnt, und Stirn, Wangen, Augen, Farbe und Tonfall brachten besser zum Ausdruck, was in mir vorging, als die Worte, die ich hervorstieß. Ein kleiner Garten gehörte zu unserer Herberge, den wir wie das ganze Haus zu benutzen pflegten, denn unser Wirt und Hausbesitzer wohnte nicht da. Dorthin trug mich der Sturm in meiner Brust. Denn niemand konnte da in dem erbitterten Kampf mich stören, den ich mit mir selbst ausfocht, bis er den Ausgang fand, den du schon wußtest, aber ich noch nicht.

Aber sinnvoll war's, daß ich so von Sinnen kam, und mein Sterben war ein Erwachen zum Leben. Ich wußte nun, wieviel Böses an mir war, aber nicht, wieviel Gutes gar bald mein eigen sein werde. So ging ich in den Garten, und Alypius folgte mir auf dem Fuße. Denn seine Gegenwart konnte mein Alleinsein nicht hindern, und wie hätte er mich in solcher Gemütsverfassung verlassen können? Wir setzten uns soweit wie möglich abseits vom Hause. Ich aber knirschte im Geist voll bitterten Ingrimms, daß ich noch immer nicht kam zum Einvernehmen und Bündnis mit dir, mein Gott, nach dem doch ,alle meine Gebeine schrieen', und das sie lobpreisend zum Himmel erhoben[1]. Und doch brauchte man, dahin zu gelangen, weder Schiff noch Wagen, noch mußte man zu Fuß gehen, sei es auch nur so weit wie vom Hause bis zu dem Platz, wo wir saßen. Denn dahin gehen, ja dahin gelangen war nichts anders als gehen wollen, freilich kraftvoll und ungeteilt es wollen, nicht halbgelähmt hin und her taumeln und schwanken mit einem sich selbst widerstreitenden, teils aufstrebenden, teils absinkenden Willen.

Willenszwiespalt

Und doch tat ich mit meinem Körper so mancherlei, sogar während jenes qualvollen Zauderns, was die Menschen bisweilen, auch wenn sie es wollen, nicht können, falls sie nämlich entweder die erforderlichen Glieder nicht haben oder weil diese, sei es gefesselt, sei es durch Krankheit gelähmt, sei es sonstwie gehindert sind. Ich raufte mir das Haar, schlug an die Stirn, umklammerte mit verschlungenen Händen mein Knie und tat's, weil ich so wollte. Ich hätte es aber trotz meines Wollens nicht tun können, hätten nicht meine Glieder beweglich mir gehorcht. So vieles also tat ich, ohne daß doch Wollen und Tun dasselbe gewesen wären, aber ich tat *das* nicht, wonach ich doch mit unvergleichlich größerer Begier verlangte, und hätte es doch, wenn ich nur wollte, alsbald auch gekonnt. Denn sicherlich hätte ich's, wenn ich nur wollte, alsbald auch gewollt. Und in diesem Falle waren Wille und Vermögen dasselbe, ja Wollen war schon Tun, und doch geschah es nicht. Leichter gehorchte der Körper dem geringsten Willensantrieb der Seele und bewegte auf ihren Wink seine Glieder, als daß die Seele sich selbst gehorcht und allein durch ihren Willen ihr starkes Wollen in Tat umgesetzt hätte.

Woher diese Ungeheuerlichkeit?[1] Und warum das? Licht spende mir dein Erbarmen, so will ich fragen, ob mir Antwort geben können die Finsternisse menschlicher Plagen, die tiefen Dunkelheiten des Elends der Adamskinder. Woher diese Ungeheuerlichkeit, und warum das? Der Geist befiehlt dem Körper, und sogleich wird gehorcht. Der Geist befiehlt sich selber, und da wird Widerstand geleistet. Der Geist befiehlt, die Hand soll sich bewegen, und es geschieht mit solcher Leichtigkeit, daß Befehl und Ausführung kaum zu unterscheiden sind, und doch ist der Geist Geist und die Hand Leib. Der Geist befiehlt, der Geist soll wollen; der aber ist kein anderer und tut's doch nicht. Woher diese Ungeheuerlichkeit, und warum das? Er befiehlt, sage ich, er soll wollen, und könnte nicht befehlen, wenn er's nicht wollte, und tut doch nicht, was er befiehlt. Aber es ist kein ganzer Wille, darum auch kein ganzer Befehl. Denn er befiehlt nur insoweit, wie er will, und insoweit er es nicht will, geschieht auch nicht, was er befiehlt. Denn der Wille befiehlt, daß Wille sei, kein andrer als er selbst. Aber er befiehlt nicht voll und ganz, darum geschieht auch nicht, was er befiehlt. Denn wäre er voll und ganz, brauchte er nicht zu befehlen, er solle da sein, denn er wäre schon da. So ist's denn keine Ungeheuerlichkeit, dies teilweise Wollen und teilweise Nichtwollen, sondern eine Krankheit des Geistes, der, von der Wahrheit unterstützt, aber von der Gewohnheit beschwert, sich nicht ganz erheben kann. Also sind es zwei Willen, denn der eine von ihnen ist nicht ganz, und was dem einen fehlt, das hat der andere.

Keine falschen Schlüsse daraus!

Hinweg von deinem Angesicht, Gott, mögen sie verderben wie die ‚Schwätzer und Verführer' verderben, die behaupten, weil sie bei ihrer Selbstbeobachtung zwei Willen wahrgenommen haben, es gebe nun auch zwei geistige Naturen, eine gute und eine böse! Wahrhaft böse sind sie selbst, wenn sie solch Böses denken, und gut werden sie sein, wenn sie Wahres denken und der Wahrheit zustimmen. Dann sagt ihnen dein Apostel: ‚Ihr waret einst Finsternis, nun aber seid ihr ein Licht in dem Herrn.' Jene aber, die ein Licht sein wollen, nicht im Herrn, sondern in sich selber, und glauben, die Seele sei von Natur dasselbe, was Gott ist, sie sind um so schwärzere Finsternis geworden, je weiter sie in abscheulicher Anmaßung sich entfernt haben von dir, dem ‚wahrhaftigen Licht, das alle Menschen erleuchtet, die in diese Welt kommen'. Darum gebt acht, was ihr sagt, und errötet, ‚tretet hin zu ihm und laßt euch erleuchten, so braucht euer Gesicht nicht schamrot zu werden'. Damals nun, als ich mit mir zu Rate ging, dem Herrn, meinem Gott, zu dienen, wie ich schon lang mir vorgenommen, war ich es, der wollte, ich auch, der nicht wollte, ich allein war's. Aber weder mein Wollen noch mein Nichtwollen waren voll und ganz. Darum stritt ich mit mir selbst und war in mir zerspalten. Diesen Zwiespalt erlitt ich wider Willen, aber er bekundete nicht das Dasein eines fremden Geistes, sondern nur die Strafe meines eigenen. So war er nicht so sehr mein Werk, sondern das ‚der Sünde, die in mir wohnt', und Straffolge einer freieren Sünde [1], denn auch ich war Adams Sohn.

Denn wenn es so viele entgegengesetzte Naturen gibt wie miteinander streitende Willen, dann sind's nicht nur zwei, sondern noch mehr. Wenn jemand sich überlegt, ob er zur Versammlung der Manichäer oder ins Theater gehen soll, schreien diese: Siehe da, die beiden Naturen! Die eine, gute führt ihn hierher zu uns, die andere, böse führt ihn hinweg dorthin. Denn woher sonst das Zögern der sich widerstreitenden Willen? Ich aber sage: Sie sind beide böse, sowohl der zu ihnen hinführt, als auch der ins Theater hinwegführt. Doch sie halten nur den für gut, der zu ihnen führt. Aber wie? Wenn nun einer von den Unsern sich überlegt und, da zwei Willen sich befehden, schwankt, ob er ins Theater oder in unsere Kirche gehen soll, werden dann nicht auch sie schwanken, was sie antworten sollen? Denn entweder müssen sie gestehen, was sie doch nicht wollen, daß man kraft guten Willens in unsere Kirche kommt, wie diejenigen dahin kommen, die in ihre Geheimnisse eingeweiht sind und im Glauben stehen, oder sie müssen sich zu der Annahme bequemen, daß zwei böse Naturen und zwei böse Seelen in einem Menschen einander bekämpfen. Dann aber ist's nicht wahr, was sie immer sagen, die eine sei gut, die andere böse. Oder aber sie müssen sich zur Wahrheit bekehren und dürfen nicht länger leugnen, daß, wenn jemand sich hin und her überlegt, die eine Seele von verschiedenen Willen in Erregung versetzt wird.

Wenn sie also merken, daß zwei Willen in einem Menschen sich widerstreiten, dürfen sie nicht sagen, es seien zwei verschiedene Seelen verschiedenen Wesens und verschiedenen Ursprungs, die eine gut, die andere böse, die gegeneinander ankämpfen. Denn du, Gott der Wahrheit, sprichst nein dazu, widerlegst und überführst sie. Zeigte es sich doch, daß es zwei böse Willen gibt, so wenn jemand sich überlegt, ob er einen Menschen durch Gift oder Dolch umbringen, ob er nach diesem oder jenem fremden Grundstück seine Hand ausstrecken soll, wenn er sich beider zugleich nicht bemächtigen kann, ob er sein Geld in Wollust vergeuden oder es geizig aufspeichern, ob er zum Zirkus oder ins Theater gehen soll, wenn in beiden an demselben Tage Vorführungen sind. Ich füge noch ein drittes hinzu: oder ob er, wenn gerade die Gelegenheit sich bietet, in fremdem Hause einen Diebstahl verüben soll, und noch ein viertes: ob er vielleicht, wenn auch dazu zur selben Zeit die Tür sich öffnet, einen Ehebruch begehen soll. Wenn das alles in dem gleichen Zeitabschnitt sich zusammendrängt und in gleicher Weise für begehrenswert gehalten wird und doch nicht alles zugleich getan werden kann, wird die Seele von vier oder, bei großer Fülle begehrenswerter Güter, von noch mehr streitenden Willen zerrissen, und doch pflegen sie in diesem Falle nicht von der gleichen Menge verschiedener Wesenheiten zu reden. Ebenso ist es auch beim guten Willen. Denn frage ich sie, ob es gut sei, sich an der Lesung des Apostels zu erfreuen, ob es gut sei, sich an einem frommen Psalm zu erfreuen, und ob es gut sei, das Evangelium auszulegen, werden sie jede dieser Fragen bejahen. Aber wie? Wenn nun alles in gleicher Weise und zur selben Zeit Freude machte, würden nicht auch dann verschiedene Willen des Menschen Herz in Zwiespalt bringen, wenn er sich überlegt, wonach von alledem er nun zuerst greifen solle. Lauter gute Willen sind's und streiten doch so lange miteinander, bis man eines erwählt, auf das sich nun der eine ganze, vorher zerteilte Wille wirft. So auch, wenn die Ewigkeit höhere Freude verheißt und das Verlangen nach zeitlichem Gut uns drunten festhält, ist's dieselbe Seele, die nur nicht mit ungeteiltem Willen jenes oder dieses will und darum sich qualvoll zerrissen fühlt, weil sie das eine in Wahrheit vorzieht, das andere aber aus langer Gewohnheit nicht lassen mag [1].

Todeskampf des alten Menschen

So war ich krank und marterte mich mit Selbstanklagen weit grimmiger als je zuvor und wälzte und wand mich in meinen

Fesseln, daß sie endlich ganz abfallen möchten. Schon waren sie am Reißen, aber noch hielten sie. Du aber, Herr, drangest im Herzenskämmerlein auf mich ein, schlugst mich in erbarmender Strenge mit der doppelten Geißel von Furcht und Scham. Denn nicht noch einmal sollte ich lässig werden, der letzte schwache, noch gebliebene Rest der Fessel endgültig zerreißen, statt wiederum Kraft zu gewinnen und mich härter zu binden als zuvor. Ich sprach bei mir drinnen: «Sieh, gleich wird's geschehen, gleich!» und mit Worten war der Entschluß schon gefaßt. Fast tat ich's schon und tat es doch nicht. Aber ich glitt nicht in die frühere Unentschlossenheit zurück, stand ganz dicht vorm Ziel und schöpfte Atem. Und wieder versuchte ich's. Ein wenig geringer ward der Abstand und noch ein wenig. Jetzt, jetzt mußte ich's berühren und fassen, und war doch noch nicht da, berührte und faßte es nicht und zauderte immer noch, dem Tode zu sterben und dem Leben zu leben. Noch hatte das Schlimmere, das Gewohnte, größere Macht über mich als das Ungewohnte und Bessere, und je näher der Augenblick heranrückte, da ich ein andrer werden sollte, um so größeren Schrecken jagte er mir ein. Doch ward ich nicht wieder zurückgeworfen, wandte mich nicht ab, sondern hielt mich in der Schwebe.

Törichteste Torheiten und nichtigste Nichtigkeiten[1], meine alten Freundinnen, hielten mich zurück, zerrten am Kleide meines Fleisches und flüsterten: «Du willst uns wegschicken? So werden wir von Stund an und ewiglich von dir geschieden sein, und von Stund an und ewiglich ist dir dies verboten und das verboten.» Und was war's, mein Gott, das sie mir mit diesem «dies und das» in Erinnerung brachten? Nimm's erbarmend hinweg von der Seele deines Knechtes! Wie schmutzig war es doch, was sie einbliesen, wie schändlich! Aber längst war es schon nicht mehr das halbe Herz, womit ich auf sie lauschte, auch traten sie mir nicht mit offenem Widerspruch in den Weg, sondern gleichsam hinter meinem Rücken wisperten sie, und es war als zupften sie verstohlen an mir beim Weiterschreiten, daß ich mich nach ihnen umschauen möchte. Aber sie hielten mich auf, und ich zögerte, mich loszureißen, sie abzuschütteln und dorthin zu eilen, wohin es mich rief. Denn die tyrannische Gewohnheit sprach: «Glaubst du wirklich, daß du ohne sie leben kannst?»

Aber sie sagte es schon mit ersterbender Stimme. Denn nun zeigte sich mir auf der Seite, wohin ich mein Gesicht gewandt, obschon ich ängstlich noch nicht hinüberzueilen wagte, die reine Würde der Keuschheit, freundlich heiter, aber nicht ausgelassen, sittsam mich lockend, daß ich kommen und nicht länger zögern sollte. Sie streckte, mich an sich zu ziehen und zu umfangen, fromme Hände aus und hielt in ihnen mir entgegen ganze Scharen edler Vorbilder. So viel Knaben waren da und Mädchen, Jugend in Fülle und alle Lebensalter, ernste Witwen und ergraute Jungfrauen, und in allen die Keuschheit, keineswegs unfruchtbar, sondern eine gesegnete Mutter. Und ihre Kinder – das waren die heiligen Freuden, die sie von dir, ihrem Gatten, empfangen. Sie lächelte mich an, und in ihrem Lächeln lag eine Mahnung, als sagte sie: «Und du kannst es nicht, was diese alle, Männer und Frauen, gekonnt? Konnten sie es etwa in eigener Kraft und nicht vielmehr in dem Herrn, ihrem Gott? Der Herr, ihr Gott, hat's ihnen gegeben. Was stellst du dich auf dich selbst und kannst so doch nicht stehen? Wirf dich auf ihn und fürchte dich nicht! Er wird sich dir nicht entziehen, dich nicht fallen lassen. Ja, wirf dich getrost hin, er wird dich auffangen und gesund machen.» Und ich errötete in brennender Scham, daß ich immer noch das Geflüster jener Torheiten hörte und zaudernd schwankte. Und wiederum war's, als wenn die Keuschheit spräche: «Verschließe deine Ohren gegen das, was von deinen unreinen Gliedern kommt, und laß sie sterben. Sie verheißen dir Freuden, ,aber nicht wie das Gesetz des Herrn, deines Gottes, sie verheißt'.» Das war das Streitgespräch in meinem Herzen, und nur ich selbst war's, der so gegen sich selbst ankämpfte. Alypius aber, dicht neben mir sitzend, harrte schweigend auf das Ende meiner seltsamen Erregung.

Das rettende Schriftwort

Jetzt aber, da eindringende Betrachtung aus verborgenen Tiefen mein ganzes Elend hervorgezogen und mir vor das Seelenauge gerückt hatte, erhob sich ein gewaltiger Sturm und trieb einen gewaltigen Regenguß von Tränen heran. Daß ungehemmt er strömen und rauschen könne, erhob ich mich von Alypius – denn der Weinende ist, deuchte mich, am besten allein – und entfernte mich so weit von ihm, daß seine Nähe nicht mehr stören konnte. So stand es mit mir, und er begriff. Denn ich hatte wohl auch einiges gesagt, ich weiß nicht mehr was, und der Ton meiner Stimme verriet die aufsteigenden Tränen. So war ich denn aufgestanden. Er blieb zurück, wo wir gesessen, starr vor Staunen. Ich aber warf mich, weiß nicht wie, unter einem Feigenbaum zur Erde und ließ den Tränen freien Lauf. Sie flossen in Strömen aus meinen Augen, ein dir gefälliges Opfer, und nicht mit diesen Worten, aber dem Sinne nach sprach ich zu dir: ‚Ach du, Herr, wie lange!', ‚Wie lange, Herr, willst du so gar zürnen? Gedenke nicht unsrer alten Missetaten!' Denn ich fühlte, daß sie es waren, die mich festhielten, und jammervoll ertönte mein Rufen: Wie lange noch, wie lange immer bloß: «Morgen, morgen!» Warum nicht jetzt, warum nicht in dieser Stunde ein Ende meiner Schmach?

So sprach ich und weinte in bitterster Zerknirschung meines Herzens. Und sieh, da höre ich vom Nachbarhause her in singendem Tonfall, ich weiß nicht, ob eines Knaben oder eines Mädchens Stimme, die immer wieder sagt: «Nimm und lies, nimm und lies!» Sogleich wandelte sich meine Miene, und angestrengt dachte ich nach, ob wohl Kinder bei irgendeinem Spiel so zu singen pflegten [1], doch konnte ich mich nicht entsinnen, dergleichen je vernommen zu haben. Da ward der Tränen Fluß zurückgedrängt, ich stand auf und konnte mir's nicht anders erklären, als daß ich den göttlichen Befehl empfangen habe, die Schrift aufzuschlagen und die erste Stelle zu lesen, auf die meine Blicke träfen. Denn ich hatte von Antonius vernommen, daß er bei der Verlesung des Evangeliums, der er zufällig beigewohnt, sich durch ein Wort, als wär' es zu ihm gesprochen, hatte aufrufen lassen: ‚Geh hin und verkaufe alles, was du hast, und gib's den Armen, so wirst du einen Schatz im Himmel haben, und komm und folge mir nach.' Von dieser Gottesstimme angesprochen, erzählte man, habe er sich sogleich zu dir bekehrt. So kehrte ich schleunigst dahin zurück, wo Alypius noch saß, denn dort hatte ich, als ich fortging, die Schrift des Apostels liegen lassen. Ich griff sie auf, öffnete und las stillschweigend den ersten Abschnitt, der mir in die Augen fiel: ‚Nicht in Fressen und Saufen, nicht in Kammern und Unzucht, nicht in Hader und Neid, sondern ziehet an den Herrn Jesus Christus und hütet euch vor fleischlichen Gelüsten.' Weiter wollte ich nicht lesen, brauchte es auch nicht. Denn kaum hatte ich den Satz beendet, durchströmte mein Herz das Licht der Gewißheit, und alle Schatten des Zweifels waren verschwunden.

Darauf legte ich den Finger oder ein anderes Zeichen in das Buch, schloß es und machte mit nunmehr ruhiger Miene dem Alypius Mitteilung. Er aber tat, was in ihm vorging und ich nicht wußte, auf folgende Weise kund. Er wollte sehen, was ich gelesen. Ich zeigte es ihm, und er las aufmerksam noch über jene Stelle hinaus. Ich wußte nicht, was folgte, und das war: ‚Den Schwachen aber im Glauben nehmet auf.' Das wandte er auf sich an und sagte es mir. Durch diese Mahnung gefestigt, schloß er sich, ohne im mindesten zu schwanken und zaudern, dem guten Plan und Vorsatz an, der so ganz zu seinen Sitten paßte, die die meinen schon längst weit in den Schatten stellten. Sodann gehen wir zur Mutter hinein und berichten; sie freut sich. Wir erzählen, wie sich's zugetragen, da jubelt und triumphiert sie und pries dich, ‚der du mächtig bist zu tun weit über unser Bitten und Verstehen'. Denn sie sah, daß du ihr so viel mehr verliehen, als sie mit kläglichem Weinen und Seufzen für mich zu erbitten pflegte. Denn nun hattest du mich zu dir bekehrt, daß ich nach keinem Weibe noch sonst einer weltlichen Hoffnung mehr Verlangen trug, und ich stand auf jenem Richtscheit des Glaubens, auf dem du mich ihr vor so viel Jahren gezeigt hattest. So ‚hattest du ihre Trauer in Freude verwandelt', eine Freude, weit reicher noch, als sie selbst gewollt, und viel lieber und keuscher, als wie sie sich einst von leiblichen Enkeln sie erhofft.

NEUNTES BUCH

AUF DEM LANDGUT BEI MAILAND
MONNIKAS TOD

Gerettet!

O Herr, ich bin dein Knecht; ich bin dein Knecht, deiner Magd Sohn. Du hast meine Bande zerrissen. Dir will ich Dank opfern.' Preisen sollen dich mein Herz und meine Zunge, und ,alle meine Gebeine sprechen: Herr, wer ist dir gleich?' So sollen sie sprechen, du aber antworte mir und ,sprich zu meiner Seele: Ich bin dein Heil'. Denn wer bin ich, und wie bin ich doch? Was hab' ich nicht Böses getan, und wenn nicht getan, so doch gesagt, und wenn nicht gesagt, so doch gewollt? Du aber, Herr, bist gut und barmherzig, du sahest die Tiefe meines Todes und hast mit deiner Rechten bis zum Grunde meines Herzens den Abgrund des Verderbens ausgeschöpft. Und das war's, was du gewirkt: ganz und gar nicht mehr wollen, was ich wollte, und wollen, was du wolltest. Aber wo war er all die vielen Jahre, und aus welcher dunklen, geheimnisvollen Tiefe ward er urplötzlich herausgerufen, mein freier Wille [1], daß ich meinen Nacken beugte deinem sanften Joch und meine Schultern deiner leichten Last, Christus Jesus [2], ,du mein Hort und mein Erlöser'? Wie war er mir alsbald so süß, der Verzicht auf all die süßen Nichtigkeiten! Die ich einst zu verlieren bangte, denen gab ich nun mit Freuden den Abschied. Denn du warfst sie hinaus, weg von mir, du meine wahre und höchste süße Wonne, warfst sie hinaus und tratest an ihrer Statt selbst herein [3], süßer als alle Lust, doch nicht für Fleisch und Blut, heller als alles Licht, doch verborgener als das tiefste Geheimnis, höher als jegliche Ehre, doch nicht für die, die hoch von sich selber halten. Schon war mein Geist frei von den nagenden Sorgen des sich Bewerbens und Erraffens, des sich Wälzens und Schabens im Aussatz der Begierden, und ich lallte dir entgegen, meinem Sonnenlicht, meinem Reichtum und Heil, meinem Herrn und Gott.

Aufgabe des Lehramtes

Vor deinem Angesichte faßte ich nun den Entschluß, nicht geräuschvoll abzubrechen, sondern sacht den Dienst meiner Zunge dem Jahrmarkt der Geschwätzigkeit zu entziehen, daß nicht länger Knaben, ‚die nichts fragen nach deinem Gesetz', auch nichts nach deinem Frieden, sondern nur nach verlogenem Unsinn und Streithändeln, aus meinem Munde sich Waffen verschafften für ihre törichte Leidenschaft. Da traf sich's günstig, daß es nur noch ganz wenige Tage waren bis zu den Ferien der Weinlese [1], und ich beschloß, so lange noch auszuhalten und dann in aller Form meinen Abschied zu nehmen und, losgekauft von dir, nie wieder ein käuflicher Sklave zu werden. Das also war mein Plan. Dir war er bekannt, von den Menschen aber wußten ihn nur, die zu unserm engeren Kreise gehörten. Und wir waren übereingekommen, ihn nicht jedem Beliebigen auszuplaudern, obschon du uns, die wir nun aus dem ‚Tränental' aufstiegen und den ‚Stufengesang' anstimmten, bereits ‚scharfe Pfeile und glühende Kohlen gegeben hattest wider die falsche Zunge', die scheinbar wohlwollend widerspricht und liebreich verschlingt, so wie man's mit den Speisen macht.

Mit den Pfeilen deiner Liebe hattest du unser Herz durchbohrt, und in unserm Innersten hafteten deine Worte. Die Vorbilder deiner Knechte, deren schwarze Farbe du in helles Weiß, deren Tod du in Leben verwandelt hattest, trugen wir im Schoße unseres Denkens [2], und sie verbrannten und verzehrten die schwere Schlafsucht, daß wir nicht wieder in die Tiefe sanken, und entflammten uns so mächtig, daß alle Windstöße des Widerspruchs falscher Zungen unsere Glut nur noch heißer entfachen, nicht auslöschen konnten. Da jedoch unser Entschluß und Vorhaben um deines Namens willen, den du auf Erden geheiligt hast, auch Lobredner finden konnte, würde es wie Prahlerei ausgesehen haben, hätten wir nicht die so nahen Ferien abgewartet, sondern wären schon vorher von dem öffentlichen, vor aller Augen ausgeübten Berufe zurückgetreten. Dann wäre die Aufmerksamkeit aller auf meinen Schritt hingelenkt worden, und die Tatsache, daß ich den nahen Tag des Ferienbeginns nicht erst hätte herankommen lassen, wäre Anlaß zum Gerede geworden, als wollte ich groß dastehen. Was konnte mir auch daran gelegen sein, daß man sich über meine Absichten Gedanken machte und hin und her stritt? ‚So wäre ja nur unser Schatz verlästert worden.'

Es kam noch hinzu, daß gerade in diesem Sommer infolge allzu angestrengter Lehrtätigkeit meine Lunge gelitten hatte und ich nur mühsam atmen konnte. Schmerzen in der Brust verrieten ihre Erkrankung, und meine Stimme hielt lauteres und längeres Sprechen nicht mehr aus. Zuerst hatte mich das beunruhigt, weil es mich schon nahezu nötigte, die Bürde des Lehramtes niederzulegen oder doch, falls ich Heilung und Genesung finden konnte, Urlaub zu nehmen. Aber als nun mein Willensentschluß, ‚stille zu sein und zu erkennen, daß du der Herr bist', klar und fest geworden war, fing ich an, du weißt es, mein Gott, mich sogar zu freuen, daß sich mir diese nicht unwahre Entschuldigung bot, den Unwillen der Leute zu beschwichtigen, die mich ihrer Söhne wegen durchaus nicht freigeben wollten [1]. Solcher Freude voll ertrug ich jenen Aufschub – es mochte sich etwa um zwanzig Tage handeln. Freilich, er mußte tapfer ertragen werden, denn der Ehrgeiz war geschwunden, der bis dahin Helfer bei Ausrichtung meines schweren Geschäfts gewesen. Nun war ich's allein und wäre wohl erdrückt worden, hätte nicht Geduld seinen Platz eingenommen. Mag immerhin einer deiner Knechte, meiner Brüder, sagen, es sei Sünde gewesen, daß ich, mit meinem Herzen bereits ganz deinem Dienst ergeben, auch nur eine Stunde es auf dem Lehrstuhl der Lüge habe aushalten können. Ich will nicht darüber streiten. Aber hast du, Herr, Allerbarmer, mir nicht mit den anderen schrecklichen und todbringenden Sünden auch diese durch dein heiliges Wasser getilgt und verziehen?

Angebot des Verecundus · Nachruf auf Nebridius

Dem Verecundus aber verursachte unser Glück Angst und Qual. Denn der Fesseln wegen, die ihn noch hart gefangen hielten, sah er sich aus unserm Kreise ausgeschlossen. Er war noch nicht Christ, hatte aber eine gläubige Gattin, und gerade sie war das stärkste Band, das ihn mehr als alles andere von dem Wege zurückhielt, den wir eingeschlagen. Er erklärte, anders wolle er kein Christ werden als so, wie es nun doch nicht ging[1]. Gleichwohl bot er uns freundlich an, wir möchten, solange wir dort wären, über sein Besitztum verfügen. Du wirst es ihm, Herr, vergelten bei der Auferstehung der Gerechten, ja, du hast ihm bereits sein Erbteil verliehen. Denn fern von uns, als wir bereits in Rom waren, ward er in schwerer Krankheit, die ihn befallen, gläubiger Christ und schied aus dem Leben. So hast du dich nicht nur seiner, sondern auch unser erbarmt. Denn unerträglicher Schmerz hätte uns gepeinigt, hätten wir ihn in Erinnerung an seine uns bewiesene ungemeine freundschaftliche Güte nicht zu deiner Herde zählen dürfen. Dank sei dir, unser Gott! Wir sind dein. Deine Mahnungen und Tröstungen bezeugen es. Treu in deinen Verheißungen, schenkst du dem Verecundus für sein Landgut Cassiciacum[2], wo wir von der Sonnenglut dieser Welt Ruhe fanden in dir, die Lieblichkeit deines ewig grünenden[3]

Paradieses. Denn du hast ihm die Sünden seines Erdenlebens vergeben und ihn gestellt auf ‚den fruchtbaren Berg, deinen Berg, den mit reicher Fülle gesegneten Berg'[1].

Damals also quälte er sich noch, Nebridius aber ward mit uns froh. Denn obschon auch er noch kein Christ und obendrein in die Grube des verderblichen Irrtums gefallen war, das Fleisch deines Sohnes, der doch die Wahrheit ist, für ein Trugbild[2] zu halten, war er doch im Begriff, daraus sich zu erheben, und jetzt stand es so mit ihm: Er hatte zwar noch keins der Sakramente deiner Kirche empfangen, glühte aber vor Eifer, deine Wahrheit zu erforschen. Ihn hast du nicht lange nach unserer Bekehrung und Wiedergeburt durch deine Taufe, als er, bereits gläubiger Katholik, in vollkommener Keuschheit und Enthaltsamkeit in Afrika bei seinen Angehörigen lebte und dir diente, nachdem sein ganzes Haus durch ihn christlich geworden, aus den Banden des Fleisches gelöst. Und nun lebt er ‚in Abrahams Schoß'. Was es auch sein mag, worauf dieses Wort hindeutet[3], dort lebt mein Nebridius, mein süßer Freund, den du freigelassen und zum Sohn dir angenommen hast, dort lebt er. Denn gäbe es wohl einen anderen Ort für solch eine Seele? Dort lebt er, wonach er mich unwissendes Menschenkind so oft gefragt. Nun hängt sein Ohr nicht mehr an meinem Mund, sondern sein geistlicher Mund naht deinem Quell und trinkt Weisheit daraus, soviel sein sehnsüchtiges Verlangen fassen kann, selig ohne Ende. Doch glaub' ich nicht, daß er an ihr sich so berauscht, daß er mein vergäße. Denn du, Herr, den er trinkt, bist ja unser eingedenk[4]. So stand es damals mit uns. Wir trösteten den Verecundus, der unbeschadet seiner Freundschaft über die Bekehrung, wie wir sie erlebt, traurig war, und ermahnten ihn zum Glauben in seinem Stande, nämlich dem der Ehe, und warteten auf Nebridius, wann er wohl nachfolgen werde. Das konnte jeden Augenblick geschehen, und immer war er drauf und dran es zu tun, und siehe, endlich waren jene Tage des Zögerns vergangen. Denn gar lang und viel deuchten sie uns in unserer Sehnsucht nach freier Muße, daß wir singen könnten aus Herzensgrund: ‚Mein Herz spricht zu dir: Ich habe dein Antlitz gesucht; dein Antlitz, Herr, will ich suchen.'

Die glücklichen Ruhetage in Cassiciacum · Eine Gebetsheilung

Der Tag kam, an dem ich nun auch tatsächlich von meinem Amt als Lehrer der Redekunst erlöst werden sollte, von dem ich mich innerlich bereits gelöst hatte. Es geschah, und du befreitest meine Zunge von dem Dienst, von welchem du mein Herz schon befreit hattest; froh sagte ich dir Lob und Dank und begab mich mit all den Meinen[1] auf das Landgut. Was ich dort an wissenschaftlichen Arbeiten trieb, die bereits dir dienten, aber noch den Stolz der Schule atmeten, wie wenn man bei einer Pause im Lauf keuchend Atem holt, das bezeugen die Gesprächsbücher, in denen ich mit den anwesenden Freunden und auch mit mir selbst allein vor dir disputierte[2]. Was ich ferner mit dem abwesenden Nebridius verhandelte, bezeugen die Briefe[3]. Wann fände ich Zeit genug, alle deine großen Wohltaten aufzuzählen, die du uns in damaliger Zeit erwiesen, zumal jetzt, wo ich anderen, noch größeren entgegen eile? Denn meine Erinnerung ruft mich zurück, und gar lieb ist mir's, Herr, dir zu bekennen, wie du mich mit inneren Stacheln ganz gezähmt, wie du mich eingeebnet hast und erniedrigt ‚die Berge und Hügel' meiner Gedanken, wie du ‚was krumm' an mir ‚gerade' und ‚was rauh glatt gemacht', und wie du auch den Alypius, meinen Herzensbruder, dem Namen deines Eingeborenen, unseres Herrn und Erlösers Jesu Christi, untertan gemacht hast. Denn anfänglich wollte er ihn in unsern Schriften nicht dulden und wollte lieber, daß sie nach den Zedern der hohen Schulen, die der Herr schon zerschmettert

AUF DEM LANDGUT BEI MAILAND

hatte, dufteten[1] als nach den wohltätigen Kräutern der Kirche, die den Schlangenbiß heilen.

Wie hab' ich damals, Gott, zu dir gerufen, als ich Davids Psalmen las, die gläubigen Gesänge, Harfenklänge der Frömmigkeit, die des Hochmuts Geist verscheuchen! Ein Neuling noch in deiner echten Liebe, verlebte ich, der Katechumen, zusammen mit dem Katechumen Alypius im Landhaus Tage der Muße, uns zur Seite die Mutter, in Frauenkleid und männlichem Glauben, in der ruhigen Klarheit des Alters, mütterlich zärtlich und christlich fromm. Wie hab' ich damals mit jenen Psalmen zu dir gerufen, wie ward ich durch sie für dich entflammt und hingerissen, hätte ich nur gekonnt, sie dem ganzen Erdkreis vorzusingen, dem eitlen Stolz des Menschengeschlechts zum Trotz! Und sie werden doch schon auf dem ganzen Erdkreis gesungen, und niemand ist ‚der vor deiner Hitze verborgen bleibe'. Mit welch heftigem, bitterem Schmerze zürnte ich den Manichäern und bemitleidete sie zugleich, daß sie von jenen Heiligtümern und Heilmitteln nichts wußten und heillos gegen die Arznei sich sträubten, die sie doch hätte heilen können. Ich hätte gewünscht, sie wären damals ohne mein Vorwissen in meiner Nähe gewesen, hätten mein Angesicht sehen und meine Stimme hören können, als ich in jenen Tagen der Muße den vierten Psalm las. Hätten sie beobachten können, wie dieser Psalm auf mich gewirkt! ‚Da ich dich anrief, erhörtest du mich, Gott meiner Gerechtigkeit, und hast mir Raum geschafft in meiner Trübsal. Erbarme dich mein, o Herr, und erhöre mein Gebet.' Hätten sie hören können, von mir unbemerkt – damit sie nicht dächten, ich spräche um ihretwillen –, was ich bei den Worten dieses Psalms gesagt! Ich hätte es ja sicherlich nicht gesagt und nicht so gesagt, hätte ich gemerkt, daß sie mich hörten und sähen, und sie hätten meine Worte nicht verstanden, wie sie gemeint waren, als ich so mit mir und für mich vor dir und vertrauensvoll dir hingegeben sprach.

Schauer der Furcht überliefen mich, und zugleich erglühte ich in Hoffnung und Jubel ob deiner Barmherzigkeit, Vater. All das tat sich kund in meinen Blicken und meiner Stimme, als dein guter Geist freundlich zu uns sprach: ‚Ihr Menschenkinder, wie lange ist euer Herz so schwer? Wie habt ihr das Eitle so lieb und die Lüge so gern!' Hatte doch auch ich das Eitle geliebt und die Lüge gern gehabt. Du aber, Herr, ‚hattest' längst ‚deinen Heiligen erhöht', ihn ‚von den Toten erweckt und zu deiner Rechten gesetzt', daß er von dort aus der Höhe herabsende, wie er verheißen, ‚den Tröster, den Geist der Wahrheit'. Er hatte ihn schon gesandt, aber ich wußte es nicht. Er hatte ihn gesandt, denn er war schon erhöht, er, der Auferstandene, zum Himmel Gefahrene. Vorher ward ‚der Geist ja nicht verliehen, denn Jesus war noch nicht verklärt'. So ruft denn das prophetische Wort: ‚Wie lange ist euer Herz so schwer? Wie habt ihr das Eitle so lieb und die Lüge so gern! Wissen sollt ihr's, daß der Herr seinen Heiligen erhöht hat.' Er ruft «wie lange», ruft «wissen sollt ihr's», und ach, so lange wußte ich's nicht, liebte das Eitle und hatte die Lüge gern. Aber nun hörte ich's und erzitterte, denn solchen wird es gesagt, wie ich einer gewesen. Wohl war ich mir dessen bewußt. Denn Eitelkeit und Lüge war in den Trugbildern, die ich für Wahrheit genommen. Schwer und tief mußte ich oftmals aufseufzen und klagen, wenn ich trauernd daran dachte. Hätten sie es nur gehört, die bis auf den heutigen Tag das Eitle lieben und die Lüge gern haben! Vielleicht hätten sie sich erschüttern lassen und hätten's ausgespieen, hätten zu dir gerufen, daß du sie erhörtest. Denn wahr und leibhaftig ist ‚der für uns gestorben, der uns bei dir vertritt'.

Ich las: ‚Zürnet und sündiget nicht', und wie tief, mein Gott, mußte mich das bewegen! Denn ich hatte bereits gelernt, mir wegen meiner früheren Sünden zu zürnen, um hinfort nicht mehr zu sündigen, und zwar mit Recht zu zürnen, weil nicht ein fremdes Wesen aus dem Geschlecht der Finsternis in mir sündigte, wie die sagen, die sich selbst nicht zürnen, sondern sich ‚Zorn anhäufen auf den Tag des Zorns und der Offenbarung deines gerechten Gerichts'. Nun waren meine Freuden nicht mehr draußen, und ich suchte sie nicht mehr mit den leiblichen Augen in diesem Sonnenlicht. Denn die sich an dem, was draußen ist, freuen wollen, schwinden rasch dahin, zerfließen im Sichtbaren und Zeitlichen, und ihre Gedanken lecken hungrig an bloßen Bildern. Ach, daß sie es leid würden zu hungern und sprächen: ‚Wer zeigt es uns, was gut ist?' Dann wollten wir ihnen sagen, und sie würden's hören: ‚Offenbar geworden[1] ist in uns, Herr, das Licht deines Angesichts.' Denn nicht wir sind ‚das Licht, das alle Menschen erleuchtet', sondern werden erleuchtet von dir, daß wir, ‚die wir einstmals Finsternis waren, ein Licht seien in dir'. O, daß sie im Innern das Ewige[2] sähen, wie ich es schon gekostet hatte! Nun ergrimmte ich, weil ich es ihnen nicht würde zeigen können, wenn sie zu mir kämen, und Herz und Auge wären fern von dir, nur aufs Äußere gerichtet, und sprächen doch: ‚Wer zeigt es uns, was gut ist?' Denn drinnen, im innersten Kämmerlein, wo ich mir zürnte, wo ich zerknirscht war, wo ich den alten Menschen dir als Opfer geschlachtet hatte und über meine Erneuerung sinnend auf dich zu hoffen begann, da fingest du an mir süß zu werden und ‚hattest Freude in mein Herz gegeben'. Und ich schrie auf, als ich dieses draußen las und drinnen fühlte, und wollte mich nicht länger an irdischen Gütern zersplittern, Zeitliches verschlingend und von der Zeit verschlungen. Denn nun hatte ich im ewig Einen[3] etwas Besseres gefunden: ‚Korn, Wein und Öl'.

Und laut auf schrie ich im hellen Jubel meines Herzens mit dem folgenden Verse: ‚O, im Frieden! O, in ihm selbst'[4] – o, und wie heißt es weiter? – ‚werd ich schlafen und Schlummer finden'. Denn wer wird uns widerstehen, wenn geschieht, was geschrieben ist: ‚Der Tod ist verschlungen in den Sieg?' Und du bist es, du ganz und gar, jenes «Selbst», der du dich nicht wandelst. In dir ist die Ruhe, die aller Mühen vergißt, und kein anderer ist neben dir, und nichts anderes möcht' ich erlangen, was du nicht bist. Sondern du, Herr, ‚hast mich in Hoffnung fest gegründet'. So las ich und erglühte und fand nichts, was ich tun könnte für die Tauben und Toten, zu denen ich selbst einst gehörte, pestkrank, ein grimmiger und blinder Kläffer gegen die Schrift, die doch so süß ist von himmlischem Honig und leuchtet in deinem Licht, und ‚schmerzlichen Verdruß empfand ich über die Feinde' dieses deines heiligen Buches.

Wann werde ich all des Köstlichen gedenken, was diese Ruhetage in sich schlossen? Doch hab' ich auch nicht vergessen und will es nicht verschweigen, wie hart mich deine Geißel traf und wie wunderbar schnell du dich mein erbarmtest. Du peinigtest mich damals mit Zahnschmerzen, und als sie so heftig wurden, daß ich nicht mehr sprechen konnte, kam es mir in den Sinn, die Meinen alle, die zugegen waren, zu bitten, sie möchten für mich zu dir flehen, dem Gott alles Heils. Ich schrieb es auf eine Wachstafel und gab's ihnen zu lesen. Alsbald, da wir in kindlich frommer Einfalt die Knie gebeugt, schwand der Schmerz[1]. Welch ein Schmerz war es doch! Und wie schwand er so dahin? Schrecken ergriff mich, ich gestehe es, mein Herr und mein Gott, denn noch nie in meinem Leben hatte ich solche Erfahrung gemacht. Und in der Tiefe meines Gemüts verstand ich deinen Wink, lobte froh im Glauben deinen Namen, und eben dieser Glaube ließ mich nicht zur Ruhe kommen wegen meiner einstigen Sünden. Denn sie waren mir noch nicht durch deine Taufe vergeben.

Mitteilung des Entschlusses

Nach Ablauf der Ferien teilte ich den Mailändern mit, daß sie sich für ihre Schüler einen anderen Wortverkäufer besorgen müßten, weil ich beschlossen hätte, dir zu dienen, und wegen meiner Atembeschwerden und Brustschmerzen für diesen Beruf untauglich geworden sei. Auch tat ich deinem Bischof Ambrosius, dem heiligen Manne, meine früheren Verirrungen und meine nunmehrige Absicht kund und bat ihn um Rat, was ich jetzt vor allem von deinen Schriften lesen solle, um mich auf die große Gnade, die mir bevorstand, desto besser zu rüsten und vorzubereiten. Er wies mich auf den Propheten Jesaja, vermutlich weil dieser deutlicher als alle andern das Evangelium und die Berufung der Heiden geweissagt hat. Da ich aber den ersten Abschnitt, den ich las, nicht verstand und dachte, das ganze Buch werde so schwierig sein, verschob ich die Lektüre, um sie wieder vorzunehmen, wenn ich in der Redeweise des Herrn größere Übung erlangt haben würde.

Augustin, Alypius und Adeodat werden getauft

Als nun die Zeit herangekommen war, wo ich mich zur Taufe anmelden mußte, verließen wir das Land und begaben uns wieder nach Mailand. Auch Alypius wünschte, mit mir zugleich in dir wiedergeboren zu werden. Ihn zierte bereits die Demut, wie deine Sakramente sie verlangen, und er hatte seinen Leib dermaßen tapfer sich untertan gemacht, daß er, verwegen genug, den eisigen Boden Italiens mit bloßen Füßen betrat [1]. Auch den Knaben Adeodatus nahmen wir mit, den ich in Sünden erzeugt. Gut hattest du ihn erschaffen. Fast fünfzehn Jahre war er alt und übertraf doch an Geist viele würdige und gelehrte Männer. Deine Gaben sind's, die ich preise, Herr, mein Gott, der du alles schufst und Macht hast, wohlzugestalten unsere Mißgestalt. Denn an jenem Knaben war nichts mein, außer der Sünde. War er auch von uns in deiner Zucht erzogen, so hattest du und kein anderer es uns eingegeben. Ja, deine Gaben sind's, die ich preise. Eins meiner Bücher trägt den Titel «Der Lehrer»[1]; darin unterredet er sich mit mir. Du weißt es, daß alle Gedanken, die mein Gesprächspartner hier vorbringt, wirklich die seinen sind, obschon er damals erst sechzehn Jahre alt war. Noch wunderbarer war manches andere, das ich mit ihm erlebt, ja, ich entsetzte mich über diese Geistesgaben. Wer, wenn nicht du, hätte solche Wunder wirken können? Schnell hast du ihn von der Erde hinweggenommen, und ich kann nun mit größerer Ruhe seiner gedenken, brauche mir um sein Knaben- und Jünglingsalter, ja um sein ganzes Erdenleben keine Sorgen zu machen. Gleichaltrig war er uns in deiner Gnade, so ließen wir ihn an unserm Schritte teilnehmen, um ihn sodann weiter in deiner Zucht zu erziehen. Und nun wurden wir getauft, da schwand alle Unruhe wegen unseres vergangenen Lebens[2]. Nicht satt werden konnte ich in jenen Tagen an dem wunderbaren süßen Genuß, die Tiefe deines Ratschlusses zu betrachten, den du zum Heil der Menschheit gefaßt. Wie hab' ich geweint bei deinen Hymnen und Gesängen, wie ward ich innerlich bewegt, wenn deine Kirche von den Stimmen der Gläubigen lieblich widerhallte! Jene Klänge flossen in meine Ohren, Wahrheit träufelte in mein Herz, fromme Empfindungen wallten auf, die Tränen liefen, und wie wohl war mir bei ihnen zumute!

Vom Kirchengesang · Ein Heilungswunder

Noch nicht lange war es her, seit die Mailänder Kirche in ihren Gottesdiensten begonnen hatte, Trost und Mahnung auf die Weise zum Ausdruck zu bringen, daß Stimmen und Herzen der von frommem Eifer beseelten Brüder im Gesang zusammenklangen. Denn ein Jahr erst oder doch nicht viel weiter lag es zurück, daß Justina, die Mutter des jungen Kaisers Valentinian, deinen Knecht Ambrosius verfolgte, da sie von den Arianern sich zur Ketzerei hatte verführen lassen [1]. Damals wachte dein frommes Volk in der Kirche, bereit, mit seinem Bischof, deinem Diener, zu sterben. Meine Mutter, deine Magd, war bei diesen angstvollen Nachtwachen der ersten eine; sie lebte im Gebet. Die ganze Stadt geriet in Aufruhr und Verwirrung, und auch wir, obschon noch nicht von der Glut deines Geistes erwärmt, waren erregt. Damals ward der Gesang der Hymnen und Psalmen nach orientalischem Brauch [2] eingeführt, damit das Volk nicht der langen Seelenpein überdrüssig werde und ermatte. Seitdem hielt man bis auf den heutigen Tag daran fest, und viele, ja fast alle deine Herden im weiten Erdenkreis folgten dem Beispiel.

Damals offenbartest du [3] dem genannten Bischof durch ein Gesicht, wo die Leiber der Märtyrer Protasius und Gervasius [4] verborgen lagen. So viele Jahre lang hattest du sie unversehrt in deinem geheimen Schatzhaus aufbewahrt, um sie nun zur rechten Stunde ans Licht zu bringen, die Wut eines Weibes, freilich einer Kaiserin, zu bändigen. Denn als sie ausgegraben, hervorgeholt und mit geziemenden Ehren zur Basilika des Ambrosius getragen wurden, da wurden nicht nur von unreinen Geistern Besessene geheilt, wobei die Dämonen selbst Bekenntnis ablegten, sondern auch ein seit mehreren Jahren erblindeter und in der Stadt sehr bekannter Bürger [5]. Als er nämlich die Ursache der lärmenden Freude des Volkes erfragt und vernommen hatte, sprang er auf und bat seinen Führer, ihn dorthin zu geleiten. Das geschah, und man erlaubte ihm auf seine Bitte, mit seinem Schweißtuch die Bahre mit den Gebeinen deiner Heiligen zu berühren, ‚deren Tod wert gehalten ist in deinen Augen'. Er tat's, hielt das Tuch an seine Augen, und alsbald wurden sie geöffnet. Das Gerücht breitete sich aus, jubelnder Lobpreis glühte und leuchtete, und wenn der Geist jener Feindin auch nicht zur Genesung im Glauben gelangte, wurde er doch vom Grimm der Verfolgung abgeschreckt. Dank sei dir, mein Gott! Wie hast du nur meine Erinnerung dahin geleitet, daß ich auch dies dir preisend bekennen mußte, was ich, so bedeutsam es war, an seinem Orte vergessen und übergangen hatte? Damals jedoch, mochte mir auch ‚noch so köstlich der Wohlgeruch deiner Salben duften, lief ich dir nicht nach'. Um so mehr weinte ich jetzt beim Gesang deiner Hymnen, ich, der einst schwer atmend gestöhnt, nun aber frei aufatmen durfte, soweit meine strohgedeckte Hütte deine reine Luft fassen konnte.

Augustin und die Seinen in Ostia · Aus der Jugendzeit der Mutter

Du, ‚der du die Einträchtigen in einem Hause wohnen lässest', hast uns noch den Evodius [1] zugesellt, einen jungen Mann aus unserer Vaterstadt. Dieser war kaiserlicher Hofbeamter gewesen, hatte sich früher noch als wir zu dir bekehrt und sich taufen lassen, sodann den weltlichen Dienst aufgegeben, um sich für den deinen vorzubereiten. So lebten wir zusammen, einmütig hingegeben an unseren heiligen Entschluß. Wir überlegten, wo wir dir am besten dienen könnten, und schickten uns an, gemeinsam nach Afrika zurückzukehren. Und als wir in Ostia am Tiber angelangt waren, starb meine Mutter. Vieles übergehe ich, weil ich vorwärts eile. Nimm an mein Bekenntnis und meinen Dank, mein Gott, für Unzähliges, was ich hier verschweigen muß. Aber verschweigen will ich nicht, was ich in meiner Seele trage von dieser deiner Dienerin, die mich in ihrem Leibe trug, daß ich ans zeitliche Licht, und in ihrem Herzen, daß ich ans ewige Licht geboren werde. Nicht von ihren, sondern deinen ihr verliehenen Gaben will ich sprechen. Denn sie hatte sich nicht selbst hervorgebracht,

MONNIKAS TOD

auch nicht sich selbst erzogen. Du hast sie geschaffen, und weder Vater noch Mutter wußten, was aus ihrem Kinde werden sollte. Es erzog sie in deiner Furcht die Zuchtrute in der Hand deines Christus, die Befehlsgewalt deines Eingeborenen in einem gläubigen Hause, einem treuen Gliede deiner Kirche. Doch pries sie nicht so sehr die Sorgfalt der mütterlichen Erziehung wie die einer gebrechlichen Magd, die ihren Vater schon als kleinen Knaben auf dem Rücken getragen hatte, wie halberwachsene Mädchen Kleinkinder zu tragen pflegen. Deswegen und auch wegen ihres hohen Alters und ihrer trefflichen Charaktereigenschaften wurde sie in dem christlichen Hause von der Herrschaft gebührend geehrt. So nahm sie sich der ihr anvertrauten Pflege der Haustöchter mit großer Sorgfalt an, griff, wenn es not tat zu strafen, mit heiliger Strenge scharf durch und bewies bei ihrer Belehrung kluge Nüchternheit. Denn abgesehen von den Stunden, da sie am elterlichen Tische eine sehr bescheidene Mahlzeit einnahmen, ließ sie sie auch bei größtem Durst nicht einmal Wasser trinken, um übler Gewohnheit vorzubeugen, und sprach das verständige Wort: Jetzt trinkt ihr Wasser, weil man euch keinen Wein gibt, seid ihr aber erst verheiratet und Herrinnen über Küche und Keller, werdet ihr das Wasser nicht mehr mögen, aber von der Gewohnheit zu trinken nicht wieder loskommen. Durch solche Art, zu belehren und mit Nachdruck zu befehlen, wußte sie die Gier des zarten Jugendalters zu zügeln und den Durst der Mädchen auf ein sittsames Maß zu beschränken, so daß sie am Unschicklichen kein Gefallen mehr fanden.

Dennoch hatte sich auch bei ihr, wie mir, dem Sohne, deine Dienerin selbst erzählte, der Hang zum Weintrinken eingeschlichen. Denn wenn die Eltern, wie es üblich ist, das nüchterne Mädchen schickten, Wein aus dem Fasse zu zapfen, pflegte sie aus dem untergehaltenen offenen Becher, bevor sie den Trank in die Flasche füllte, mit spitzen Lippen ein klein wenig zu schlürfen. Mehr mochte sie nicht, denn der Geschmack widerstand ihr noch. Sie tat es ja nicht aus genußsüchtiger Begehrlichkeit, sondern aus jugendlichem Übermut, wie er in allerlei kecken Streichen ins Kraut schießt und in den kindlichen Seelen von den Erwachsenen durch das Gewicht ihres Ansehens niedergehalten zu werden pflegt. So war sie, indem sie zu dem wenigen, das sie täglich nahm, täglich ein wenig hinzufügte – ‚wer das wenige nicht achtet, geht nach und nach zugrunde' – in die Gewohnheit verfallen, fast schon volle Becher gierig auszuleeren. Wo war jetzt die kluge Alte und ihr scharfes Verbot? Hätte es wohl etwas gegen die schleichende Krankheit ausrichten können, wachte nicht über uns, Herr, deine heilende Gnade? Aber sind auch Vater und Mutter und Erzieher fern, bist du doch gegenwärtig, hast uns geschaffen, rufst uns, wirkst auch bisweilen durch böswillige [1] Menschen Gutes zum Heil der Seelen. Was war's nun, was du damals tatest? Wie hast du geholfen, wie Heilung herbeigeführt? Hast du nicht nach geheimnisvollem Plan die grobe, gehässige Schmähung einer anderen als heilendes Messer gebraucht, um mit einem Schnitt jenen Eiterherd zu beseitigen? Denn eine Magd, mit der sie zum Fasse zu gehen pflegte, geriet, wie es leicht vorkommt, mit der jungen Herrin, als sie mit ihr allein war, in Streit, hielt ihr in heftigen Scheltworten ihren Fehler vor und nannte sie eine Säuferin. Von diesem Stachel getroffen, ging sie in sich, erkannte die Häßlichkeit ihres Vergehens, sprach alsbald das Urteil darüber und sagte sich davon los. Stiften schmeichelnde Freunde Unheil an, können zankende Feinde oft bessern. Doch vergiltst du ihnen nicht nach dem, was du durch sie gewirkt, sondern nach dem, was sie selbst gewollt. Denn jene Magd wollte in ihrem Zorn die junge Herrin nur reizen, keinen heilsamen Dienst ihr erweisen, darum redete sie auch nur heimlich so, weil Ort und Zeit des Streites es grade mit sich brachten, oder auch weil sie sich durch eine verspätete Anzeige selbst geschadet haben würde. Aber du, Herr, der du Himmel und Erde regierst, der du nach deinen Absichten die Gewässer der Tiefe lenkst, den Strom der Zeiten, der in wildem Brausen deiner Ordnung sich fügen muß, du hast die Krankheit der einen Seele durch die einer anderen geheilt. So möge denn niemand, der dies bedenkt, es seiner Macht zuschreiben, wenn ein anderer, den er durch ein strafendes Wort bessern wollte, wirklich gebessert wird.

Monnika als vorbildliche Gattin und Friedensstifterin

So wuchs sie keusch und nüchtern heran, mehr von dir zum Gehorsam gegen ihre Eltern angeleitet als von ihren Eltern zum Gehorsam gegen dich. Und als sie zu ihren Jahren gekommen und heiratsfähig geworden war, ward sie einem Manne übergeben, diente ihm als ihrem Herrn und wußte ihn klug für dich zu gewinnen. Denn sie sprach von dir zu ihm durch ihre Sitten, womit du sie so schön geziert hattest, daß er sie verehrend lieben und bewundern mußte. So ertrug sie auch seine eheliche Untreue und hatte niemals deswegen mit ihrem Gatten Streit. Denn sie hoffte auf dein Erbarmen über ihn, und daß er durch den Glauben an dich Keuschheit erlangen möchte. Er war zwar im übrigen außerordentlich gutmütig, jedoch sehr jähzornig. Sie aber hatte begriffen, daß man dem ergrimmten Manne sich nicht widersetzen dürfe, weder mit der Tat, noch auch nur mit einem Wort. Sah sie jedoch, daß sein Groll verraucht und er wieder ruhig geworden war, rechtfertigte sie zu passender Zeit ihr Tun, falls er sich darüber ohne vernünftigen Grund aufgeregt hatte. Wenn manche Frauen, deren Männer doch weniger heftig waren, die Spuren von Schlägen aufwiesen, womöglich im mißhandelten Gesicht, und dann im vertrauten Gespräch über ihrer Männer Lebenswandel schalten, schalt sie hinwiederum ihre lose Zunge. Scherzend und doch ernst pflegte sie sie zu ermahnen, seit jener Stunde, da man ihnen den Ehevertrag vorgelesen habe, hätten sie sich sagen müssen, daß sie dadurch Mägde geworden seien. Eingedenk ihres nunmehrigen Standes dürften sie sich nicht gegen ihre Herren auflehnen. Wenn nun jene, denen die Leidenschaftlichkeit ihres Gatten wohlbekannt war, sich wunderten, daß man noch nie gehört oder Anzeichen bemerkt hatte, Patricius[1] habe seine Ehefrau geschlagen oder es habe auch nur einen Tag lang zwischen ihnen einen häuslichen Streit gegeben, und wenn sie dann vertraulich fragten, wie das zugehe, beschrieb sie ihnen ihre vorhin erwähnte Lebensregel. Die sich nun danach richteten, erprobten sie gleichfalls und wußten's ihr Dank, die anderen, die die Unterweisungen nicht annahmen, mußten sich durch weitere Plagen über ihre Abhängigkeit belehren lassen.

Auch ihre Schwiegermutter, die anfänglich durch Einflüsterungen böser Mägde gegen sie eingenommen war, gewann sie durch ständigen Gehorsam, Geduld und Sanftmut so sehr für sich, daß diese aus eigenem Antrieb ihrem Sohne die Zwischenträgerinnen anzeigte, die den häuslichen Frieden zwischen ihr und der Schwiegertochter störten, und ihre Bestrafung forderte. Der Mutter folgend, auf Ordnung in der Familie und Eintracht unter den Angehörigen bedacht, strafte er die ihm namhaft gemachten, wie sie es wünschte, mit Schlägen; sie aber stellte einer jeden den gleichen Lohn in Aussicht, die noch einmal von ihrer Schwiegertochter, in der Meinung, ihr damit einen Gefallen zu tun, übel reden würde. Das wagte hinfort keine, und so lebten sie so einträchtig und glücklich wie nur möglich miteinander.

Noch eine andere große Gabe hattest du deiner treuen Dienerin, in deren Schoß du mich erschufest, verliehen, ‚du mein Gott und mein Erbarmer‘. Wenn irgendwo Herzen miteinander uneins geworden und verfeindet waren, bewies sie sich nach bestem Vermögen als Friedensstifterin. Wenn sie dann von beiden Seiten viel bittere gegenseitige Anklagen zu hören bekam, wie ungebändigter, aufbrausender Groll vor der anwesenden Freundin über die abwesende Feindin in gehässigen, giftigen Reden sie auszustoßen pflegt, hat sie doch von alledem der anderen nicht das geringste zugetragen, es sei denn solches, das zur Versöhnung dienen konnte. Ich würde das nur für ein geringes Gut halten, hätte ich nicht zu meinem Schmerze ungezählte Menschen kennengelernt, die, angesteckt von schrecklicher, weitest verbreiteter Sündenpest, zornigen Feinden nicht nur alle Worte des zornigen Feindes hinterbringen, sondern obendrein noch manches hinzufügen, was er gar nicht gesagt. Statt dessen sollte ein Menschenfreund sich nicht nur vorsehen, durch üble Rede Feindschaft unter den Mitmenschen zu erregen oder zu vermehren, sondern auch mit Fleiß danach trachten, sie durch freundliches Zureden zu beschwichtigen. So aber war meine Mutter und hatte das von dir gelernt, dem inneren Lehrer in der Schule des Herzens.

Endlich, als schon sein Leben sich dem Ende zuneigte, gelang es ihr noch, auch ihren Mann für dich zu gewinnen, und brauchte nun an ihm, der gläubig geworden, nicht mehr zu beklagen, was sie, solange er ungläubig war, geduldig an ihm ertragen hatte. Auch war sie all deiner Diener Dienerin. Und wer von ihnen sie kennenlernte, mußte in ihr dich loben, ehren und lieben. Denn an den Früchten ihres heiligen Wandels spürte er deine Gegenwart in ihrem Herzen. Denn ‚sie war eines Mannes Weib gewesen, hatte ihren Eltern Gleiches mit Gleichem vergolten, ihr Hauswesen fromm geführt und das Zeugnis guter Werke erlangt'. Ihre Kinder hatte sie so erzogen, daß sie jedesmal Geburtsschmerzen um sie litt, wenn sie sie von deinem Wege abweichen sah. Zuletzt aber, o Herr, hat sie für uns alle, die wir uns dank deiner Gnadengabe deine Knechte nennen dürfen und die wir, schon ehe sie entschlief, nach Empfang deiner Taufe in dir vereint unser Leben führten, so treu gesorgt, als wäre sie unser aller Mutter, und uns so gedient, als wäre sie unser aller Tochter gewesen.

Das mystische Gespräch mit der Mutter

Als nun der Tag herannahte, an dem sie aus diesem Leben scheiden sollte – du kanntest ihn, wir kannten ihn nicht – da traf sich's, wie du auf deine geheime Weise es wohl gefügt, daß wir beide, ich und sie, allein an ein Fenster gelehnt dastanden. Es schaute auf den inneren Garten des uns beherbergenden Hauses, dort bei Ostia am Tiber, wo wir fern vom Menschenschwarm uns von der Mühe der langen Reise erholten und auf die Seefahrt rüsteten. Da führten wir miteinander Aug in Auge ein herzerquickendes Gespräch. ‚Vergessend, was dahinten ist, und ausgestreckt zu dem, das da vorne ist', fragten wir uns vor dir, der du die Wahrheit bist, wie wohl das ewige Leben der Heiligen sein werde, ‚das kein Auge gesehen, kein Ohr gehört und das in keines Menschen Herz gekommen ist'. Durstig öffneten wir unseres Herzens Mund den hoch daherströmenden Wassern deiner Quelle, ‚der Quelle des Lebens, die bei dir ist', auf daß wir von ihr getränkt, soweit uns vergönnt, das hohe Ziel mit sinnenden Gedanken erreichen möchten.

Nachdem wir uns darüber klar geworden, daß fleischliche Sinnenlust, so groß sie auch sein und so hell sie auch im Erdenlicht erstrahlen mag, mit den Wonnen jenes Lebens keinen Vergleich aushalten, ja nicht einmal der Erwähnung wert sein kann, erhoben wir uns mit heißerem Verlangen zu ‚ihm selbst'[1]. Wir durchwanderten von Stufe zu Stufe[2] die ganze Körperwelt und auch den Himmel, von dem Sonne, Mond und Sterne auf die Erde niederscheinen. Bald in stillem Sinnen, bald Worte wechselnd und deine Werke bewundernd, stiegen wir weiter empor und kamen in das Reich unserer Seelen. Auch dieses durchschritten wir und gelangten endlich zu dem Lande unerschöpflicher Fülle, wo du Israel auf grüner Aue der Wahrheit ewig weidest. Da ist Leben Weisheit, jene Weisheit, durch die alles wird, auch was einst war und künftig sein wird; aber sie selbst wird nicht, sondern ist so, wie sie war, und wird immer so sein. Vielmehr, in ihr war nichts und wird auch nichts sein, sondern in ihr gibt's nur Sein, denn ewig ist sie. Aber gewesen sein und künftig sein, ist nicht ewig. Und da wir von ihr sprachen und nach ihr seufzten, berührten wir sie mit vollem Schlage unseres Herzens[1] ein kleines wenig, atmeten tief auf und ließen dort angeheftet ‚die Erstlinge unseres Geistes'. Dann kehrten wir zurück zum tönenden Laut unserer Sprache, wo die Worte Anfang und Ende haben. Denn was ist deinem Worte gleich, das über uns herrscht und, nie alternd, alles erneuernd, in sich selbst verharrt?

Wir sagten: Wenn in einem Menschen der Lärm des Fleisches schweige, und es schweigen auch die Erinnerungsbilder von Erde, Wasser und Luft, es schweigen des Himmels Pole, wenn auch die Seele vor sich schweige und selbstvergessen über sich hinauseilte, wenn die Träume schwiegen und alles, was man sich einbilden und erdichten mag, wenn jede Zunge und jedes Zeichen und was irgend entsteht und vergeht, wenn einem Menschen dies alles gänzlich schweige – denn all dies spricht, wenn einer nur hört: ‚Nicht wir selbst haben uns gemacht, sondern er hat uns gemacht', der ewiglich bleibt –, wenn alles so spräche und dann schweige und nun lauschend das Ohr dem zuwendete, der es erschuf, und wenn dann er allein spräche, nicht durch diese Dinge, sondern durch sich selbst, so daß wir sein Wort hörten, welches er zu uns spräche, nicht mit irdischer Zunge, nicht mit eines Engels Stimme, nicht durch Donnergewölk, auch nicht durch Rätsel und Gleichnis, sondern wenn wir ihn selbst, den wir in alledem lieben, ohne alledies hörten, so wie wir eben jetzt uns streckten und im raschen Gedankenflug die ewige, über allem waltende Weisheit berührten, und wenn dies Dauer hätte, und alle andern Gesichte, diesem einen so ungleich, hinschwänden, und nur das eine den Betrachter hinrisse, in sich hineinzöge und versenkte in innere Wonnen, so daß das ewige Leben wäre wie dieser Augenblick höchster Erkenntnis, nach dem wir uns gesehnt, ja, wäre dann nicht erfüllt, was verheißen ist: ‚Gehe ein zu deines Herren Freude?'¹'' Aber wann wird das sein? Dann vielleicht, wenn ‚wir alle auferstehen, aber nicht alle verwandelt werden'?

So sprach ich, wenn auch nicht genau mit diesen Worten. Du aber weißt, Herr, daß meine Mutter an jenem Tage, als wir so miteinander redeten und die Welt mit allen ihren Freuden jeglichen Reiz für uns verlor, das Wort ergriff und sagte: Mein Sohn, was mich anlangt, so freut mich jetzt nichts mehr in diesem Erdenleben. Was ich hier noch tun und wozu ich hier noch bleiben soll, ich weiß es nicht, denn weltliche Hoffnungen gibt's für mich nun nicht mehr. Das einzige, weswegen ich noch eine Weile zu leben gewünscht, war: Ich wollte vor meinem Tode dich gern noch als katholischen Christen sehen. Das hat mir Gott überreichlich gewährt, denn nun sehe ich, du bist sein Knecht und hast auch allem Erdenglück entsagt. Was denn soll ich hier noch?

Monnika stirbt als gereifte Christin

Was ich ihr hierauf erwiderte, weiß ich nicht mehr genau. Bald darauf, es mochten fünf Tage oder wenig mehr verstrichen sein, erkrankte sie am Fieber. Als sie nun krank lag, erlitt sie eines Tages einen Ohnmachtsanfall und verlor für kurze Zeit das Bewußtsein. Wir eilten herbei, aber bald kam sie wieder zu sich, sah mich und meinen Bruder dastehen und richtete an uns die verwunderte Frage: Wo war ich denn? Sodann, als sie bemerkte, daß wir von Schmerz ganz verstört waren, sprach sie: Hier müßt ihr nun eure Mutter begraben. Ich schwieg und drängte meine Tränen zurück. Mein Bruder aber sprach einige Worte, des Inhalts etwa, es sei doch wünschenswert, daß sie nicht in der Fremde, sondern in der Heimat stürbe. Darauf nahm ihre Miene einen erschreckten Ausdruck an, und mit den Blicken ihn strafend, daß er so etwas dächte, richtete sie ihre Augen auf mich und sprach: Hör doch, was er sagt. Bald darauf zu uns beiden: Begrabt meinen Leib, wo es auch sei, und macht euch keine Gedanken darum. Nur um eins bitte ich euch, gedenkt meiner, wo immer ihr euch aufhalten mögt, am Altar des Herrn[1]. Das war der Sinn ihrer mühsam gesprochenen Worte, und nun schwieg sie, und die Krankheit setzte ihr heftiger zu.

Ich aber dachte an deine Gaben, du unsichtbarer Gott, die du in die Herzen deiner Gläubigen senkst und aus denen wunderbare Früchte erwachsen, ward froh und sagte dir Dank. Denn ich wußte es und erinnerte mich daran, wie sie sich immer mit Sorgen gequält hatte wegen der Grabstätte, die sie sich neben ihrem Manne ausgesucht und vorbereitet hatte. Denn sie hatten in großer Eintracht zusammen gelebt, und nun wünschte sie – wohl begreiflich, wenn eine Menschenseele dem Göttlichen sich noch nicht ganz erschlossen –, es möchte ihr noch das Glück zuteil werden und auch die Menschen möchten davon reden, daß es ihr nach ihrer Pilgerfahrt weit über See vergönnt gewesen sei, daß zuletzt gleiche Erde die Gebeine der wieder vereinten Ehegatten decke. Wann die Fülle deiner Güte diesen eiteln Wunsch aus ihrem Herzen verdrängt, ich wußte es nicht und war erstaunt und froh, daß sie es uns so unmißverständlich kundgetan. Doch schien sie schon bei jenem Gespräch am Fenster, als sie sagte: Was soll ich hier noch? keinen Wert mehr darauf zu legen, in der Heimat zu sterben. Später erfuhr ich, daß sie eines Tages, bereits in Ostia, in meiner Abwesenheit mit einigen meiner Freunde mütterlich vertraut über die Verachtung dieses Lebens und das Glück zu sterben sich unterhalten hatte, und als diese voll Bewunderung für die gottverliehene Seelengröße der Frau sie fragten, ob sie sich nicht fürchte, ihren Leib so fern von der Heimat begraben zu lassen, geantwortet hatte: Nichts ist fern von Gott, und ich bin nicht bange, er könnte am Jüngsten Tage den Platz nicht finden, wo er mich erwecken soll. So ward denn am neunten Tage ihrer Krankheit, im sechsundfünfzigsten Jahre ihres Lebens und meinem dreiunddreißigsten, diese fromme und gläubige Seele von den Banden des Leibes erlöst.

Augustins Trauer · Die zurückgehaltenen Tränen

Ich drückte ihr die Augen zu, und unsägliche Trauer brach über mein Herz herein. Sie wollte sich in Tränen ergießen, doch mit heftiger Willensanstrengung hielt ich ihren Strom zurück, so daß meine Augen trocken blieben, und in diesem Seelenkampf war mir gar elend zumute. Als sie ihren letzten Atemzug getan, war Adeodatus, der Knabe, in laute Klagen ausgebrochen und von uns allen zur Stille verwiesen worden. So ward auch, was in mir noch kindisch war und zum Weinen drängte, durch die Jünglingsklage, diesen Klagelaut des Herzens, zurückgehalten und zum Schweigen gebracht. Denn wir waren der Meinung, eine Trauerfeier mit tränenreichem Klagen und Seufzen zieme sich für diese Tote nicht. Pflegt man doch so zu jammern, wenn man den Tod für etwas Trauriges und wohl gar für völlige Vernichtung hält. Jene aber war keines traurigen Todes gestorben, ja, sie war überhaupt nicht gestorben. Das bezeugte ihr frommer Lebenswandel, und daran hielten wir fest ,in unverfälschtem Glauben' und mit sicheren Gründen.

Was also war's, was mich innerlich so heftig schmerzte? Daß die Gewohnheit süß-vertrauten Zusammenlebens so plötzlich abgerissen ward, diese frische Wunde war's. Wohl freute ich mich ihres Zeugnisses, daß sie noch auf ihrem Totenbette meinen willigen Gehorsam gerühmt, mich ihren treuen Sohn genannt und in zärtlicher Liebeswallung versichert hatte, nie habe sie aus meinem Munde einen häßlichen Anwurf oder ein kränkendes Wort vernommen. Aber, mein Gott und Schöpfer, was will das heißen? Wie könnte ich die Ehrerbietung, die ich ihr entgegengebracht, vergleichen mit dem Magddienst, den sie mir erwiesen? Weil ich nun ihren großen Trost entbehren mußte, war meine Seele wund und mein Leben gleichsam zerrissen, da es mit dem ihren zu einer Einheit verschmolzen gewesen war [1].

Als nun das Schluchzen des Knaben beschwichtigt war, griff Evodius zum Psalter und hob an einen Psalm zu singen. Mit dem ganzen Hause fielen wir ein. ‚Von Barmherzigkeit und Gericht will ich, Herr, dir singen.' Auf die Kunde von dem Geschehenen waren noch viele Brüder und fromme Frauen zusammengekommen, und während die, welchen das oblag, in üblicher Weise für die Bestattung sorgten, begab ich mich mit denen, die mich jetzt nicht allein lassen wollten, abseits an einen geeigneten Ort, wo ich mich mit ihnen über die durch das Erlebte angeregten Fragen aussprechen konnte. So linderte ich durch den Balsam der Wahrheit meine dir allein bekannte Seelenqual, während sie mir gespannt zuhörten und meinten, ich fühlte den Schmerz schon nicht mehr. Ich jedoch, vor deinen Ohren, wo kein anderer es hörte, schalt über die Weichheit meines Gefühls und drängte die Fluten meines Kummers zurück, daß sie ein wenig wichen. Aber bald stürmten sie von neuem an. Zum Ausbruch von Tränen kam es freilich nicht, und auch mein Gesichtsausdruck änderte sich nicht, doch nur ich allein wußte, welch ein Druck mein Herz zusammenpreßte. Und weil es mir so überaus zuwider war, daß dies menschliche Empfinden solche Macht über mich besaß, das doch nach der Ordnung der Natur und der Lage, in der wir uns befinden, notwendig sich regen muß, quälte mich ein neuer Schmerz, Schmerz über meinen Schmerz. So war es ein verdoppeltes Herzeleid, das mich peinigte [1].

Auch als die Tote hinausgetragen ward, ging ich mit und kehrte zurück ohne Tränen. Selbst bei den Gebeten, die wir zu dir emporsandten, als das Opfer unserer Erlösung für sie dargebracht wurde, während die Bahre mit der Leiche, wie es dort üblich ist, ehe sie eingesenkt ward, noch neben dem Grabe stand [2], weinte ich nicht. Aber den ganzen Tag bedrückte mich insgeheim schwere Trauer, und verstörten Geistes betete ich, so gut ich konnte, zu dir, du mögest meinen Schmerz heilen. Doch du tatest es nicht, wohl deshalb, um meinem Gedächtnis durch dies eine Beispiel einzuprägen, wie fest die Gewohnheitsfessel auch einen Geist noch bindet, der bereits von dem untrüglichen Worte genährt wird. Ich kam auch auf den Gedanken, ein Bad zu nehmen, weil ich gehört hatte, daß der aus dem Griechischen stammende Name – balneum von balaneion – bedeute, daß es den Kummer vertreibe. Sieh, auch das muß ich deiner Barmherzigkeit, ‚Vater der Waisen‘, bekennen, daß ich baden ging und genau derselbe blieb, der ich vorher gewesen. Denn die Bitterkeit des Grams im Herzen ließ sich nicht mit dem Schweiß austreiben. Dann schlief ich und erwachte und fand nun meinen Schmerz fühlbar gelindert. Und als ich so allein auf meinem Bette lag, kamen mir in den Sinn die Verse deines Ambrosius [3], der so wahr von dir singt:

> Herr Gott, du Schöpfer aller Ding',
> der du den Lauf der Sterne lenkst,
> den Tag mit holdem Glanze zierst,
> der Nacht den süßen Schlaf verleihst,
> daß müden Gliedern sanfte Ruh
> die Kraft zu rüst'ger Arbeit schenkt,
> daß frischer schlägt das matte Herz,
> hinweg sich heben Angst und Qual.

Und nun geschah es allmählich, daß ich mit der früheren Empfindung an deine Magd denken konnte, ihren frommen Wandel vor dir und wie sie zu uns so überaus gütig und dienstbereit gewesen und ich dessen nun plötzlich beraubt war. Da tat es mir wohl, vor dir zu weinen, um sie und für sie, um mich und für mich. Ich ließ den Tränen, die ich zurückgehalten, freien Lauf. Mochten sie fließen, soviel sie wollten. Ich bettete mein Herz hinein und fand Ruhe in ihnen. Denn du allein hörtest mich, kein Mensch, der hochmütig mein Weinen hätte mißdeuten können. Doch nun bekenne ich's dir, hier in meinem Buch. Mag es lesen, wer da will, und es deuten, wie er will, und wenn er eine Sünde darin findet, daß ich kaum ein Stündlein um meine Mutter weinte, die jetzt meinen Augen gestorben war, meine Mutter, die viele Jahre lang um mich geweint hatte, daß ich in deinen Augen leben möchte, so lache er doch nicht, sondern weine, ist er an Liebe reich, für meine Sünden zu dir, dem Vater aller Brüder deines Gesalbten.

Sein fürbittendes Gedenken

Nun aber, wo mein Herz von jener Wunde geheilt ist, die mir meine allzugroße fleischliche Zuneigung zum Bewußtsein brachte, vergieße ich vor dir, unser Gott, für deine Dienerin ganz andere Tränen. Jetzt zwingt mich zum Weinen die Erschütterung des Geistes, wenn ich die Gefahren bedenke, die jeder Seele drohen, die in Adam stirbt. Denn wohl war meine Mutter, schon ehe sie von den Banden des Fleisches gelöst ward, in Christus zum Leben erweckt und hatte so gelebt, daß durch ihren Glauben und Wandel dein Name gepriesen ward, doch wage ich nicht zu sagen, daß, seit du sie durch die Taufe wiedergebarst, kein Wort wider dein Gebot ihrem Munde entfahren sei. Denk' ich nun daran, daß die Wahrheit selbst, dein Sohn, gesprochen: ‚Wer zu seinem Bruder sagt: du Narr! der ist des höllischen Feuers schuldig', wehe dann dem Menschenleben, und sei es noch so lobenswert, wenn du es prüfen wolltest ohn' Erbarmen! Doch weil du nicht mit strengen Blicken auf unsere Sünden siehst, hoffen wir vertrauensvoll, bei dir ein Plätzchen zu finden. Wer aber wahre Verdienste dir aufzählen kann, was zählt er anders als deine Gaben? O, daß doch alle Menschen wüßten, daß sie Menschen sind, ,und wer sich rühmen will, im Herrn sich rühme'!

So laß mich denn, du mein Preis und mein Leben, Gott meines Herzens, ihre guten Werke, für die ich froh dir Dank sage, ein wenig vergessen, und nun zu dir flehen für die Sünden meiner Mutter. Erhöre mich um des Arztes unserer Wunden willen, der am Holz hing und ,nun zu deiner Rechten sitzt und uns vertritt'. Ich weiß, daß meine Mutter Barmherzigkeit geübt hat und von Herzen willig war, ihren Schuldnern die Schuld zu erlassen. Erlaß auch du ihre Schulden, die sich in all den Jahren nach dem heilspendenden Wasserbade angesammelt. Erlaß sie, Herr, erlaß sie, ich bitte dich inständig, ,und geh nicht mit ihr ins Gericht'. ,Möge die Barmherzigkeit triumphieren über das Gericht', denn deine Worte sind wahr, und du hast ,Barmherzigkeit' verheißen ,den Barmherzigen'. Daß sie es waren, hast du ihnen verliehen, denn ,du erbarmst dich, wessen du dich erbarmen willst, und erweisest Barmherzigkeit, wem du sie erweisen willst'.

Ich glaube, du hast es schon getan, was ich von dir erbitte. ,Laß dir gleichwohl gefallen das willige Opfer meines Mundes.' Denn als der Tag ihrer Auflösung herannahte, dachte sie nicht daran, ihr Leib möchte köstlich gekleidet oder mit Spezereien bestattet werden, begehrte kein prächtiges Denkmal, kümmerte sich auch nicht um ein Grab in der Heimat. Nicht dies trug sie uns auf, sondern verlangte nur danach, es möge ihrer an deinem Altare gedacht werden, dem sie ohne Unterlaß täglich gedient. Sie wußte ja, daß dort das heilige Opfer dargebracht wird, wodurch ‚ausgetilgt ist die Handschrift, die wider uns war', wodurch der Feind überwunden ist, der unsere Sünden uns vorrechnet und sucht, wie er uns verklage, aber an ihm nichts findet, in dem auch wir den Sieg erlangen. Wer gibt es ihm wieder, sein unschuldig vergossenes Blut? Wer zahlt ihm das Lösegeld zurück, womit er uns erkauft und von des Feindes Macht befreit hat? Dem Sakrament dieser unserer Erlösung hatte deine Dienerin ihre Seele verbunden durch das Band des Glaubens. Niemand wird sie deinem Schutz entreißen. Ihr sollen nicht den Weg versperren mit List oder Gewalt der Löwe und Drache. Sie wird nicht erwidern, sie habe keine Schuld; sonst freilich würde sie überführt und überwältigt von dem schlauen Ankläger. Sondern sie wird erwidern, ihre Schuld sei von dem erlassen, dem niemand wiedergibt, was er für uns, selbst schuldenfrei, hingegeben [1].

So ruhe sie denn in Frieden mit ihrem Gatten, dem ersten und einzigen, dem sie vermählt war, in dessen Dienst sie dir ‚Frucht gebracht in Geduld', so daß sie auch ihn für dich gewann. Und nun, mein Herr und mein Gott, bewege deinen Knechten, meinen Brüdern, deinen Söhnen, meinen Herren, denen ich diene mit Nachdenken, Reden und Schreiben, bewege ihnen das Herz, daß alle, die dies lesen, an deinem Altar der Monnika [2] gedenken, deiner Dienerin, und des Patricius, einst ihres Gatten, durch die du mir geheimnisvollerweise das leibliche Leben geschenkt. Mögen sie in frommer Andacht ihrer gedenken, die meine Eltern waren in diesem vergänglichen Licht und nun meine Brüder sind im Mutterschoß der katholischen Kirche unter deiner väterlichen Obhut und meine Mitbürger im ewigen Jerusalem, nach dem deines Volkes Pilgerschaft vom Auszug bis zur Heimkehr verlangend seufzt. Dann wird, wenn so viele für sie beten, ihr letzter Wunsch reichlicher erfüllt durch diese meine Bekenntnisse als durch meine eigenen Gebete.

ZEHNTES BUCH

INNENSCHAU · LIEBE ZU GOTT
GEFAHREN UND MÄNGEL

Vorspruch

Laß mich dich erkennen, der du mich kennst, erkennen, gleichwie ich erkannt bin.' Du Kraft meiner Seele, kehr bei ihr ein und mach sie dir gleich, daß sie dein eigen sei und bleibe ‚ohne Makel und Flecken'. Das ist meine Hoffnung, darum rede ich, und in dieser Hoffnung freu' ich mich, wenn echt meine Freude ist. Was sonst das Leben mit sich bringen mag, um so weniger ist's beweinenswert, je mehr man darüber weint, und um so beweinenswerter, je weniger man weint. ‚Siehe, du hast Lust zur Wahrheit, denn wer sie tut, kommt ans Licht.' Ich will sie tun, in meinem Herzen, indem ich vor dir mein Bekenntnis ablege, aber auch mit meinem Griffel vor vielen Zeugen.

Augustin will vor Gott bekennen

Dir freilich, o Herr, ‚vor dessen Augen offen liegt' der Abgrund des menschlichen Herzens, was sollte dir in mir verborgen sein, auch wenn ich's dir nicht bekennen wollte? Dich könnte ich wohl vor mir, aber nicht mich vor dir verbergen. Nun aber, da mein Seufzen bezeugt, daß ich mir selbst mißfalle, leuchtest du hell und bist mein Wohlgefallen, meine Liebe, mein Verlangen. Ich erröte über mich selbst, verschmähe mich und erwähle dich und kann dir und mir nur in dir gefallen. Dir also, Herr, bin ich bekannt, du weißt, wer ich bin. Und warum ich's dir bekenne, ich hab' es schon gesagt. Ich tu' es nicht mit hörbaren Worten und Lauten, sondern mit den Worten der Seele und dem Ruf meiner Gedanken, den dein

Ohr vernimmt. Denn bin ich böse, so ist mein Bekenntnis vor dir nichts anderes als mein Mißfallen an mir, bin ich aber fromm, so heißt dir das bekennen nichts anderes, als mir es aberkennen, denn du, Herr, ‚segnest wohl den Gerechten', doch zuvor hast du ihn, ‚den Gottlosen, gerecht gemacht'[1]. So ist denn mein Bekenntnis vor deinem Angesicht, mein Gott, stumm und doch nicht stumm. Die Stimme schweigt, laut ruft das Herz. Nichts, was recht ist, werd' ich den Menschen sagen, das du nicht zuvor von mir gehört, und nichts von alledem hörst du von mir, das du nicht vorher selber mir gesagt.

Auch vor den Menschen bekennt er, und zwar nunmehr, wer er jetzt ist

Wozu wende ich mich denn an Menschen, daß sie meine Bekenntnisse hören? Können sie etwa alle meine Schwächen heilen? Ist's doch ein neugierig Geschlecht, eifrig, ein fremdes Leben auszuforschen, lässig, das eigene zu bessern. Wozu wollen sie von mir hören, wer ich bin, die von dir nicht hören wollen, wer sie sind? Und wie können sie wissen, wenn sie hören, was ich von mir selbst sage, ob ich die Wahrheit sage, da doch ‚kein Mensch weiß, was im Menschen vorgeht, als nur des Menschen Geist, der in ihm ist'? Hören sie aber, was du von ihnen selbst sagst, können sie nicht einwenden: Der Herr lügt. Denn hört einer, was du von ihm sagst, was heißt das anders, als sich selbst erkennen? Wie aber könnte jemand sich erkennen und dann sagen: Es ist falsch, es sei denn, er löge? Aber weil ‚die Liebe alles glaubt', zumal im Kreise derer, die durch sie zur Einheit verbunden sind, so mögen, Herr, auch die Menschen hören, was ich dir bekenne, obwohl ich ihnen nicht beweisen kann, daß wahr ist, was ich bekenne. Doch sie glauben mir, da Liebe ihnen die Ohren öffnet.

Du aber, mein Seelenarzt, mach mir kund, welche Frucht es bringt, wenn ich es tue. Was die Bekenntnisse meiner vergangenen Sünden anlangt, die du vergeben und zugedeckt hast, um mich in dir zu beseligen und meinen Geist umzuwandeln durch den Glauben und dein Sakrament, wenn man sie liest und hört, so können sie das Herz ermuntern, daß es nicht in den Schlaf der Verzweiflung versinkt und spricht: Ich kann nicht! Sondern es wird erwachen in deiner erbarmenden Liebe und in der Wonne deiner Gnade, die mächtig ist in allen Schwachen, die durch sie ihrer eigenen Schwäche bewußt geworden. Auch die Guten müssen sich freuen, von den vergangenen Sünden derer zu hören, die ihrer nun ledig sind, nicht darum, weil es Sünden sind, sondern weil sie waren und nun nicht mehr sind. Aber was kann das für Frucht bringen, du mein Herr, dem täglich meine Seele Bekenntnis ablegt, zuversichtlich nicht so sehr durch ihre Unschuld wie durch die Hoffnung auf dein Erbarmen, ja, was für eine Frucht, wenn ich vor dir nun auch den Menschen durch diese meine Schrift bekenne, nicht wer ich einst war, sondern wer ich jetzt bin? Denn jene Frucht sehe ich wohl und habe von ihr gesprochen. Aber wer jetzt ich bin, jetzt, wo ich meine Bekenntnisse niederschreibe, möchten viele wissen, die mich kennen, auch viele, die mich nicht kennen, aber von mir oder über mich manches gehört haben, deren Ohr aber nicht an meinem Herzen ist, wo allein ich bin, was ich bin. So wollen sie gern mein Bekenntnis hören, wie ich selbst inwendig bin, wohin ihr Auge, Ohr und Geist nicht dringt. Sie wollen es und sind willig, es zu glauben, denn wie könnten sie es erkennen? Aber die Liebe, die sie gut macht, sagt ihnen, daß mein Selbstbekenntnis keine Lüge ist, und sie in ihnen ist es, die mir glaubt.

Die Frucht dieses Bekenntnisses

Aber welche Frucht können sie davon erhoffen? Wollen sie mir Glück wünschen, wenn sie hören, wie nah ich dir durch deine

Gnadengabe gekommen bin, und für mich beten, wenn sie hören, wie sehr ich noch gehemmt werde durch mein eigenes Schwergewicht? Ja, solchen will ich mich erschließen. Denn das ist keine geringe Frucht, Herr, mein Gott, ‚wenn viele dir für uns Dank sagen‘ und viele für uns beten zu dir. Möge ihr brüderliches Herz an mir lieben, was liebenswert sein mag und du ihnen zeigst, und was beklagenswert ist, beklagen. Doch das brüderliche Herz soll es tun, nicht eins, das draußen ist, keins von den Kindern der Fremde, ‚deren Mund unnütz redet und deren rechte Hand eine Rechte der Bosheit ist‘. Das brüderliche Herz aber freut sich über mich, wenn es mich loben kann, und trauert um mich, wenn es tadeln muß. Denn mag es mich nun loben oder tadeln, es hat mich lieb. Solchen will ich mich erschließen, daß sie aufatmen bei dem, was gut, aufseufzen bei dem, was böse an mir ist. Was gut an mir, ist dein Werk und deine Gabe, was böse, das ist meine Schuld und dein Gericht. Mögen sie aufatmen, wenn sie von jenem, aufseufzen, wenn sie von diesem hören, möge Lobgesang und Klage, aufsteigend aus brüderlichen Herzen, deinen Weihrauchschalen [1], vor dein Angesicht dringen! Du aber, Herr, des Duftes aus deinem heiligen Tempel froh, ‚sei mir gnädig nach deiner großen Güte‘ um deines Namens willen, laß nicht im Stich, was du begonnen, und vollende, was noch unvollkommen ist an mir.

Das ist die Frucht meiner Bekenntnisse, wenn sie nunmehr enthüllen, nicht wie ich war, sondern wie ich bin, und wenn ich dies nicht nur vor dir bekenne mit stiller Freude und Zittern, mit stiller Trauer und Hoffnung, sondern auch vor den Ohren gläubiger Menschenkinder, die meine Freuden teilen und die Bürde der Sterblichkeit mit mir tragen, meiner Mitbürger und Mitpilger, die vor oder hinter oder neben mir auf dem gleichen Wege gehen. Es sind deine Diener, meine Brüder, und du wolltest, daß sie, deine Kinder, meine Herren seien, denen zu dienen du mir befohlen hast, wenn ich mit dir und von dir leben will. Das hat mir dein Wort befohlen, aber nicht nur befohlen – das wär' zu wenig –, sondern ist auch voraufgegangen mit der Tat. Dem folg' ich nun nach mit Taten und Worten unterm Schutze deiner Flügel. Allzu groß wäre ja die Gefahr, hätte meine Seele sich nicht geborgen unter deinen Flügeln und wäre meine Schwachheit dir nicht bekannt. Ein Kindlein bin ich nur, aber allzeit lebt mein Vater, der ist mein treuer Helfer. Denn einer und derselbe ist's, der mich erschuf und mich beschützt. Du selbst bist all mein Gut, du, der Allmächtige, der du bei mir bist, eh ich bei dir bin. Solchen also, denen du mich dienen heißt, will ich mich erschließen, nicht wie ich war, sondern wie ich nunmehr und immer noch bin. Aber ‚ich richte mich auch nicht selbst'. So möge man mich denn hören!

Der Bekenner kennt sich selbst nur unvollkommen

Du, Herr, bist's, der mich richtet. Denn ‚wenn auch kein Mensch weiß, was im Menschen ist, als der Geist des Menschen, der in ihm ist', so ist doch etwas im Menschen, was selbst des Menschen Geist, der in ihm ist, nicht weiß. Du aber, Herr, weißt alles, denn du hast ihn geschaffen. Ich aber, wie sehr ich auch vor deinem Angesicht mich selbst verachte und gestehen muß, daß ich ‚Erde und Asche' bin, weiß dennoch etwas von dir, was ich von mir nicht weiß. Wohl ‚sehen wir jetzt durch einen Spiegel in Rätselhülle, noch nicht von Angesicht zu Angesicht', und so bin ich darum, solang ich fern von dir hienieden pilgere, mir näher als dir. Dennoch weiß ich, daß du nie und nimmer verletzt werden kannst. Ich aber weiß nicht, welchen Versuchungen ich zu widerstehen vermag und welchen nicht. Meine Hoffnung ist nur, ‚daß getreu du bist und uns nicht lässest versucht werden über unser Vermögen, sondern machst, daß die Versuchung so ein Ende gewinne, daß wir's können ertragen'. So will ich denn bekennen, was ich von mir weiß, und auch bekennen, was ich nicht von mir weiß. Was ich aber von mir weiß, weiß ich, weil du mir Licht spendest, und was von mir ich nicht weiß, so lange weiß ich's nicht, bis ‚mein Dunkel sein wird wie der Mittag' vor deinem Angesicht.

Augustin liebt Gott, den alle Kreaturen als Schöpfer preisen, der sich der Menschenseele bezeugt

Ohne allen Zweifel, in voller, klarer Gewißheit sage ich, Herr: Ich liebe dich. Du hast mein Herz mit deinem Wort getroffen, da hab' ich dich lieb gewonnen. Auch Himmel und Erde und alles, was darinnen ist, siehe, es ruft mir zu von allen Seiten, daß ich dich lieben soll, ruft's unablässig allen zu, so ‚daß sie keine Entschuldigung haben'. Doch tiefer noch mußt du erbarmend dich neigen zu dem, ‚dessen du dich erbarmen willst, und Barmherzigkeit erweisen, dem du sie erweisen willst', sonst würden Himmel und Erde dein Lob vor tauben Ohren verkünden [1]. Aber was liebe ich, wenn ich dich liebe? Nicht Körperschönheit und vergängliche Zier, nicht den Strahlenglanz des Lichts, so lieb den Augen, nicht köstlichen Wohllaut so vieler Instrumente, nicht den süßen Duft von Blumen, Salben und Spezereien, nicht Manna und Honig, nicht Glieder, die zur Umarmung locken – nein, das liebe ich nicht, wenn ich dich liebe, meinen Gott. Und doch ist's eine Art von Licht, von Stimme, von Duft, von Speise und von Umarmung, wenn ich meinen Gott liebe, Licht, Stimme, Duft, Speise, Umarmung meines inneren Menschen. Was da meiner Seele leuchtet, faßt kein Raum, was da erklingt, verhallt nicht in der Zeit, was da duftet, verweht kein Wind, was da mundet, verzehrt kein Hunger, was da fesselt, trennt kein Überdruß. Das ist's, was ich liebe, wenn meinen Gott ich liebe.

Was aber ist das? Ich fragte die Erde, und sie sprach: Ich bin's nicht. Alles, was auf ihr ist, bekannte dasselbe. Ich fragte das Meer und seine Abgründe und das Gewürm, das in ihm lebt, und sie antworteten: Nicht wir sind dein Gott, suche höher, über uns! Ich fragte die säuselnden Winde, und das ganze Reich der Luft mit all seinen Bewohnern gab zur Antwort: Anaximenes[1] irrt sich, ich bin nicht Gott. Ich fragte den Himmel, die Sonne, den Mond und die Sterne, und sie sagten: Auch wir sind's nicht, der Gott, den du suchst. Und ich sprach zu all dem, was draußen vor den Türen meines Fleisches steht: So sagt mir doch von meinem Gott, wenn ihr's denn nicht seid, sagt mir etwas von ihm. Sie aber riefen mit gewaltiger Stimme: Er hat uns geschaffen! Meine Frage aber, das war meine Betrachtung, und ihre Antwort war ihre Schönheit[2]. Nun wandte ich mich zu mir selbst und sprach zu mir: Wer bist denn du? Ich antwortete: Ein Mensch. Und siehe, fasse ich mich selbst ins Auge, stehen da ihrer zwei, Leib und Seele, er draußen, sie drinnen. Wen von beiden soll ich fragen nach meinem Gott, nach dem ich schon die ganze Körperwelt durchsuchte, von der Erde bis zum Himmel, soweit ich meiner Augen Strahlen als Boten senden konnte?[3] Besser ist doch, was innen ist. Denn ihm als Vorgesetzten und Richter haben all die leiblichen Boten gemeldet, was Himmel und Erde und alles, was darinnen ist, antworteten, als sie sprachen: Wir sind nicht Gott, und: Er hat uns geschaffen. Der innere Mensch erfuhr dies durch den Dienst des äußeren; ich, der innere, erfuhr es, ich, der ich Geist bin, durch den Sinn meines Leibes. Rundum die ganze Welt hab' ich so gefragt nach meinem Gott, und sie gab mir zur Antwort: Nicht ich bin's, aber er hat mich geschaffen.

Bietet sich nicht allen, die gesunden Sinnes sind, der gleiche Anblick? Warum nur sagt er nicht allen dasselbe? Die Tiere, klein und groß, sehen auch, aber sie können nicht fragen. Da fehlt der Vorgesetzte, dem die Sinne als Richter ihre Meldungen überbringen könnten, die Vernunft. Die Menschen aber können fragen, auf daß sie ‚Gottes unsichtbares Wesen an den

Werken der Schöpfung ersehen und erkennen'. Aber Liebe zu den Geschöpfen macht uns ihnen untertan, und Untertanen können nicht richten. Die Geschöpfe antworten auf Fragen nur denen, die auch richten. Sie ändern ihre Rede, das ist ihre Gestalt, nicht, wenn der eine nur sieht, der andere sehend auch fragt, so daß sie diesem anders erschiene als jenem, sondern beiden erscheint sie gleich, nur bleibt sie dem einen stumm, während sie zum andern spricht. Vielmehr, sie spricht zu allen, aber nur die verstehen's, die die draußen vernommene Stimme mit der Wahrheit drinnen vergleichen. Denn die Wahrheit sagt mir: Nicht ist dein Gott Himmel und Erde noch sonst irgendein Körper. Das sagt schon ihre Natur, wenn man nur Augen hat zu sehen. Eine Masse ist in einem ihrer Teile kleiner als im Ganzen. Nun denn, so bist du besser, ich sag' es dir, Seele, denn du befreist die Masse deines Körpers von Starrheit und verleihst ihm Leben, was kein Körper dem andern verleihen kann. Dein Gott aber ist auch deines Lebens Leben.

Der Gottsucher muß auch das sinnliche Seelenleben unter sich lassen

Was also liebe ich, wenn ich, Gott, dich liebe? Wer ist es, der meine Seele so hoch überragt? Durch meine Seele hindurch will ich aufsteigen zu ihm. Hinausschreiten will ich über meine Kraft, die mich dem Körper verbindet und sein Gefüge mit Lebenshauch durchdringt. Nicht durch diese Kraft finde ich meinen Gott, sonst fänden ihn auch ‚Roß und Maultier, die nicht verständig sind', denn es ist dieselbe Kraft, die auch ihre Körper belebt. Doch da ist noch eine andere Kraft, die meinen Leib, den du, Herr, gebildet, nicht nur belebt, sondern ihm auch Empfindung verleiht, dem Auge gebietet, nicht zu hören, sondern zu sehen, dem Ohre, nicht zu sehen, sondern zu hören, und so einem jeden Sinn je nach seinem besonderen Sitz und Amt Anweisung gibt. So bin ich es, die eine Seele, die durch die Sinne so Verschiedenes leistet. Aber auch diese meine Kraft durchschreite ich. Denn Roß und Maultier besitzen sie nicht minder, da auch sie leiblich empfinden.

Ins Innere einkehrend, beginnt er das Gedächtnis zu erforschen
Welche Fülle von Bildern!

Also will ich auch diese Kraft meiner Natur durchschreiten, um stufenweis emporzusteigen zu dem, der mich geschaffen. Da gelange ich zu den Gefilden und weiten Hallen des Gedächtnisses [1], wo aufgehäuft sich finden die Schätze unzähliger Bilder von wahrgenommenen Dingen aller Art. Dort ist auch aufgehoben, was wir uns erdenken, Sinneseindrücke mehrend, mindernd oder irgendwie verändernd, und was sonst zur Aufbewahrung dort niedergelegt wird, soweit nicht Vergessenheit es verschlungen und begraben hat. Wenn ich dort weile und Befehl gebe, man soll mir etwas bringen, was ich haben will, ist einiges alsbald zur Stelle; anderes muß erst länger gesucht und gewissermaßen aus verborgenen Schlupfwinkeln hervorgeholt werden; manches drängt haufenweis heran, und während man doch nach anderem sucht und fragt, springt es einem in den Weg, als sagte es: Sind wir's vielleicht? Das verscheuche ich dann mit der Hand des Geistes aus den Augen meiner Erinnerung, bis endlich das Gewünschte aus Nebel und Versteck hervortritt und meinen Blicken erscheint. Anderes bietet sich bequem und in wohlgeordneter Reihenfolge dar, wie man's haben will, das Frühere macht dem Späteren Platz und läßt sich aufbewahren, um, wenn ich's brauche, wiederum hervorzukommen. Das alles geschieht, wenn ich etwas, woran ich mich erinnere, erzähle.

Alles wird dort säuberlich getrennt und artweise geordnet aufbewahrt, und ein jedes trat durch seine eigene Eingangspforte ein. So das Licht und alle Farben und Formen der Körper durch die Augen, durch die Ohren aber alle Arten von Tönen, alle Gerüche durch die Nase, alle Geschmacksempfindungen durch die Pforte des Mundes, durch das im ganzen Körper verbreitete Gefühl alles, was hart und weich, warm und kalt, glatt und rauh, schwer und leicht draußen oder auch drinnen im Körper sich bemerkbar macht. Das alles nimmt das große Gefäß des Gedächtnisses mit seinen, wer weiß wie vielen versteckten und unergründlichen Winkeln auf, um es, wenn's not tut, wieder hervorzuholen und zu vergegenwärtigen. Alles aber tritt hier ein, ein jedes durch seine Tür, und wird hier aufgehoben. Freilich sind's nicht die Dinge selbst, die eintreten, sondern nur die Abbilder der wahrgenommenen Dinge stehen dort dem Denken zur Verfügung, das sich ihrer erinnert. Wie sie zustande gekommen sind, wer kann das sagen? Man weiß nur, welche Sinne sie aufgerafft und drinnen verstaut haben. Und wenn auch Finsternis und Stille mich umgibt, kann ich doch, wenn ich will, Farben mir vorstellen, zwischen weiß und schwarz und allen möglichen andern Farben unterscheiden, und betrachte ich, was seinen Weg durch die Augen genommen hat, dann drängen sich nicht störend die Töne dazwischen, obschon auch sie da sind und unbeachtet an ihrem besonderen Platze lagern. Aber auch sie rufe ich, wenn's mir beliebt, hervor, und schon sind sie zur Stelle, und ohne Zunge und Kehle zu bemühen und in Bewegung zu setzen, singe ich, was ich will, und jene Farbvorstellungen, die doch auch zugegen sind, kommen mir nicht lästig in die Quere, wenn ich den anderen Schatz, den meine Ohren eingesammelt, mustere. So ist es auch mit allem übrigen, was die anderen Sinne eingebracht und aufgehäuft haben. Ich erinnere mich nach Wunsch daran, unterscheide, ohne zu riechen, Lilien- und Veilchenduft und ziehe in der Erinnerung, ohne Geschmacks- und Tastsinn zu betätigen, Honig dem Most, Glattes dem Rauhen vor.

Drinnen tue ich das, in der weiten Behausung meines Gedächtnisses. Himmel und Erde und Meer sind da untergebracht nebst allem, was ich je in ihnen erspürt, ausgenommen, was ich vergaß. Da begegne ich mir auch selber und erinnere mich daran, was ich getan und wann und wo, und wie mir zumute war, als ich's tat. Da ist alles, dessen ich mich erinnere, ob ich's nun selbst erfahren oder es gläubig aufgenommen habe. Aus diesem Vorrat nehme ich die Bilder von allerlei Dingen, mag ich sie selbst wahrgenommen oder auf Grund eigener Erfahrung andern geglaubt haben, bald diese, bald jene, knüpfe an Vergangenes an und stelle mir im Anschluß daran künftige Handlungen, Ereignisse und Hoffnungen vor Augen, und all das wiederum so, als wär's gegenwärtig. «Dies oder jenes will ich tun», so sage ich und greife hinein in den ungeheuren Mantelsack meines Geistes voller Bilder, unzählig vieler und großer, und dies oder jenes geschieht auch. «O, daß doch dies oder jenes geschähe, möge Gott dies oder jenes verhüten!» so spreche ich bei mir selbst, und wenn ich spreche, sind die Bilder von all dem, was ich nenne, aus dem Schatz der Erinnerung zur Hand, und überhaupt nichts könnte ich nennen, fehlten sie.

Groß ist die Macht des Gedächtnisses, gewaltig groß, mein Gott, ein Tempel, weit und unermeßlich. Wer kann es ergründen? Eine Kraft meines Geistes ist's, zu meiner eigenen Natur gehörig, aber ich vermag nicht ganz zu erfassen, was ich bin. Ist denn der Geist zu eng, sich selbst zu fassen? Wo ist denn das, was er von sich selbst nicht fassen kann? Ist's etwa außer ihm und nicht in ihm? O nein, und doch kann er's nicht fassen! Da steigt ein großes Verwundern in mir auf, Staunen ergreift mich. Und die Menschen gehen hin und bewundern die Bergesgipfel, die gewaltigen Meeresfluten, die breit daherbrausenden Ströme, des Ozeans Umlauf und das Kreisen der Gestirne und vergessen darüber sich selbst[1]. Sie wundern sich nicht darüber, daß ich all dies, als ich's nannte, nicht vor Augen sah und es doch nicht hätte nennen können, wenn ich nicht Berge, Fluten, Flüsse und Sterne, die ich einst sah, und den Ozean, von dem ich sagen hörte, drinnen in meinem Gedächtnis sähe, so ungeheuer groß, wie ich sie draußen je erblickt. Und doch hab' ich sie, als ich sie vor Augen sah, nicht mit Blicken in mich eingesogen. Sie sind ja selbst nicht bei mir, sondern nur ihre Bilder, und ich weiß genau, welcher körperliche Sinn mir ein jedes eingeprägt.

Nicht nur Bilder sind da

Aber das ist noch nicht alles, was das riesige Fassungsvermögen meines Gedächtnisses in sich birgt. Da ist auch all das, was ich beim Studium der freien Wissenschaften gelernt und noch nicht vergessen habe. Das befindet sich nun drinnen an einem entfernteren Orte – nein, nicht Orte. Aber das sind nun nicht bloß Bilder, sondern die Dinge selbst, die ich in mir trage. Denn was Sprachwissenschaft ist, was Kunst des Disputs, welche Arten von Fragen es gibt und was sonst derart ich weiß, das lebt nicht so in meinem Gedächtnis, daß ich das Ding draußen gelassen und nur das Bild hereingenommen hätte. Da ist auch nicht ein Ton erklungen und verhallt und hat beim Eindringen ins Ohr eine Spur gelassen, mit deren Hilfe er zurückgerufen werden kann, als erklänge er wieder, obschon er's nicht tut. Auch keinen Duft gibt's da, der beim Vorüberstreichen und Verwehen den Geruchsinn anregte und dem Gedächtnis sein Bild einprägte, so daß wir erinnernd ihn erneuern können. Auch nicht eine Speise, die im Magen nicht mehr schmeckt und doch in der Erinnerung noch schmeckt, oder sonst etwas, das mit körperlichem Gefühl durch Berührung wahrgenommen und auch dann, wenn es fort ist, von der Erinnerung nachgebildet wird. All das dringt ja nicht selbst ins Gedächtnis ein, sondern nur Abbilder davon werden mit erstaunlicher Schnelligkeit aufgenommen, in seltsamen Gemächern niedergelegt und beim Erinnern wunderbar hervorgeholt.

Geistige Wahrheiten sind nicht bildlich

Wenn ich aber höre, es gebe drei Arten von Fragen, ob etwas sei, was es sei, und wie beschaffen es sei, so halte ich zwar die Bilder der Laute, aus denen diese Worte zusammengesetzt sind, fest, auch wenn ich weiß, daß ihr Schall im Wind verweht ist und sie nicht mehr sind. Die Sachverhalte aber, die durch diese Laute bezeichnet werden, hab' ich mit keinem körperlichen Sinne wahrgenommen noch auch irgendwo gesehen, außer in meinem Geiste, und habe im Gedächtnis keine Abbilder davon, sondern sie selbst niedergelegt. Von wo sie zu mir kamen, das mögen sie selbst sagen, wenn sie können. Denn wenn ich auch alle Türen meines Fleisches durchlaufe, finde ich doch keine, durch die sie eingetreten sein könnten. Die Augen sagen nämlich: Wenn sie farbig waren, haben wir sie gemeldet; die Ohren sagen: Wenn sie tönten, haben wir sie angekündigt; die Nase sagt: Dufteten sie, müssen sie durch mich eingezogen sein; der Geschmackssinn sagt: Hatten sie keinen Geschmack, brauchst du mich nicht zu fragen; das Gefühl endlich sagt: War es nichts Körperliches, habe ich's auch nicht getastet, und wenn nicht getastet, auch nicht gemeldet. Woher also und auf welchem Wege sind diese Dinge in mein Gedächtnis gekommen? Ich weiß nicht wie. Denn als ich sie lernte, hab' ich nicht einem fremden Geiste geglaubt, sondern sie in meinem eigenen erkannt, als wahr bestätigt und sie ihm gleichsam zur Aufbewahrung anvertraut, um sie nach Bedarf hervorzuholen. Da waren sie also bereits, auch ehe ich sie gelernt hatte, aber in meinem Gedächtnis waren sie noch nicht. Wo waren sie denn, und weshalb erkannte ich sie, als man sie mir nannte, und sprach: So ist es, es ist wahr? Sie mußten also doch schon in meinem Gedächtnis sein, aber so fern und verborgen, gleichsam in versteckten Höhlen, daß ich sie vielleicht niemals hätte erdenken können, wären sie nicht durch eines andern Wort hervorgezogen [1].

Denkend holt man sie aus der Tiefe des Geistes hervor

Es ergibt sich also folgendes. Wenn wir die Dinge lernen, deren Abbilder wir nicht durch die Sinne empfangen, sondern die wir ohne Bilder, so wie sie sind und durch sich selbst, inwendig schauen, dann geschieht nichts anderes, als daß wir das, was bisher durcheinander und ungeordnet im Gedächtnis lag, gleichsam denkend sammeln und mit Bedacht dafür sorgen, daß es hinfort im Gedächtnis nicht mehr wie früher zerstreut, vernachlässigt und verborgen bleibt, sondern gleichsam zur Hand liegt und, wenn die Aufmerksamkeit sich darauf richtet, zur Verfügung steht. Wie vieles derart trägt mein Gedächtnis in sich, was aufgefunden ist und nun, wie ich sagte, zur Hand liegt, das wir, wie wir's nennen, gelernt haben und nun wissen. Unterlasse ich es aber eine Zeitlang – sehr lang braucht's nicht zu sein –, daran zu denken, taucht es wieder unter und entgleitet gleichsam in die entfernteren Gemächer, so daß ich es von daher – denn anderswo kann es sich nicht aufhalten – als wär' es was Neues, wiederum denkend hervorholen und zusammenbringen muß, um es zu wissen. Daher heißt denken, etwas gleichsam aus der Zerstreuung sammeln. Denn das Wort für denken, cogito, stammt von cogo [2], zusammenbringen, wie agito von ago, factito von facio. Doch hat der Geist dies Wort für sich allein in Anspruch genommen, so daß nur das, was im Geiste, nicht anderswo, gesammelt, zusammengebracht wird, denken heißt.

So auch die Begriffe der Arithmetik und Geometrie

Ebenso faßt das Gedächtnis in sich die unzähligen Begriffe und Gesetze von Zahlen und Maßen, die es keineswegs irgendwelchen körperlichen Sinneseindrücken verdankt. Denn sie sind ja nicht farbig, tönen, riechen und schmecken nicht, lassen sich auch nicht tasten. Wohl hörte ich, wenn von ihnen die Rede war, den Laut von Worten, mit denen man sie bezeichnet, aber sie selbst sind etwas ganz anderes als solche Worte. Denn diese lauten auf Griechisch anders als auf Lateinisch, jene aber sind weder griechisch noch lateinisch, noch haben sie mit sonst einer Sprache etwas zu schaffen. Wohl sah ich Linien, von Künstlerhand gezeichnet, ganz fein, wie der Faden des Spinngewebes; aber jene Linien sind anders, auch nicht Abbilder von denen, die mir das leibliche Auge zeigt. Der kennt sie, der sie, ohne an irgend etwas Körperliches zu denken, innerlich erkannt hat. Auch Zahlen, die wir zählen können, hab' ich mit allen Sinnen meines Körpers wahrgenommen, aber nicht solche, mit denen wir zählen [1]. Denn die sind etwas anderes, auch nicht Abbilder von jenen, und gerade darum sind sie in Wahrheit. Wer sie nicht sieht, mag über meine Worte lachen, indes ich ihn ob seines Lachens bedaure.

Auch der geistigen Betätigungen erinnert man sich

Das alles bewahre ich im Gedächtnis, desgleichen auf welche Weise ich's gelernt habe. Vieles auch, was man hiergegen fälschlich einwendet, hab' ich gehört und bewahre es nun ebenfalls im Gedächtnis. Ist es gleich falsch, so ist doch das nicht falsch, daß ich mich daran erinnere. Auch daran erinnere ich mich, zwischen jenem Wahren und diesem Falschen, das man dagegen einwendet, unterschieden zu haben, und etwas anderes ist es, wenn ich jetzt sehe, daß ich's unterscheide, als wenn ich mich erinnere, es bereits oft unterschieden zu haben, da ich schon oft darüber nachdachte. So erinnere ich mich auch daran, dies öfter eingesehen zu haben, und wenn ich's jetzt unterscheide und einsehe, so hebe ich auch das im Gedächtnis auf, um mich später daran zu erinnern, daß ich's jetzt eingesehen. Und ich erinnere mich, mich erinnert zu haben, wie ich auch später, wenn ich dessen gedenken sollte, daß ich mich jetzt hieran erinnere, nur durch die Kraft des Gedächtnisses daran gedenken werde.

Erinnerung an Gemütsbewegungen und ihre Eigenart

Auch die Empfindungen meiner Seele hält dies selbe Gedächtnis fest, freilich nicht so, wie sie in der Seele leben, wenn sie von ihnen bewegt wird, sondern auf davon sehr verschiedene Weise, wie es dem Wesen des Gedächtnisses entspricht. Denn ich bin nicht froh, wenn ich daran denke, mich einst gefreut zu haben, und nicht traurig, wenn ich meiner früheren Traurigkeit mich entsinne, ohne Furcht vergegenwärtige ich mir, mich einstmals gefürchtet zu haben, und ohne Begierde bin ich meiner ehemaligen Begierde eingedenk. Ja, bisweilen erinnere ich mich gerade umgekehrt der vergangenen Traurigkeit mit Freuden und traurig der vergangenen Freude. Das wäre freilich kein Wunder, handelte es sich um die Empfindungen des Leibes, denn Leib und Geist sind gar verschieden. So braucht es mich nicht zu wundern, wenn ich vergangenen körperlichen Schmerzes mich froh entsinne. Aber hier ist's etwas anderes, denn das Gedächtnis ist ja Geist. So sagen wir, wenn wir dem Gedächtnis eines Menschen etwas einprägen wollen: «Sieh zu, daß du es im Geist bewahrst», und vergessen wir etwas, sagen wir: «Es war mir im Geist nicht gegenwärtig», oder: «Es ist meinem Geist entfallen», nennen also das Gedächtnis Geist [1]. Nun gut, aber wie ist denn das zu erklären, daß, wenn meiner vergangenen Trauer ich froh gedenke, der Geist Freude und das Gedächtnis Traurigkeit hegt, der Geist also sich freut, weil Freude in ihm wohnt, das Gedächtnis aber nicht darüber traurig ist, weil es Trauer in sich beherbergt?[1] Gehört es etwa nicht zum Geist? Wer wollte das behaupten? So ist also das Gedächtnis gewissermaßen der Magen des Geistes, und Freude und Traurigkeit wie süße und bittere Speise. Werden sie dem Gedächtnis überliefert, kommen sie gleichsam in den Magen, werden dort aufbewahrt, aber verlieren den Geschmack. Es mag lächerlich sein, hier eine Ähnlichkeit finden zu wollen, aber ganz unähnlich ist sich beides doch nicht.

Nun weiter. Aus dem Gedächtnis hole ich's hervor, wenn ich sage, es gebe vier Gemütsstörungen, nämlich Begierde, Freude, Furcht und Traurigkeit. Alles was ich darüber vorbringen könnte, wenn ich jede dieser Gattungen in ihre Unterarten aufteile und die Begriffe festlege, finde ich da und hole es von dort heraus. Aber keine von diesen Gemütsstörungen bewegt mich, wenn ich sie mir erinnernd vergegenwärtige. Und schon ehe ich ihrer gedachte und sie zurückrief, waren sie da, denn nur so konnte ich sie erinnernd hervorholen. Vielleicht geht es dabei ähnlich zu wie beim Wiederkäuen; wie die Speise aus dem Magen, so werden diese Dinge, wenn man sich erinnert, aus dem Gedächtnis hervorgeholt. Aber warum empfindet der, der darüber Betrachtungen anstellt, das heißt sich daran erinnert, im Munde seines Darandenkens nicht die Süßigkeit der Freude und die Bitterkeit des Schmerzes?[2] Oder besteht eben darin eine Unähnlichkeit, so daß das Gleichnis nicht ganz zutrifft? Denn wer würde wohl mit Willen von solchen Dingen sprechen, wenn wir, sooft wir Trauer oder Furcht erwähnen, trauern und uns fürchten müßten? Und doch würden wir nicht davon sprechen, trügen wir in unserm Gedächtnis etwa bloß den Schall der Worte, wie er sich uns durch Vermittlung der körperlichen Sinne abbildlich eingeprägt hat, und fänden wir da nicht vielmehr auch die Kenntnis der Dinge selbst, die durch keine Pforte des Leibes eingegangen ist. Nein, der Geist hat durch eigene Erfahrung seiner Leidenschaften sie kennengelernt und dem Gedächtnis anvertraut, oder dieses hat sie aufbewahrt, ohne daß sie ihm anvertraut waren.

Von bildlicher und bildloser Vergegenwärtigung

Aber ob das durch Bilder geschah oder nicht, wer möchte das leichthin entscheiden? Rede ich von einem Stein oder der Sonne, wenn weder Stein noch Sonne mir sinnlich gegenwärtig sind, so befinden sich doch ihre Abbilder in meinem Gedächtnis. Spreche ich von körperlichem Schmerz, ohne ihn im Augenblick zu empfinden, so wüßte ich nicht, was ich sage, und könnte ihn nicht bei meiner Rede von Lustgefühl unterscheiden, trüge ich nicht sein Bild in meinem Gedächtnis. Spreche ich von Gesundheit, wenn ich gesund bin, so ist zwar die Sache selbst zugegen, aber trüge ich nicht auch ihr Bild in meinem Gedächtnis, könnte ich mich nicht im mindesten entsinnen, was der Schall dieses Wortes bedeutet, und auch die Kranken wüßten nicht, wenn man von Gesundheit spricht, was gemeint sei, hielte nicht die Kraft des Gedächtnisses das Bild fest, obschon die Sache selbst dem Körper abhanden kam. Ich spreche von den Zahlen, mit denen wir zählen; sieh, da sind in meinem Gedächtnis nicht ihre Bilder, sondern sie selbst. Ich spreche vom Bilde der Sonne, so ist eben dies Bild in meinem Gedächtnis gegenwärtig, denn nicht das Bild des Bildes, sondern das Bild selbst vergegenwärtige ich mir. So ist es auch selbst in meiner Erinnerung zugegen. Nun spreche ich vom Gedächtnis und verstehe, was das heißt. Wo anders spielt sich das Verstehen ab als eben im Gedächtnis? Sollte es mir auch durch sein eigenes Abbild gegenwärtig sein und nicht durch sich selbst?[1]

Das Gedächtnis des Vergessens, eine paradoxe Tatsache

Aber wie nun, wenn ich vom Vergessen spreche und ebenfalls verstehe, was dies Wort besagt? Wie kann ich's verstehen, wenn ich mich nicht daran erinnerte? Ich meine ja nicht den bloßen Wortschall, sondern die mit dem Wort bezeichnete Sache. Hätte ich sie vergessen, könnte ich durchaus nicht wissen, was dieser Schall bedeutet. Wenn ich mich nun des Gedächtnisses erinnere, so ist das Gedächtnis selbst sich gegenwärtig. Wenn ich aber des Vergessens mich erinnere, so ist das Gedächtnis zur Stelle und auch das Vergessen, das Gedächtnis, wodurch, und das Vergessen, woran ich mich erinnere. Aber was ist das Vergessen anders als das Fehlen der Erinnerung? Wie kann es also da sein, daß ich mich seiner erinnere, wenn doch sein Dasein die Erinnerung aufhebt? Doch wenn es feststeht, daß wir das, woran wir uns erinnern, im Gedächtnis bewahren, und daß wir unmöglich beim Vernehmen des Wortes Vergessen wissen könnten, was gemeint ist, wenn wir nicht des Vergessens uns erinnerten, wird auch das Vergessen im Gedächtnis bewahrt. Also ist es da, denn sonst vergäßen wir's, aber wenn es da ist, vergessen wir ja gerade. Folgt etwa daraus, daß es, wenn wir seiner gedenken, nicht selbst, sondern nur abbildlich gegenwärtig ist? Denn wenn das Vergessen selber zugegen wäre, würde es bewirken, daß wir vergäßen und nicht, daß wir uns erinnerten [1]. Aber wer kann das schließlich ergründen, wer begreifen, wie es damit steht?

Da mühe ich mich nun ab, Herr, mühe mich ab an mir selber und bin mir zum steinigen Acker geworden, auf den die Schweißtropfen fallen. Denn jetzt sind's nicht des Himmels Räume, die ich durchforsche, nicht die Entfernungen der Gestirne, die ich messe, nicht der Erde Gewichte, die ich abwäge, sondern ich bin's, der ich mich erinnere, ich, der Geist. Kein Wunder, wenn mir fern liegt, was ich nicht bin; was aber könnte mir näher sein als ich selbst? Und siehe, mein eigenes Gedächtnis kann ich nicht begreifen und bin doch selbst von ihm umfaßt. Denn was soll ich zu der unleugbaren Tatsache sagen, daß ich mich des Vergessens erinnere? Soll ich sagen, das, woran ich mich erinnere, sei nicht in meiner Erinnerung? Oder soll ich sagen, dazu sei das Vergessen in meiner Erinnerung, daß ich nicht vergesse? Beides ist doch ganz unsinnig. Gibt es ein Drittes? Wie kann ich sagen, mein Gedächtnis halte ein Bild des Vergessens fest, wenn ich mich seiner erinnere, nicht das Vergessen selbst? Auch das kann ich doch unmöglich sagen. Denn wenn das Bild einer Sache sich meinem Gedächtnis einprägen soll, muß doch zuerst die Sache selbst da sein, um ihr Bild einprägen zu können. Denn so erinnere ich mich Karthagos, so aller Orte, an denen ich weilte, so der Gesichter der Menschen, die ich sah, und alles dessen, was die übrigen Sinne mir gemeldet, so auch der Gesundheit und des Schmerzes meines eigenen Leibes. Als diese Dinge gegenwärtig waren, nahm mein Gedächtnis Bilder von ihnen auf, die ich betrachten konnte, solange sie da waren, und wieder hervorholen, wenn ich mich der nicht mehr anwesenden Dinge erinnern wollte. Wenn also das Vergessen nicht selbst, sondern nur abbildlich im Gedächtnis bewahrt wird, muß es zuerst dagewesen sein, daß sein Bild aufgenommen werden konnte. Aber wenn es da war, wie konnte es dann im Gedächtnis sein Bild abzeichnen, da es doch durch seine Gegenwart sogar das auslöscht, was bisher dort eingetragen war?[1] Und dennoch bin ich dessen gewiß, daß ich auf irgendeine, sei's auch unbegreifliche und unbeschreibliche Weise mich des Vergessens selbst erinnern muß, das mir doch alles, woran ich mich erinnere, verschüttet.

Muß man, Gott zu finden, auch das Gedächtnis durchschreiten?

Groß ist die Macht des Gedächtnisses, mein Gott, grauenerregend seine Tiefe und unendlich seine Vielfalt. Das ist der Geist, und ich bin's selbst. Was also bin ich, mein Gott? Was für ein Wesen? Mannigfaltiges, vielgestaltiges, ganz unermeßliches Leben! Sieh da in meinem Gedächtnis die unzähligen Gefilde, Höhlen und Grotten, übervoll von allerart unzähligen Dingen. Teils sind sie wie alles Körperliche in ihren Bildern da, teils auch selber in eigener Gegenwart, wie die Wissenschaften, teils in irgendwelchen Zeichen oder Andeutungen, wie die Gemütsbewegungen, die der Geist, auch wenn er sie nicht mehr empfindet, im Gedächtnis aufbewahrt, denn was im Gedächtnis ist, ist auch im Geist. Das alles durchlaufe ich, eile im Fluge hierhin und dahin, dringe in die Tiefe, soviel ich vermag, und finde keine Grenze. So groß ist sie, die Macht des Gedächtnisses, so groß die Macht des Lebens, des sterblichen Menschenlebens! Was tu ich nun, du mein wahres Leben, mein Gott? Auch diese meine Kraft, die man Gedächtnis heißt, will ich durchschreiten, will sie durchschreiten, um zu dir zu gelangen, süßes Licht. Was sagst du mir? Im Geist aufsteigend zu dir, der du hoch über mir bleibst, will ich durchschreiten auch diese meine Kraft, die man Gedächtnis heißt, und von da aus, von wo allein es möglich ist, trachten, dich zu berühren und dir anzuhangen. Denn Gedächtnis haben auch Vieh und Vögel, sonst suchten sie nicht ihre Ruhelager und Nester auf und vieles andere, woran sie sich gewöhnt. Sie könnten sich ja an nichts gewöhnen ohne Gedächtnis. So will ich denn auch mein Gedächtnis durchschreiten, um zu dem zu gelangen, der mich von den Vierfüßlern unterschieden und mich klüger gemacht hat als die Vögel des Himmels. Ja, auch mein Gedächtnis will ich durchschreiten, um dich zu finden, du wahrhaft Gütiger, wahrhaft gewisse Wonne – ach, wo dich zu finden?

Find' ich dich außerhalb meines Gedächtnisses, kann ich deiner nicht eingedenk sein. Und wie sollt' ich dich finden, wäre ich deiner nicht eingedenk?

Man findet nicht, wenn man sich nicht erinnert

Das Weib, das den Groschen verloren hatte und ihn mit angezündetem Lichte suchte, hätte ihn nicht gefunden, hätte sie seiner nicht gedacht. Denn wenn sie ihn schon fand, woher sollte sie wissen, daß er's war, hätte sie seiner nicht gedacht? Schon vieles, was ich verloren hatte, habe ich gesucht und auch gefunden, ich weiß es genau. Denn wenn ich etwas suchte und man mir sagte: «Ist es vielleicht dies? oder vielleicht das?» erwiderte ich so lange «nein», bis mir das, was ich suchte, gebracht wurde. Hätte ich mich nicht daran erinnert, was es war, würde ich's, auch wenn man es mir brachte, nicht gefunden haben, denn ich hätte es nicht erkannt. So ist es immer, wenn wir Verlorenes suchen und finden. Wenn nämlich etwas den Blicken, aber nicht dem Gedächtnis entschwindet, etwa irgendein sichtbarer Gegenstand, hält man innerlich sein Bild fest und sucht so lange, bis man es wieder vor Augen hat. Hat man es gefunden, wird es an dem Bild im Inneren wieder erkannt. Erkennen wir's nicht, können wir auch nicht sagen, wir hätten gefunden, was verloren war, und erkennen können wir's nicht, wenn wir uns nicht erinnern. Aber es war nur den Blicken entschwunden und wurde vom Gedächtnis festgehalten.

Vom Wiederfinden im Gedächtnis [1]

Aber wie? Wenn das Gedächtnis selber etwas verliert, wie es geschieht, wenn wir vergessen, und wenn wir uns dann zu erinnern suchen, wo anders sollen wir's suchen als eben im Gedächtnis? Und wenn uns da statt dessen etwas anderes zugetragen wird, weisen wir es zurück, bis uns begegnet, was wir suchen. Und wenn es uns begegnet, sagen wir: «Das ist's», was wir nicht sagen könnten, wenn wir's nicht erkennten, und wir könnten es nicht erkennen, erinnerten wir uns nicht. Und doch hatten wir es vergessen! Oder war es uns nicht ganz entfallen und suchten wir nun, von dem Teil ausgehend, den wir behalten hatten, nach dem andern, weil das Gedächtnis fühlte, daß es Zusammengehöriges nicht mehr zusammenbrachte und aus der Gewohnheit geworfen, gleichsam verstümmelt und hinkend, nach Rückerstattung des Fehlenden verlangte? So ist es ja, wenn wir einen Bekannten erblicken oder an ihn denken und nun nach seinem vergessenen Namen suchen. Fällt uns dann etwas Falsches ein, können wir's nicht mit ihm verknüpfen, weil wir nicht gewohnt sind, es mit ihm zusammen zu denken. So weisen wir's zurück, bis wir das Rechte finden und sich das Denken in seinem gewohnten Geleise füglich beruhigen kann. Und woher kommt das Gesuchte, wenn nicht aus dem Gedächtnis? Auch wenn ein anderer uns erst daran erinnern muß, es kommt doch daher. Denn wir nehmen es nicht auf Treu und Glauben an, als wär' es etwas Neues, sondern die eigene Erinnerung bestätigt uns das Gesagte. Wäre es völlig aus unserem Geiste ausgelöscht, könnten wir uns auch dann nicht erinnern, wenn man uns darauf aufmerksam machte. Aber solange wir uns noch erinnern, daß wir etwas vergessen haben, haben wir's noch nicht gänzlich vergessen. Denn was wir gänzlich vergaßen, können wir auch nicht als verloren suchen.

Seliges Leben, von allen gesucht, also auch allen bekannt

Wie also suche ich dich, o Herr? Wenn ich dich suche, meinen Gott, such' ich das selige Leben. Ja, ich will dich suchen, daß meine Seele lebe. Denn es lebt mein Leib von meiner Seele, und meine Seele lebt von dir. Wie suche ich also das selige Leben? Ich hab' es ja noch nicht, ehe ich sagen kann: «Nun ist's genug, es ist da.» So muß ich denn zunächst feststellen, wie ich es suchen soll, ob durch Erinnerung, als hätte ich's vergessen, aber wüßte noch, daß ich's vergaß, oder im Verlangen, etwas Unbekanntes kennen zu lernen, sei es, daß ich noch nie davon gewußt, sei es, daß ich's so vergaß, daß ich selbst des Vergessens mich nicht mehr entsinne. Was ist doch das selige Leben? Ist's nicht das, was alle wollen und kein einziger nicht will?[1] Wo haben sie es denn kennen gelernt, daß sie es wollen? Wo es gesehen, um es nun zu lieben? Gewiß besitzen wir es auf irgendeine Weise, doch wer weiß wie? Verschieden ist die Weise, auf welche jeder, der es besitzt, selig ist, von der Weise derer, die nur in Hoffnung selig sind. Auch solche gibt es. Auf niedrigere Weise besitzen sie es als jene, die bereits in Wirklichkeit selig sind, doch sind sie besser daran als die, welche weder in Wirklichkeit noch in Hoffnung selig sind. Aber auch diese müssen es irgendwie besitzen, sonst verlangten sie nicht danach, selig zu sein, und es ist unzweifelhaft, daß sie danach verlangen. Auf irgendeine Weise, wüßte ich nur wie, haben sie es kennengelernt, haben also irgendwelche Kenntnis davon, und ich grüble darüber, ob diese Kenntnis im Gedächtnis ist. Denn wenn sie dort ist, sind wir einmal selig gewesen. Ob alle einzeln oder nur in dem einen, der zuerst sündigte, ‚in dem wir alle gestorben' und aus dem wir alle im Elend geboren sind, danach frage ich jetzt nicht, aber ich frage, ob wir das selige Leben im Gedächtnis haben. Wir könnten es ja nicht lieben, wenn wir's nicht kennten. Hören wir es nennen, müssen wir gestehen, daß alle Menschen, daß wir alle nach der mit diesem Wort bezeichneten Sache streben, denn nicht der bloße Klang des Wortes ist es, der uns erfreut. Denn wenn ein Grieche das lateinische Wort hört, freut er sich nicht, weil er den Sinn nicht versteht. Wir aber freuen uns, wie auch jener sich freut, wenn er das Wort auf griechisch hört. Denn die Sache selbst ist weder griechisch noch lateinisch, und ihrer teilhaftig zu werden, sehnen sich Griechen und Lateiner und alle anderen, welche Sprache sie auch sprechen. Sie ist also allen bekannt. Denn wenn man sie allzumal in eins fragen könnte, ob sie selig sein wollten, würden sie ohne Zweifel antworten, ja, sie wollten es. Das aber wäre unmöglich, wenn sie nicht die mit diesem Wort benannte Sache im Gedächtnis trügen.

Seliges Leben eine Art Freude · Wer kennt Freude nicht?

Aber wie? Etwa so wie ich mich an Karthago erinnere, das ich gesehen habe? O nein, denn das selige Leben sieht man nicht mit Augen, weil es nicht körperlich ist. Oder etwa wie wir uns an die Zahlen erinnern? Auch das nicht, denn wer von ihnen Kenntnis hat, sucht nicht mehr in ihren Besitz zu gelangen[1]. Vom seligen Leben aber haben wir Kenntnis, lieben es darum auch und suchen doch noch in seinen Besitz zu gelangen, um selig zu sein. Oder so wie wir uns der Redekunst erinnern? Wiederum nein, obschon sich viele, die noch nicht beredt sind, aber es sein möchten, wenn sie sie nennen hören, sich der Sache erinnern und dadurch beweisen, daß sie Kenntnis von ihr haben. Doch haben diese mit ihren leiblichen Sinnen andere beredte Leute wahrgenommen, Gefallen an ihnen gefunden und wünschen sich nun das gleiche, hätten freilich nicht Gefallen daran gefunden, besäßen sie nicht eine innere Kenntnis von der Beredsamkeit, und würden sie sich auch nicht wünschen, hätten sie nicht Gefallen daran. Das selige Leben aber können wir mit keinem leiblichen Sinne an anderen wahrnehmen. Dann etwa so, wie wir uns der Freude erinnern? Ja, vielleicht. Denn an meine Freude erinnere ich mich, auch wenn ich traurig bin, wie an das selige Leben, wenn ich unselig bin, und habe doch meine Freude mit keinem leiblichen Sinne gesehen, gehört, gerochen, geschmeckt oder getastet, sondern sie in meiner Seele erlebt, wenn ich mich freute. Dann blieb eine

Kenntnis von ihr in meinem Gedächtnis haften, so daß ich mich daran erinnern kann, bald mit Abscheu, bald mit Verlangen, je nach der verschiedenen Beschaffenheit der Dinge, an denen ich mich, wie mir meine Erinnerung sagt, einst freute. Denn auch häßliche Dinge habe ich einst mit einer gewissen Art von Freude genossen und kann nun daran nur mit Widerwillen und Verachtung denken. Bisweilen aber waren sie auch gut und schön, so daß ich mit Sehnsucht daran zurückdenke, weil sie mir vielleicht jetzt fehlen, und ich daher mit Betrübnis meiner einstigen Freude mich erinnere.

Wo also und wann hab' ich die Erfahrung gemacht vom seligen Leben, daß ich mich seiner erinnern, es lieben und ersehnen kann? Und zwar nicht nur ich allein und etwa noch einige wenige andere, sondern schlechthin alle wollen wir selig sein. Hätten wir keine sichere Kenntnis davon, würden wir es auch nicht mit solch sicherer Bestimmtheit wollen. Aber was hat nun folgendes zu bedeuten? Fragt man zwei Leute, ob sie Soldat werden wollen, kann es sein, daß der eine die Frage bejaht, der andere sie verneint; fragt man sie aber, ob sie glückselig sein wollen, sagen beide sogleich ohne Besinnen, ja, sie wollten es, und zwar möchte der eine aus keinem anderen Grunde Soldat werden und der andere es nicht werden, als um eben glückselig zu sein. Sollte wohl dies die Ursache sein, daß der eine hieran, der andere daran sich freut? In der Tat, in dem Willen, glückselig zu sein, stimmen alle ebenso überein, wie sie die Frage, ob sie sich freuen wollen, übereinstimmend beantworten würden. So nennen sie denn auch ihre Freude das glückselige Leben. Wenn auch der eine sie auf diesem, der andere auf jenem Wege zu erlangen sucht, so ist es doch das eine Ziel, das sie alle erreichen möchten: Sie wollen sich freuen. Da dies nun etwas ist, das jeder ohne Ausnahme schon erfahren hat, findet er's auch im Gedächtnis wieder und erkennt es, wenn er das glückselige Leben nennen hört.

Seligkeit ist Freude in Gott

Fern soll es mir liegen, o Herr, ganz fern dem Herzen deines Dieners, der dir sein Bekenntnis ablegt, zu wähnen, er sei glückselig, mit welcher Freude er sich auch freue. Denn es gibt eine Freude, die die Gottlosen nicht kennen, sondern nur diejenigen, die dir dienen, ohne Lohn zu begehren, deren Freude du selber bist. Das ist das selige Leben, sich an dir, im Aufblick zu dir und um deinetwillen zu freuen, das ist's, und ein anderes gibt es nicht. Die aber meinen, es gebe ein anderes, jagen einer andern Freude nach, aber nicht der wahren. Doch bleibt ihr Wille dabei stets von irgendeinem Bild der Freude gefesselt.

Seligkeit ist Freude an der Wahrheit
Man kennt sie, läßt sich doch verblenden

So ist es also anscheinend doch nicht sicher, daß alle selig sein wollen. Denn wer die Freude an dir, die doch allein seliges Leben ist, nicht will, will auch das selige Leben nicht. Oder wollen es doch alle, aber da ‚das Fleisch gelüstet wider den Geist und den Geist wider das Fleisch, so daß sie nicht tun, was sie wollen', verfallen sie auf das, was sie mit ihren Kräften zuwege bringen können, und begnügen sich damit, weil sie das, wozu ihre Kraft nicht ausreicht, auch nicht entschieden genug wollen, um es zuwege zu bringen? Denn frage ich sie, ob sie lieber an Wahrheit oder Falschheit Freude haben wollen, erwidern sie alle genau so ohne Zögern: «An der Wahrheit», wie sie ohne zu zögern erklären, sie wollten glückselig sein. Freude an der Wahrheit aber ist glückseliges Leben. Denn das ist die Freude an dir, Gott, der du die Wahrheit bist[1], ‚du mein Licht, meines Angesichts Hilfe und mein Gott'. Dies glückselige Leben wollen alle, dies Leben, das allein glückselig ist, wollen alle, Freude an der Wahrheit wollen alle. Viele sind mir begegnet, die täuschen wollten, aber keiner, der getäuscht werden wollte. Wo anders haben sie das glückselige Leben kennen gelernt als dort, wo sie auch die Wahrheit kennen lernten? Denn auch die lieben sie, weil sie nicht getäuscht werden wollen. Und da sie das glückselige Leben lieben, das nichts anderes ist als Freude an Wahrheit, lieben sie ganz gewiß auch die Wahrheit und könnten sie nicht lieben, trügen sie nicht Kunde von ihr im Gedächtnis. Warum also freuen sie sich nicht an ihr? Warum sind sie nicht glückselig? Weil sie stärker von anderen Dingen gefesselt werden, die sie unselig machen, und nur schwach sich dessen erinnern, was sie selig machen könnte. Denn ‚nur eine kleine Zeit noch ist das Licht bei den Menschen'. Möchten sie eilen, ja eilen, daß ‚nicht die Finsternis sie überfalle'!

Warum aber ‚erzeugt Wahrheit Haß', warum ist zum Menschenfeind geworden der Mensch, den du gesandt, der die Wahrheit verkündete, da man doch das glückselige Leben liebt, das nichts anderes ist als Freude an der Wahrheit? Das ist der Grund: Man liebt die Wahrheit wohl, aber so, daß wer etwas anderes liebt als sie, nun auch will, daß eben das die Wahrheit sei, und, weil er sich nicht täuschen lassen will, nun auch nicht zugeben will, daß er auf falschem Wege ist. So haßt man die Wahrheit um eines andern willen, das man an ihrer Statt liebt. Man liebt sie, wenn sie leuchtend lockt, und haßt sie, wenn sie straft. Denn da man nicht getäuscht werden, wohl aber täuschen will, liebt man sie, wenn sie sich selbst zeigt, haßt sie aber, wenn sie dem Beschauer sein eigenes Antlitz zeigt. Daher werden zur gerechten Strafe diejenigen, die vor der Wahrheit sich verstecken, wider Willen von ihr aufgedeckt, während sie selbst sich vor ihnen versteckt[1]. Ja, so ist es, so ist die Menschenseele; blind und träge, schmutzig und häßlich, wie sie ist, will sie selbst verborgen bleiben, aber will nicht, daß ihr etwas verborgen bleibe. So trifft sie die Vergeltung, daß sie enthüllt vor der Wahrheit dastehen muß, während die Wahrheit sich vor ihr verhüllt. Und dennoch, so unselig sie ist, will sie lieber am Wahren sich freuen als am Falschen. Selig aber wird sie sein, wenn sie einmal, erlöst von aller Beschwerde, sich allein der Wahrheit freut, der Wahrheit in alledem, was wahr ist.

Gott ist im Gedächtnis

Sieh, wie ich auf der Suche nach dir, Herr, des Gedächtnisses weite Räume durchstreifte, und außerhalb seiner hab' ich dich nicht gefunden. Denn nichts von dir find' ich, das ich nicht in Erinnerung trüge, seit ich zuerst dich kennen gelernt[1]. Und seit ich dich kennen lernte, hab' ich dich nicht vergessen. Denn wo ich die Wahrheit fand, da fand ich meinen Gott, der selbst die Wahrheit ist, die ich nicht vergaß, seit ich sie kennen gelernt. So bliebest du, seit ich dich kennen gelernt, in meinem Gedächtnis, und da find' ich dich, sooft ich deiner gedenke und freue mich in dir. Das sind meine heiligen Wonnen, die du mir geschenkt. Denn erbarmungsvoll schautest du herab auf meine Armut.

Aber wo im Gedächtnis?

Aber wo in meinem Gedächtnis wohnst du, Herr, sag mir, wo wohnst du dort? Was für eine Kammer hast du dir bereitet, welches Heiligtum dir gebaut? Du hast mein Gedächtnis gewürdigt, in ihm deine Wohnung aufzuschlagen, aber in welchem seiner Teile du wohnst, das frage ich nun. Denn als ich deiner gedachte, durchschritt ich jene Teile, die auch die Tiere haben, und weil ich dich dort unter den Bildern räumlicher Gegenstände nicht fand, kam ich zu den Teilen, wo ich meine Gemütsbewegungen niedergelegt. Auch dort fand ich dich nicht. Nun betrat ich die Wohnstätte meiner Seele selbst, wo sie in meinem Gedächtnis haust, da sie ja ihrer selbst eingedenk ist, und auch da warst du nicht. Denn wie du kein Bild eines räumlichen Dinges bist, auch nicht Gemütsbewegung eines Lebewesens, wenn es sich freut, trauert, wünscht, fürchtet, gedenkt, vergißt und was sonst dergleichen Regungen sind, so bist du auch nicht selbst Seele. Denn du bist der Seele Herr und Gott. All dies muß sich wandeln, du aber thronst unwandelbar über allem und hast doch mein Gedächtnis gewürdigt, darin zu wohnen, seit ich dich kennen gelernt. Aber was frag' ich, an welchem Platze du dort wohnst, als ob es dort Plätze gäbe? Und doch wohnst du sicherlich darinnen, denn seit ich dich kennen gelernt, hab' ich auch deiner gedacht und finde dich noch da, wenn ich deiner gedenke.

Nirgends und überall!

Wo also fand ich dich, daß ich dich kennen lernte? Denn eh' ich dich kennen lernte, warst du ja noch nicht in meinem Gedächtnis. Wo also fand ich dich, daß ich dich kennen lernte? Wo anders als in dir, über mir? Nirgends ist da ein Ort, daß wir uns entfernen oder hinzutreten könnten, nirgends ein Ort. O Wahrheit, du thronst überall. Alle fragen dich um Rat, und allen zugleich antwortest du, so verschiedenes sie auch fragen. Klar ist deine Antwort, aber nicht alle hören klar. Alle fragen und wollen Rat hören, aber nicht immer bekommen sie zu hören, was sie wollen. Der ist dein bester Diener, der nicht so sehr darauf denkt, von dir zu hören, was er selber will, als vielmehr das zu wollen, was er von dir hört.

Zu spät geliebt!

Spät hab' ich dich geliebt, o Schönheit [1], so alt und so neu, spät dich geliebt! Und siehe, drinnen warst du und ich draußen, suchte dich da und warf mich auf all das Schöne, das du gemacht, und war doch selbst so häßlich[1]. Du warst bei mir, aber ich nicht bei dir. Fernab hielt mich von dir all das, was doch nicht wäre, wär' es nicht in dir. Da hast du gerufen, geschrien, den Bann meiner Taubheit gebrochen, hast geblitzt, gestrahlt und meine Blindheit verscheucht. Deinen Duft hab' ich geatmet und seufze nun nach dir. Ich habe dich geschmeckt und hungere und dürste nun. Du hast mich berührt, und ich bin entbrannt in Verlangen nach deinem Frieden.

Anfechtung ist des Menschen Leben auf Erden

Wenn ich einmal dir ganz und gar anhange, wird kein Schmerz und keine Mühe mehr mich drücken und mein ganzes Leben, von dir erfüllt, wahrhaft lebendig sein. Noch ist es so weit nicht. Denn wen du erfüllst, den hebst du empor, ich aber bin deiner noch nicht voll, darum mir selbst zur Last. Freuden, wert der Tränen, streiten noch mit Schmerzen, die beglücken, und wer siegreich sein wird, ich weiß es nicht. Wehe mir! Herr, erbarme dich mein! Es streiten auch üble Schmerzen mit guten Freuden, und wer siegreich sein wird, ich weiß es nicht. Wehe mir! Herr, erbarme dich mein! Wehe mir! Sieh, meine Wunden verberge ich nicht. Du bist der Arzt, ich bin krank, du barmherzig, ich erbärmlich. ‚Ist nicht Anfechtung des Menschen Leben auf Erden?' Wer will denn Trübsal und Beschwerden? Du heißest sie erdulden, nicht sie lieben. Liebt doch niemand, was er duldet, mag er die Geduld auch *lieben*. Mag er seiner Geduld sich freuen, er würde doch lieber nichts erdulden. Geht es mir schlecht, sehne ich mich nach Glück, geht es mir gut, fürchte ich Unglück. Gibt's denn keinen Mittelweg dazwischen, wo das menschliche Leben nicht Anfechtung wäre? Wehe den Freuden dieser Welt, einmal und zum zweiten Mal wehe! um der Furcht vor Unglück und um des Verderbens willen, das diese Freude in sich trägt. Weh' auch den

Schmerzen dieser Welt, einmal und zum zweiten und dritten Mal wehe! um des Verlangens willen nach Wohlergehen und weil der Schmerz so bitter ist und die Geduld so leicht zerbricht. Ja, ist nicht Anfechtung des Menschen Leben auf Erden ohne Unterlaß?

Einzige Hoffnung Gottes Erbarmen

All mein Hoffen steht allein auf deinem großen Erbarmen. Gib, was du befiehlst, und befiehl, was du willst [1]. Du befiehlst uns Enthaltsamkeit. ,Und da ich wußte', so steht geschrieben, ,daß niemand enthaltsam sein kann, wenn Gott es nicht gibt, war auch dies schon Weisheit, zu wissen, wessen Gabe es ist'. Denn durch die Enthaltsamkeit werden wir gesammelt und zur Einheit zurückgebracht, von der wir in die Vielheit uns zerstreuten. Denn zu wenig liebt dich, wer neben dir noch ein anderes liebt, das er nicht um deinetwillen liebt [2]. O Liebe, die du immer brennst und nie erlischst, Liebe, du mein Gott [3], entflamme mich! Du befiehlst Enthaltsamkeit. Gib, was du befiehlst, und befiehl, was du willst.

Noch ist Augustin nicht frei von Fleischeslust
Die unkeuschen Gedanken

Sicherlich befiehlst du, daß ich mich enthalte ,von Fleischeslust, Augenlust und Hoffart dieser Welt'. Du befahlst Enthaltsamkeit von außerehelichem Verkehr, hast zwar die Ehe erlaubt, doch mahnend auf Besseres hingewiesen. Und da du es gabst, ist's auch geschehen und geschah, noch ehe ich ein Verwalter ward deines Sakraments. Aber noch leben in meinem Gedächtnis, von dem ich mancherlei gesagt, die Bilder von diesen Dingen, durch Gewohnheit dort eingeprägt. Tauchen sie auf, wenn ich wache, fehlt es ihnen zwar an Kraft, aber im Schlaf treiben sie mich nicht nur bis zum Lustgefühl, sondern auch zu willentlichem Bejahen, das ist schon fast zur Tat. Und solche Macht besitzt das Gaukelbild in meiner Seele und meinem Fleische, daß falsche Gesichte den Schlafenden verlocken können, wo doch den Wachenden wahre unberührt lassen. Bin ich denn, Herr, mein Gott, nicht auch im Schlaf ich selbst? Freilich, der Augenblick, da ich vom Wachen zum Schlafen übergehe und vom Schlafen zum Wachen zurückkehre, begründet einen großen Unterschied zwischen mir selbst und mir selbst. Wo bleibt im Schlaf die Vernunft, mit der ein Wachender solcher Einflüsterungen sich erwehrt, ja selbst unerschüttert bleibt, wenn die Versuchungen Fleisch und Blut annehmen? Schließt sie sich mit den Augen? Schläft sie ein mit den körperlichen Sinnen? Wie kommt es denn, daß wir oft auch im Schlaf Widerstand leisten und, eingedenk unseres Vorsatzes und keusch bei ihm verharrend, den häßlichen Lockungen die Zustimmung verweigern? Dennoch ist der Unterschied so groß, daß, auch wenn dies nicht geschah, wir beim Erwachen die Ruhe des Gewissens wiederfinden und uns im Hinblick auf diesen Unterschied sagen, daß wir es nicht getan haben, was doch irgendwie zu unserm Leidwesen in uns geschehen ist.

Ist etwa nicht mächtig genug deine Hand, allmächtiger Gott, alle Schwächen meiner Seele zu heilen und durch deine überschwengliche Gnade auch die lüsternen Regungen meines Schlafes auszutilgen? Laß mir, Herr, immer reichlicher deine Gaben zufließen, daß meine Seele, frei vom Leim der bösen Lust, mir folge zu dir, daß sie nicht rebellisch sei gegen sich selbst, auch im Schlaf durch die sinnlichen Bilder sich nicht hinreißen lasse zu schmählich beschämender Wollust[1], ja, nicht einmal in Gedanken einwillige. Denn daß nichts dergleichen ihr wohlgefalle, sei's auch so geringfügig, daß im Schlaf ein Wink des keuschen Herzens es verdrängen könnte, nicht nur im späteren Leben, sondern auch in meinem jetzigen Alter, ist dir, dem Allmächtigen, nicht schwer, ‚der du überschwenglich tun kannst über alles, was wir bitten und verstehen'. Nun aber habe ich's meinem guten Herrn gesagt, was von Üblem dieser Art noch an mir ist, hab' es gesagt in zitternder Freude über die Gabe, die du mir bereits verliehen, und trauernd darüber, daß ich noch so unvollkommen bin, und in der Hoffnung, du werdest dein Erbarmen über mich vollenden bis zum völligen Frieden, den ich mit allem, was drin und draußen ist an mir, bei dir haben werde, ‚wenn der Tod verschlungen ist in den Sieg'.

Speise und Trank locken zur Gier und Überschreitung des Maßes

Noch eine andere ‚Plage hat der Tag'. Ach, daß es ‚damit genug wäre'! Dem täglichen Verfall unseres Körpers begegnen wir durch Essen und Trinken, bis ‚Speise und Leib du zunichte machst', wenn du einst unsere Bedürftigkeit aufhebst durch wunderbare Sättigung und ‚dies Verwesliche bekleidest mit ewiger Unverweslichkeit'. Nun aber bereitet mir solche Nötigung Lust, und gegen dies Lustgefühl kämpfe ich an, daß es mich nicht gefangen nehme, führe Krieg dawider durch tägliches Fasten, und oftmals gelingt es mir auch, ‚meinen Leib zu zähmen'; aber immer noch ist's mir ein Genuß, die Schmerzen zu vertreiben. Denn Hunger und Durst sind auch eine Art Schmerz, brennen und töten wie Fieber, wenn nicht die Arznei der Nahrung Abhilfe schafft. Da nun diese immer zu haben ist in deinen tröstenden Gaben, mit denen Erde, Wasser und Himmel unserer Schwachheit dienen, heißt man, was doch Mühsal ist, Genuß.

Das hast du mich gelehrt, wie Arznei die Nahrung zu mir zu nehmen. Aber wenn ich nun den Übergang von der Beschwerde des Hungers zur Ruhe der Sattheit erlebe, lauern mir eben darin die Schlingen der Begierde. Denn dieser Übergang selbst ist Lust, und anders kann ich nicht dahin gelangen, wohin der Zwang der Notwendigkeit mich doch treibt. Und während der Zweck des Essens und Trinkens die Erhaltung der Gesundheit ist, gesellt sich gleichsam als Begleiter der gefährliche Genuß hinzu und versucht oft den Vortritt zu gewinnen, daß um seinetwillen geschehe, was ich doch, wie ich behaupte und auch will, der Gesundheit wegen tue. Beide aber haben nicht das gleiche Maß. Denn was der Gesundheit genügt, ist dem Genuß zu wenig, und oft kann es zweifelhaft sein, ob die notwendige Körperpflege den Dienst verlangt oder ob die genießerische Arglist der Begierde sich bedienen lassen will. Dieser Ungewißheit freut sich dann die arme Seele und schafft sich mit Vergnügen Deckung durch die Ausrede, es sei nicht klar, was zur Erhaltung des Wohlbefindens genüge. So wird durch den Vorwand der Sorge für die Gesundheit das Treiben der Lust verschleiert. Diesen Anfechtungen suche ich täglich zu widerstehen, rufe deine Rechte um Beistand an und bringe vor dich meine Ängste, weil ich mir in dieser Angelegenheit noch keinen rechten Rat weiß.

Ich höre die Befehlsstimme meines Gottes: ‚Hütet euch, daß eure Herzen nicht beschwert werden mit Fressen und Saufen.' Trunksucht liegt mir fern, und du wirst dich mein erbarmen, daß sie auch künftig sich mir nicht nahe. Unmäßigkeit im Essen [1] aber hat bisweilen deinen Knecht überfallen; du wirst dich erbarmen, daß sie hinfort mir fern bleibe. Denn ‚niemand kann enthaltsam sein, wenn du es nicht gibst'. Vieles gewährst du uns auf unser Bitten, und was wir Gutes empfingen, ehe wir drum baten, es kam auch von dir, und wenn wir dies später erkannten, kam auch das von dir. Ein Trinker war ich nie, doch kannte ich Trinker, die du nüchtern gemacht. Du hast's gewirkt, daß es nicht sind, die es niemals waren, hast gewirkt, daß, die es waren, es nicht immer bleiben, du, dessen Werk es ist, daß beide wissen, wer es gewirkt hat. Noch ein anderes

Wort hörte ich von dir: ‚Folge nicht deinen Begierden und entsag deinen Gelüsten.' Auch jenes hörte ich durch deine Gnade, das besonders lieb mir ward: ‚Essen wir, so gewinnen wir nichts, essen wir nicht, so verlieren wir auch nichts', das will sagen: Das eine macht mich nicht reich, das andere nicht arm und bekümmert. Noch ein anderes hörte ich: ‚Ich habe gelernt, mich mit dem, was ich habe, zu begnügen. Ich kann übrig haben und kann Mangel leiden. Ich vermag alles durch den, der mich mächtig macht.' Sieh, das war ein Streiter im himmlischen Heer, nicht Staub wie wir. Aber gedenke, Herr, ‚daß wir Staub sind', daß du aus Staub den Menschen machtest und daß er ‚verloren war und wiedergefunden' ward. Aber auch jener vermochte es nicht durch sich, denn auch er war Staub, und ich liebe ihn um des Wortes willen, das deines Geistes Hauch ihm eingegeben: ‚Ich vermag alles durch den, der mich mächtig macht.' So mach auch mich mächtig, daß ich's vermag. Gib, was du befiehlst, und befiehl, was du willst! Auch er bekennt, daß er empfangen hat, und wenn ‚er sich rühmt, rühmt er sich im Herrn'. Noch einen andern hörte ich, der bat, er möge empfangen. ‚Nimm hinweg, sprach er, meines Leibes gieriges Verlangen.' So ist es denn klar, heiliger Gott, daß du es gibst, wenn geschieht, was nach deinem Befehl geschehen soll.

Gelehrt hast du mich, guter Vater, daß ‚dem Reinen alles rein, doch daß es dem Menschen schädlich ist, mit einem Anstoß seines Gewissens zu essen', und daß ‚all deine Kreatur gut ist und nichts verwerflich, was mit Danksagung empfangen wird', und daß ‚die Speise uns Gott nicht wohlgefällig macht', und daß ‚niemand uns richten soll um Speise oder Tranks willen', und daß, ‚wer ißt, den nicht verachten soll, der nicht ißt', und ‚wer nicht ißt, den nicht richten, der da ißt'. Das hab' ich gelernt. Dank sei dir dafür und Lobpreis, meinem Gott und meinem Lehrer, der an meine Ohren pocht und mein Herz erleuchtet! Entreiß mich aller Anfechtung! Nicht die Unreinheit der Kost fürchte ich, sondern die Unreinheit der Begierde. Ich weiß, daß Noah jede Art von Fleisch, die zur Speise tauglich war, essen durfte, daß Elias sich durch Fleischgenuß stärkte, daß Johannes, begabt mit wunderbarer Enthaltsamkeit, von dem Getier, das ihm zur Speise dienen mußte, den Heuschrecken, nicht befleckt ward. Aber ich weiß auch, daß Esau durch die Gier nach einem Linsengericht sich verführen ließ, daß David sein Verlangen nach einem Wassertrunk sich selbst zum Vorwurf machte und daß unser König nicht mit Fleisch, sondern mit Brot versucht ward. So verdiente auch das Volk in der Wüste nicht darum Strafe, weil es nach Fleisch verlangte, sondern weil es im Verlangen nach Speise wider den Herrn murrte.

Von diesen Versuchungen umringt, streite ich täglich wider die Gier nach Speise und Trank. Denn was beim Geschlechtsverkehr anging, mit einmaligem Entschluß mich loszureißen, um hinfort nicht mehr davon berührt zu werden, ist hier nicht möglich. So muß man denn die Zügel des Gaumens bald mit Bedacht lockern, bald straffer anziehen. Und wen gäbe es, Herr, der sich nicht bisweilen ein wenig über die Grenzen des Notwendigen fortreißen ließe? Gibt's einen solchen – er wäre ein großer Mann – preise er deinen Namen. Ich bin nicht so, denn ich bin ein sündiger Mensch. Aber auch ich preise deinen Namen, und ‚eintritt bei dir' für meine Sünden er, der ‚die Welt überwunden hat'. Er zählt mich zu den schwachen Gliedern seines Leibes, denn was ‚unvollkommen an mir war, sahen deine Augen, und doch werden alle eingeschrieben in dein Buch'.

Die Lockungen der Wohlgerüche

Um die Lockungen der Wohlgerüche kümmere ich mich nicht viel. Fehlen sie, vermisse ich sie nicht, sind sie da, verschmähe ich sie auch nicht und bin doch bereit, auf sie für immer zu verzichten. So scheint es mir wenigstens, aber vielleicht täusche ich mich. Denn klagen muß ich auch über die Finsternis, die mir verbirgt, was ich zu leisten vermag. Wenn daher mein Geist nach seinen eigenen Kräften fragt, tut er gut, sich selbst nicht so leicht Glauben zu schenken. Denn das Inwendige bleibt meist verborgen, bis Erfahrung es ans Licht bringt, und niemand darf in diesem Leben, das, wie die Schrift sagt, ‚nichts als Anfechtung ist', sicher sein, daß, wer aus einem Schlechteren ein Besserer wurde, nicht auch wiederum aus einem Besseren ein Schlechterer werden könnte. Einzige Hoffnung, einzige Zuversicht, einzige gewisse Verheißung bleibt dein Erbarmen.

Die gefährlichen Reize des Gehörsinns

Die Lüste und Genüsse der Ohren hatten mich fester umstrickt und unterjocht, doch du hast mich davon gelöst und befreit. Auch heute noch, ich gesteh' es, ruhe ich gern eine Weile im Wohllaut der Töne, wenn sie durch deine Worte beseelt und von lieblichen Stimmen kunstreich gesungen werden; doch bleib' ich nicht haften, sondern schwinge mich empor, sooft ich will. Aber wenn sie mit den sie belebenden Worten bei mir eindringen, fordern sie in meinem Herzen auch einen würdigen Platz, und schwerlich weise ich ihnen den richtigen an. Denn mir will scheinen, daß ich ihnen bisweilen mehr Ehre erweise, als sich gebührt. Ich fühle nämlich, daß unsere Herzen durch die heiligen Worte lebhafter zu Andachtsgluten entflammt werden, wenn man sie singt, als wenn man nicht singen würde, und daß alle Stimmungen unseres Gemüts je nach ihrer Eigenart ihre besonderen ihnen entsprechenden Weisen in Gesang und Stimme haben, durch welche sie, als bestände da irgendeine geheime Verwandtschaft, angeregt werden. Aber das sinnliche Lustgefühl, dem man den Geist nicht ausliefern darf, da es ihn übertäuben will, betört mich noch oft. Denn es begnügt sich nicht damit, der Vernunft als bescheidener Begleiter nachzufolgen, sondern, obschon es nur um ihretwillen zugelassen werden dürfte, sucht es Vortritt und Führung zu erlangen. So sündige ich auch hierin, ohne es zu merken. Erst später merke ich's.

Bisweilen aber, in übertriebener Sorge vor dieser Täuschung, irre ich auch durch zu große Strenge, und zwar hin und wieder so sehr, daß ich all die lieblichen Melodien, nach denen man Davids Psalmen meistens singt, aus meinen Ohren und auch denen der Kirche entfernt wissen möchte. Dann scheint es mir sicherer, was ich mir oft von Athanasius, dem Bischof von Alexandria, habe erzählen lassen, der den Lektor die Psalmen mit so geringer Modulation der Stimme vortragen hieß, daß es mehr ein Vorlesen als ein Singen war. Jedoch wenn ich meiner Tränen gedenke, die ich beim Gesang der Gemeinde in den Frühlingstagen meines neugewonnenen Glaubens vergoß, sodann auch dessen, wie ich noch jetzt ergriffen werde, nicht so sehr durch den Gesang als durch die Worte des Liedes, wenn es mit reiner Stimme und in passendem Tonfall gesungen wird, erkenne ich den großen Wert auch dieses Brauches an. So schwanke ich hin und her, bald die Gefahr der Sinnenlust, bald die erfahrene Heilsamkeit bedenkend, und neige mich mehr zu der freilich nicht unwiderruflichen Ansicht, den üblichen Kirchengesang zu billigen. Mag sich immerhin ein schwächeres Gemüt durch den einschmeichelnden Wohllaut zu frommen Gefühlen anregen lassen. Widerfährt es mir jedoch, daß mich mehr der Gesang als das gesungene Wort ergreift, so muß ich gestehen, daß ich sträflich sündige, und dann möcht' ich am liebsten keinen Gesang mehr hören. Sieh, so bin ich. Weinet mit mir und weinet für mich, die ihr frommen Sinn im Herzen hegt, aus dem die guten Taten kommen. Denn habt ihr keinen solchen Sinn, wird euch dies alles nicht rühren. Du aber, Herr, mein Gott, ‚schau auf mich und erhöre mich', sieh her, ‚sei mir gnädig und heile mich'! Vor deinen Augen bin ich mir selbst zum Rätsel geworden, und das ist meine Schwäche.

Der Augen Lust · Reiz des sinnlich Schönen

Nun bleibt mir noch die Lust der Augen meines Fleisches zu bekennen. Hören mögen mich die Ohren deiner Kirche, brüderliche und fromme Ohren. Dann aber soll nicht länger von den Versuchungen des Fleisches die Rede sein, die mich noch jetzt aufseufzen lassen und das Verlangen wecken, ‚überkleidet zu werden mit der Behausung, die vom Himmel kommt'. Schöne und mannigfache Formen, leuchtende und liebliche Farben lieben meine Augen. Doch sie sollen meine Seele nicht fesseln. Das soll allein Gott, der all das zwar sehr gut geschaffen hat; doch nur er selbst ist mein Gut, nicht diese Dinge. Aber sie dringen auf mich ein, wenn ich nur wach bin, den ganzen Tag und lassen mir keine Ruhe, wie es doch bisweilen die Töne tun, wenn völliges Schweigen herrscht. Denn die Königin der Farben, das helle Tageslicht, das alles überflutet, was wir erblicken, fällt mir, wo ich tagsüber auch weilen mag, auf mancherlei Weise schmeichelnd in die Augen, auch wenn ich mit anderem beschäftigt bin und nicht darauf achte. Und mit solcher Macht umfängt es uns, daß, wenn es sich plötzlich uns entzöge, wir's mit Verlangen suchen und, bliebe es lange fort, schmerzlich trauern würden.

O Licht, das Tobias sah, als er mit geschlossenen leiblichen Augen seinem Sohne den Weg des Lebens wies und ihm voraufging mit dem Schritt der Liebe, ohne zu irren[1]; das auch Isaak sah, als Greisenalter die Lichter seines Leibes verdeckt und verdunkelt hatte und er seine Söhne zwar nicht erkennend segnete, aber segnend erkannte; das auch Jakob sah, als er, altersschwach und erblindet, mit erleuchtetem Herzen die in den Söhnen vorgebildeten Stämme des künftigen Volkes so klar beschrieb und als er seinen Enkeln, den Josephsöhnen, die geheimnisvoll gekreuzten Hände auflegte, nicht wie der Vater draußen es ändern wollte, sondern wie er's selber innerlich erkannt. Das ist das Licht, das eine, und eins sind alle, die es sehen und lieben. Aber jenes körperliche Licht, von dem ich sprach, es würzt mit lockender, gefährlicher Süßigkeit blinden Liebhabern das Erdenleben. Doch die um seinetwillen dich preisen, ‚du Gott und Schöpfer aller Welt', die heben es hinauf in den Lobgesang, den sie dir singen, und lassen sich nicht von ihm versenken in falschen Traum [1]. Das ist auch mein Verlangen. So widerstehe ich den Verführungskünsten meiner Augen, daß meine Füße, die auf deinen Wegen wandeln, nicht umgarnt werden, und richte auf dich die unsichtbaren Augen, ‚daß du meine Füße aus dem Netze ziehest'. Wohl werden sie umstrickt, doch immer wieder befreist du sie. Oft bleibe ich hängen in den Fallen, die überall mir gestellt sind, aber du wirst nicht müde, mich zu befreien, denn ‚Israels Hüter bist du, der nicht schläft noch schlummert'.

Wie haben die Menschen sich doch mit allerlei Künsten und Handfertigkeiten zur schon vorhandenen noch ungezählte neue Augenweide verschafft, mit Kleidern, Schuhen, Gefäßen und sonstigem Hausrat, auch Gemälden und mancherlei Bildwerk, die den notwendigen und maßvollen Gebrauch und frommen Sinn weit hinter sich lassen, sind draußen dem nachgegangen, was sie schufen, und haben drinnen den verlassen, der sie erschuf, und das zerstört, wozu er sie erschuf! Ich aber, du mein Gott und meine Zier, sage auch um dieser Dinge willen dir meinen Lobgesang und bringe ein heilig Dankopfer dem, der mich heilig macht. Denn all das Schöne, das aus des Künstlers Seele in das Werk kunstreicher Hände fließt, stammt von jener Schönheit, die über allen Seelen ist, nach der meine Seele verlangend seufzt bei Tag und Nacht. Die aber was nur äußerlich schön ist hervorbringen und betrachten, finden wohl in ihr den Maßstab rechten Urteils, aber nicht den Maßstab rechten Gebrauchs. Er ist wohl da, aber sie sehen ihn nicht, sonst würden sie nicht weitergehen, würden ‚ihre Kraft in deiner Obhut wahren' und sie nicht vergeuden in erschlaffenden Genüssen. Auch ich, der ich dies sage und wohl zu unterscheiden weiß, lasse meinen Fuß vom Reiz solch schöner Dinge noch umstricken. Aber du, Herr, machst mich frei, machst mich frei, denn ‚dein Erbarmen ist vor meinen Augen'. Erbärmlich lasse ich mich fangen, aber barmherzig machst du mich frei, bisweilen, ohne daß ich's fühle, wenn ich unvermerkt so eben nur hineingeraten, bisweilen auch mit Schmerzen, wenn die Bande mich schon fester hielten.

Eitle Wißbegier, Vorwitz, Neugier

Noch eine andere Art Versuchung, weit gefährlicher als diese, gibt es. Denn neben jener Fleischeslust, die sich im gierigen Genusse aller Sinne regt und jeden zugrunde richtet, der fern von dir ihr frönt, wohnt in der Seele eine andere Gier, zwar nicht sinnlich zu genießen, aber durch die Sinne des Leibes zu erspähen, was zur Befriedigung eitlen Vorwitzes dient und sich herausputzt mit dem Namen Erkenntnis und Wissenschaft. Da diese Gier im Wahrnehmungstriebe wohnt und unter allen Sinnen, die der Wahrnehmung dienen, die Augen die Vornehmsten sind, nennt Gottes Wort sie ‚der Augen Lust'. Denn das Geschäft der Augen ist das Sehen. Doch brauchen wir dies Wort auch bei den andern Sinnen, wenn wir uns ihrer zur Wahrnehmung bedienen. Denn wir sagen nicht: «Hör, was da schimmert», oder «rieche, was da glänzt», oder «schmecke, was da blinkt», oder «taste, was da strahlt», sondern von all dem sagen wir nur, daß wir es sehen. Wir sagen aber nicht nur: «Sieh, wie das leuchtet», was ja nur die Augen wahrnehmen können, sondern auch: «Sieh, wie das klingt, sieh, wie das duftet, sieh, wie das schmeckt, sieh, wie das hart ist.» So wird denn, wie ich sagte, alle Lust an sinnlicher Wahrnehmung Augenlust genannt, weil auch die übrigen Sinne, wenn sie etwas erkunden, gewissermaßen das Amt des Sehens, bei dem die Augen den Vorrang haben, vertretungsweise ausüben.

Hieraus läßt sich deutlicher ersehen, was bei der Sinnestätigkeit der Lust und was der Neugier dient. Lust trachtet nach dem, was schön, klangvoll, wohlriechend, wohlschmeckend und weich anzufühlen ist, Neugier aber befaßt sich vorwitzig auch mit dem Entgegengesetzten, nicht um davon Beschwerde zu haben, sondern in der bloßen Sucht, es zu erfahren und kennen zu lernen. Wie könnte man an dem schauerlichen Anblick eines zerfleischten Leichnams Vergnügen haben? Und doch, wenn solch einer irgendwo liegt, strömen die Leute herbei, jammern und werden bleich vor Schrecken. Sie haben Angst davor, dergleichen auch nur im Traum zu erblicken. Wer zwingt sie denn, es sich wachend anzusehen, und wo ist da im entferntesten die Rede von Schönheit? So ist's auch mit den übrigen Sinnen. Es wäre zu umständlich, das auszuführen. Um diese krankhafte Gier zu befriedigen, zeigt man im Theater allerlei Wunderdinge. Deswegen bemüht man sich, Naturerscheinungen, die außerhalb unseres Gesichtskreises liegen [1] und deren Kenntnis keinerlei Nutzen bringt, zu erforschen. Von nichts anderem als bloßer Wißbegier läßt man sich treiben. Auch Zauberkünste stellt man in den Dienst solch verkehrten Erkenntnisstrebens. Sogar auf religiösem Gebiete wagt man es, Gott zu versuchen und Zeichen und Wunder zu fordern, nicht zu irgendwelchem heilsamen Zweck, sondern lediglich, um Merkwürdiges zu erleben.

In diesem endlosen Walde voller Hinterhalte und Gefahren, sieh, wie vieles hab' ich schon abgeworfen und aus meinem Herzen vertrieben! Ich tat's, weil du es mir verliehest, ,Gott meines Heils'. Und doch, wann darf ich es zu sagen wagen, da solch eine Fülle von Dingen dieser Art unser alltägliches Leben umlärmt, wann darf ich es zu sagen wagen, daß nichts hiervon mich lockt, es zu schauen und in eitlem Verlangen danach zu greifen? Wohl hat das Theater seine Anziehungskraft verloren, kümmere ich mich nicht mehr um den Lauf der Sterne, und nie hab' ich mich mit Befragung der Toten abgegeben. Alles unheilige Zauberwerk ist mir ein Greuel. Aber daß ich von dir, Herr, mein Gott, dem ich demütigen, einfältigen Dienst zu leisten schuldig bin, ein Zeichen erbitten solle, mit welch listigen Einflüsterungen hat mich der Feind dazu nicht schon gereizt! Doch ich bitte und beschwöre dich bei unserm König und unserer Vaterstadt Jerusalem, der einfältigen und reinen, hilf, daß ich, wie es schon bisher mir fern lag, darein zu willigen, es auch immerdar und immer entschiedener von mir weise. Wenn ich jedoch das Heil eines Bruders von dir erflehe, so ist freilich die Absicht eine ganz andere, und wenn du dann tust, was du willst, machst du mich willig und wirst mich ferner willig machen, dir zu folgen.

Doch wer kann's aufzählen, von wie vielen ganz geringfügigen und erbärmlichen Dingen unsere Neugier täglich gereizt wird und wie oft wir dann ausgleiten? Wie häufig hören wir unnützes Geschwätz zunächst nur geduldig an, um die Schwachen nicht zu kränken, aber allmählich wird unsere Aufmerksamkeit doch gefesselt! Wenn etwa im Zirkus ein Hund dem Hasen nachläuft, schau ich mir's nicht an. Sehe ich solche Jagd aber beim zufälligen Vorüberkommen auf freiem Felde, lenkt sie mich vielleicht von wichtigem Nachdenken ab. Mein Reittier lass' ich seinen Weg fortsetzen, aber mein Herz geht irre. Und machst du mich nicht alsbald auf meine Schwäche aufmerksam und lässest mich entweder durch eine an das Bild anknüpfende Betrachtung aufsteigen zu dir oder aber es ganz verachten und beiseite schieben, so starre ich stumpfen Geistes hin. Wie? Geschieht es nicht auch oft, daß ich gespannt hinblicke, wenn ich zu Hause sitze und sehe, wie eine Eidechse Fliegen fängt oder eine Spinne sie umwickelt, wenn sie ihr ins Netz geraten? Ist's nicht dieselbe Sache, auch wenn es sich jetzt nur um kleine Geschöpfe handelt? Wohl gehe ich dann dazu über, dich, den wunderbaren Schöpfer und Ordner des Weltalls zu loben, aber nicht das war's, was mich zuerst gefesselt. Rasch aufstehen ist nicht dasselbe wie gar nicht fallen. Von solchen Dingen ist mein Leben voll, so bleibt meine einzige Hoffnung dein übergroßes Erbarmen. Denn wenn unser Herz zum Gefäß derartiger Sachen wird und sich füllt mit den wirren Massen solch eitlen Krams, werden unsere Gebete dadurch oft unterbrochen und gestört, und treten wir vor dein Angesicht und schicken unseres Herzens Stimme hinauf zu deinen Ohren, so brechen, ich weiß nicht woher, die nichtigen Gedanken herein, und das gute Vorhaben wird vereitelt.

Hoffart · Lust am Beifall

Soll ich auch das für unwichtig halten, soll ich auf etwas anderes meine Hoffnung setzen als auf dein Erbarmen? Hab' ich es doch schon erfahren, da du begonnen hast mich umzuwandeln. Du selbst weißt, wie weit du mich bereits umgewandelt hast. Hast du mich doch zuerst von der Sucht befreit, mich selbst zu rechtfertigen [1], um dann auch ‚all meine übrigen Sünden zu vergeben und all meine Gebrechen zu heilen, mein Leben vom Verderben zu erlösen, mich zu krönen mit Gnade und Barmherzigkeit und mein Verlangen zu sättigen mit Gaben und Gütern'. Hast du doch meinen Stolz zu Boden geschlagen durch deine Furcht und meinen Nacken unter ‚dein Joch' gebeugt. Nun trage ich es, und es ‚ist mir sanft', denn wahr gemacht hast du, was du versprachst. Längst war es so, aber ich wußte es nicht, da ich mich fürchtete, es auf mich zu nehmen.

Doch wie ist es, Herr, der du allein herrschest ohne Übermut, weil du allein der wahre Herr bist, der Herr, der keinen Herrn hat, ist auch jene dritte Art der Versuchung schon von mir gewichen oder kann sie jemals in meinem ganzen Leben von mir weichen, nämlich der hoffärtige Wunsch, von Menschen gefürchtet und geliebt zu werden, und zwar aus keinem andern Grunde als dem, eine Freude darüber zu empfinden, die doch gar keine Freude ist? Wie armselig ist doch das Leben, eine häßliche Prahlerei! Daher kommt's allermeist, daß man dich nicht liebt noch keusch dich fürchtet, und deshalb ‚widerstehst du den Hoffärtigen und gibst den Demütigen Gnade', lässest ‚deinen Donner rollen' über der Ehrsucht dieser Welt, ‚daß die Grundfesten der Berge erbeben'. Gewiß, wenn wir in der menschlichen Gesellschaft ein Amt zu verwalten haben, müssen die Menschen uns fürchten und lieben. Aber alsbald ist der Feind unseres wahren Glückes zur Stelle und legt überall seine Schlingen. «Recht so, recht so!» flüstert er, daß wir nach dem Beifall gierig haschen und unversehens uns fangen lassen, statt an der Wahrheit uns am Trug der Menschen freuen und geliebt und gefürchtet werden wollen, nicht um deinetwillen, sondern an deiner Statt. So macht er uns zu seinesgleichen und zu Gefährten nicht des Liebesglücks, sondern der Qual des Gerichts, er, der in Mitternacht thront und will, daß wir ihm, der eifersüchtig dir auf falschem, krummem Wege nachstrebt, in Finsternis und Eiseskälte dienen. Wir aber, Herr, sieh, sind deine ‚kleine Herde' und wollen dir gehören. Breite deine Flügel aus, daß wir darunter Zuflucht finden. Sei du unser Ruhm! Nur deinetwegen wollen wir uns lieben und fürchten lassen. Wer von den Menschen gelobt sein will, wenn du ihn tadelst, den werden die Menschen nicht verteidigen, wenn du ihn richtest, und nicht erretten, wenn du ihn verdammst. ‚Kein Lob wird zuteil dem Sünder in den Lüsten seiner Seele, kein Segen dem, der Unrecht tut', sondern man lobt den Menschen um der Gabe willen, die du ihm verliehst. Freut er sich aber mehr am Lob als an der Gabe, um derentwillen er gelobt wird, so lobt man ihn zwar, indes du tadelst, doch besser ist dann der, der lobt, als der gelobt ward. Denn jenem gefiel am Menschen Gottes Gabe, diesem aber mehr des Menschen als Gottes Gabe.

Ob und wann man sich des Lobes freuen darf

So werden wir täglich angefochten, Herr, angefochten ohne Unterlaß. Der Menschen Zunge ist Tag für Tag unser Feuerofen. Auch hier, so befiehlst du, sollen wir enthaltsam sein. Gib, was du befiehlst, und befiehl, was du willst! Du weißt, wie aus diesem Grunde mein Herz zu dir geseufzt und welche Tränenbäche aus meinen Augen geflossen sind. Denn wie weit ich gereinigt bin von dieser Pest, wird mir schwer zu erkennen, auch fürcht' ich sehr meine ‚verborgenen Fehler', die deine Augen sehen, meine aber nicht. Denn wenn es um andere Art der Anfechtung sich handelt, hab' ich wohl Möglichkeit, mich zu erforschen, bei dieser Art jedoch fast gar keine. Denn wie weit ich meinen Geist von Fleischeslust und unnützer Neugier des Erkenntnistriebes bereits befreit, erseh' ich, wenn gewollt oder ungewollt die Reize fehlen. Dann nämlich frag' ich mich, ob es mir mehr oder weniger beschwerlich sei, sie zu entbehren. Hab' ich Reichtum, den man begehrt, um einer der drei Lüste oder zweien oder allen dreien zu frönen, und kann ich, solang ich ihn besitze, nicht ergründen, ob ich ihn verachte, kann ich mich seiner ja entäußern und die Probe machen. Doch was sollen wir tun, des Lobes verlustig zu gehen, daß wir uns erforschen können? Etwa ein böses Leben führen, so schlecht und widerlich, daß jeder, der uns kennt, mit Abscheu sich abwenden muß? Nichts Unsinnigeres als dies ließe sich sagen oder erdenken. Wenn aber Lob des guten

Lebens und der guten Werke Begleiter zu sein pflegt und auch sein soll, darf man das Geleit sowenig lassen wie das gute Leben selbst. Und doch kann ich nicht fühlen, was ich mit Gleichmut und was nur schweren Herzens entbehre, wenn's mir nicht fehlt.

Was also soll ich dir von Versuchungen dieser Art, Herr, bekennen? Was außer dem einen, daß Lobsprüche mich erfreuen? Doch freut mich die Wahrheit mehr als Lob. Denn wenn man vor die Wahl mich stellte, ob ich lieber rasend sein und in allen Stücken irren, aber dabei von allen Menschen gelobt werden möchte, oder besonnen und der Wahrheit sicher, aber von allen getadelt, so weiß ich, was ich wählen würde. Aber ich möchte gern, daß die Freude, die mir ein gutes Werk bereitet, nicht noch vermehrt würde durch Anerkennung aus fremdem Munde. Doch sie wird vermehrt, ich muß es gestehen, und nicht nur das, sondern Tadel verringert sie auch. Wenn mich nun dies mein Elend niederdrückt, schleicht sich eine Entschuldigung ein, und du allein, Gott, weißt, was davon zu halten ist. Mich macht sie unsicher. Du hast uns, sage ich mir, ja nicht nur Enthaltsamkeit befohlen, die uns lehrt, welchen Dingen wir unsere Liebe entziehen sollen, sondern auch Gerechtigkeit, die lehrt, wem wir sie zuwenden sollen, auch hast du gewollt, daß wir nicht nur dich, sondern auch den Nächsten lieben. So meine ich mich oft über den sei es wirklichen, sei es zu erhoffenden Fortschritt des Nächsten zu freuen, wenn mich sein einsichtiges Lob erfreut, und über sein Unrecht mich zu betrüben, wenn ich ihn tadeln höre, was er nicht versteht oder was gut ist. Denn manchmal betrüben mich auch Lobsprüche, wenn etwa das an mir gelobt wird, was mir selbst mißfällt, oder auch wenn etwas Gutes, was doch minderwertig und belanglos ist, höher geschätzt wird, als es verdient. Aber wiederum, wenn ich nicht möchte, daß mein Lobredner in seinem Urteil von dem meinen abweicht, woher, wenn ich so empfinde, weiß ich denn, daß mir wirklich sein Nutzen am Herzen liegt und mir nicht vielmehr das Gute, das mir an mir gefällt, dadurch noch lieber wird, daß es auch einem andern gefällt? Denn gewissermaßen werde ich nicht gelobt, wenn man mich nicht in meinem Sinne lobt, wenn man nämlich entweder das lobt, was mir selbst mißfällt, oder das mehr lobt, was mir weniger gefällt! Bin ich also in diesem Punkte mir nicht ganz im unklaren über mich selbst?

Sieh, in dir, o Wahrheit, erkenne ich, daß Lob mich nicht um meiner selbst willen, sondern nur um des Nutzens meines Nächsten willen erfreuen darf. Doch ob ich so bin, ich weiß es nicht. In diesem Punkte kenne ich mich selber nicht so gut wie dich. So beschwöre ich dich, mein Gott, du wollest auch mich selbst mir offenbaren, daß meinen fürbittenden Brüdern ich bekennen möge, was wund und krankhaft ich an mir erfunden. Nochmals will ich und sorgfältiger mich prüfen. Wenn nur des Nächsten Nutzen bei meinem Lobe mich bewegt, warum bewegt mich's weniger, wenn ein anderer ungerecht getadelt wird, als wenn man mich tadelt? Warum wurmt mich ein Schimpfwort mehr, wenn es mir selbst ins Gesicht geschleudert wird, als wenn's in meiner Gegenwart nicht minder ungerecht den andern trifft? Oder weiß ich auch das nicht? Könnte es nicht so sein, daß ich mich selbst betrüge und vor dir unwahrhaftig bin mit Herz und Zunge? Ein Wahnsinn wär's; Herr, halt ihn mir fern, daß nicht ‚mein Mund zum Sündenöl mir werde, mein Haupt damit zu salben'[1].

Gefahren der Eitelkeit

‚Arm und elend bin ich', aber um so besser, wenn ich mit geheimem Seufzen mir selbst mißfalle und dein Erbarmen suche, bis all meine Schwäche geheilt ist und ich vollendet sein werde in jenem Frieden, den ein stolzes Auge nie erblickt. Doch die

Rede, die aus dem Munde dringt, und die Taten, die die Menschen sehen, bringen die gefährlichste Versuchung mit sich. Denn Liebe zum Lobe verleitet uns, Bettelmünzen des Beifalls einzuheimsen, um damit vor andern großzutun. Ja gerade dadurch, daß ich sie an mir aufspüre und verurteile, versucht sie mich, denn oft genug rühmt man sich doppelt eitel der Verachtung eitlen Ruhms; doch dann ist's nicht wirklich Ruhmes Verachtung, deren man sich rühmt. Man verachtet ihn ja nicht, wenn man sich rühmt.

Selbstgefälligkeit

Drinnen im Herzen ist noch ein anderes Übel, das zur selben Art der Versuchungen gehört. Dadurch werden verdorben, die an sich selbst Gefallen haben, wenn sie auch andern nicht gefallen oder mißfallen und auch nicht danach trachten, andern zu gefallen. Doch wenn sie sich selbst gefallen, mißfallen sie dir gar sehr. Denn sie freuen sich am Nichtguten, als wär es gut, oder am Guten, das dein ist, als wär es ihr eigen, oder sie erkennen's zwar als dein, aber bilden sich ein, es verdient zu haben, oder betrachten es zwar als deine Gnadengabe, aber nicht als zu gemeinsamem Empfang bestimmt, und neiden sie den andern. In all diesen und ähnlichen Gefahren und Nöten zittert mein Herz, du siehst es wohl, und ich fühle, daß ich hinfort mehr darauf mich verlassen muß, daß du mir meine Wunden heilen wirst, als daß ich keine neuen empfangen werde.

Noch einmal vom Aufstieg zu Gott

Wo hättest du, o Wahrheit, mich nicht geleitet und gelehrt, was zu meiden und was zu erstreben ist, wenn ich all das, was hienieden ich erblickt, soweit ich konnte, vor dich brachte und um Rat dich fragte? Ich habe nun die äußere Welt mit jedem meiner Sinne, soweit ich's konnte, durchwandert, auch das

Leben meines Leibes und meine Sinne selbst betrachtet. Dann betrat ich meines Gedächtnisses innere Gemächer, vielfältig weite Räume mit ungezählten Dingen seltsam angefüllt. Ich sah's und erschrak, hätte ohne dich nichts von alledem unterscheiden können und fand doch nichts darunter, was du gewesen wärst. Auch war ich nicht selbst der Finder, ich, der dies alles durchschritt und zu unterscheiden und jedes nach seinem Wert zu schätzen suchte, der ich das eine mir von den Sinnen zur Untersuchung reichen ließ, anderes in mir selbst vorfand, als wär's mit mir verschmolzen, der ich auch die Boten prüfte und zählte und von den im Gedächtnis lagernden Schätzen einiges musterte, anderes beiseite tat, wieder anderes hervorholte. Nein, ich selbst war's nicht, der dieses tat, nicht meine Kraft, durch die ich's tat, die du nicht warst. Denn du bist das ewige Licht, das ich nach allem fragte, ob es und was es und wie hoch es zu schätzen sei, und dessen Lehre und Befehl ich hörte. Oftmals tue ich das und habe meine Freude daran; kann ich einmal die Bürde pflichtmäßiger Arbeit ablegen, suche ich darin Genuß. Doch finde ich in alldem, das dich befragend ich durcheile, keinen sichern Ort für meine Seele als nur in dir, in dem sich sammelt, was in mir zersplittert ist, und der nichts verliert von allem, was mein ist. Und bisweilen lässest du mich innerlich gar Wundersames erleben, ich weiß nicht, welche Wonne. Käme sie in mir zur Vollendung, wüßt' ich nicht, was es noch Höheres geben könnte als dieses Leben[1]. Doch der Mühsal Schwergewicht zieht mich herab, das Gewohnte nimmt mich in Beschlag und hält mich fest. Weine ich auch noch so sehr, es hält mich dennoch fest. So drückt mich der Gewohnheit schwere Last. Hier kann ich sein und will es nicht, dort will ich sein und kann es nicht, so bin ich elend, wo ich auch bin.

GEFAHREN UND MÄNGEL

Gott und Lüge sind unvereinbar

So habe ich denn meiner Sünden Siechtum, das dreifache Gelüst, erforscht und deine Rechte um Rettung angefleht. Mit wundem Herzen sah ich deinen Glanz, prallte zurück und sprach: Wer kann dahin gelangen? ‚Ich bin von deinen Augen verstoßen.' Du bist die Wahrheit, die über allem thront. Aber ich in meiner Begehrlichkeit wollte dich zwar nicht verlieren, doch ich wollte die Lüge besitzen zugleich mit dir. Es will ja niemand so verlogen sein, daß er selbst nicht mehr wissen möchte, was wahr ist. So mußte ich dich verlieren, weil du mit der Lüge zusammen dich nicht besitzen lassen willst.

Engelmächte können nicht mit Gott versöhnen

Wen könnte ich finden, der mich mit dir versöhnt? Soll ich mich etwa an die Engel wenden? Mit welchen Gebeten, was für heiligen Handlungen wohl? Viele, die zu dir zurückkehren wollten und aus eigener Kraft es nicht vermochten, haben, so hörte ich, das versucht, wurden von der Gier nach seltsamen Erscheinungen ergriffen und verfielen mit Recht lauter Täuschungen[1]. Denn stolz aufgerichtet suchten sie dich und brüsteten sich lieber mit prunkender Gelehrsamkeit, als daß sie an ihre Brust geschlagen hätten. So zogen sie durch Seelenverwandtschaft an sich die wie sie aufsässigen und hochmütigen ‚Fürsten dieser Luft', von denen sie durch magische Kräfte betrogen wurden. Einen Mittler suchten sie, der sie reinigte, aber da war keiner. Denn der ‚Teufel war's, der sich verwandelt hatte in einen Engel des Lichts'. Eine große Lockung war es für ihr stolzes Fleisch, daß er selbst keinen Fleischesleib trug. Denn sie waren sterblich und Sünder, du aber, Herr, mit dem sie versöhnt werden wollten, bist unsterblich und sündenfrei. Der Mittler aber zwischen Gott und den Menschen mußte in dem einen Stücke Gott, im andern den Menschen gleichen. Denn in beiden Stücken den Menschen gleich, wär er Gott zu fern, in beiden Stücken Gott gleich, den Menschen zu fern gewesen. Und dann wär er nicht Mittler gewesen. Jener falsche Mittler aber, der nach deinem geheimen Gericht den Hochmut billig betrügt, hat eines mit den Menschen gemein, nämlich die Sünde, das andere will er, sei's auch nur zum Schein, mit Gott gemein haben und gibt sich, da in der Tat die sterbliche Fleischeshülle ihm fehlt, stolz als unsterblich aus. Doch da Tod ‚der Sünden Sold' ist, hat er auch den mit dem Menschen gemein und wird zugleich mit ihnen zum Tode verdammt.

Es gibt nur einen Mittler

Der wahre Mittler aber, den du nach deinem geheimen Erbarmen den Menschen gezeigt und gesandt hast, daß sie an seinem Vorbild nun auch die Demut kennen lernten, jener ‚Mittler zwischen Gott und den Menschen', nämlich ‚der Mensch Christus Jesus', er trat zwischen die sterblichen Sünder und den unsterblichen Gerechten, sterblich wie die Menschen, gerecht wie Gott. Durch seine Gerechtigkeit Gott verbunden, sollte er, da der Gerechtigkeit Lohn Leben und Friede ist, die gerechtfertigten Sünder vom Tode befreien, dem Tode, den er mit ihnen teilen wollte. Schon den Heiligen des Altertums ward er gezeigt, daß sie durch Glauben an sein künftiges, wie wir durch Glauben an sein vergangenes Leiden gerettet werden sollten. Denn sofern er Mensch ist, sofern ist er auch Mittler, sofern er aber das Wort ist, ist er nicht Mittler, sondern Gott gleich, Gott bei Gott und zugleich der einige Gott [1].

Wie hast du uns geliebt, guter Vater, ‚der du deines einzigen Sohnes nicht verschont, sondern ihn für uns Gottlose dahingegeben hast'! Wie hast du uns geliebt, für welche jener, ‚der es nicht für einen Raub erachtete, dir gleich zu sein, gehorsam ward bis zum Tode am Kreuz', er, der allein ‚frei war unter den Toten' und ‚Macht hatte, sein Leben zu lassen', und ‚Macht, es wieder zu nehmen'. Für uns ward er vor dir zum Sieger und zum Erschlagenen, und darum Sieger, weil erschlagen[1], ward zum Priester und zum Opfer, und darum Priester, weil Opfer. Aus dir geboren und dein Knecht geworden, hat er uns aus Knechten zu deinen Kindern gemacht. So gründe ich auf ihn mit Fug und Recht mein starkes Hoffen, daß du durch ihn heilen wirst all meine Gebrechen, durch ihn, der zu deiner Rechten sitzt und ‚uns vor dir vertritt'; sonst müßte ich verzweifeln. Denn viel und groß sind diese meine Gebrechen, viel und groß, doch deine Arznei wird leichtlich ihrer Herr. Wir hätten wohl gedacht, nie werde dein Wort menschlich vertraut uns werden und wären so an uns verzweifelt, wär' es nicht ‚Fleisch geworden und hätte unter uns gewohnt'.

Erschreckt von meinen Sünden und bedrückt von der Last meines Elends, hatte ich schon hin und her überlegt und den Gedanken gefaßt, in die Einsamkeit zu flüchten, doch hast du mich zurückgehalten[2] und gestärkt und sprachst: ‚Darum ist Christus für alle gestorben, auf daß die, so da leben, hinfort nicht ihnen selbst leben, sondern dem, der für alle gestorben ist.' Sieh, Herr, so werf' ich auf dich meine Sorge, auf daß ich lebe, und will ‚betrachten die Wunder deines Gesetzes'. Dir ist bekannt, wie unwissend und schwach ich bin, so lehre du und heile mich. Er, dein Eingeborener, ‚in dem alle Schätze der Weisheit und Erkenntnis verborgen sind', hat mich erkauft mit seinem Blute. Nicht sollen mich die Stolzen darob schmähen, daß ich des Preises, der für mich gezahlt ward, gedenke, daß ich davon esse und trinke und austeile und arm, wie ich bin, mich daran zu sättigen begehre, als einer derer, ‚die essen und satt werden. Und preisen werden den Herrn, die nach ihm fragen'.

ELFTES BUCH

GOTTES SCHÖPFERISCHES WIRKEN AUSLEGUNG DER HEILIGEN SCHRIFT

Zweck des Bekennens ist: Liebe erwecken

Solltest du nicht wissen, Herr, da doch die Ewigkeit dein ist, was ich dir jetzt sage, oder nur zeitlich sehen, was in der Zeit geschieht? Wozu erzähle ich dir denn all diese Dinge? Sicherlich nicht, daß du sie durch mich erfahrest. Sondern ich erwecke dadurch meine Liebe zu dir und derer Liebe, die dies lesen, auf daß wir alle sprechen: ‚Groß bist du, Herr, und hoch zu preisen¹.‘ Ich hab' es schon gesagt und sag' es noch einmal: Aus Liebe zu deiner Liebe tue ich das². Beten wir doch auch, obschon die Wahrheit spricht: ‚Euer himmlischer Vater weiß, was ihr bedürft, ehe denn ihr ihn bittet.‘ Unsere Liebe zu dir kund zu tun, bekennen wir dir unser Elend und dein Erbarmen über uns, auf daß du uns völlig befreiest, wie du es bereits begonnen hast, und wir nicht länger in uns elend seien, sondern selig in dir. Denn du hast uns berufen, ‚geistlich arm‘ zu sein und ‚sanftmütig, leidtragend, hungrig und durstig nach der Gerechtigkeit, barmherzig, reinen Herzens und friedfertig‘. Sieh, vieles hab' ich dir erzählt, wie ich's konnte und wollte, weil du zuvor gewollt hast, daß ich es dir, meinem Herrn und Gott, bekennen sollte. Denn du bist ‚gütig, und dein Erbarmen währet ewiglich‘.

Augustin bittet, Gott wolle ihm die Tiefen seines Wortes erschließen

Doch wie könnte jemals die Sprache meines Griffels, wie sich's gebührt, aufzählen all dein Mahnen, Schrecken, Trösten und Lenken, wodurch du mich schließlich dahin brachtest, deinem Volke dein Wort zu verkünden und deine Sakramente zu spenden?[1] Und könnte ich auch das alles der Reihe nach erzählen, wären mir doch die zur Verfügung stehenden Tröpflein Zeit[2] zu schade. Denn längst schon brenne ich darauf, nachzusinnen über dein Gesetz und dir zu bekennen, was ich davon weiß und was ich nicht verstehe, die Anfänge deiner Erleuchtung und die Überreste meiner Finsternis, bis endlich die Schwachheit verschlungen wird von deiner Kraft. Zu nichts anderem will ich die verrinnenden Stunden verwenden, in denen ich mich freimachen kann von den Nötigungen der körperlichen Erholung, der geistigen Arbeit und der Dienste, die wir den Mitmenschen schulden oder ihnen auch ungeschuldet leisten[3].

So achte denn, Herr, mein Gott, auf mein Gebet, und dein Erbarmen erhöre mein heißes Verlangen. Es ist mir ja nicht um mich allein zu tun, sondern den geliebten Brüdern möchte ich von Nutzen sein, und du siehst in meinem Herzen, daß es sich so verhält. Opfern will ich dir den Dienst meines Denkens und meiner Zunge; so gib, was ich dir opfern kann. Denn ‚ich bin elend und arm‘, du aber ‚reich über alle, die dich anrufen‘, und sorgenfrei sorgst du für uns. Nimm hinweg alle Unbesonnenheit und alle Lüge drinnen aus meinem Herzen und draußen von meinen Lippen. Deine Schrift sei meine keusche Wonne! Möge ich in ihr nicht irregehen und andere durch sie irreführen. Gib acht, Herr, und erbarme dich, Herr, mein Gott, du Licht der Blinden und Kraft der Schwachen und allsogleich auch Licht der Sehenden und Kraft der Starken, gib acht auf meine Seele und höre den, der ‚aus der Tiefe zu dir ruft‘. Denn neigtest du deine Ohren nicht auch in unsere Tiefe, wohin sollten wir gehen, wohin unser Rufen schicken? ‚Tag und Nacht sind dein‘, deinem Wink gehorsam eilen die Stunden vorüber. So gewähre mir Zeit, betrachtend einzudringen in die Dunkelheiten deines Gesetzes, und verschließ denen, die anklopfen, nicht deine Tür. Du wolltest doch nicht, daß umsonst geschrieben seien so vieler Seiten dunkle Geheimnisse. Oder haben nicht auch jene Wälder ihre Hirsche [1], die sich dahin zurückziehen, sie wandernd hin und her durchstreifen, dort weiden, sich lagern und wiederkäuen? O Herr, vollende mich und entschleiere sie mir! Sieh, deine Stimme ist meine Freude, deine Stimme gilt mir mehr als aller Lüste Überfluß. So gib mir, was ich liebe! Denn ich liebe, und auch das hast du gegeben [2]. Laß deine Gaben nicht im Stich, verschmähe nicht dein dürstendes Pflänzlein. Was ich auch finde in deinen Büchern, ich will's dir bekennen, ‚will hören die Stimme deines Lobes', meinen Durst an dir stillen und ‚betrachten die Wunder in deinem Gesetz', von jenem Anfang an, in dem du Himmel und Erde schufst, bis zur Erscheinung des Reiches deiner heiligen Stadt, das ewig bei dir ist.

Herr, erbarme dich mein und erhöre mein Verlangen! Ist es doch, meine ich, nicht gerichtet auf Dinge dieser Welt, nicht auf Gold und Silber, Edelsteine, köstliche Kleider, oder Ehre, Macht und Fleischeslust, auch nicht auf Bedürfnisse, die wir für unseren Leib und dieses Lebens Pilgerreise nötig haben, denn ‚all das wird uns zufallen, wenn wir nach deinem Reich und seiner Gerechtigkeit trachten'. So sieh denn, mein Gott, wohin mein Verlangen steht. Die ‚Gottlosen erzählten mir von ihren Freuden, aber sie waren nicht nach deinem Gesetz'. Siehe, wohin mein Verlangen steht. Sieh es, Vater, blick her und schau es freundlich an. Möge es deinem Erbarmen gefallen, daß ich Gnade finde vor dir, daß sich mir erschließe, wenn ich anklopfe, die Tiefe deines Worts. Ich beschwöre dich durch unsern Herrn Jesus Christus, deinen Sohn, ‚den Mann deiner Rechten', des Menschen Sohn, ‚den du dir fest erwählt hast' zum Mittler zwischen dir und uns, durch den du uns suchtest, als wir dich nicht suchten, aber uns suchtest, daß wir dich suchten, der dein Wort ist, durch das du alles, darunter auch mich, gemacht hast, dein Eingeborener, durch den du das gläubige Volk zur Kindschaft berufen hast, darunter auch mich, bei ihm beschwöre ich dich, ‚der zu deiner Rechten sitzt und uns vertritt, in welchem verborgen sind alle Schätze der Weisheit und der Erkenntnis'. Die suche ich in deinen Büchern. ‚Moses aber hat von ihm geschrieben'; das sagt er selbst, das sagt die Wahrheit.

Nur Gottes innere Erleuchtung schenkt Wahrheitserkenntnis [1]

Hören möchte ich nun und verstehen, wie du ‚im Uranfang [2] Himmel und Erde geschaffen hast'. So hat Moses geschrieben. Er schrieb's und ging hinweg, ging hinweg von hier, von dir zu dir, und ist nun nicht mehr vor mir. Denn wenn er's wäre, würde ich ihn festhalten, ihn bitten und bei dir beschwören, daß er mir dies erkläre. Ich würde meines Leibes Ohren den Lauten öffnen, die aus seinem Munde kämen, und wären es hebräische Worte, würde mein Gehörsinn umsonst angesprochen und nichts davon meinen Geist berühren. Spräche er dagegen lateinisch, verstünde ich wohl, was er sagte. Doch woher wüßte ich, ob er auch die Wahrheit sagte? Und wenn ich auch das wüßte, wüßte ich's etwa von ihm? Nein, inwendig in mir, drinnen in der Behausung meiner Gedanken, würde nicht auf hebräisch, griechisch, lateinisch oder in sonst einer unbekannten Sprache, die Wahrheit zu mir ohne Organe, ohne Mund und Zunge, ohne den Klang von Silben sprechen: Es ist wahr, was er sagt [3], und dann würde ich alsbald ohne zu zweifeln und vertrauensvoll zu jenem deinem Diener sagen: Ja, du sprichst wahr. Da ich nun ihn nicht fragen kann, bitte ich dich, die Wahrheit, von der erfüllt er Wahres sprach, dich, meinen Gott, bitte ich, sieh nicht auf meine Sünden, und wie du jenem deinem Diener gabst, dies zu sagen, so gib auch mir, es zu verstehen.

Das Geschaffene verkündet den Schöpfer

Sieh, da sind Himmel und Erde und rufen laut, daß sie geschaffen sind, denn sie ändern und wandeln sich. Was aber nicht geschaffen ist und dennoch ist, in dem ist nichts, was vorher nicht gewesen wäre, also auch keine Änderung und Wandlung [1]. Sie rufen ferner, daß sie selbst sich nicht geschaffen haben. «Wir sind, weil wir geschaffen sind. Wir waren ja nicht da, ehe wir waren, daß wir uns selbst hätten schaffen können.» Das sind Worte, die durch ihre Klarheit sich selbst beweisen. Du also, Herr, hast sie geschaffen, du, der du schön bist, denn sie sind schön; du, der du gut bist, denn sie sind gut; du, der du bist, denn auch sie sind. Doch sind sie nicht so schön, sind nicht so gut und sind auch nicht so, wie du, ihr Schöpfer bist. Mit dir verglichen, sind sie weder gut noch schön, noch sind sie überhaupt. Das wissen wir und danken dir's. Doch unser Wissen, verglichen mit deinem Wissen, ist Unwissenheit.

Gott schuf aus nichts durch sein Wort

Wie aber hast du Himmel und Erde geschaffen und welchen Werkzeugs dich bedient bei deinem großen Werk? Denn nicht wie ein menschlicher Künstler verfährst du, welcher aus einem Körper einen anderen bildet, wie es seiner Seele gefällt. Diese besitzt die Fähigkeit, dem Stoff die Gestalt zu verleihen, die sie mit innerem Auge in sich selbst erblickt – aber wie vermöchte sie das, hättest du sie nicht geschaffen? Auch verleiht sie die Gestalt einem bereits existierenden, im Sein befindlichen Stoffe, wie dem Ton oder einem Stein, Holz, Gold, oder was es sonst dergleichen gibt. Und woher all das, wenn du es nicht ins Dasein gerufen hättest? Du hast des Künstlers Leib, du auch seine Seele geschaffen, die den Gliedern befiehlt, du den Stoff, woraus er bildet, du den Geist, mit dem er die Kunst erfaßt und drinnen schaut, was er draußen bildet, du den leiblichen Sinn, mit dessen Hilfe er das geistige Bild auf den Stoff überträgt und der dann der Seele von dem Geleisteten Bericht erstattet, daß diese endlich die im Innern thronende Wahrheit befragen kann, ob das Werk auch gut ist. Dich, den Schöpfer aller Dinge, muß all dies loben und preisen. Du aber, wie schaffst du es? Wie hast du, Gott, Himmel und Erde geschaffen? Sicherlich nicht im Himmel und nicht auf Erden hast du den Himmel und die Erde geschaffen, auch nicht in der Luft oder im Wasser; denn auch die gehören ja zum Himmel und zur Erde. Auch hast du nicht im Weltall das Weltall geschaffen, denn bevor es entstand und da war, war ja nichts, wo es hätte entstehen können. Auch hattest du nichts in Händen, um Himmel und Erde daraus zu machen. Denn woher hättest du es nehmen sollen, etwas daraus zu machen, hättest du es nicht selbst gemacht? Was könnte es überhaupt geben, wenn du nicht wärst? ‚So sprachst du denn, und es geschah, und durch dein Wort hast du's geschaffen.'

Das schöpferische Wort entsteht und vergeht nicht

Aber wie hast du gesprochen? Etwa so, wie jene Stimme aus der Wolke ertönte, die sprach: ‚Das ist mein lieber Sohn'? Nein, diese Stimme hallte und verhallte wieder, hatte Anfang und Ende. Silben erklangen und erstarben, nach der ersten die zweite, nach der zweiten die dritte und so der Reihe nach, bis nach den übrigen die letzte ertönte, der das Schweigen folgte. Daraus ergibt sich mit voller Klarheit, daß diese Stimme durch die Bewegung eines Geschöpfes hervorgebracht ward, das, selbst zeitlich, deinem ewigen Willen diente. Diese in der Zeit gesprochenen Worte kündete das äußere Ohr dem aufmerkenden Geiste, dessen inneres Ohr deinem ewigen Worte offenstand. Der aber verglich die zeitlich erklungenen Worte mit deinem ewigen, stillen Wort und sagte sich: Etwas anderes, ganz anderes ist's[1]. Diese Worte sind tief unter mir, ja, sind gar nicht, denn sie vergehen und fliehen hin, aber über mir ‚das Wort meines Gottes bleibt ewiglich'. Hättest du also mit tönenden und vergehenden Worten gesprochen, Himmel und Erde sollten entstehen, und hättest sie so erschaffen, dann hätte es vor Himmel und Erde eine andere körperliche Kreatur geben müssen, durch deren zeitliche Bewegung hervorgerufen jene Stimme ihre Zeit durchlaufen hätte. Nun gab es aber vor Himmel und Erde nichts Körperliches, oder wenn doch, so hättest du es sicherlich ohne vergängliche Stimme geschaffen, um daraus die vergängliche Stimme zu erschaffen, mit der du etwa sagen wolltest, Himmel und Erde sollten entstehen. Denn woraus auch jene Stimme entsprungen sein könnte, es wäre überhaupt nichts gewesen, wär's nicht von dir geschaffen. Was also war's für ein Wort, durch welches der Körper gebildet wurde, dem diese Worte entspringen sollten?

Es ist ewig

So rufst du uns auf, das Wort zu erkennen, welches Gott ist, Gott, bei dir, das ewig gesprochen wird und durch welches alle Dinge ewig gesprochen werden. Denn da löst nicht ein Laut den andern ab, bis nach und nach alles gesprochen werden kann, sondern in eins und ewig wird alles gesprochen. Sonst gäbe es hier ja Zeit und Wandel und keine wahre Ewigkeit, keine wahre Unsterblichkeit. Das sehe ich ein, mein Gott, und sage Dank dafür. Ich sehe es ein und bekenne es dir, Herr, mein Gott, und mit mir sieht's ein jeder und preist dich, der nicht undankbar ist der gewissen Wahrheit. Denn klar, Herr, ist es uns, völlig klar: sofern etwas nicht mehr ist, was es war, oder ist, was es nicht war, vergeht oder entsteht es. Aber in deinem Worte gibt's keinen Ab- und Zugang, denn es ist

wahrhaft unsterblich und ewig. So sprichst du denn durch
dein wie du gleich ewiges Wort in eins und immerdar alles,
was du sprichst, und was du sprichst, daß es geschehen soll,
geschieht, und wenn du sprichst, schaffst du – nicht anders –,
aber es entsteht nicht alles in eins und immerdar, was du
schaffst durch dein Wort.

Es ist Uranfang und ewige Wahrheit

Doch warum dies? so frage ich dich, Herr, mein Gott. Ich sehe
es wohl ein, doch ich weiß nicht, wie ich es anders ausdrücken
soll als so, daß alles, was anfängt und aufhört zu sein, dann anfängt und dann aufhört, wenn die ewige Vernunft, in der
nichts anfängt und aufhört, erkennt, daß es anfangen und aufhören soll, die ewige Vernunft, das ist dein Wort, das der ‚Uranfang ist und zu uns redet‘. Es sprach im Evangelium durchs
Fleisch, und das klang von draußen den Menschen in die Ohren, auf daß sie glaubten und inwendig suchten und es fänden
in der ewigen Wahrheit, wo der gute und alleinige Lehrer alle
Schüler belehrt. Dort höre ich deine Stimme, Herr, die Stimme
des, der zu mir spricht. Denn nur der spricht zu uns, der uns
belehrt. Wer uns aber nicht belehrt, spricht nicht zu uns, auch
wenn er spricht. Wer anders aber kann uns belehren als die
standfeste Wahrheit?[1] Denn auch wenn ein wandelbares Geschöpf uns ermahnt, werden wir hingeführt zur standfesten
Wahrheit, wo wir wahrhaft lernen, wenn wir ‚stehen und ihm
zuhören und uns hoch freuen über des Bräutigams Stimme‘,
und uns dem wieder hingeben, von dem wir stammen. Darum
heißt sie auch der Uranfang, denn bliebe sie nicht bestehen,
wenn wir abirren, hätten wir nicht, wohin wir zurückkehren
könnten. Wenn wir aber vom Irrtum zurückkehren, geschieht
es nur durch Erkenntnis. Daß wir aber erkennen, verdanken
wir ihrer Belehrung, denn sie ist der Uranfang und redet zu uns.

Erleuchtend und doch unfaßbar

In diesem Uranfang hast du, Gott, Himmel und Erde geschaffen[1], in deinem Worte, in deinem Sohne, in deiner Kraft, in deiner Weisheit, in deiner Wahrheit. Wunderbar dein Sprechen, wunderbar dein Schaffen! Wer kann's fassen, wer es beschreiben? Was für ein Lichtstrahl ist's, der mich trifft, mein Herz durchbohrt und doch nicht verletzt? Ich schaudere und erglühe, schaudere, weil ich ihm so unähnlich bin, erglühe, weil ich ihm doch auch ähnlich bin. Die Weisheit ist es, die Weisheit selbst, deren Lichtstrahl mich trifft und den Nebel um mich zerreißt, der mich doch wieder bedeckt, wenn ich von ihr abfalle, mit Finsternis und lastendem Sündenelend. Denn so sehr ist ‚meine Kraft verfallen in meiner Not', daß ich nicht ertragen kann, was mir doch gut ist, bis du, Herr, ‚der du alle meine Sünden vergibst, auch heilen wirst alle meine Gebrechen'. Denn ‚du wirst mein Leben vom Verderben erlösen und mich krönen mit Gnade und Barmherzigkeit, wirst mein Verlangen mit Gütern stillen und adlergleich meine Jugend erneuern'. Denn ‚wir sind wohl selig, doch in der Hoffnung, und warten in Geduld' dessen, was du verheißen hast. Es höre dich, wer kann, im Innern reden, ich aber will voll Zuversicht mit deinem Sänger rufen: ‚Herr, wie sind deine Werke so groß und viel! In Weisheit hast du alles erschaffen.' Sie ist der Uranfang, und in diesem Uranfang hast du Himmel und Erde geschaffen.

Die törichte Frage, was Gott tat, bevor er schuf

Sind nicht ihres alten Irrtums voll, die zu uns sagen: Was tat Gott, bevor er Himmel und Erde schuf? Denn, so sprechen sie, wenn er müßig war und nichts wirkte, warum blieb er dann nicht immer untätig, in der Folgezeit ebenso, wie er in der zurückliegenden allen Wirkens sich enthalten hatte? Denn, wenn in Gott eine neue Regung entstanden sein sollte und neuer Wille, ein Geschöpf ins Dasein zu rufen, was er zuvor noch nie getan, wie könnte dann, wenn ein bisher nicht vorhandener Wille aufbräche, noch von wahrer Ewigkeit die Rede sein? Ist doch Gottes Wille kein Geschöpf, sondern eher als das Geschöpf, da nichts geschaffen werden könnte, ginge nicht des Schöpfers Wille voraus. So gehört denn Gottes Wille zu seinem Wesen, und wenn in Gottes Wesen etwas entstanden sein sollte, was früher nicht da war, würde sein Wesen zu Unrecht ewig heißen. Wenn es aber Gottes ewiger Wille war, daß Schöpfung sein sollte, warum ist dann nicht auch die Schöpfung ewig?

Ewigkeit und Zeit qualitativ verschieden

Die so reden, erkennen dich noch nicht, o Weisheit Gottes, Licht des Geistes, begreifen noch nicht, wie ins Dasein tritt, was durch dich und in dir zum Dasein kommt. Sie suchen Ewiges zu erfassen, aber ihr Herz ist noch eitel und irrt umher zwischen dem, was einst geschah und künftig geschehen wird. Wer wird es festhalten, daß es ein wenig stehen bleibe und ein weniges erfasse vom Glanz der allzeit feststehenden Ewigkeit, sie vergleiche mit den nie stillstehenden Zeiten und sehe, daß sie ganz unvergleichlich ist? Wann wird es sehen, daß eine lange Zeit nur lang wird durch viele vorübergehende Vorgänge, die nicht zugleich sich abspielen können, daß aber im Ewigen nichts vergeht, sondern daß es ganz gegenwärtig ist, während keine Zeit ganz gegenwärtig sein kann? Wann wird es sehen, daß alles Vergangene vom Zukünftigen verdrängt wird und alles Zukünftige aus dem Vergangenen folgt und alles Vergangene und Zukünftige von dem, was immer gegenwärtig ist, geschaffen wird und seinen Ausgang nimmt? Wer wird es festhalten, das Menschenherz, daß es stehe und sehe, wie die feststehende, weder zukünftige noch vergangene Ewigkeit den zukünftigen und vergangenen Zeiten gebietet? Ist's etwa meine Hand, die das vermag, oder vermag meines Mundes Gerede Handreichung zu tun zu diesem großen Werk?

Was tat Gott, bevor er schuf? Nichts!

Sieh, so antworte ich dem, der fragt: Was tat Gott, bevor er Himmel und Erde schuf? Ich gebe nicht die Antwort, die einst jemand gegeben haben soll, der mit einem Scherz der drängenden Frage auswich: Er machte Höllen für die, die solche Geheimnisse ergründen wollen. Doch Witze helfen nicht zum Wissen. Nein, diese Antwort gebe ich nicht, denn lieber würde ich antworten: Was ich nicht weiß, weiß ich nicht, als daß ich den verspottete, der Geheimnisse ergründen will, und für verkehrte Antwort mich loben ließe. Aber ich sage: Du, unser Gott, bist Schöpfer aller Kreatur, und wenn die Worte Himmel und Erde ein Inbegriff aller Kreatur sind, sage ich getrost: Ehe Gott Himmel und Erde machte, machte er nichts. Denn hätte er etwas gemacht, was wär' es anders gewesen als Kreatur? Möcht' ich doch alles, was zu wissen mir nützlich ist, so sicher wissen, wie ich weiß, daß kein Geschöpf entstand, bevor es Schöpfung gab!

Es gab kein «bevor»
Nicht Zeit, sondern Ewigkeit geht der Schöpfung voraus

Wenn aber eines Menschen schwärmerischer Sinn sich in Vorstellungen längst verflossener Zeiten ergehen und sich wundern sollte, daß du, allmächtiger Gott, der alles schafft und alles erhält, Baumeister des Himmels und der Erde, ehe du solch großes Werk anfingest, in ungezählten Jahrhunderten müßig gegangen seiest, der wache auf und gebe acht, wie irrig er sich wundert. Denn wie konnten ungezählte Jahrhunderte

GOTTES WIRKEN

vorübergehen, die du nicht geschaffen hattest, da du doch aller Jahrhunderte Urheber und Schöpfer bist? Oder was hätten das für Zeiten sein können, die nicht von dir geschaffen wären? Oder wie hätten sie vorübergehen können, wenn sie nie hätten sein können? Wenn du also der Begründer aller Zeiten bist und es eine Zeit gab, ehe du Himmel und Erde schufst, wie kann man dann sagen, daß du müßig warst? Denn eben diese Zeit hattest du geschaffen, und es konnten keine Zeiten vorübergehen, ehe du die Zeiten schufst. Wenn es aber vor Himmel und Erde keine Zeit gab, wie kann man dann fragen, was du damals tatest? Denn es gab kein damals, wo es noch keine Zeit gab.

Du gehst auch nicht zeitlich den Zeiten voraus, sonst würdest du nicht allen Zeiten voraufgehen. Sondern du gehst allem Vergangenen voraus in der Erhabenheit der immer gegenwärtigen Ewigkeit und überragst auch alles Zukünftige, denn zukünftig ist es, und wenn es gekommen ist, wird's schon vergangen sein. ‚Du aber bleibst, wie du bist, und deine Jahre nehmen kein Ende.' Deine Jahre gehen nicht und kommen nicht, unsere aber gehen und kommen, bis sie alle gekommen sind. Deine Jahre stehen alle zugleich, denn sie stehen fest, werden nicht fortgehend von herkommenden verdrängt, denn sie gehen nicht vorüber. Unsere aber werden dann alle sein, wenn alle nicht mehr sind. ‚Deine Jahre sind ein Tag', und dein Tag heißt nicht täglich, sondern heute. Denn dein heutiger Tag weicht nicht dem morgigen, folgt auch nicht dem gestrigen. Dein heutiger Tag ist die Ewigkeit [1], so ist auch er gleichewig wie du, den du erzeugtest und zu dem du sprachst: ‚Heute habe ich dich erzeugt.' Alle Zeiten hast du erschaffen, und vor allen Zeiten bist du, und nie gab es eine Zeit, wo keine Zeit war.

Was ist Zeit?

So gab es denn keine Zeit, wo du noch nichts geschaffen hattest, da du die Zeit selbst geschaffen hast. Und keine Zeiten sind gleichewig wie du, denn du bleibst. Aber wenn sie blieben, wären's nicht Zeiten. Denn was ist Zeit? Wer könnte das leicht und kurz erklären? Wer es denkend erfassen, um es dann in Worten auszudrücken? Und doch – können wir ein Wort nennen, das uns vertrauter und bekannter wäre als die Zeit? Wir wissen genau, was wir meinen, wenn wir davon sprechen, verstehen's auch, wenn wir einen andern davon reden hören. Was also ist die Zeit? Wenn niemand mich danach fragt, weiß ich's, will ich's aber einem Fragenden erklären, weiß ich's nicht. Doch sage ich getrost: Das weiß ich, wenn nichts verginge, gäbe es keine vergangene Zeit, und wenn nichts käme, keine zukünftige, und wenn nichts wäre, keine gegenwärtige Zeit. Aber wie steht es nun mit jenen beiden Zeiten, der vergangenen und zukünftigen? Wie kann man sagen, daß sie sind, da doch die vergangene schon nicht mehr und die zukünftige noch nicht ist? Die gegenwärtige aber, wenn sie immer gegenwärtig wäre und nicht in Vergangenheit überginge, wäre nicht mehr Zeit, sondern Ewigkeit. Wenn also die gegenwärtige Zeit nur dadurch Zeit wird, daß sie in Vergangenheit übergeht, wie können wir dann sagen, sie sei, da doch der Grund ihres Seins der ist, daß sie nicht sein wird? Muß man also nicht in Wahrheit sagen, daß Zeit nur darum sei, weil sie zum Nichtsein strebt?

Vergangenheit und Zukunft sind nicht, Gegenwart ohne Ausdehnung und Dauer

Und dennoch sprechen wir von langer Zeit und kurzer Zeit und können das nur von der vergangenen und zukünftigen sagen. Eine vergangene Zeit nennen wir beispielsweise dann lang, wenn es schon hundert Jahre her sind, eine künftige ebenfalls lang, wenn es noch hundert Jahre dauern wird, kurz aber heißt die vergangene Zeit, wenn es nur etwa zehn Tage her sind, und die künftige, wenn es nur noch zehn Tage dauert. Aber wie kann man etwas lang nennen oder kurz, wenn es gar nicht ist?[1] Das Vergangene ist ja schon nicht mehr, und das Zukünftige ist noch nicht. Wir sollten daher nicht sagen: Es ist lang, sondern von dem Vergangenen: Es war lang, und von dem Zukünftigen: Es wird lang sein. O mein Herr und mein Licht, wird nicht auch jetzt deine Wahrheit uns Menschen verspotten? Wann war denn die vergangene Zeit lang, als sie bereits vergangen war, oder vorher, als sie noch gegenwärtig war? Sie konnte doch nur dann lang sein, wenn sie etwas war, was lang sein konnte. War sie aber vergangen, war sie ja schon nicht mehr. So konnte sie auch nicht lang sein, da sie überhaupt nicht war. Wir sollten also nicht sagen: Eine vergangene Zeit war lang, denn wir werden nichts finden, was lang gewesen sein könnte, da es ja, wenn vergangen, nicht mehr ist. Sondern wir sollten sagen: Lang war sie als einst gegenwärtige Zeit, denn nur als sie gegenwärtig war, war sie lang. Denn sie war noch nicht vergangen und dem Nichtsein verfallen und darum etwas, das lang sein konnte. Nachher aber, als sie vorübergegangen war, hörte sie auch auf lang zu sein, da sie zu sein aufhörte.

So laß uns sehen, o Menschenseele, ob die gegenwärtige Zeit lang sein kann. Denn dir ist es gegeben, Zeiträume wahrzunehmen und zu messen. Was wirst du mir antworten? Sind hundert gegenwärtige Jahre eine lange Zeit? Sieh erst zu, ob hundert Jahre gegenwärtig sein können! Denn wenn das erste dieser Jahre abläuft, ist es selbst gegenwärtig, aber neunundneunzig sind zukünftig und sind also noch nicht. Wenn aber das zweite Jahr abläuft, ist das eine bereits vergangen, das andere gegenwärtig und die übrigen zukünftig. Und nehmen wir als gegenwärtig irgendein beliebiges Jahr aus der Mitte dieser Hundertjahrzahl heraus, so sind die Jahre vor ihm vergangen, und die nach ihm kommen, zukünftig. So können denn hundert Jahre nicht gegenwärtig sein. Sieh nun zu, ob wenigstens das eine ablaufende Jahr gegenwärtig ist. Aber wenn sein erster Monat abläuft, sind die übrigen zukünftig, wenn der zweite, ist der erste schon vergangen, und die übrigen sind noch nicht. So ist auch das Jahr, das abläuft, nicht ganz gegenwärtig, und wenn es nicht ganz gegenwärtig ist, ist es auch kein gegenwärtiges Jahr. Denn das Jahr hat zwölf Monate, und einer davon, der gerade abläuft, ist gegenwärtig, die übrigen entweder vergangen oder zukünftig. Doch nicht einmal der Monat, der abläuft, ist gegenwärtig, sondern nur ein Tag. Ist's der erste, sind die andern zukünftig, ist's der letzte, sind die andern vergangen, ist's einer aus der Mitte, steht er zwischen vergangenen und zukünftigen [1].

Sieh, so ist die gegenwärtige Zeit, die, wie wir fanden, allein lang genannt werden kann, auf den Raum knapp eines Tages zusammengedrängt. Aber laß uns auch diesen scharf ins Auge fassen, kann doch auch ein einziger Tag nicht ganz gegenwärtig sein. Denn er besteht aus vierundzwanzig Nacht- und Tagesstunden. Ist's die erste, hat sie vor sich lauter zukünftige, ist's die letzte, hinter sich lauter vergangene, ist's eine mitten drin, hat sie hinter sich vergangene, vor sich zukünftige. Und auch die eine Stunde verläuft in flüchtigen Teilchen. Was davon verflogen ist, ist vergangen, was noch übrig ist, zukünftig. Könnte man sich einen Zeitabschnitt denken, der in keine auch noch so winzige Augenblicksteilchen zerlegt werden könnte, so würde er allein es sein, den man gegenwärtig nennen könnte. Doch der fliegt so reißend schnell aus der Zukunft hinüber in die Vergangenheit, daß er sich nicht zur Dauer ausdehnen kann. Denn wäre da eine Ausdehnung, müßte sie wiederum in Vergangenheit und Zukunft geteilt werden. Für die

Gegenwart aber bliebe kein Raum. Wo ist also die Zeit, die wir lang nennen könnten? Ist es die Zukunft? Doch von ihr sagen wir nicht: Sie ist lang, denn da ist ja noch nichts, das lang sein könnte. Sondern wir sagen: Sie wird lang sein. Aber wann wird sie es sein? Wenn sie auch dann noch zukünftig sein wird, kann sie nicht lang sein, da dann noch nichts ist, was lang sein könnte. Sollte sie aber dann lang sein, wenn sie aus der Zukunft, die noch nicht ist, ins Sein eintritt und Gegenwart wird, um nun lang sein zu können, so ruft diese Gegenwart laut, wie wir vorhin schon vernommen, daß auch sie nicht lang sein kann.

Man mißt die Zeit im Vorübergehen

Und dennoch, Herr, nehmen wir Zeiträume wahr, vergleichen sie miteinander und nennen die einen länger, die andern kürzer. Wir messen auch, um wieviel dieser Zeitabschnitt länger oder kürzer ist als jener, und versichern, dieser betrage das Doppelte oder Dreifache von jenem, oder auch, sie seien gleich lang. Doch können wir die Zeiten nur messen, wenn wir sie beim Vorübergehen wahrnehmen. Wer aber könnte die vergangenen, die nicht mehr sind, oder die künftigen, die noch nicht sind, messen? Es müßte sonst einer zu behaupten wagen, er könne messen, was nicht ist. Wenn also die Zeit vorübergeht, kann sie wahrgenommen und gemessen werden [1]. Ist sie aber vorübergegangen, kann man's nicht mehr, denn dann ist sie nicht mehr.

Wo sind Zukunft und Vergangenheit?

Ich forsche nur, Vater, stelle keine Behauptungen auf. Bewahre mich, mein Gott, und leite mich. Ob es wohl jemanden gibt, der mir sagt, es seien nicht drei Zeiten, wie wir es als Knaben lernten und später selbst die Knaben lehrten, nämlich Vergangenheit, Gegenwart und Zukunft, sondern nur die eine Gegenwart, weil die beiden andern ja nicht sind?[1] Oder sind sie doch, aber die eine tritt aus irgendeinem Versteck hervor, wenn aus Zukunft Gegenwart wird, und die andere verzieht sich in ein Versteck, wenn aus Gegenwart Vergangenheit wird? Denn wo sollten die Seher, die Zukünftiges voraussagten, es erblickt haben, wenn es noch gar nicht da ist?[2] Was nicht ist, kann man doch nicht sehen. Und die Vergangenes erzählen, könnten gewiß nicht Wahres erzählen, wenn sie es nicht im Geiste schauten. Wäre das aber nichts, könnte man es auch nicht schauen. Also ist es doch, das Zukünftige und das Vergangene.

Gegenwärtig! Geahnt, geplant, erinnert

Laß, Herr, mich weiter forschen, du, meine Hoffnung, und gib, daß mein spähender Blick nicht getrübt werde. Wenn es demnach Zukünftiges und Vergangenes gibt, so möchte ich wissen, wo sie sind. Wenn mir das noch nicht gelingt, so weiß ich doch: Wo sie auch sein mögen, da sind sie nicht zukünftig oder vergangen, sondern gegenwärtig. Denn wenn sie auch da zukünftig sind, sind sie da noch nicht, und wenn auch da vergangen, sind sie da nicht mehr. Wo sie also und was sie auch immer sein mögen, sie können nur gegenwärtig sein. Freilich, wenn wir Vergangenes wahrheitsgemäß erzählen, holen wir aus der Erinnerung nicht die Dinge selbst hervor, die vergangen sind, sondern nur Worte, die die Bilder wiedergeben, die jene Dinge im Vorübergehen durch die Sinne dem Geiste wie Spuren eingeprägt haben. So liegt meine Jugend, die nicht mehr ist, in der Vergangenheit, die gleichfalls nicht mehr ist. Ihr Bild jedoch, wenn ich ihrer gedenke und von ihr erzähle, schaue ich in der Gegenwart, da es noch jetzt in meinem Gedächtnis ist. Ob sich's bei der Weissagung des Zukünftigen ebenso verhält, nämlich so, daß bereits bestehende Bilder noch nicht vorhandener Dinge vorfühlend wahrgenommen werden, das, mein Gott, ich bekenne es dir, weiß ich nicht. Soviel weiß ich jedoch, daß wir häufig unsere künftigen Handlungen im voraus überlegen und daß diese Vorausschau gegenwärtig ist, während die Handlung selbst, die wir vorher überlegen, noch nicht ist, weil sie zukünftig ist. Erst wenn wir sie seinerzeit in Angriff nehmen und, was wir vorher überlegten, zu verwirklichen anfangen, dann erst wird jene Handlung sein, da sie nun nicht mehr zukünftig, sondern gegenwärtig ist.

Aber wie sich's auch verhalten mag mit jenem geheimnisvollen Vorgefühl des Zukünftigen, sehen kann man doch nur, was ist. Was aber bereits ist, ist nicht zukünftig, sondern gegenwärtig. Spricht man also von einem Sehen zukünftiger Dinge, so werden nicht sie selbst, die noch nicht sind, weil sie erst zukünftig sind, sondern vielleicht ihre Ursachen oder Zeichen gesehen, die bereits sind. Diese sind also den Sehern nicht zukünftig, sondern gegenwärtig, und aus ihnen, wenn der Geist sie erfaßt, wird die Zukunft vorausgesagt. Diese geistigen Eindrücke also sind bereits, und wer Künftiges voraussagt, schaut sie gegenwärtig in seinem Innern. Aus der Fülle des zur Verfügung Stehenden mag ein Beispiel für mich sprechen [1]. Ich schaue die Morgenröte an und sage den Sonnenaufgang voraus. Was ich schaue, ist gegenwärtig, was ich voraussage, zukünftig. Nicht die Sonne ist zukünftig, denn die ist bereits, sondern ihr Aufgang, der noch nicht ist. Doch wenn ich mir nicht auch den Aufgang im Geiste vorstellte, so wie ich es jetzt tue, wo ich davon spreche, könnte ich ihn nicht voraussagen. Aber weder jene Morgenröte, die ich am Himmel sehe, ist der Sonnenaufgang, obwohl sie ihm voraufgeht, noch diese Vorstellung in meinem Geiste. Doch muß ich diese beiden gegenwärtig sehen, um den künftigen Aufgang vorauszusagen. Das Zukünftige also ist noch nicht, und wenn noch nicht, dann überhaupt nicht, und wenn es nicht ist, kann es auch durchaus nicht gesehen werden. Aber es kann vorausgesagt werden auf Grund des Gegenwärtigen, das bereits ist und das man sieht.

Die Sehergabe ein tiefes Geheimnis

So sag es mir, du Beherrscher deiner Schöpfung, welches ist deine Weise, den Seelen Zukünftiges zu zeigen? Denn du hast es deinen Propheten gezeigt. Auf welche Weise zeigst du, dem nichts zukünftig ist, Künftiges? Oder vielmehr Gegenwärtiges, von dem man auf die Zukunft schließt? Denn was nicht ist, kann nimmer gezeigt werden. Doch diese Weise läßt meinen Scharfsinn weit hinter sich. ‚Sie ist mir zu hoch, ich kann sie nicht begreifen.‘ Aber ich werde es einmal können, durch dich, wenn du mir's geben wirst, ‚süßes Licht meiner inneren Augen‘.

Darf man von drei Zeiten reden?

Was aber jetzt klar und deutlich ist, das ist dies: Weder das Zukünftige ist noch das Vergangene, und man kann auch von Rechts wegen nicht sagen, es gebe drei Zeiten, Vergangenheit, Gegenwart und Zukunft. Vielleicht sollte man richtiger sagen: es gibt drei Zeiten, Gegenwart des Vergangenen [1], Gegenwart des Gegenwärtigen und Gegenwart des Zukünftigen. Denn diese drei sind in der Seele, und anderswo sehe ich sie nicht. Gegenwart des Vergangenen ist die Erinnerung, Gegenwart des Gegenwärtigen die Anschauung, Gegenwart des Zukünftigen die Erwartung. Darf man so sagen, sehe ich in der Tat diese drei Zeiten und muß gestehen: es sind drei. Doch mag man meinetwegen auch sagen: es gibt drei Zeiten, Vergangenheit, Gegenwart und Zukunft. Mag man es sagen, wie es nun einmal mißbräuchliche Gewohnheit ist. Sieh, ich kümmere mich nicht darum, widerspreche und schelte auch nicht, wenn man nur begreift, was man sagt, und nicht meint, was zukünftig ist, sei bereits, oder was vergangen ist, sei noch.

Denn nur wenig ist, was wir genau zum Ausdruck bringen. Meist reden wir ungenau, aber man versteht schon, was wir sagen wollen.

Wie kann man vorübergehende Zeit messen?

Ich sagte vorhin: Wir messen die Zeiten, wenn sie vorüberziehen, so daß wir sagen können, dieser Zeitabschnitt sei doppelt so lang oder ebenso lang wie jener, oder was wir sonst über Zeitteile messend feststellen können. Wenn nun jemand gegen meine Behauptung, daß wir die Zeiten im Vorüberziehen messen, einwenden sollte: woher weißt du das? so möchte ich ihm antworten: Ich weiß doch, daß wir sie messen, aber wir können nicht messen, was nicht ist, und Vergangenes und Zukünftiges ist nun einmal nicht. Aber wie messen wir die gegenwärtige Zeit, wenn sie keine Ausdehnung hat? Sie wird also gemessen, wenn sie vorübergeht, nicht jedoch wenn sie vorübergegangen ist, denn dann gibt's nichts mehr, was man messen könnte. Aber woher und wo hindurch und wohin geht sie vorüber, wenn sie gemessen wird? Woher, wenn nicht aus der Zukunft, wo hindurch, wenn nicht durch die Gegenwart, wohin, wenn nicht in die Vergangenheit? Also von jenem her, was noch nicht ist, hindurch durch das, was keine Ausdehnung hat, hin zu dem, was schon nicht mehr ist. Und doch messen wir eine irgendwie ausgedehnte Zeit. Denn wenn wir zeitliche Aussagen machen und vom Einfachen, Doppelten, Dreifachen, Gleichen oder von sonstigen Zeitverhältnissen sprechen, meinen wir ausgedehnte Zeitabschnitte. In welchem Zeitraum messen wir also die vorüberziehende Zeit? Etwa in der Zukunft, von wo sie vorüberzieht? Aber was noch nicht ist, können wir nicht messen. Oder in der Gegenwart, durch welche sie hindurchzieht? Doch wo keine Ausdehnung ist, können wir nicht messen. Oder in der Vergangenheit, wohin sie abzieht? Aber was nicht mehr ist, können wir auch nicht messen.

Nur mit Gottes Hilfe ist das Rätsel zu lösen

Entbrannt ist mein Geist, dies tief verworrene Rätsel zu ergründen [1]. Herr mein Gott, du guter Vater, ich beschwöre dich um Christi willen, du wollest dies, das so alltäglich und doch so dunkel ist, meinem Verlangen nicht verschließen. Laß es eindringen und sich zurechtfinden darin im Lichte, das deine Barmherzigkeit, Herr, spendet! Wen sollte ich sonst hiernach fragen? Wem mit größerem Gewinn meine Unwissenheit bekennen als dir, dem es nicht lästig ist, wenn ich mit heißem Drang deine Schrift durchforsche? So gib mir, was ich liebe! Denn ich liebe, und auch das hast du mir gegeben. Gib, Vater, der du in Wahrheit ‚deinen Kindern gute Gaben zu geben weißt‘, gib, denn zu erkennen hab' ich mir vorgenommen, und ‚es ist mir zu schwer‘, wenn du nicht aufschließest. Um Christi willen beschwöre ich dich, im Namen dieses Allerheiligsten, laß niemanden mich dabei stören! Auch ‚ich habe geglaubt, und darum rede ich‘. Das ist meine Hoffnung, und in ihr lebe ich: daß ‚ich schauen möge meines Herren Freude‘. Sieh, ‚du lässest veralten meine Tage‘, und sie gehen dahin, ich weiß nicht wie. Zeit und nochmals Zeit, sagen wir, Zeiten und nochmals Zeiten. «Wann hat er das gesagt?» «Wann das getan?» «Wie lange habe ich das nicht gesehen?» «Diese Silbe währt doppelt so lang als jene kurze.» So sprechen wir und hören's, werden verstanden und verstehen auch. All das ist offenkundig und ganz alltäglich und doch wiederum auch ganz dunkel und des Rätsels Lösung noch nicht gefunden.

Zeit ist nicht Bewegung der Himmelskörper

Ich hörte einen gelehrten Mann sagen, der Sonne, des Mondes und der Gestirne Bewegungen das seien die Zeiten, aber ich gab ihm nicht recht. Warum dann nicht vielmehr die Bewegungen aller Körper? Wie, wenn die Himmelslichter stille stänclen, aber eine Töpferscheibe bewegte sich noch, gäbe es dann keine Zeit mehr, ihre Drehungen zu messen und zu sagen, entweder sie laufe mit gleichmäßiger Geschwindigkeit, oder wenn bald langsamer, bald schneller, ihre Umdrehungen nähmen teils längere, teils kürzere Zeit in Anspruch? Und wenn wir das sagten, sprächen wir es nicht auch in der Zeit, und hätten unsere Worte nicht teils lange, teils kurze Silben, weil die einen längere Zeit tönten, die andern kürzere? Gib, Gott, daß wir am Kleinen erkennen, was kleinen und großen Dingen gemeinsam ist. Gewiß sind die Gestirne und Himmelslichter bestimmt, uns ‚Zeichen zu sein für Zeiten, Tage und Jahre'. Das sind sie, aber wie ich nicht sagen dürfte, der Umlauf der hölzernen Drehscheibe sei ein Tag, sollte auch jener nicht sagen, er sei deswegen nicht auch ein Stück Zeit.

Macht und Wesen der Zeit möchte ich kennen lernen, mit der wir die Bewegungen der Körper messen, und dann sagen, jene Bewegung beispielsweise dauere doppelt so lange Zeit als diese. Wir nennen nämlich Tag nicht nur den Zeitraum, da die Sonne über der Erde steht – das wäre der Tag im Unterschied von der Nacht –, sondern auch den Zeitraum ihres ganzen Umlaufs von einem Aufgang bis zum andern. In diesem Sinne sagen wir: So viel Tage sind vergangen, und meinen damit die Tage samt den dazu gehörigen Nächten, rechnen also die Nächte nicht besonders. Da also ein Tag sich vollendet durch die Bewegung der Sonne und ihren Umlauf von einem Aufgang bis zum andern, frage ich, ob die Bewegung selbst der Tag ist, oder ob Tag die Dauer, in der sie abläuft, oder beides. Wäre das erste der Fall, so wäre es ein Tag, auch wenn die Sonne ihren Umlauf in einer Zeitdauer von nur einer Stunde vollenden würde. Träfe das zweite zu, so wär' es noch kein Tag, wenn die Sonne von einem Aufgang bis zum andern nur eine kurze Stunde brauchte, sondern sie müßte nun vierundzwanzigmal kreisen, um einen Tag zu vollenden. Wäre aber beides der Fall, so könnte weder das ein Tag heißen, wenn die Sonne ihren ganzen Kreis in einer Stunde zöge, noch jenes, wenn die Sonne still stände und lediglich soviel Zeit verstriche, wie sonst die Sonne in ihrem ganzen Umlauf von einem Morgen bis zum andern gebrauchte. So frage ich jetzt nicht mehr, was ein sogenannter Tag ist, sondern was die Zeit ist, mit der wir den Sonnenumlauf messen, wenn wir etwa sagen würden, sie habe ihn in der Hälfte der gewohnten Zeit vollendet, falls sie ihn nämlich in einem Zeitraum von zwölf Stunden zurückgelegt hätte. Beide Zeiten miteinander vergleichend, würden wir in dem Fall die eine einfach, die andere doppelt nennen, auch wenn die Sonne bisweilen in der einfachen, bisweilen in der doppelten Zeit von Aufgang zu Aufgang umliefe. So sage mir niemand, die Bewegung der Himmelskörper sei die Zeit, denn auch damals, als die Sonne auf Befehl eines Mannes stillstand, daß er siegreich die Schlacht vollenden konnte, stand sie wohl still, doch die Zeit ging fort. Denn in dem Zeitraum, dessen jene Schlacht bedurfte, ward sie geschlagen und beendet. So sehe ich da eine Art Ausdehnung. Aber sehe ich auch wirklich? Oder bilde ich mir nur ein zu sehen? Du wirst es mir zeigen, du Licht und Wahrheit.

Körperbewegung wird mit der Zeit gemessen

Heißest du mich zustimmen, wenn mir jemand sagt, die Zeit sei Bewegung eines Körpers? Nein. Denn ein Körper bewegt sich nur in der Zeit. So höre ich es, und du sagst es. Daß aber die Bewegung des Körpers selbst Zeit sei, höre ich nicht. Das sagst du nicht. Denn wenn sich ein Körper bewegt, messe ich mit der Zeit, wie lange er sich bewegt, und zwar vom Anfang bis zum Ende seiner Bewegung [1]. Und sah ich nicht, wann er anfing, und hört er nicht auf sich zu bewegen, so daß ich kein

Ende sehe, kann ich nicht messen, es sei denn vom Beginn meiner Beobachtung an, bis ich zu beobachten aufhöre. Beobachte ich lange, kann ich nur sagen, es sei eine lange Zeit, aber nicht wie lang. Denn wenn ich auch feststellen will, wie lang, muß ich vergleichen, etwa: Dies dauerte so lange wie jenes, oder doppelt so lange, oder wie sonst das Verhältnis war[1]. Wenn wir aber die Punkte im Raum festlegen können, von wo und wohin ein sich bewegender Körper gelangt oder seine Teile, wenn er sich drehend bewegt, dann können wir auch sagen, in wieviel Zeit der Körper oder ein Teil von ihm von dem einen Punkte bis zum andern sich hinbewegte[2]. Wenn also die Bewegung eines Körpers etwas anderes ist als das, womit wir messen, wie lange sie dauert, wer merkt da nicht, was von diesen beiden Zeit heißen muß? Denn auch wenn ein Körper wechselweise sich bald bewegt, bald stille steht, messen wir nicht nur seine Bewegung, sondern auch seinen Stillstand mit der Zeit und sagen etwa: Er stand so lange still, wie er sich bewegte, oder sein Stillstand währte doppelt oder dreimal so lang als seine Bewegung, oder was sonst etwa, sei es mehr oder weniger, unsere Berechnung feststellen konnte oder mutmaßte. Also ist die Zeit nicht eine Bewegung des Körpers.

Rätselhafte Zeit!

Und ich bekenne dir, Herr, daß ich noch immer nicht weiß, was Zeit ist. Aber ich weiß, und auch das bekenne ich dir, daß ich dies in der Zeit sage und schon lange über die Zeit rede, und daß auch dies «lange» nur durch Zeitdauer lang ist. Wie aber kann ich das wissen, wenn ich doch nicht weiß, was Zeit ist? oder weiß ich vielleicht bloß nicht, wie ich das, was ich weiß, aussprechen soll? Weh mir Armen, daß ich nicht einmal weiß, was ich nicht weiß! Sieh, mein Gott, vor dir darf ich's sagen: Ich lüge nicht. So wie ich rede, ist auch mein Herz. Du,

Herr, mein Gott, wirst ‚meine Leuchte erleuchten, meine Finsternis licht machen'.

Man mißt längere an kürzeren Zeiten

Ist's nicht lautere Wahrheit, wenn meine Seele dir bekennt, daß ich die Zeiten messe? So messe ich, Herr, mein Gott, und weiß nicht, was ich messe. Ich messe die Bewegung des Körpers mit der Zeit. Aber messe ich nicht auch die Zeit selbst? Oder könnte ich etwa eines Körpers Bewegung messen, wie lange sie dauert und wie lang es währt, bis er von hier nach da gelangt, wenn ich nicht die Zeit, in der er sich bewegt, messen würde? Woran messe ich denn die Zeit selber? Messen wir etwa eine längere Zeit an einer kürzeren, wie die Länge eines Balkens mit einer Elle? In der Tat, wir messen augenscheinlich die Dauer einer langen Silbe an der einer kurzen und sagen, sie sei doppelt so lang. So messen wir die Zeitdauer von Gedichten an der von Versen, die Zeitdauer der Verse an der der Versfüße, die der Versfüße an der der Silben, die der langen an der der kurzen, doch nicht wie es auf dem Papiere steht – denn das hieße räumlich messen, nicht zeitlich –, sondern wenn die gesprochenen Worte vorübergehen, sagen wir: Es ist ein langes Gedicht, denn es baut sich auf aus so viel Versen; es sind lange Verse, denn sie bestehen aus so viel Versfüßen, und es sind lange Versfüße, denn sie umfassen so viel Silben, es ist eine lange Silbe, denn sie ist das Doppelte der kurzen. Aber auch so gewinnen wir kein sicheres Maß der Zeit [1]. Denn es kann geschehen, daß ein kürzerer Vers, wenn er langsam vorgetragen wird, mehr Zeit beansprucht als ein längerer, den man rasch aufsagt. Ebenso ist's beim Gedicht, beim Versfuß und der Silbe. So scheint es mir denn klar, daß die Zeit nichts anderes ist als eine Art Ausdehnung, aber wessen, das weiß ich nicht. Doch sollte es mich wundern, wenn es nicht der

Geist selber wäre [1]. Ich beschwöre dich, mein Gott, was messe ich, wenn ich unbestimmt sage: Diese Zeit ist länger als jene, oder auch bestimmt: Sie ist doppelt so lang, verglichen mit jener? Ich messe die Zeit, das weiß ich. Aber ich messe nicht die zukünftige, denn die ist noch nicht, auch nicht die gegenwärtige, denn sie hat keine Ausdehnung, auch nicht die vergangene, denn sie ist schon nicht mehr. Was also messe ich? Etwa die vorübergehenden, nicht die vorübergegangenen Zeiten? Ja, so sagte ich schon.

Man mißt die Zeit mit Hilfe von Eindrücken oder Vorstellungen im Geist

Halt ein, meine Seele, und gib wohl acht! Gott ist unser Helfer. ‚Er hat uns gemacht und nicht wir selbst.' Gib acht, wo die Wahrheit aufdämmert. Denk dir, eine Stimme beginnt zu ertönen. Sie tönt und tönt weiter, und dann hört sie auf. Nun herrscht Schweigen, und jene Stimme ist vergangen, ist keine Stimme mehr. Sie war zukünftig, ehe sie ertönte, und konnte nicht gemessen werden, weil sie noch nicht da war, und jetzt auch nicht, weil sie nun nicht mehr ist. Damals also konnte man sie messen, als sie ertönte, denn da war etwas, das gemessen werden konnte. Aber auch damals stand sie nicht still, sondern ging dahin und ging vorüber. Konnte man sie vielleicht gerade darum messen? Denn vorübergehend dehnte sie sich zu einer gewissen Zeitdauer aus, in der sie allenfalls gemessen werden konnte, während sie als gegenwärtige keine Dauer hat. Nehmen wir also an, daß sie so gemessen werden konnte. Nun so stell dir vor, daß eine andere Stimme zu ertönen beginnt und in gleicher Tonstärke immerfort ertönt. Messen wir sie, während sie tönt. Denn wenn sie zu tönen aufgehört hat, ist sie vergangen und nicht mehr da, was gemessen werden könnte. Messen wir sie also und sagen, wie lange sie währt. Aber sie tönt noch und kann doch nur gemessen werden von dem ersten Augenblick an, wo sie zu tönen anfing, bis zum letzten, wo sie aufhörte. Denn wir messen den Zwischenraum von einem Anbeginn bis zu einem Ende: Daher kann man einen Ton, der noch nicht verhallt ist, auch nicht messen und sagen, wie lang oder kurz er währe, oder sagen, er sei einem andern gleich oder währe doppelt so lang als er, oder wie es sonst sein mag. Wenn er aber verklungen ist, ist er schon nicht mehr. Wie könnte man ihn dann noch messen? Und doch messen wir die Zeiten, nicht die, die noch nicht sind, auch nicht, die nicht mehr sind, auch nicht, die keine Ausdehnung haben, und auch die nicht, die kein Ende haben. Weder die zukünftigen noch die vergangenen, noch die gegenwärtigen, noch die vorübergehenden [1] Zeiten können wir messen, und doch messen wir die Zeiten.

«O Gott, du Schöpfer aller Ding'», dieser Vers besteht aus acht abwechselnd kurzen und langen Silben. Vier sind kurz, die erste, dritte, fünfte und siebte, und zwar halb so lang wie die vier langen, nämlich die zweite, vierte, sechste und achte. Von diesen beansprucht eine jede das doppelte an Zeit wie jede der kurzen. Ich spreche sie aus und wiederhole sie, und es ist tatsächlich so, wie es offenkundige Sinneswahrnehmung bezeugt. Nach offenkundiger Sinneswahrnehmung messe ich mit der kurzen Silbe die lange und merke, daß die letztere doppelt so lang ist. Aber wenn nun eine nach der anderen ertönt, erst die kurze, darauf die lange, wie kann ich dann die kurze festhalten und als Maßstab an die lange anlegen, um zu finden, daß diese doppelt so lang ist, wenn doch die lange nicht eher zu ertönen beginnt, als die kurze zu tönen aufgehört hat? Und was die lange selbst anlangt, kann ich sie etwa messen, wenn sie noch gegenwärtig ist, da ich doch nur messen kann, was bereits abgeschlossen ist? Ihr Abschluß aber ist ihre Vergangenheit. Was also ist's, das ich messe? Wo ist die kurze Silbe, mit der ich messe? Wo die lange, die ich messe? Beide ertönten, verflogen und vergingen und sind nicht mehr. Ich aber messe und erkläre zuversichtlich, geübter Sinneswahrnehmung trauend, jene beanspruche das einfache, diese das doppelte Maß an Zeitdauer. Und das kann ich doch nur, wenn sie vergangen und abgeschlossen sind. Also messe ich nicht sie selbst, die ja nicht mehr sind, sondern etwas, was von ihnen in meinem Gedächtnis hängen geblieben ist.

In dir, mein Geist, messe ich meine Zeiten. Verdunkle mir's nicht, daß es so ist. Und laß dich selbst nicht verdunkeln durch die verwirrende Menge deiner Eindrücke. In dir, sage ich, messe ich die Zeiten. Den Eindruck, den die vorübergehenden Dinge in dir hervorbringen und der bleibt, wenn sie vorübergegangen sind, ihn, den gegenwärtigen, messe ich, nicht was vorübergegangen ist und ihn hervorgebracht hat. Ja, den messe ich, wenn ich die Zeiten messe [1]. Also ist er es, den wir die Zeiten nennen [2], oder aber ich kann die Zeiten nicht messen. Aber wie nun, wenn wir das Schweigen messen wollen und sagen, jenes Schweigen habe ebensolange gedauert, wie eine gewisse Stimme erklungen sei? Müssen wir da nicht, um etwas über die Zeitabschnitte der Stille aussagen zu können, das Zeitmaß jener Stimme in Gedanken haben, als ob sie noch immer tönte? Denn auch ohne Stimme und Lippenbewegung sagen wir bisweilen in Gedanken Gedichte, Verse und allerlei Reden auf und stellen dabei fest, wie sich die Ausdehnung und Zeitdauer des einen zum andern verhält, genau so, wie wenn wir laut gesprochen hätten. Und wenn jemand einen längeren Ton hervorbringen will und vorher sich überlegt, wie lange er dauern soll, muß er zunächst schweigend den Zeitraum abmessen und dem Gedächtnis überliefern und sodann den Ton hervorbringen, der nun so lange ertönt, bis er das festgesetzte Zeitmaß erreicht hat. Genauer gesagt: Er tönte und wird weiter tönen. Denn teils ist er schon vorüber und hat getönt, teils noch nicht und wird weiter tönen. Er wird aber auf die Weise vollendet, daß die gegenwärtige Tätigkeit das Künftige in Vergangenheit überführt, so daß bei Verminderung des Künftigen das Vergangene immer mehr anwächst, bis zuletzt das Künftige aufgezehrt und alles vergangen ist.

Das Künftige erwartend, auf das Gegenwärtige achtend, des Vergangenen sich erinnernd

Aber wie kann es geschehen, daß das Zukünftige vermindert und aufgezehrt wird, das doch noch nicht ist, und daß das Vergangene wächst, das doch bereits nicht mehr ist? Nur so, daß der Geist, in dem dies vorgeht, ein Dreifaches tut. Er erwartet, merkt auf und erinnert sich [1]. Die Erwartung des Zukünftigen geht durch Aufmerken auf das Gegenwärtige hindurch in die Erinnerung an das Vergangene über. Wer leugnet also, daß das Zukünftige noch nicht sei? Aber seine Erwartung ist bereits im Geist gegenwärtig. Und wer leugnet, daß das Vergangene nicht mehr sei? Aber die Erinnerung daran ist noch im Geiste gegenwärtig. Und wer leugnet, daß die gegenwärtige Zeit keine Ausdehnung hat, da sie in einem Augenblick vorübergeht? Aber das gegenwärtige Aufmerken, durch welches hindurch immerfort das Zukünftige abwandert, dauert an. Also ist nicht etwa die zukünftige Zeit lang, die vielmehr überhaupt nicht ist, sondern lange Zukunft ist nichts anderes als lange Erwartung der Zukunft, auch ist nicht die vergangene Zeit lang, die überhaupt nicht ist, sondern lange Vergangenheit ist lange Erinnerung an das Vergangene [2].

Ich will ein Lied aufsagen, das ich kenne. Ehe ich anfange, richtet meine Erwartung sich auf das Ganze, habe ich aber begonnen, nimmt das, was ich von der Erwartung abgepflückt und der Vergangenheit überliefert habe, in meinem Gedächtnis Platz. So zerlegt sich diese meine lebendige Tätigkeit in die Erinnerung dessen, was ich aufgesagt habe, und die Erwartung dessen, was ich noch sagen will. Gegenwärtig dagegen ist mein Aufmerken, durch welches das Zukünftige hindurchschreiten muß, daß es zur Vergangenheit werde. Je mehr das nun fort und fort geschieht, um so mehr wird die Erwartung verkürzt und die Erinnerung verlängert, bis die ganze Erwartung aufgezehrt ist, wenn jene ganze Tätigkeit abgeschlossen und in Erinnerung übergegangen ist. Und wie mit dem ganzen Liede geht es auch mit seinen einzelnen Teilen und seinen einzelnen Silben, und ebenso auch mit der größeren Handlung, deren Teilstück vielleicht jenes Lied ist, ebenso mit dem ganzen Menschenleben, dessen Teile alle Handlungen des Menschen, ebenso mit dem Gesamtschicksal aller Menschenkinder, dessen Teile alle einzelnen Lebensabläufe sind.

Die Zerstreuung im Zeitlichen wird enden

‚Aber dein Erbarmen ist besser denn Leben.' Denn sieh, mein Leben ist Zerstreuung. Doch deine Rechte hat mich angenommen in meinem Herrn, dem Menschensohn und Mittler zwischen dir, dem Einen, und uns vielen, die mit viel zu vielem beschäftigt dahinleben [1], auf ‚daß ich durch ihn den ergreife, durch den auch ich ergriffen bin', mich löse von meinen vergangenen Tagen und nur dem Einen folge, daß ‚ich vergesse, was dahinten ist', und gesammelt, nicht zerstreut, ‚mich ausstrecke', nicht nach dem, was kommen wird und wieder vergehen, sondern nach ‚dem, was wahrhaft vorne ist', daß ich nicht mit geteiltem, sondern mit ganzem Herzen ‚strebe nach der Palme der himmlischen Berufung', wo ich ‚hören werde die Stimme deines Lobes' und deine Wonne schaue, die nicht kommt und vergeht. Nun aber sind ‚meine Jahre voller Seufzer', doch du, Herr, bist mein Trost, du, mein ewiger Vater. Ich aber bin zerflossen in den Zeiten, deren Ordnung mir unbekannt ist. Meine Gedanken, das innerste Leben meiner Seele, werden vom wirren Wechsel zerrissen, bis ich dereinst, gereinigt und geläutert durch das Feuer deiner Liebe, einmünde in dir.

Dann schweigen die törichten Fragen

Dann werde ich gefestigt stehen in dir, meinem Urbild, deiner Wahrheit, und brauche nicht mehr anzuhören die Fragen der Menschen, deren krankhafter, sträflicher Durst sich nicht stillen läßt und die sprechen: Was tat Gott, ehe er Himmel und Erde schuf? oder: Wie kam's ihm in den Sinn zu schaffen, da er doch vorher niemals etwas geschaffen hatte? Verleih ihnen, Herr, wohl zu bedenken, was sie sagen, und einzusehen, daß man nicht «niemals» sagen kann, wo es keine Zeit gibt. Denn wer sagt, Gott habe niemals etwas geschaffen, sagt doch nichts anderes als dies, er habe es zu keiner Zeit getan. Möchten sie doch begreifen, daß es ohne Schöpfung auch keine Zeit geben kann, und ein Ende machen des törichten Redens. Möchten auch sie sich ausstrecken nach dem, was vorne ist, und einsehen, daß du vor allen Zeiten der ewige Schöpfer aller Zeiten bist und daß keine Zeiten gleich ewig sind wie du, auch sonst keine Kreatur, selbst wenn es eine geben sollte, die zeitüberlegen ist [1].

Gottes Erkennen ist allumfassend und ewig

Herr, mein Gott, wie tief ist der Abgrund deines Geheimnisses, und wie weit haben mich die Folgen meiner Sünden davon abgetrieben! Heile meine Augen, daß auch ich mich freue deines Lichts. Gäbe es einen Menschengeist, mit solch großem Wissen und Vorauswissen begabt, daß ihm alles Vergangene und Zukünftige so bekannt wäre wie mir ein einziges ganz bekanntes Lied, es wäre wahrlich ein wunderbarer Geist, den man schaudernd anstaunen müßte. Denn was je geschehen ist und im Lauf der Jahrhunderte noch geschehen wird, wäre ihm ebensowenig verborgen, wie mir, der ich das Lied singe, verborgen ist, wieviel von ihm, seit ich anfing, schon vorüber und wieviel bis zu seinem Ende noch übrig ist. Doch fern sei es von mir, zu glauben, daß du, der Schöpfer des Alls, Schöpfer der Seelen und Leiber, auf diese Weise alles Zukünftige und Vergangene kennest. O weit wunderbarer, weit geheimnisvoller kennst du es! Denn wenn jemand ein bekanntes Lied singt oder singen hört, wechseln Sinn und Gemüt zwiespältig zwischen der Erwartung der künftigen und der Erinnerung an die verklungenen Töne. Aber nichts dergleichen widerfährt dir, dem unwandelbar ewigen, das ist, dem wahrhaft ewigen Schöpfer der Geister. Wie du im Uranfang Himmel und Erde erkanntest ohne Wandel deines Erkennens, so hast du im Uranfang Himmel und Erde geschaffen ohne Änderung deines Tuns. Wer das versteht, der preise dich, und wer's nicht versteht, auch er soll dich preisen! ,O wie erhaben bist du und wohnst doch bei denen, die demütigen Herzens sind!' Du richtest auf die Zerschlagenen, und sie fallen nicht mehr, denn ihr hoher Halt bist du.

ZWÖLFTES BUCH

HIMMEL UND ERDE · GENESIS I, 1.2

Rechte Deutung der Schrift oft schwer

Viel zu denken gibt es meinem Herzen, Herr, in diesem meinem armseligen Leben, wenn daran anklopfen die Worte deiner Heiligen Schrift, und die Dürftigkeit menschlichen Erkennens ergeht sich oft in weitschweifiger Rede. Denn das Suchen macht mehr Worte als das Finden, umständlicher ist das Erstreben als das Erlangen, und die Hand, die anklopft, hat mehr Mühe als die, die nimmt. Doch wir halten fest an der Verheißung. Wer wird sie zu Schanden machen? ‚Ist Gott für uns, wer mag wider uns sein?' ‚Bittet, so wird euch gegeben, suchet, so werdet ihr finden, klopfet an, so wird euch aufgetan. Denn wer da bittet, der empfängt, und wer da sucht, der findet, und wer da anklopft, dem wird aufgetan.' Das ist's, was du verheißen, und wer fürchtet Trug, wo die Wahrheit verheißt?

Des «Himmels Himmel»

Deiner Hoheit bekennt in Niedrigkeit meine Zunge, daß du Himmel und Erde geschaffen hast, diesen Himmel, den ich sehe, und die Erde, die ich mit meinen Füßen trete, von der auch die Erde genommen ist, die ich selber bin. Du hast's geschaffen. Wo aber, o Herr, ist des Himmels Himmel, von dem wir das Psalmwort vernahmen: ‚Des Himmels Himmel gehört dem Herrn, aber die Erde hat er den Menschenkindern gegeben?' Wo bist du, Himmel, den wir nicht schauen, neben dem alles, was wir schauen, nichts als Erde ist? Denn diese ganze Körperwelt, deren Unterstes unsere Erde ist, weist nicht überall in ihren tiefsten Teilen die Schönheit des Himmels auf, aber verglichen mit jenem Himmel des Himmels ist auch der Himmel unserer Erde nur Erde. Dieser Himmel aber und diese Erde, so gewaltige Körper sie sind, werden mit Recht Erde genannt, vergleicht man sie mit jenem unbeschreiblichen Himmel, der dem Herrn zugehört und nicht den Menschenkindern.

«Finsternis über der Tiefe»

‚Diese Erde aber war wüst und leer'[1], eine unbeschreibliche Abgrundstiefe, über der kein Licht war, denn formlos war sie. Warum ließest du nun schreiben, daß es ‚finster war über der Tiefe'? Finsternis ist doch nichts anderes als Fehlen des Lichts[2]. Denn gab es Licht, wo anders sollte es wohl sein als darüber schwebend und leuchtend? Wo also noch kein Licht war, was konnte das Dasein der Finsternis da anders bedeuten als Fernsein des Lichts? Finsternis war also darüber, weil kein Licht darüber war, wie dort Schweigen herrscht, wo kein Laut vernehmbar ist. Denn was sonst bedeuten die Worte «dort herrscht Schweigen», wenn nicht dies: «es ist dort kein Laut vernehmbar»? Hast nicht du, Herr, dies die Seele gelehrt, die dir bekennt? Hast nicht du, Herr, mich gelehrt, daß, ehe du jene formlose Masse[3] formtest und gliedertest, nichts da war, keine Farbe, keine Gestalt, kein Leib und kein Geist? Indes war es doch nicht mehr ein völliges Nichts, sondern formloses und ungestaltetes Sein.

Die formlose Masse

Wie anders sollte man es nun benennen, um es auch dem schwerfälligeren Sinn verständlich zu machen, als mit einem jedermann geläufigen Worte? Was ließe sich aber in der weiten Welt finden, das dieser gänzlichen Formlosigkeit verwandter wäre als Erde und Abgrund? Denn die sind ihrer untersten Stufe entsprechend ungestalteter als all das übrige, das höher, heller und leuchtender ist. Warum also soll man nicht annehmen, daß du die formlose Masse, die du ohne Gestalt schufest, um daraus die wohlgestaltete Welt zu schaffen, nur darum eine wüste und leere Erde nanntest, um so uns Menschen verständlicher zu werden?

Sie ist unvorstellbar

Wenn man nun darüber nachdenkt und sich fragt, wie man dies auffassen soll, und sich dann sagt: Da ist keine geistige Form wie Leben oder Gerechtigkeit, sondern körperliche Masse, aber auch keine sinnlich wahrnehmbare Form – denn in dem, was wüst ist und leer, gibt's nichts zu sehen und wahrzunehmen –, wenn man nachsinnend sich dies sagt, heißt das nicht, den Versuch machen, es nicht begreifend zu erkennen oder es nicht erkennend zu begreifen?

Ein Mittleres zwischen dem Geformten und dem Nichts

Soll ich dir, Herr, nun alles mit Mund und Feder bekennen, was du mich über jene erste Masse gelehrt hast, von der ich schon früher reden hörte, ohne es zu verstehen, da die, die davon redeten, es auch nicht verstanden, so muß ich gestehen: ich dachte sie mir einst [1] in ungezählten und verschiedenartigen Gestalten, das heißt aber, ich dachte sie überhaupt nicht. Häßliche, greuliche Formen in wirrem Durcheinander stellte meine Einbildung sich vor, aber immerhin Formen. Formlos nannte ich also das, was nicht etwa überhaupt keine Form, sondern eine derartige hat, daß, wäre es mir erschienen, mein Sinn vor dem ungewohnten, fremdartigen Anblick zurückgeschreckt und die menschliche Schwäche in Verwirrung geraten wäre. Aber was ich mir so dachte, war nicht darum formlos, weil ihm alle Form fehlte, sondern nur im Vergleich mit schöner geformten Gegenständen. Wohl riet wahre Vernunft, auch die letzten Überreste aller Form gänzlich zu tilgen, wenn ich etwas ganz Formloses denken wollte, aber das konnte ich nicht. Denn eher hätte ich gemeint, was aller Form ermangele, sei überhaupt nicht, als daß ich gedacht hätte, es gebe etwas zwischen der Form und dem Nichts, das weder geformt noch ein Nichts, sondern ungeformt und beinahe ein Nichts wäre. Und mein Verstand gab es auf, hierüber meinen Geist zu befragen, der angefüllt war mit Bildern geformter Körper, die er willkürlich änderte und vertauschte. Ich richtete nun meine Aufmerksamkeit auf die Körper selbst und betrachtete gründlicher ihre Veränderlichkeit, wie sie aufhören zu sein, was sie waren, und zu sein anfangen, was sie nicht waren, und vermutete, dieser Übergang von einer Form zur andern gehe durch etwas Formloses hindurch, und nicht durch ein völliges Nichts. Aber ich wollte wissen, nicht bloß vermuten. Und wenn ich dir mit Wort und Feder alles bekennen wollte, was du mir beim Grübeln über diese Frage enthüllt hast, welcher Leser hätte wohl die Geduld, mir zu folgen? Doch soll mein Herz nicht müde werden, dich zu preisen und ein Loblied anzustimmen auch um deswillen, was ich hier nicht mehr diktieren kann. Denn die Veränderlichkeit der veränderlichen Dinge selbst ist es, die empfänglich ist für alle Formen, in die die wandelbaren Dinge sich wandeln. Aber was ist sie? Doch nicht ein Geist? Oder ein Körper? Oder die Gestalt eines Geistes oder Körpers? Könnte man sagen: Nichts ist etwas, oder: was ist, ist nicht, würde ich das von ihr sagen. Und doch mußte sie irgendwie sein, um jene sichtbaren und wohlgeformten Gestalten annehmen zu können [1].

Von Gott geschaffen

Und woher war sie, um jene sichtbaren und wohlgeformten Gestalten annehmen zu können, woher war sie, wenn nicht von dir, von dem alles ist, soweit es überhaupt ist? Aber um so ferner von dir, je unähnlicher, fern freilich nicht im räumlichen Sinne. So hast denn du, Herr, der du nicht jetzt so, jetzt anders bist, sondern du selbst, du selbst, du selbst, ‚heilig, heilig, heilig‘, Herr, allmächtiger Gott, im Uranfang, der von dir ist, in deiner Weisheit, die aus deinem Wesen geboren ist, aus dem Nichts ein Etwas gemacht. Denn du hast Himmel und Erde nicht aus dir gemacht[1], denn sonst wären sie wesensgleich deinem Eingeborenen und somit auch dir, aber was nicht aus dir stammt, kann dir durchaus nicht gleich sein. Wie wäre das recht? Und etwas anderes außer dir gab's doch nicht, woraus du es hättest machen können, Gott, du einige Dreiheit, dreifache Einheit. So hast du denn aus nichts Himmel und Erde geschaffen, groß den einen, klein die andere, denn du bist allmächtig und gut und machst alles gut, den großen Himmel und die kleine Erde. Du warst und sonst nichts, und aus nichts schufst du Himmel und Erde, zweierlei Geschöpfe, das eine dir nah, das andere nah dem Nichts, das eine so hoch, daß nur du es überragst, das andere so tief, daß unter ihm nur das Nichts.

Aus diesem Stoffe ist die sichtbare Welt geschaffen

Jener Himmel des Himmels ist dein, Herr, die Erde aber, die du den Menschenkindern gabst zu schauen und zu betasten, war nicht so, wie wir sie jetzt schauen und betasten. Denn sie war wüst und leer und war eine Tiefe, über der kein Licht war. Mit andern Worten: ‚Finsternis war über der Tiefe‘, mehr noch als in der Tiefe. Denn die Tiefe der jetzt sichtbaren Gewässer hat auch in den untersten Gründen ein Licht eigener Art, das den Fischen und dem drunten hausenden Gewürm wahrnehmbar ist. Jene Tiefe aber war nahe dem Nichts, denn sie war noch gänzlich formlos, jedoch ein Etwas, das geformt werden konnte. Denn du, Herr, schufst die Welt aus formlosem Stoff, den, selbst beinah ein Nichts, du aus nichts geschaffen hattest und woraus du dann das Große, das wir Menschenkinder bestaunen, schaffen wolltest. Ja, staunenswert ist dieser körperliche Himmel, den du als Feste zwischen den Wassern setztest am zweiten Tage nach Erschaffung des Lichts, als du sprachst: Es werde! und es geschah also. Diese Feste nanntest du Himmel. Aber es war nur der Himmel dieser Erde und dieses Meeres, die du am dritten Tage schufst, als du dem formlosen Stoff, den du vor allen Tagen geschaffen, seine sichtbare Form gabst. Denn schon vor allen Tagen hattest du einen andern Himmel geschaffen, nämlich dieses Himmels Himmel. Denn im Uranfang hattest du Himmel und Erde geschaffen. Die Erde aber, die du damals schufst, war der gestaltlose Stoff, denn sie war wüst und leer und Finsternis über der Tiefe. Aus dieser Erde, wüst und leer, aus dieser formlosen Masse, diesem Etwas, das beinahe ein Nichts, wolltest du all das schaffen, woraus diese wandelbare Welt besteht, die doch nicht besteht, an der die Wandelbarkeit in Erscheinung tritt, die uns die Zeiten wahrnehmen und aufzählen läßt. Denn die Zeiten entstehen durch den Wandel der Dinge, deren Formen sich ändern und wechseln und deren Stoff jene wüste Erde ist, von der die Rede war.

Die vorzeitliche Schöpfung

Darum schweigt auch der Geist, der Lehrer deines Knechts, wenn er erzählt, daß du im Uranfang Himmel und Erde schufst, von Zeiten, schweigt von Tagen. Denn des Himmels Himmel, den du im Uranfang schufst, ist eine geistige Kreatur [1] und hat, obschon nicht gleich ewig wie du, Dreieiniger, doch Anteil an deiner Ewigkeit, hält im glückseligen Genuß der Wonne, dich zu schauen, kraftvoll gebändigt seine Wandelbarkeit, hangt dir, seit er geschaffen ward, an und fällt nicht ab und läßt allen flüchtigen Wechsel der Zeiten hinter sich. Aber auch jene formlose Masse, die Erde, die wüst war und leer, ist nicht unter dem, was aufgezählt wird in den Tagen. Denn wo keine Gestalt, da ist auch keine Ordnung, da kommt und vergeht nichts, und wo das nicht geschieht, gibt's auch keine Tage und keinen Wechsel von Zeitabschnitten.

Bitte um Erleuchtung

O Wahrheit, Licht meines Herzens, laß nicht zu, daß meine Finsternis zu mir spreche! Denn ins Vergängliche bin ich abgeglitten und verfinstert, aber da, auch da gewann ich dich lieb. Ich ging in die Irre und gedachte deiner. ‚Hinter mir vernahm ich deine Stimme', die zur Rückkehr rief, und kaum hörte ich sie wegen des Lärms der Friedlosen, die mich umgaben [1]. Und siehe, jetzt kehre ich zurück zu deinem Quell, heiß und keuchend. Niemand soll mich hindern. Draus trinken will ich und davon leben. Ich will nicht mein eigenes Leben führen. Übel hab' ich gelebt, als ich aus mir lebte, und ward mir selbst zum Tode. In dir lebe ich auf. Sprich du mich an, rede du zu mir! Ich glaube deinen heiligen Büchern, aber ihre Worte sind sehr geheimnisvoll.

Worüber Augustin sich bereits klar ist

Schon hast du mir, Herr, mit starker Stimme ins innere Ohr gerufen, daß du ewig bist und ‚allein Unsterblichkeit hast'. Denn in dir gibt es keinen Wechsel von Gestalt und Bewegung, auch ändert dein Wille sich nicht in der Zeit. Denn nicht unsterblich ist ein Wille, der bald so, bald anders will. Das ist mir klar und hell vor deinem Angesicht, und immer noch klarer soll's mir werden, ich bitte dich drum, und in diesem klaren Lichte will ich allzeit stehen, besonnen und im Schutze deiner Flügel. Desgleichen hast du mir, Herr, mit starker Stimme ins innere Ohr gerufen, daß alle Naturen und alle Wesen, die nicht sind, was du bist, und doch sind, du geschaffen hast. Nur das ist nicht von dir, was nicht ist, nämlich die Willensregung, die sich abwendet von dir, der du bist, zu dem, was weniger ist [1]. Denn solch eine Bewegung ist Vergehen und Sünde. Aber keines Wesens Sünde kann dir schaden oder die Ordnung deines Reiches stören, nicht droben und auch nicht drunten. Das ist mir hell und klar vor deinem Angesicht, und immer noch klarer soll's mir werden, ich bitte dich drum, und in diesem klaren Lichte will ich allzeit stehen, besonnen und im Schutze deiner Flügel.

Ferner hast du mir mit starker Stimme ins innere Ohr gerufen, daß auch jene Kreatur nicht gleich ewig ist wie du, deren Wonne du allein bist, die in unwandelbarer Keuschheit dich genießt, so daß ihre eigene Wandelbarkeit nie und nimmer zutage tritt, die dich, den Gegenwärtigen, an den sie sich mit ganzer Liebe hält, stets vor Augen hat und darum keine Zukunft erwartet, auch nichts der Vergangenheit überläßt, dessen sie sich nur noch erinnert, folglich auch von Wechsel und Zeitausdehnung unberührt bleibt. O selig, wenn sie so ist, von deiner Seligkeit durchdrungen, selig, wenn du für immer bei ihr einkehrst und sie erleuchtest! Ich finde nichts, was ich lieber des Himmels Himmel, der des Herrn Eigentum ist, nennen möchte, als diese deine lebendige Behausung, die deine Wonne schaut und nie abweichend an anderes sich verliert, die reine Geisteswelt, die einträchtig und eins geworden durch das Band des Friedens, das die heiligen Geister verknüpft, die Bürger deiner Stadt im Himmel droben über dem Erdenhimmel.

So erkenne denn die Seele, deren Pilgerreise so lange währt, die nun ‚nach dir dürstet, deren Speise Tränen geworden sind, wenn man täglich zu ihr sagt: Wo ist nun dein Gott?', die dies eine nur von dir erbittet, ‚daß sie in deinem Hause bleiben möge alle Tage ihres Lebens' – und was ist ihr Leben, wenn nicht du? und was sonst deine Tage, wenn nicht deine Ewigkeit, wie auch ‚deine Jahre, die kein Ende nehmen', da du stets derselbe bleibst? – so erkenne denn die Seele, die es vermag, wie hoch erhaben über alle Zeiten deine Ewigkeit ist. Denn deine Behausung, die nicht auf Erden pilgert, obschon sie nicht gleich ewig ist wie du, kennt doch, wenn unablässig und unbeirrbar sie an dir hängt, keinen Wechsel der Zeiten. Das ist mir klar und hell vor deinem Angesicht und immer noch klarer soll's mir werden, ich bitte dich drum, und in diesem klaren Lichte will ich allzeit stehen, besonnen und im Schutze deiner Flügel.

Sieh, jenen Verwandlungen der niedersten, armseligen Dinge liegt wohl irgendein formloses Etwas zugrunde. Doch nur wer eitlen Herzens in Träumen und Einbildungen schwelgt, nur solch ein Mensch könnte behaupten, daß wenn alle Gestalt weggenommen und aufgezehrt und die bloße Formlosigkeit übrig ist, die den Wandel und Wechsel von einer Gestalt zur anderen ermöglicht, daß dann noch ein Wandel der Zeiten stattfinden könnte. Nein, das ist unmöglich, denn ohne wechselnde Bewegungen gibt es keine Zeiten, und da ist kein Wechsel, wo keine Form ist.

Zeitlos, doch nicht ewig ist der höhere Himmel und der formlose Stoff

Betrachte ich nun dies, mein Gott, soweit du mir's verleihst, mich anklopfen heißest und dann die Tür auftust, so finde ich zweierlei, was du geschaffen hast und was zeitlos ist, wenn auch keines davon gleich ewig ist wie du. Das eine ist so geartet, daß es in ununterbrochenem Schauen, durch keine Wandlung gestört, wandelbar zwar, doch unverwandt, deine Ewigkeit und Wandellosigkeit genießt, das andere aber war so formlos, daß keine Möglichkeit des Übergangs von einer Gestalt zur anderen, sei sie bewegt oder ruhend, bestand, wodurch es der Zeit unterworfen wäre. Doch hast du es nicht so formlos gelassen wie damals, als du vor allen Tagen im Uranfang Himmel und Erde schufst. Die beiden meinte ich ja mit meinen Worten. Die Erde aber war wüst und leer, und es war finster auf der Tiefe. Damit wird deutlich auf die Formlosigkeit hingewiesen, daß es schließlich auch die begreifen möchten, die sich nicht denken können, daß Mangel jeglicher Form nicht zum völligen Nichts führen muß. Aus dieser Formlosigkeit sollte dann der andere Himmel und die sichtbare, wohlgestaltete Erde und das blanke Wasser hervorgehen und all das, was sonst noch bei Erschaffung dieser Welt an den einzelnen Schöpfungstagen namhaft gemacht wird. Das alles ist so beschaffen, daß daran wegen des geordneten Ablaufs von Bewegungen und einander ablösenden Formen der Wechsel der Zeiten in Erscheinung tritt.

Im Uranfang vor den sechs Schöpfungstagen geschaffen

Höre ich, mein Gott, wie deine Schrift sagt: ‚Im Uranfang schuf Gott Himmel und Erde, und die Erde war wüst und leer, und es war finster auf der Tiefe', ohne dabei zu erwähnen, an welchem Tage du das getan, so verstehe ich das einstweilen so, daß mit diesem Himmel des Himmels Himmel gemeint ist, der geistige Himmel, wo das Erkennen alles in einem weiß, wo man nicht ‚stückweise, nicht im dunkeln Rätsel, nicht wie durch einen Spiegel', sondern völlig und klar, ‚von Angesicht zu Angesicht' erkennt, nicht jetzt dies, jetzt das, sondern wo man, wie gesagt, von allem in einem weiß, ohne allen Wechsel der Zeiten. Und auch weil die Erde wüst war und leer, konnte es noch keinen Wechsel der Zeiten geben, in dem bald dies, bald das zutage tritt, denn wo keine Form ist, gibt es kein dies und das. Wegen dieser beiden Dinge, nämlich des uranfänglich Geformten und des gänzlich Formlosen, nämlich wegen jenes Himmels, womit des Himmels Himmel, und jener Erde, womit die wüste und leere Erde gemeint ist, um dieser beiden willen sagt deine Schrift, wie ich es einstweilen verstehe, ohne Erwähnung von Tagen: Im Uranfang schuf Gott Himmel und Erde. Denn sogleich fügt sie hinzu, von welcher Erde sie spricht. Und wenn es heißt, am zweiten Tage sei die Feste geschaffen, die Himmel genannt wird, so gibt sie zu erkennen, von welchem Himmel vorher, als keine Tage erwähnt wurden, die Rede war.

Die Heilige Schrift wunderbar tief, mehrdeutig

Wunderbar die Tiefe deiner Aussprüche! Oberflächlich betrachtet, wie sie sich uns zunächst darbieten, sind sie auch Unmündigen leicht zugänglich. Aber wunderbar, mein Gott, ist ihre Tiefe, wie wunderbar ihre Tiefe! Man schaudert, in sie einzudringen. Schauder der Ehrfurcht ist's, liebendes Erzittern. Grimmig hasse ich ihre Feinde. O, daß du sie tötetest mit zweischneidigem Schwerte [1], daß sie nicht mehr ihre Feinde wären! Dann würden sie – wie wünsche ich ihnen das! – sich selber sterben, um dir zu leben. Doch sieh, es gibt auch andere, die das erste Buch der Heiligen Schrift nicht schelten, sondern loben und sagen: Nicht so wollte Gottes Geist, der durch seinen Knecht Moses diese Worte niederschrieb, in ihnen verstanden werden, wie du es auslegst, sondern anders, wie wir's auslegen. So rufe ich dich, unser aller Gott, zum Schiedsrichter an und antworte ihnen folgendes.

Unbestreitbar ist Gottes Ewigkeit und die Erschaffung sowohl des höheren Geisthimmels als auch des formlosen Stoffs

Wollt ihr etwa behaupten, es sei falsch, was mir die Wahrheit mit starker Stimme ins innere Ohr ruft von der wahren Ewigkeit des Schöpfers, daß sein Wesen sich nicht wandle in den Zeiten und daß sein Wille eins sei mit seinem Wesen? Wollt ihr leugnen, daß er nicht etwa jetzt dies, jetzt das will, sondern auf einmal und zugleich und immerdar alles will, was er will, daß er nicht wieder und wieder, heute das eine und morgen das andere will, daß er nicht etwa später will, was er früher nicht wollte, oder umgekehrt? Solch ein Wille wäre ja veränderlich, und was veränderlich ist, das ist nicht ewig. Unser Gott aber ist ewig. Oder soll das falsch sein, was sie mir ins innere Ohr ruft, daß die Erwartung künftiger Dinge Anschauung wird, wenn sie eintreffen, und die Anschauung zur Erinnerung wird, sobald sie vorüber gegangen sind, und daß jede geistige Tätigkeit, die dermaßen wechselt, veränderlich ist? Was aber veränderlich ist, das ist nicht ewig. Unser Gott aber ist ewig. Dies alles stelle ich zusammen und verknüpfe es und finde so, daß mein Gott, der ewige Gott, nicht mit neuem Willensentschluß die Schöpfung ins Dasein gerufen hat und daß sein Wissen unberührt bleibt von allem, was vergänglich ist.

Was wollt ihr Widersacher dagegen einwenden? Ist das etwa falsch? Nein, sagen sie. Nun, wie verhält sich's dann mit folgendem? Ist es falsch, daß alle geformte Natur und der formempfängliche Stoff nur von dem herkommen kann, der zuhöchst gut ist, weil er zuhöchst ist? Auch das bestreiten wir nicht, sagen sie. Was denn? Wollt ihr etwa das leugnen, daß es eine erhabene Kreatur gibt, die mit so keuscher Liebe am wahren, wahrhaft ewigen Gotte hängt, daß sie, obschon nicht gleichewig wie er, in keinen Wandel und Wechsel der Zeiten, von ihm sich lösend, abgleitet, sondern allein in seiner reinsten Betrachtung ihre Ruhe findet? Da du, Gott, dem dich offenbarst, der dich liebt, wie du es befiehlst, und ihm volles Genüge schenkst, daß er sich nicht mehr von dir abkehrt, auch nicht zu sich selbst. Das ist Gottes Behausung, von keiner irdischen oder auch himmlischen körperlichen Masse beschwert, sondern geistig und teilhaft deiner Ewigkeit, weil ewig ohne Fehl. ‚Du erhältst sie immer und ewiglich, hast durch deine Ordnung sie gefestigt, daß sie nicht vergeht.' Doch ist sie nicht gleichewig wie du, denn sie hat einen Anfang, da sie geschaffen ward.

Wohl gab es vor ihr noch keine Zeit, denn ‚vor allem andern ward die Weisheit geschaffen'. Das ist nicht jene Weisheit, die dir, unser Gott, dir, ihrem Vater, an Ewigkeit und Wesensart ganz gleich ist, durch die alles geschaffen ward und die der Uranfang ist, in dem du Himmel und Erde schufst, sondern eine geschaffene Weisheit, nämlich eine geistige Natur, die durch Betrachtung des Lichts selber Licht ist. So wird auch sie, obschon erschaffen, Weisheit genannt. Aber wie man unterscheiden muß zwischen dem Licht, das erleuchtet, und dem das erleuchtet wird, so auch zwischen jener schöpferischen und dieser erschaffenen Weisheit, wie man ja auch zwischen der Gerechtigkeit, die rechtfertigt, und der, die durch Rechtfertigung erworben wird, unterscheidet. Denn auch wir heißen deine Gerechtigkeit; sagt doch einer deiner Knechte: ‚Auf daß wir würden in ihm die Gerechtigkeit Gottes.' So gibt es denn eine vor allem andern geschaffene Weisheit, geschaffen als vernunftbegabtes, geistiges Wesen deiner heiligen Stadt, unserer Mutter, ‚die droben ist, frei und ewig im Himmel'. In welchem Himmel? In des Himmels Himmel, der dich lobt und preist, denn das ist ‚des Himmels Himmel, der dem Herrn gehört'. Finden wir also auch keine Zeit vor dieser Weisheit, die vor allem andern erschaffen ward, da sie der Erschaffung der Zeit vorangeht, so ist doch noch vor ihr die Ewigkeit des Schöpfers selbst. Von ihm erschaffen nahm sie ihren Anfang, freilich nicht einen Anfang in der Zeit, da es noch keine Zeit gab, aber den Anfang ihres Daseins.

Von dir also ist sie, von dir, unserm Gott, und doch etwas ganz anderes als du, nicht dasselbe. Aber weder vor ihr noch in ihr finden wir irgend etwas von Zeit, denn fähig ist sie, immerdar dein Angesicht zu schauen, und niemals wendet sie sich von ihm ab. So gibt es in ihr auch keinen Wandel oder

Wechsel. Freilich die Wandelbarkeit selber eignet ihr wohl, und sie müßte mählich dunkel und kalt werden, hinge sie nicht in gewaltiger Liebe dir an und leuchtete und glühte von dir wie ewiger Mittag. O Haus, so hell und schön, ‚wie liebe ich deine Zier und die Stätte, da die Ehre meines Herrn wohnt‘, der dich erbaute und dem du gehörst! Nach dir seufzt meine Pilgerschaft, und ich sage zu dem, der dich geschaffen, er wolle auch mich in dir zu seinem Eigentum machen, da er auch mich geschaffen hat. ‚Ich lief verirrt wie ein verlorenes Schaf‘, doch hoffe ich, daß mein Hirt, dein Baumeister, auf seinen Schultern mich zurücktragen wird zu dir.

Was sagt ihr dazu, ihr Widersacher, die ich anredete, die ihr doch auch den Moses für einen frommen Gottesknecht und seine Schriften für Kundgebungen des Heiligen Geistes haltet? Ist dies nicht das Haus Gottes, zwar nicht gleichewig wie er, doch auf seine Weise ebenfalls ‚ewig im Himmel‘, wo ihr einen Wechsel der Zeiten vergebens sucht, weil er da nicht zu finden ist? Denn es ragt empor über jede Ausdehnung und jedes flüchtige Zeitalter, weil ‚sein Glück es ist, stets Gott anzuhangen‘. So ist es, sagen sie. Nun, so sagt doch, was soll denn verkehrt sein von dem, was mein Herz zu meinem Gotte sprach, als es drinnen die Stimme seines Lobes vernahm? Etwa meine Aussage über den formlosen Stoff, der keinerlei Form und also auch keinerlei Ordnung aufwies? Wo aber keine Ordnung war, konnte auch kein Zeitenwechsel sein, und doch kam auch dies annähernde Nichts, soweit es nicht völliges Nichts war, von ihm, von dem alles stammt, was irgendwie ist. Auch das, sagen sie, bestreiten wir nicht.

Keine Diskussion mit denen, die es bestreiten

Mit ihnen will ich nun vor deinem Angesicht, mein Gott, mich weiter unterhalten, die all das, was drinnen in meinem Geiste deine Wahrheit spricht, als wahr annehmen. Denn die es leugnen, mögen bellen soviel sie wollen und mit ihrem Gekläff sich selbst betäuben. Versuchen will ich wohl, sie zu überreden, daß sie ruhig werden und deinem Worte Eingang in ihr Herz gewähren. Doch wollen sie es nicht und stoßen sie mich zurück, so beschwöre ich dich, mein Gott, ‚schweige du mir nicht'. Rede wahr in meinem Herzen, denn du allein redest so. Ich will sie draußen Staubwolken aufblasen lassen, daß ihre Augen trübe werden, eintreten in mein Kämmerlein und dir Liebeslieder singen, will seufzen die ‚unaussprechlichen Seufzer' meiner Pilgerschaft und Jerusalems gedenken, Jerusalems, meiner Vaterstadt, zu der ich mein Herz hoch erhebe, Jerusalems, meiner Mutter, und deiner, ihres Herrschers, Lichtspenders, Vaters, Beschützers und Bräutigams, der du ihre stete keusche Wonne, ihre unwandelbare Freude, die Fülle unbeschreiblicher Güter – aller in eins – weil einziges, höchstes und wahres Gut bist. Nicht abwenden will ich mich, bis du mich dereinst einführst in ihren Frieden, den Frieden meiner liebsten Mutter, wo bereits meines Geistes Erstlinge sind, von wo mir alle sichere Erkenntnis zugeflossen ist, bis du mich und alles, was ich bin und habe [1], sammelst aus dieser Zerstreuung und Verderbnis und mich formst und festigst in Ewigkeit, du mein Gott und mein Erbarmer. Mit denen aber, die nicht behaupten, all das sei falsch, was doch wahr ist, und die mit uns ehrfürchtig und gehorsam sich beugen vor der überragenden Würde deiner heiligen, von dem heiligen Moses verfaßten Schrift, die aber gleichwohl in etwa uns widersprechen, will ich mich in folgendem auseinandersetzen. Sei du, unser Gott, Schiedsrichter zwischen dem, was ich bekenne, und ihren Einwendungen.

Doch läßt Genesis I, 1 verschiedene Deutungen zu

Sie sagen nämlich: Mag immerhin all das wahr sein, so hat Moses doch, als er auf Eingebung des Geistes die Worte sprach: Im Uranfang schuf Gott Himmel und Erde, nicht an diese beiden Dinge gedacht. Himmel bedeutete ihm nicht jene geistige, übersinnliche Kreatur, die Gottes Antlitz immerdar betrachtet, und Erde nicht den formlosen Stoff. Nun was denn? Was wir sagen, behaupten sie, hat jener Mann gemeint, und das hat er auch mit seinen Worten ausdrücken wollen. Und was war das? Mit Himmel und Erde, sagen sie, wollte er zunächst einmal allgemein und kurz die ganze sichtbare Welt bezeichnen, um dann nachher unter Zählung der Tage alles einzeln, gleichsam aufgliedernd, anzuführen, was dem Heiligen Geiste hervorzuheben gefiel. Denn es war ein rohes, fleischlich gesinntes Volk, zu dem er sprach, Menschen, denen er, wie er einsah, nur die sichtbaren Gotteswerke vor Augen führen konnte. Daß dagegen unter der wüsten und leeren Erde und der finsteren Tiefe, woraus in jenen Tagen nach der nun folgenden Erzählung alles Sichtbare, das wir kennen, hervorgebracht und geordnet wurde, füglich der gestaltlose Stoff verstanden werden möge, geben sie zu [1].

Wie, wenn nun ein anderer sagte, eben diese formlose und wirre Masse sei zunächst mit dem Namen Himmel und Erde bezeichnet, weil aus ihr diese sichtbare Welt mit allen auf ihr ans Tageslicht getretenen Wesen, die man häufig Himmel und Erde nennt, gebildet und vollendet worden sei? [2] Wie, wenn noch ein anderer sagte, Himmel und Erde sei nicht unpassend die ganze unsichtbare und sichtbare Natur genannt worden, und also unter diesen beiden Worten die gesamte Schöpfung, die Gott in seiner Weisheit, das heißt im Uranfang schuf, zu verstehen? Da jedoch alles nicht aus dem Wesen Gottes selbst, sondern aus nichts geschaffen ward, weil es ja nicht ist, was

Gott ist, und folglich auch eine gewisse Veränderlichkeit allem anhaftet, mag es fest bestehen wie Gottes ewige Behausung oder sich wandeln wie des Menschen Seele und Leib, so sei der allen unsichtbaren und sichtbaren Dingen zu Grunde liegende, zunächst formlose, aber formbare Stoff, woraus Himmel und Erde, das heißt nunmehr die unsichtbare und sichtbare geformte Schöpfung hervorgehen sollten, mit denselben Namen bezeichnet worden, die auch die wüste und leere Erde und die Finsternis über der Tiefe bezeichnen sollten. Nur die Unterscheidung sei zu machen, daß mit der wüsten und leeren Erde der körperliche Stoff vor seiner Formung, mit der Finsternis über der Tiefe der geistige Stoff vor Bändigung seiner flutenden Maßlosigkeit und Erleuchtung durch die Weisheit gemeint sei.

Schließlich könnte auch noch einer, wenn er wollte, sagen, nicht die schon vollendete und geformte unsichtbare und sichtbare Natur des Himmels und der Erde solle mit den Worten der Schrift: ‚Im Uranfang schuf Gott Himmel und Erde' bezeichnet werden, sondern es werde damit der noch ungeformte Anfang der Dinge, der Stoff, aus dem Form und Schöpfung erst hervorgehen sollten, genannt, weil darin bereits enthalten sei, wenn auch verworren, noch nicht nach Eigenschaft und Gestalt unterschieden, was wir heute, da es entfaltet und wohlgeordnet vor uns steht, Himmel und Erde nennen, wobei wir unter Himmel an die geistige, unter Erde an die körperliche Kreatur denken.

Wenn sie nur wahr sind!

Wenn ich nun dies alles anhöre und erwäge, so will ich ‚nicht um Worte streiten, denn das ist zu nichts nütze als zu verwirren, die zuhören'. Zur Erbauung aber ‚ist das Gesetz gut, so jemand es recht gebraucht, denn sein Ziel ist Liebe von reinem Herzen und von gutem Gewissen und von ungefärbtem

Glauben'. Unser Meister wußte wohl, ‚in welchen zwei Geboten das ganze Gesetz und die Propheten hangen'. Wenn ich nun dies, mein Gott, ‚du geheimnisvolles Licht meiner Augen', brennenden Herzens bekenne, was schadet mir's, daß bei diesen Worten Verschiedenes gedacht werden kann, wenn es nur wahr ist? Was schadet mir's, sage ich, wenn ich die Meinung des Schriftstellers anders meine deuten zu sollen als ein anderer es meint? Alle, die wir's lesen, bemühen uns, zu erforschen und erfassen, was der, den wir lesen, sagen wollte, und da wir überzeugt sind, daß er die Wahrheit sagte, wagen wir nicht zu glauben, er habe irgend etwas gesagt, was nach unserer Einsicht oder Vermutung falsch ist. Wenn so ein jeder in den Heiligen Schriften ausfindig zu machen sucht, was der Schreiber sich gedacht hat, was ist's dann für ein Unglück, wenn er eine Meinung ausgesprochen findet, die du, Licht aller wahrheitsliebender Geister, als wahr bestätigst, auch wenn es nicht die Meinung dessen war, den er liest und der ebenfalls Wahres, wenn auch nicht dasselbe, gemeint hat?

Wenn es nur bestimmten klaren Einsichten nicht widerspricht

Denn wahr ist es, Herr, daß du Himmel und Erde geschaffen hast. Wahr ist's, daß deine Weisheit, in der du alles schufst, der Uranfang ist. Desgleichen ist es wahr, daß diese sichtbare Welt aus zwei großen Teilen besteht, die wir, alle geschaffenen und gebildeten Wesen kurz zusammenfassend, Himmel und Erde nennen. Wahr ist auch, daß alles Wandelbare unsere Einsicht auf eine gewisse Formlosigkeit schließen läßt, aus der es geformt hervorgeht und die seinen Wandel und Wechsel verursacht. Wahr ist, daß dem Zeitablauf nicht unterliegt, was der unwandelbaren Form so fest anhangt, daß es, obschon wesenhaft wandelbar, sich nicht wandelt. Wahr ist, daß die Formlosigkeit, die fast ein Nichts ist, keinen Wechsel der Zeiten erfahren kann. Wahr ist, daß das, woraus etwas entsteht, nach einem gewissen Sprachgebrauch den Namen dessen empfangen kann, das aus ihm entsteht. So konnte eine formlose Masse Himmel und Erde genannt werden, wenn Himmel und Erde aus ihr geschaffen wurden. Wahr ist, daß von allem Geformten nichts dem Formlosen verwandter ist als Erde und Abgrund. Wahr ist, daß du nicht nur das Geschaffene und Geformte, sondern auch alles Schaff- und Formbare geschaffen hast, ,du, von dem alles ist'. Wahr ist, daß alles, was aus Formlosem geformt wird, erst formlos ist, dann geformt.

Die fünf möglichen Deutungen von Genesis I, 1

Aus all diesen Wahrheiten, an denen die nicht zweifeln, deren innerem Auge du sie offenbartest, und die unerschütterlich glauben, daß Moses, dein Diener, im Geist der Wahrheit geredet hat, aus ihnen allen nimmt der eine sich dies heraus und sagt: Im Uranfang schuf Gott Himmel und Erde, das heißt, in seinem gleich ewigen Worte schuf Gott die übersinnliche und sinnliche, oder die geistige und körperliche Kreatur. Etwas anderes ein zweiter, der sagt: Im Uranfang schuf Gott Himmel und Erde, das heißt, in seinem gleichewigen Worte schuf Gott die ganze Masse dieser körperlichen Welt mit allen unsern Blicken wahrnehmbaren und bekannten Geschöpfen. Etwas anderes ein dritter, der sagt: Im Uranfang schuf Gott Himmel und Erde, das heißt, in seinem gleichewigen Worte schuf er den formlosen Stoff der geistigen und körperlichen Kreatur. Etwas anderes ein vierter, der sagt: Im Uranfang schuf Gott Himmel und Erde, das heißt, in seinem gleichewigen Worte schuf Gott den formlosen Stoff der körperlichen Kreatur, in welchem verworren bereits enthalten waren der Himmel und die Erde, die wir jetzt geschieden und geformt in der Masse dieser unserer Welt vor Augen haben. Etwas anderes ein fünfter, der sagt: Im Uranfang schuf Gott Himmel und Erde, das heißt, im Anbeginn seines Schaffens und Wirkens schuf Gott den formlosen Stoff, der Himmel und Erde verworren in sich trug, aus dem geformt und hervorgegangen sie jetzt hell und klar mit allem, was in ihnen ist, vor uns stehen [1].

Die fünf möglichen Deutungen von Genesis I, 2

Was sodann das Verständnis der darauffolgenden Worte anlangt, so nimmt aus all jenen Wahrheiten der eine sich dies heraus und sagt: Die Erde war wüst und leer, und es war finster auf der Tiefe, das heißt: Jenes Körperliche, das Gott schuf, war der noch ungeformte Stoff der körperlichen Dinge, ohne Ordnung und ohne Licht. Etwas anderes ein zweiter, der sagt: Die Erde war wüst und leer, und es war finster auf der Tiefe, das heißt: Alles das, was Himmel und Erde genannt ist, war noch ein formloser und finsterer Stoff, woraus der körperliche Himmel und die körperliche Erde mit allem, was darin und unseren körperlichen Sinnen wahrnehmbar ist, entstehen sollte. Etwas anderes ein dritter, der sagt: Die Erde war wüst und leer, und es war finster auf der Tiefe, das heißt: Alles das, was Himmel und Erde genannt ist, war noch ein formloser und finsterer Stoff, woraus der geistige Himmel, der anderswo des Himmels Himmel genannt wird, und die Erde, nämlich die ganze Körperwelt, worin auch der körperliche Himmel einbegriffen ist, also die ganze sichtbare und unsichtbare Kreatur entstehen sollten. Etwas anderes ein vierter, der sagt zur Erklärung der Worte: Die Erde war wüst und leer, und es war finster auf der Tiefe, die Schrift habe nicht jene Formlosigkeit mit Himmel und Erde bezeichnet, sondern, so sagt er, diese Formlosigkeit sei schon dagewesen und werde wüste und leere Erde und finstere Tiefe genannt, und aus ihr habe Gott, wie bereits vorher erwähnt werde, Himmel und Erde, nämlich die geistige und körperliche Kreatur geschaffen. Etwas anderes ein fünfter, der sagt: Die Erde war wüst und leer, und es war finster auf der Tiefe, das heißt: Es war bereits ein ungeformter Stoff vorhanden, aus dem Gott, wie die Schrift schon vorher bemerkt hat, Himmel und Erde schuf, nämlich die ganze Masse dieser körperlichen Welt, die mit allen ihren uns vertrauten und bekannten Geschöpfen in zwei gewaltig große Teile, einen höheren und einen niederen, zerfällt [1].

Für und Wider der beiden letzten Deutungen

Nun könnte jemand die beiden letzten Auslegungen zu widerlegen suchen und sagen: Wenn ihr nicht wollt, daß dieser ungeformte Stoff mit dem Namen Himmel und Erde bezeichnet sei, dann hätte es also etwas gegeben, das Gott nicht geschaffen und woraus er Himmel und Erde gebildet hätte. Denn die Schrift erzählt nichts davon, daß Gott diesen Stoff erschaffen habe, falls wir sie nicht so verstehen, daß mit den Worten Himmel und Erde oder auch dem einzigen Worte Erde eben dieser Stoff gemeint sei, wenn es heißt: Im Uranfang schuf Gott Himmel und Erde. Dann müßten wir bei Erklärung der Worte «die Erde aber war wüst und leer», wenn damit der formlose Stoff bezeichnet sein soll, natürlich zugeben, nur der Stoff könne gemeint sein, den Gott gemäß den voraufgehenden Worten «er schuf Himmel und Erde» erschaffen hat. Darauf könnten die Verfechter der beiden zuletzt angeführten Auslegungen oder einer von ihnen erwidern: Wir leugnen nicht, daß Gott, von dem ja alles Gute kommt, auch diesen Stoff geschaffen hat. Denn wenn wir auch behaupten, daß das, was geschaffen und geformt ward, in höherem Grade gut ist, geben wir doch zu, daß auch das Schaff- und Formbare gut sei, wenn auch nur in geringerem Grade. Aber wir nehmen an, daß die Schrift die Erschaffung der formlosen Masse nicht ausdrücklich erwähnt hat, wie ja auch vieles andere nicht, so die Erschaffung der Cherubim und Seraphim oder der von dem Apostel aufgeführten ‚Throne, Herrschaften, Fürstentümer und Mächte', die doch offenbar sämtlich von Gott erschaffen wurden. Oder wenn in den Worten «er schuf Himmel und Erde» alles beschlossen sein soll, was sagen wir dann von den Wassern, ‚über denen der Geist Gottes schwebte'? Denn wenn sie in dem Wort Erde mit einbegriffen sein sollen, kann doch unter Erde nicht der formlose Stoff verstanden werden, da das Wasser augenscheinlich so wohl gestaltet ist. Oder wenn wir's doch so verstehen, warum heißt es dann, daß aus diesem Stoff bloß die Himmel genannte Feste erschaffen sei, und ist nicht auch von der Erschaffung der Gewässer die Rede? Denn die sind doch nicht formlos und wüst, sondern wir sehen sie gar lieblich dahinfließen. Oder wenn sie erst dann ihre Wohlgestalt empfingen, als Gott sprach: ‚Es sammle sich das Wasser unter dem Himmel', und also Sammlung Formgebung bedeuten würde, was soll man dann von jenen ‚Wassern' sagen, die ‚über der Feste' sind, die doch gewiß, wären sie formlos, nicht solch vornehmen Platz angewiesen erhalten hätten und von denen nicht geschrieben steht, daß sie durch ein Schöpferwort ihre Form empfangen haben. Wenn also das erste Buch der Heiligen Schrift von Schöpfungswerken Gottes schweigt, die ihm doch sowohl gesunder Glaube als auch klare Einsicht zuschreiben muß, und keine besonnene Lehre zu behaupten wagen wird, jene Wasser seien gleich ewig wie Gott, da wir sie wohl in der Schrift erwähnt finden, aber nicht hören, wie sie geschaffen wurden, warum sollen wir dann nicht, belehrt von der Wahrheit, erklären, daß auch jener formlose Stoff, den die Schrift wüste und leere Erde und finstere Tiefe nennt, aus nichts von Gott erschaffen und darum auch nicht gleich ewig sei wie er, auch wenn der Schöpfungsbericht es unterlassen hat, ausdrücklich zu erwähnen, wann er geschaffen ward?

Die doppelte Fragestellung

Wenn ich dies nun höre und bedenke, soweit meine Schwachheit es zuläßt, die ich dir, meinem Gott, der um sie weiß, bekenne, wird mir klar, daß es zweierlei Arten voneinander abweichender Auffassungen geben kann, wenn etwas von glaubwürdigen Berichterstattern durch Zeichengebung [1] kundgetan wird. Bei der einen dreht sich der Streit um die Wahrheit der berichteten Dinge, bei der andern um die Meinung dessen, der den Bericht gibt. Denn das eine Mal fragen wir nach dem wahren Verlauf der Schöpfung, das andere Mal, wie der Leser und Hörer nach Absicht des Moses, des trefflichen Dieners deines Glaubens, diese seine Worte verstehen soll. Handelt es sich um die erste Art, so mögen mir fern bleiben alle, die sich einbilden, etwas zu wissen, was doch falsch ist. Handelt es sich um die zweite, mögen mir fern bleiben alle, die wähnen, Moses habe etwas Falsches gesagt. Doch zu denen will ich mich gesellen und mit ihnen mich in dir, Herr, erfreuen, die im Gefilde der Liebe von deiner Wahrheit sich nähren. Vereint wollen wir an die Worte deines Buchs herantreten und in dem, was dein Knecht sagen wollte, durch dessen Griffel du sie aufzeichnen ließest, erforschen, was du uns mit ihnen sagen wolltest.

Was Moses sagen wollte, bleibt ungewiß

Doch wer von uns findet unter den vielen Wahrheiten, die unter den so oder so verstandenen Worten dem Nachsinnenden sich darbieten, die eine heraus, so daß er ebenso zuversichtlich sagen kann, eben dies habe Moses gemeint und nur so wolle er in jenem Bericht verstanden werden, wie er zuversichtlich sagt, dies sei wahr, ob Moses es nun habe sagen wollen oder etwas anderes? Denn sieh, mein Gott, ich bin dein Knecht und habe dir gelobt, in dieser meiner Schrift ein Opfer des Bekenntnisses darzubringen, und bitte dich, du wollest mir Gnade verleihen, daß ich mein Gelübde erfüllen möge. Sieh, wie zuversichtlich ich behaupte, daß du in deinem unwandelbaren Worte alles, Unsichtbares und Sichtbares, geschaffen hast. Aber kann ich auch ebenso zuversichtlich behaupten, Moses habe nichts anderes als dies sagen wollen, als er schrieb: Im Uranfang schuf Gott Himmel und Erde? Kann ich doch nicht mit der gleichen Gewißheit, mit der ich im Licht deiner Wahrheit schaue, daß dies so ist, auch in seinem Geiste lesen, daß er, als er dies niederschrieb, dasselbe habe sagen wollen. Denn als er schrieb «im Uranfang», konnte er damit meinen: Im Anbeginn der Schöpfung. Und bei den Worten Himmel und Erde konnte er statt der bereits geformten und vollendeten, sei es geistigen, sei es körperlichen Natur auch die anfänglich noch ungeformte verstanden wissen wollen. So konnte er, das ist mir klar, in jedem Fall, was er auch meinte, die Wahrheit gesagt haben, aber was er nun mit diesen Worten tatsächlich gemeint hat, sehe ich nicht so klar. Mag nun dieser große Mann eine der von mir genannten Wahrheiten oder auch eine andere von mir nicht erwähnte im Geiste geschaut haben, als er diese Worte sprach, so zweifele ich doch daran nicht im geringsten, daß er Wahres schaute und es auch in angemessener Weise zum Ausdruck brachte.

Warnung vor Vermessenheit und Streitsucht

So falle mir hinfort niemand lästig durch die Rede: Moses hat das nicht gemeint, was du sagst, sondern hat gemeint, was ich sage. Denn wenn er mir sagte: woher weißt du, daß Moses das gemeint hat, was du in seinen Worten findest? so müßte ich es mit Gleichmut hinnehmen und würde vielleicht so antworten, wie oben bereits geschehen, oder auch noch ausführlicher, wenn er allzu hartnäckig wäre. Wenn er aber sagt: Er hat nicht das gemeint, was du sagst, sondern was ich sage, und wenn er dabei doch zugibt, daß beides wahr ist, was wir beide sagen, dann, o mein Gott, du Leben der Armen, in dessen Herzen keine Zwietracht ist, dann träufle Sanftmut in meine Seele, daß ich solche Leute mit Geduld ertrage. Denn sie sprechen zu mir nicht so, weil sie göttlich sind und in deines Dieners Herzen das gelesen haben, was sie sagen, sondern weil sie hoffärtig sind und nicht etwa die Meinung des Moses kennen, sondern ihre eigene lieben, und zwar nicht darum, weil sie wahr, sondern weil es die ihre ist. Sonst müßten sie ja in gleicher Weise auch eine andere, wenn sie nur wahr ist, lieben, wie auch ich das liebe, was sie sagen, wenn sie Wahres sagen, nicht weil das ihre Ansicht, sondern weil es wahr ist. Dann aber, eben weil es wahr ist, ist es auch nicht mehr bloß ihr Eigentum. Lieben sie es aber darum, weil es wahr ist, gehört es ihnen sowohl wie auch mir, weil es Gemeinbesitz aller Wahrheitsfreunde ist. Von jener Streitrede aber, Moses habe das nicht gemeint, was ich sage, sondern was sie selbst sagen, will ich nichts wissen, die liebe ich nicht. Denn auch wenn sie recht haben sollten, ist doch ihre vermessene Behauptung keine Frucht der Einsicht, sondern der Dreistigkeit; nicht klares Schauen, sondern Hochmut hat sie erzeugt. Darum, o Herr, soll man zittern vor deinen Gerichten. Denn deine Wahrheit ist nicht mein, ist auch nicht dieses oder jenes Menschen, sondern unser aller eigen, die du laut aufrufst zu gemeinsamem Besitz, die du drohend ermahnst, sie nicht als Privatbesitz uns anzueignen, da wir sonst enteignet werden würden. Denn wer das, was du zu gemeinsamem Genuß aller bestimmt hast, für sich allein beansprucht und will, daß nur sein eigen sein soll, was doch Eigentum aller ist, der verliert das Gemeinsame und behält das Eigene, das heißt, er verliert die Wahrheit und behält die Lüge. Denn ‚wer Lüge redet, redet von seinem Eigenen'.

So gib acht, Gott, du bester Richter, der du selbst die Wahrheit bist, gib acht, was ich diesem Widersacher sage, gib acht! Denn vor dir sage ich's und vor meinen Brüdern, die das ‚Gesetz recht brauchen im Dienst der Liebe'. Gib acht und sieh, was ich ihm sage, ob es dir gefällt. Denn brüderlich und friedlich sag ich zu ihm dieses Wort: Wenn wir beide sehen, daß wahr ist, was du sagst, und auch beide sehen, daß wahr ist, was ich sage, wo, frage ich, sehen wir das? Sicherlich weder ich in dir noch du in mir, sondern wir beide in der unwandelbaren Wahrheit selbst, die über unsern Geistern ist. Wenn wir also über dieses Licht des Herrn, unsers Gottes, uns nicht streiten, warum streiten wir uns dann über unsres Nächsten Gedanken, die wir doch nicht so sehen können, wie man die unwandelbare Wahrheit sieht? Würden wir doch, wenn Moses selbst uns erschiene und sagte: So habe ich's gemeint, es nicht sehen, sondern nur glauben. So möge denn niemand ‚höher denn geschrieben ist sich aufblasen um jemandes willen wider den andern'. Sondern ‚lieben wollen wir Gott, unsern Herrn, von ganzem Herzen, von ganzer Seele und von ganzem Gemüte und unsern Nächsten wie uns selbst'. Sollten wir glauben, daß Moses, an was er auch in jenen Büchern gedacht haben mag, etwas anderes im Auge gehabt habe als dieses Doppelgebot der Liebe, machten wir den Herrn zum Lügner, denn wir dächten über den Geist unsers Mitknechts anders als er's uns gelehrt. So sieh denn, wie töricht es ist, bei der großen Menge völlig wahrer Gedanken, die man in jenen Worten finden kann, dreist einen herauszugreifen und zu behaupten, Moses habe nur ihn im Sinne gehabt, und so mit verderblichem Gezänk die Liebe selbst zu kränken, um derentwillen er, dessen Worte wir auszulegen suchen, doch alles gesagt hat.

Über die Redeweise der Heiligen Schrift

Aber ich, mein Gott, du Höhe meiner Niedrigkeit und Ruhe meiner Mühsal, der du meine Bekenntnisse hörst und meine Sünden vergibst, der du mir befiehlst, meinen Nächsten zu lieben wie mich selbst, ich kann nicht glauben, daß du Moses, deinem treusten Knecht, weniger Gnade verliehen hast, als ich sie mir von dir gewünscht und ersehnt hätte, hätte ich zu seiner Zeit gelebt und wäre mir von dir der Auftrag gegeben, daß durch den Dienst meines Herzens und meiner Zunge jene Schriften verfaßt würden, die so viel später allen Völkern von Nutzen sein und überall auf Erden mit ihrem überragenden Ansehen die falschen und hochmütigen Irrlehren überwinden sollten. Wenn ich damals Moses gewesen wäre – stammen wir doch alle aus demselben Erdenstoff, und ‚was ist der Mensch, wenn du nicht seiner gedenkst?' – wäre ich damals, was er war, gewesen und wäre mir von dir aufgegeben, das Buch der Genesis zu schreiben, so hätte ich gewünscht, es wäre mir von dir solche Redegabe und solche Kunst, die Worte zu wählen, verliehen worden, daß die, die noch nicht begreifen können, wie Gott schafft, das Gesagte doch nicht als ihre Fassungskraft übersteigend von sich gewiesen haben würden, und daß die, die es schon begreifen, in den wenigen Worten deines Knechtes jeden wahren Gedanken, zu dem sie nachsinnend gelangt, wiedergefunden hätten, und hätte ein anderer im Lichte der Wahrheit anderes erschaut, er auch dieses aus denselben Worten hätte herauslesen können [1].

Auch Einfältigen faßlich und erbaulich

Denn wie eine Quelle auf engem Raum wasserreicher ist und in mehrere Bäche geteilt größere Flächen bewässert als jeder einzelne Bach, der, aus derselben Quelle wie die andern gespeist, weithin durchs Land sich ergießt, so läßt die Erzählung deines Schaffners zum Gewinn vieler künftiger Ausleger, mit so wenigen Worten sie sich auch begnügt, eine reiche Fülle lauterer Wahrheit hervorquellen. Daraus mag sich dann ein jeder so viel Wahres, wie er fassen kann, der eine dies, der andere jenes, schöpfen und es in umständlicherer Darlegung ausbreiten. Denn manche stellen sich, wenn sie diese Worte lesen oder hören, Gott wie einen Menschen vor oder wie ein mächtiges Wesen von riesenhafter Größe, das in neuem, plötzlichem Willensentschluß außerhalb seiner selbst und in abseitigem Raum Himmel und Erde geschaffen habe, zwei gewaltige Körper, den einen oben, den andern unten, die alles in sich fassen. Und wenn sie hören: Gott sprach, es geschehe dies, und es geschah also, dann denken sie an Worte, die Anfang und Ende haben, in der Zeit tönen und verhallen, nach deren Verstummen alsbald das zum Dasein Hervorgerufene dastand, oder was sie sich sonst derart nach ihrer fleischlichen Vorstellungsweise einbilden mögen. Auch in solch kindlichen Gemütern, deren Schwachheit die schlicht demütige Redeweise der Schrift wie ein mütterlicher Schoß freundlich trägt, wird heilsamer Glaube aufgebaut, da sie als gewiß annehmen und festhalten, daß Gott alle Wesen geschaffen hat, die ringsum ihr Auge in solch wunderbarer Fülle erblickt. Wollte aber einer von diesen die Einfalt deiner Rede verachten und sich in hochmütigem Ungeschick über den Rand der Wiege, in der er seine Nahrung empfängt, hinausbeugen, ach, er müßte fallen, der Ärmste. So erbarme du dich, Herr, mein Gott, daß nicht, die des Wegs vorübergehen, das federlose Vöglein zertreten, und sende deinen Engel, der es ins Nest[1] zurücktrage, daß es darin lebe, bis es fliegen gelernt.

Den Klügeren mancherlei tiefere Wahrheiten erschließend

Andere aber, denen diese Worte kein Nest mehr sind, sondern ein schattiges Gebüsch, sehen darin verborgene Früchte, fliegen fröhlich herzu, zwitschern, suchen sie auf und pflücken sie. Denn wenn sie diese Worte lesen oder hören, sehen sie klar, daß du, Gott, ewiglich und in standfestem Beharren alle vergangenen und zukünftigen Zeiten überragst und dennoch kein zeitliches Geschöpf ist, das dir nicht sein Dasein verdankt. Sie sehen, daß du durch deinen Willen, der nichts anderes ist als du selbst, der unveränderlich und keinesfalls erst nicht vorhanden und dann entstanden ist, alles geschaffen hast, daß du nicht etwa aus dir dein gleiches Ebenbild, die Form aller Dinge, sondern aus nichts die ungleiche, formlose Masse geschaffen hast, die durch dein Ebenbild geformt werden und nach dir, dem Einen, je nach der abgestuften Fähigkeit, wie sie jedem Ding nach seiner Art verliehen ward, zurückeilen sollte [1]. Und alles sollte so sehr gut werden, mag es nun nah bei dir bleiben oder sich schrittweise weiter und weiter von dir entfernen und das schöne Schauspiel zeitlicher und räumlicher, sei es selbstbewirkter, sei es erlittener Verwandlungen darbieten. Das sehen sie und freuen sich des im Lichte deiner Wahrheit, soweit sie es hienieden vermögen.

Von ihnen richtet der eine sein Nachdenken auf die Worte: «Im Uranfang schuf Gott» und erkennt in dem Uranfang die Weisheit, denn ‚die ist's ja auch, die zu uns redet'. Ein anderer sinnt ebenfalls über diese Worte nach und versteht unter Uranfang den Anbeginn aller geschaffenen Dinge, als wenn «im Uranfang schuf» hieße «zuerst schuf» Gott. Und von denen, die das Wort «Uranfang» als die Weisheit deuten, durch die Gott Himmel und Erde geschaffen hat, meint der eine unter Himmel und Erde den formbaren Stoff des Himmels und der Erde verstehen zu sollen, der andere die bereits ausgeformten und unterschiedenen Wesenheiten, und ein dritter denkt sich nur die eine von ihnen, die Himmel genannt wird, geformt und geistig, die andere, Erde geheißen, formlos und stofflich. Und auch die, welche bei den Worten Himmel und Erde an den noch ungeformten Stoff denken, aus dem Himmel und Erde erst gebildet werden sollten, fassen es nicht auf dieselbe Weise, sondern der eine meint, daß aus diesem Stoff die geistige und die sinnlich wahrnehmbare Welt gestaltet werden sollte, während der andere nur an die sinnlich wahrnehmbare Masse dieser Körperwelt denkt, die alle sichtbaren und greifbaren Geschöpfe in ihrem weiten Schoße trägt. Und auch die stimmen nicht überein, die glauben, mit Himmel und Erde seien an dieser Stelle die bereits getrennt angeordneten Einzelgeschöpfe gemeint, sondern der eine denkt dabei an die unsichtbare und die sichtbare Welt, der andere lediglich an die sichtbare, in der wir den lichtvollen Himmel und die düstere Erde samt allem, was darinnen ist, unterscheiden.

Der vierfache Sinn des «Voraufgehens»

Der aber, der die Worte «im Uranfang schuf Gott» so versteht, als hieße es «zuerst schuf er», kann unter Himmel und Erde unmöglich etwas anderes sich denken als den Stoff des Himmels und der Erde, nämlich der gesamten geistigen und körperlichen Schöpfung. Denn wollte er das schon geformte Weltall darunter verstehen, könnte man ihn mit Recht fragen, was Gott, wenn er dies gleich zuerst schuf, später geschaffen habe. Nach Erschaffung des Weltalls gibt es aber nichts mehr zu schaffen, und so wird er die peinliche Frage zu hören bekommen: Wieso denn zuerst das Weltall, wenn es damit aufhörte? Sagt er aber, Gott habe zuerst die formlose, sodann die geformte Welt geschaffen, so ist das in der Tat nicht sinnlos, wenn er nur zu unterscheiden weiß, was in der Ewigkeit voraufgeht und was in der Zeit, was nach seinem Werte und was nach seinem Ursprung[1]. Ewig geht Gott allem voraus, was ist, zeitlich etwa die Blume der Frucht, wertmäßig die Frucht der Blume, ursprünglich der Ton dem Gesang. Von diesen vier Weisen sind die erste und vierte, die ich nannte, sehr schwer zu verstehen, die beiden mittleren ganz leicht. Denn selten nur und in steilem Anstieg, Herr, gelangt man zu der Schau, daß deine Ewigkeit unwandelbar das Wandelbare schafft und darum den Vortritt hat. Wer ist ferner so scharfsinnigen Geistes, daß er ohne große Mühe zu unterscheiden vermag, inwiefern der Ton dem Gesang voraufgeht, nämlich darum, weil der Gesang geformter Ton ist und weil wohl etwas Ungeformtes sein kann, aber was nicht ist, auch nicht geformt werden kann? So geht der Stoff dem voraus, was daraus entsteht, aber nicht, als wäre er die hervorbringende Ursache – ist er doch selbst verursacht –, auch nicht in zeitlichem Abstand. Denn wenn wir singen, bringen wir nicht zuerst formlose Töne hervor, die wir hernach zur Form des Liedes umbilden und umgestalten, wie man aus Holzbrettern eine Lade oder aus Silber ein Gefäß anfertigt. Dergleichen Stoffe gehen ja freilich zeitlich den geformten Gegenständen voraus, die man aus ihnen herstellt. Doch beim Gesang ist's anders. Stimmt man ihn an, hört man auch seinen Schall. Da wird kein formloser Schall nachträglich zum Gesang geformt. Denn wenn etwas erst einmal erklungen ist, geht's vorüber, und du wirst nichts finden, was du aufnehmen und mit Kunst gestalten könntest. So bildet sich der Gesang in seinen Tönen, und die Töne sind sein Stoff. Die werden ja zum Gesang geformt. Und darum geht, wie ich gesagt, der Stoff des Tones der Form des Gesanges voraus. Nicht vorauf durch die Macht des Schaffens, denn der Ton ist kein Gesangkünstler, sondern der Körper stellt ihn der singenden Seele zur Verfügung, daß sie ihn zum Gesang gestalte. Da gibt's auch kein zeitliches Vorher, denn er ertönt zugleich mit dem Gesang. Auch keinen Vorrang des Wertes. Denn der Ton ist nicht wertvoller als der Gesang, da vielmehr der Gesang nicht bloßer Ton, sondern lieblicher Ton ist. Aber dem Ursprung nach hat er den Vortritt, denn nicht der Gesang wird zum Ton geformt, sondern der Ton zum Gesang. An diesem Beispiel mag, wer kann, es sich klar machen, daß der Stoff der Dinge zuerst erschaffen und Himmel und Erde genannt ward, weil aus ihm Himmel und Erde geschaffen wurden, daß er aber nicht etwa zeitlich früher geschaffen wurde. Denn Zeiten entstehen erst mit den geformten Dingen. Der Stoff aber war formlos und kann erst im Ablauf der Zeit zugleich mit ihnen wahrgenommen werden. Doch kann man nur so von ihm sprechen, daß der Anschein erweckt wird, als wäre er zeitlich früher, während er an Wert zurücksteht, da das Geformte unfraglich besser ist als das Formlose. Diesem aber geht vorauf des Schöpfers Ewigkeit und ruft es hervor aus dem Nichts, daß aus ihm alles entstehe.

Trotz verschiedener Auffassungen Einigkeit in Wahrheit und Liebe!

Bei dieser Verschiedenheit wahrer Auffassungen möge die Wahrheit selber Eintracht stiften und Gott sich unser erbarmen, daß wir sein Gesetz recht brauchen in reiner Liebe, die das Ziel seiner Gebote ist. Wenn mich darum jemand fragt, was denn von alledem Moses, dein Knecht, gemeint habe, so können diese meine Bekenntnisse darauf keine Antwort geben. Es sei denn, ich bekenne dir, daß ich es zwar nicht weiß, aber doch weiß, daß alle diese Auffassungen wahr sind, mit Ausnahme der fleischlichen, die ich, soweit ich's nötig fand, besprochen habe. Doch lassen sich auch die kindlichen Seelen, für die man gute Hoffnung hegen kann, nicht abschrecken von den Worten deines Buches, die so erhaben sind in ihrer Demut, so reichhaltig in ihrer Kürze. Wir alle aber, die wir in diesen Worten, wie ich zugab, Wahres finden und das auch aussprechen, wollen einander lieben und gleicherweise dich lieben, unsern Gott und Quell der Wahrheit, wenn wir nach ihr nur dürsten und nicht nach Eitelkeit und wenn wir nur deinen Knecht, der uns diese Schrift hinterließ und den du mit deinem Geiste erfüllt, recht ehren und glauben, daß er lauschend auf deine Offenbarung nur das niederschreiben wollte, was mehr als alles andere im Wahrheitslichte leuchtet und Segensfrucht verheißt.

Moses hat wohl alle möglichen wahren Deutungen im Auge gehabt

Wenn also der eine sagt: «Er hat das gemeint, was ich meine», und der andere: «Nein, was ich meine», so ist es, denk' ich, frommer, wenn ich sage: Warum soll er nicht beides gemeint haben, wenn doch beides wahr ist, und wenn es noch ein Drittes und Viertes gibt, und wenn jemand sonst noch irgend etwas Wahres in diesen Worten findet, warum soll man nicht annehmen, daß er all dies gesehen hat, er, durch welchen der eine Gott die heiligen Schriften der Auffassung so vieler angepaßt hat, daß sie, wenn auch Verschiedenes, so doch Wahres darin lesen sollten? Ich wenigstens erkläre ohne Scheu und aus tiefer Überzeugung, wenn ich etwas von solch überragendem Ansehen schreiben könnte, so möchte ich lieber, daß jeder, der in dem besprochenen Fragenkreis irgendeine Wahrheit ausfindig machen kann, sie auch in meinen Worten finden möchte, als daß ich nur eine wahre Meinung so unmißverständlich zum Ausdruck brächte, daß alle übrigen, auch wenn sie mich nicht durch Verkehrtheit abstießen, ausgeschlossen wären. So will ich denn, mein Gott, nicht so leichtfertig sein, zu glauben, jener Mann habe diese Gabe nicht von dir empfangen. Er meinte und dachte also sicherlich, als er seine Worte niederschrieb, all das, was wir darin Wahres finden konnten, dazu auch all das, was wir nicht oder noch nicht finden konnten, was jedoch darin gefunden werden könnte.

Gottes Geist erschließt die Wahrheit

Und nun noch eins, Herr, der du Gott bist und nicht Fleisch und Blut. Gewiß reicht eines Menschen Einsicht nicht aus, aber konnte es deinem ‚guten Geiste, der mich führen wird auf ebener Bahn', verborgen bleiben, was du selbst mit diesen Worten späteren Lesern offenbaren wolltest, auch wenn jener, der sie sprach, vielleicht nur eine der vielen wahren Auffassungen im Sinne gehabt hat? Mag immerhin, wenn sich's so verhält, die eine, die er im Sinne hatte, trefflicher sein als die übrigen, so wirst du, Herr, sie uns wohl kundtun, oder eine andere wahre, wie es dir gefällt. Ob du uns nun dasselbe wie einst deinem Knecht oder durch die gleichen Worte etwas anderes offenbarst, du bist es, der uns nährt und dafür sorgt, daß kein Irrtum uns betrüge. Sieh, Herr, mein Gott, wie vieles hab' ich über die wenigen Worte geschrieben, o wie vieles! Wie könnte, führe ich so fort, meine Kraft und die Zeit, die mir zur Verfügung steht, für all deine Schriften ausreichen? So laß mich bei weiterer Betrachtung mein Bekenntnis kürzer fassen und immer nur eins herausgreifen, das du mir eingeben wirst, das wahr ist, gewiß und gut, auch wenn noch vieles andere sich mir aufdrängen sollte, was ja in der Tat oft genug geschehen mag. Laß mich das Bekenntnis in der Überzeugung ablegen, daß ich, wenn ich treffe, was dein Diener meinte – danach muß ich ja trachten – ich recht und aufs beste rede, aber auch dann, wenn mir das nicht gelingt, doch das sage, was mir durch seine Worte deine Wahrheit sagen wollte, die auch ihm gesagt hat, was sie wollte.

DREIZEHNTES BUCH

DER DREIEINIGE GOTT ALS WELTSCHÖPFER
DIE SCHÖPFUNGSGESCHICHTE

Gottes zuvorkommende Güte

Ich rufe dich an, mein Gott und mein Erbarmer, der du mich geschaffen und nicht vergessen hast, als ich dich vergaß. Ich rufe dich in meine Seele, die du bereitest durch die Sehnsucht, die du ihr eingeflößt, dich zu empfangen. Jetzt, da ich dich anrufe, verlaß mich nicht! Bist du doch, ehe ich noch rief, zuvorgekommen und auf mich eingedrungen, häufig und mit vielerlei Stimmen, daß ich in der Ferne es vernehmen, umkehren und dich, den Rufenden, anrufen möchte. Denn du, Herr, hast ausgetilgt all mein Verschulden, wolltest nicht strafen den Abfall, meiner Hände Werk, und kamst allem zuvor, was Gutes ich getan, zu belohnen deiner Hände Werk, die mich geschaffen. Denn eh' ich war, warst du. Nichts war ich, dem du hättest Dasein verleihen können, und siehe, dennoch bin ich dank deiner Güte, die früher war als alles, früher als du mich schufst, auch als der Stoff, aus dem du mich erschufst. Denn du bedurftest meiner nicht, auch bin ich nicht solch ein Gut, daß ich dir Vorteil brächte, mein Herr und mein Gott, kann doch mein Dienst dir nicht behilflich sein, daß du nicht müde werdest bei deinem Werk und deine Macht sich nicht verringere, entbehrtest du meines Gehorsams, kann ich dich doch auch nicht so ehren, wie ein Erdengeschöpf man ehrt, als bliebst du ungeehrt, wenn ich dich nicht ehrte [1]. Nein, ich diene dir und ehre dich, daß ich in dir mein Wohlsein finde, der du mir das Sein verliehest, ohne welches es kein Wohlsein geben kann.

Gottes Güte schafft, formt, erleuchtet

Ja, durch die Fülle deiner Güte ward deine Schöpfung ins Dasein gerufen. Denn ein Gut, das freilich dir nichts nützen, auch nicht dir gleich sein kann, sollte doch nicht fehlen, da du es schaffen konntest. Denn was hatten Himmel und Erde um dich verdient, daß du sie im Uranfang schufst? Es trete auf und sage die geistige und körperliche Kreatur, was sie verdient hat um dich, daß du sie in deiner Weisheit schufst. Hängt doch an ihr auch alles kaum Begonnene, Formlose, das, sei es geistiger oder körperlicher Beschaffenheit, fern ist von allem Maß und aller Ähnlichkeit mit dir, das formlos Geistige doch besser als der geformte Körper, das formlos Körperliche besser als das völlige Nichts. Auch formlos würde es immerfort hängen an deinem Wort, hättest du es nicht durch eben dies dein Wort zu deiner Einheit zurückgerufen und geformt[1] und wäre es nicht alles so durch dich, das allerhöchste Gut, sehr gut geworden. Was hatte es um dich verdient, daß es sei's auch nur formlos wäre, das auch formlos nimmer wäre, wenn nicht durch dich?

Was hat der körperliche Stoff um dich verdient, daß er auch nur das wurde, was er war, wüst und leer? Wäre er's doch nicht geworden, hättest du ihn nicht geschaffen. Da er nicht war, konnte er auch nicht das Sein verdienen. Oder was hat um dich verdient die geistige Kreatur in ihrem Uranfang, daß sie, sei's auch nur in Finsternis, dahinflutete, dem Abgrund ähnlich und unähnlich dir? So wäre sie auch geblieben, hätte nicht das Wort, das sie erschuf, zum selben Wort sie zurückgerufen, daß sie, von ihm erleuchtet, selbst Licht würde, nicht gleich zwar, aber nachgebildet deinem Ebenbild. Denn wie dem Körper nicht dasselbe ist Schönsein und Sein – sonst könnt' er ja nicht häßlich sein –, so ist auch dem geschaffenen Geist leben und weise leben nicht das gleiche, sonst müßte er immerdar weise sein. ‚Sein Heil aber ist's, dir immer anzuhangen', dann wird er nicht das Licht, das er dir zugewandt empfing, durch Abkehr wieder verlieren und in ein Leben zurücksinken, das der dunklen Tiefe gleicht. Denn auch wir, die wir der Seele nach geistige Kreaturen sind, waren in diesem Leben, abgewandt von dir, unserm Licht, ‚einstmals Finsternis', und immer noch mühen wir uns ab mit den Überresten unseres Dunkels, bis wir künftig einmal ‚deine Gerechtigkeit' werden in deinem Eingeborenen, ‚wie die Berge Gottes'. Denn einst waren wir deine Verdammnis, wie ein tiefer Abgrund.

Genesis I, 3, von Erleuchtung der geistigen Kreatur zu verstehen

Wenn du aber zu Anfang deiner Schöpfung sagtest: ‚Es werde Licht, und es ward Licht', so verstehe ich das füglich von der geistigen Kreatur, denn irgendwie war sie bereits am Leben, so daß du sie erleuchten konntest. Aber wie sie es nicht um dich verdient hatte, solch ein Leben zu sein, das erleuchtet werden konnte, hat sie es auch nicht, als sie am Leben war, um dich verdient, erleuchtet zu werden. Denn ihr Leben in Formlosigkeit hätte dir nicht gefallen, wäre sie nicht Licht geworden, zwar nicht wesenhaftes Licht, sondern nur dadurch Licht, daß sie das erleuchtende Licht anschaute und ihm anhing. So verdankt sie beides, daß überhaupt sie lebt und daß sie selig lebt, allein deiner Gnade und ist nun in heilsamer Wandlung dem zugewandt, das sich nie wandeln kann, zum Besseren nicht und nicht zum Schlechteren. Und das bist du allein, denn du allein bist das reine Sein, und Leben und seliges Leben sind dir ein und dasselbe, denn du selbst bist deine Seligkeit.

Gott bedarf der Kreatur nicht

Was also hätte dir zu deinem Glück, das du dir selber bist, gefehlt, auch wenn dies alles entweder überhaupt nicht geworden oder wenn es formlos geblieben wäre? Hast du es doch nicht geschaffen, weil du seiner bedurftest, sondern aus der Fülle deiner Güte hast du es begrenzt und zur Form gestaltet, nicht als sollte dadurch deine Freude vollkommen werden. Denn da du vollkommen bist, mißfällt dir seine Unvollkommenheit, und das treibt dich, es vollkommen zu machen zu deinem Gefallen, nicht aber willst du, als wärst du unvollkommen, durch seine Vervollkommnung selbst vollkommen werden. Denn ,dein' guter ,Geist schwebte über den Wassern' und ward nicht von ihnen getragen, als ruhte er auf ihnen. Denn die, von denen man sagt, dein Geist ruhe auf ihnen, läßt er vielmehr ruhen in sich. Aber unvergänglich und unwandelbar und sich selbst voll genügend schwebte dein Wille über dem von dir geschaffenen Leben, dem leben nicht dasselbe ist wie selig leben, denn es lebt auch, dahinflutend in Finsternis. Aber es muß sich dem zukehren, der es geschaffen hat, um ,am Quell des Lebens' immer mehr Leben zu gewinnen, ,in seinem Lichte das Licht zu schauen' und vollendet, erleuchtet und beseligt zu werden.

Die Dreieinigkeit im Schöpfungsbericht

Sieh, geheimnisvoll tritt mir hier entgegen die Dreieinigkeit, die du bist, du, mein Gott. Denn du, Vater, hast im Uranfang, dem Quellgrund unserer Weisheit [1], das ist in deiner Weisheit, die aus dir geboren, dir wesensgleich und gleichewig ist, nämlich in deinem Sohne, Himmel und Erde geschaffen. Vieles sagten wir schon vom Himmel des Himmels, der wüsten und leeren Erde und der finsteren Tiefe, worunter wir die geistige Kreatur verstanden, die formlos und irr hätte dahintreiben müssen, hätte sie sich nicht dem zugewandt, von dem alles Leben kam, und wäre so durch Erleuchtung wohlgestaltetes Leben geworden und Himmel jenes Himmels, der hernach zwischen den Wassern erschaffen ward. Und in dem Gott, der dies schuf, erkannte ich den Vater, in dem Uranfang, in dem er's schuf, den Sohn, und da ich meinen Gott dreieinig glaubte, suchte ich in seinen heiligen Worten, und siehe: ‚Dein Geist schwebte über den Wassern.' Sieh, da ist die Dreieinigkeit, mein Gott, Vater, Sohn und Heiliger Geist, der Schöpfer aller Kreatur.

Warum vom Geist Gottes erst in V. 2b die Rede ist

Aber sag mir, o wahrhaftiges Licht, zu dem ich mein Herz erhebe, daß es mich nichts Eitles lehre, zerstreue seine Finsternis und sag mir, ich beschwöre dich bei der Mutter, der Liebe, was war der Grund, daß deine Schrift deinen Geist erst nach Erwähnung des Himmels und der wüsten und leeren Erde und der Finsternis über der Tiefe mit Namen nannte? Geschah es darum, weil er mit den Worten eingeführt werden sollte, daß er darüberschwebte, was nur möglich war, wenn vorher das namhaft gemacht wurde, worüber man sich ihn schwebend denken konnte? Er schwebte ja weder über dem Vater noch über dem Sohne, und von einem Darüberschweben könnte doch füglich nicht die Rede sein, gäbe es nicht auch etwas, worüber er schwebte. So mußte denn zunächst das genannt werden, worüber er schwebte, und dann erst er selbst, der nicht anders als darüberschwebend eingeführt werden sollte. Aber warum konnte er nicht anders eingeführt werden als so, daß vom Darüberschweben geredet ward?

Warum wird der Geist als «darüberschwebend» eingeführt?

So folge nun, wer kann, verständnisvoll deinem Apostel, der spricht: ‚Deine Liebe ist ausgegossen in unsere Herzen durch den Heiligen Geist, welcher uns gegeben ist' und der, über ‚die geistlichen Gaben' uns belehrend, ‚den Weg der Liebe weist, der höher als alle andern ist', und ‚seine Knie für uns vor dir beugt', daß wir ‚die Erkenntnis' erlangen, ‚die höher ist als alle andere', nämlich die Erkenntnis ,der Liebe Christi'. Das ist der Grund, weswegen von Anfang an dein Geist in der Höhe über den Wassern schwebte. Wem soll ich's sagen, mit welchen Worten es beschreiben, wie das Schwergewicht der bösen Lust uns jäh in den Abgrund reißt und wie die Liebe durch deinen Heiligen Geist, der über den Wassern schwebte, uns emporzieht? Wem soll ich's sagen, wie es beschreiben? Denn nicht räumliche Tiefen und Höhen sind es, in die wir versinken und zu denen wir uns erheben. Was könnte es Ähnlicheres, was Unähnlicheres geben? Antriebe sind's, Arten der Liebe [1] sind's, die Unreinheit unseres Geistes, die uns abwärts zieht in sorgenvoller Liebe, und die Heiligkeit deines Geistes, die uns liebend emporhebt zur Sicherheit, daß unser Herz droben sei bei dir, wo dein Geist über den Wassern schwebte, und wir zu der hocherhabenen Ruhe gelangen, wenn ,unsere Seele einst hindurchgegangen sein wird durch die Wasser, die ohne Wesen sind'[2].

Selige Ruhe nur in Gott

Herab fiel der Engel, herab auch des Menschen Seele. Sie zeigen uns den Abgrund, in dem alle geistige Kreatur in finsterer Tiefe versunken wäre, hättest du nicht zu Anfang gesprochen: «Es werde Licht», und wäre es nicht Licht geworden, und hätten dir nicht gehorsam angehangen alle Geistwesen deiner himmlischen Stadt und Ruhe gefunden in deinem Geist, der unwandelbar über allem Wandelbaren schwebt. Sonst wäre selbst des Himmels Himmel ein finsterer Abgrund in sich, nun aber ,ist er ein Licht in dem Herrn'. Denn gerade durch die unselige Ruhelosigkeit der gefallenen Geister, die, deines Lichtkleides beraubt, ihre Finsternis offenbaren, tust du kund, wie edel du die vernunftbegabte Kreatur geschaffen hast, der zur seligen Ruhe nichts genügen kann, was geringer ist als du, also auch sie selber nicht. Denn du, unser Gott, ,machst unsere

Finsternis licht', von dir empfangen wir unser Kleid, und ‚unsere Finsternis wird sein wie heller Mittag'. So gib dich mir, mein Gott, gib dich mir wieder! Sieh, ich liebe dich, und ist's zu wenig, will ich dich stärker lieben. Ich kann es nicht ermessen, wieviel mir noch an Liebe fehlt, bis es genug ist und mein Leben sich birgt in deinen Armen und nimmer sich abkehrt, bis es versunken ist in der Geheimnistiefe deines Angesichts. Nur soviel weiß ich, daß es mir ohne dich gar übel ist, nicht nur wenn ich aus mir herausgehe, sondern auch wenn ich bei mir selbst zu Hause bin, und daß aller Überfluß, der nicht mein Gott ist, nichts als Entbehren ist.

Gottes Geist zieht empor

Aber schwebten nicht auch der Vater und der Sohn über den Wassern? Wäre es wie bei einem Körper räumlich zu verstehen, könnte auch von einem Schweben des Heiligen Geistes keine Rede sein. Ist aber die Erhabenheit der unwandelbaren Gottheit über allem Wandelbaren gemeint, dann schwebten Vater, Sohn und Heiliger Geist über den Wassern. Warum also wird dies nur von deinem Geiste ausgesagt, warum nur ihm gewissermaßen ein Ort zugewiesen, wo er sich befinde, obwohl er an keinen Raum gebunden ist, er, von dem allein es heißt, daß er deine ‚Gabe' sei? In dieser deiner Gabe ruhen wir, in ihr genießen wir dich. Unsere Ruhe das ist unser Ort. Dahin trägt uns die Liebe, und dein guter Geist ‚erhebt unsere Niedrigkeit aus den Toren des Todes'. Guter Wille verleiht uns Frieden. Den Körper zieht sein Gewicht an seinen Ort. Nicht nach unten nur zieht es ihn, sondern an seinen Ort. Das Feuer strebt empor, der Stein hinab, beide treibt ihr Gewicht, sie suchen ihren Ort. Öl, unter Wasser geschüttet, hebt sich über das Wasser; Wasser, über Öl ausgegossen, sinkt unters Öl. Beide treibt ihr Gewicht, sie suchen ihren Ort. Was nicht recht geordnet ist, ist unruhig; recht geordnet, findet es Ruhe. Mein Gewicht ist meine Liebe. Sie ist's, die mich treibt, wohin es mich auch treiben mag. Deine Gabe setzt uns in Brand und treibt uns empor. Wir lohen und eilen. Im Herzen steigen wir hinauf und singen das ‚Lied der Stufen'. Von deinem Feuer, deinem edlen Feuer, sind wir entflammt und ziehen dahin. Wir ziehen hinauf ‚zum Frieden Jerusalems', und ‚wie freu' ich mich mit denen, die mir sagen: Ins Haus des Herrn wollen wir gehen!' Guter Wille wird dort einen Platz uns anweisen, daß wir nichts anderes wollen als da bleiben in Ewigkeit.

Wie Gottes Geist Engel und Menschen erleuchtet

Selig das Geschöpf, das nichts anderes weiß! Und es wäre doch selbst ein anderes, wäre es nicht kraft deiner Gabe, die über allem Wandelbaren schwebt, alsobald im Augenblick, da es geschaffen ward, emporgehoben durch deinen Ruf: «Es werde Licht!» Und es ward Licht. Denn bei uns ist ein Zeitunterschied: ‚Wir waren einmal Finsternis und werden dann zum Licht.' Von jenen Geschöpfen aber wird nur gesagt, was sie sein müßten, wären sie nicht erleuchtet worden, und das wird so gesagt, als wären sie früher dahinflutend und finster gewesen. So sollte die Ursache hervorgehoben werden, die es bewirkte, daß sie anders, das heißt, dem nie verlöschenden Lichte zugewandt, selber Licht wurden. Wer das fassen kann, fasse es. Er bitte dich darum. Warum wollte er mir beschwerlich fallen, als wäre ich ‚das Licht, das alle Menschen erleuchtet, die in diese Welt kommen'?

Bild der Dreieinigkeit im Menschen

Allmächtige Dreieinigkeit, wer begreift sie? Und doch, wer spricht nicht von ihr – wenn wirklich sie das ist, wovon er spricht? Selten die Seele, die, wenn sie von ihr spricht, weiß, was sie spricht. So kämpft man und streitet sich, und doch gewinnt niemand Einblick in dies Geheimnis ohne inneren Frieden. Ich möchte, daß die Menschen in sich selbst dreierlei ins Auge faßten. Wohl ist dies Dreifache etwas ganz anderes als jene Dreieinigkeit, aber ich nenne es, damit sie sich üben, prüfen und merken, wie groß der Unterschied doch ist. Ich meine diese drei: Sein, Erkennen und Wollen. Denn ich bin, ich weiß, und ich will. Ich bin ein Wissender und Wollender, ich weiß, daß ich bin und will, und ich will sein und wissen. Wie in diesen dreien ein unteilbares Leben ist, ein Wille [1], ein denkender Geist, ein Wesen, wie unteilbar unterschieden und doch unterschieden sie sind, das sehe wer kann. Ist sich doch jeder selbst gegenwärtig, so schaue er in sich, sehe zu und antworte mir. Doch was er hier auch finden und vorbringen mag, er bilde sich nicht ein, das gefunden zu haben, was unwandelbar über dem allem ist, was unwandelbar ist, unwandelbar weiß und unwandelbar will. Wer weiß, ob um dieser dreier willen auch dort Dreieinigkeit ist, oder ob in jedem einzelnen diese drei sich finden und jedes dreierlei in sich faßt, oder ob beides zutrifft und auf wunderbare Weise, einfach und vielfach zugleich, die grenzenlose Dreieinigkeit sich so in sich selbst begrenzt, daß sie ist, um sich weiß und sich selbst genügt, unwandelbar sie selbst in der erfüllten Größe ihrer Einheit – ja, wer vermöchte das wohl auszudenken? Wer es irgendwie auszusprechen? Wer wäre so vermessen, es mit menschlichen Worten zu sagen? [2]

Die Schöpfungsgeschichte als Abbild der Kirchengründung

Fahr fort in deinem Bekenntnis, mein Glaube, sag zu deinem Herrn: Heilig, heilig, heilig bist du, Herr, mein Gott. In deinem Namen sind wir getauft, Vater, Sohn und Heiliger Geist, in deinem Namen taufen wir, Vater, Sohn und Heiliger Geist.

Denn auch bei uns hat Gott in seinem Christus Himmel und Erde erschaffen, nämlich die geistlichen und fleischlichen Glieder seiner Kirche [1], und auch unsere Erde, bevor sie durch deine Unterweisung Form empfing, war wüst und leer, und Finsternis der Unwissenheit bedeckte uns. Denn ‚um der Sünde willen hast du den Menschen gezüchtigt, und deine Gerichte sind wie ein tiefer Abgrund'. Aber da dein Geist über den Wassern schwebte, hat dein Erbarmen unser Elend nicht verlassen. Du sprachst: Es werde Licht! ‚Tut Buße, denn das Himmelreich ist nahe herbeigekommen!' Tut Buße, es werde Licht! Und ‚da unsere Seele betrübt war in uns, gedachten wir deiner im Lande am Jordan und von dem Berge', der gleich hoch ist wie du, aber klein um unseretwillen [2]. Da mißfiel uns unsere Finsternis, wir bekehrten uns zu dir, und es ward Licht. Und siehe, ‚wir waren einstmals Finsternis, nun aber sind wir ein Licht in dem Herrn'.

Diese geistliche Schöpfung freilich noch unvollendet

Doch sind wir es einstweilen ‚nur im Glauben, noch nicht im Schauen. Denn wir sind wohl selig, doch in Hoffnung. Die Hoffnung aber, die man sieht, ist nicht Hoffnung'. Noch ‚ruft ein Abgrund dem andern zu'[3], aber schon ‚mit dem Rauschen deiner Wasserwogen'[4]. Selbst er, der spricht: ‚Ich konnte nicht mit euch reden als mit Geistlichen, sondern als mit Fleischlichen', meint noch nicht, ‚es ergriffen zu haben, sondern vergessend, was dahinten ist, streckt er sich zu dem, das da vorne ist', seufzt beschwert, und es ‚dürstet seine Seele nach dem lebendigen Gott, wie der Hirsch nach frischem Wasser', und spricht: ‚Wann werde ich dahin kommen?' Voll Verlangen, ‚mit der Behausung, die vom Himmel ist, überkleidet zu werden', ruft er hinab in den tieferen Abgrund: ‚Stellet euch nicht dieser Welt gleich, sondern verändert euch durch Erneuerung eures Sinnes', und: ‚Werdet nicht Kinder an dem Verständnis, sondern an der Bosheit seid Kinder, an dem Verständnis aber seid vollkommen', und: ‚O ihr unverständigen Galater, wer hat euch bezaubert?' Doch es ist schon nicht mehr seine Stimme, die ruft, sondern die deine, der du aus der Höhe deinen Geist gesandt hast durch den, ‚der in die Höhe gefahren ist' und geöffnet hat die Schleusen seiner Gnaden, ‚daß strömende Gewässer deine Stadt erfreuen'. Denn nach ihm seufzt ‚der Freund des Bräutigams', der bereits ‚die Erstlinge des Geistes empfangen hat, doch sich bei sich selber sehnt und die Kindschaft erwartet, seines Leibes Erlösung'. Nach ihm seufzt er, denn er ist ein Glied der Kirche, seiner Braut, für ihn eifert er, nicht für sich selbst, denn er ist des Bräutigams Freund, für ihn eifert er, denn mit dem Rauschen deiner Wasserwogen, nicht mit eigner Stimme ruft er dem andern Abgrunde zu. Für ihn eifernd fürchtet er, es ‚möchten, wie die Schlange mit ihrer Arglist die Eva verführte, so auch ihre Sinne verrückt werden von der Keuschheit' unsers Bräutigams, deines Eingeborenen. Und was ist nun jenes Licht des Schauens? Wenn ‚wir ihn sehen, wie er ist', und getrocknet sind ‚die Tränen, die meine Speise wurden Tag und Nacht, da man täglich zu mir sagt: Wo ist nun dein Gott?'

Noch sind wir auf Glauben und Hoffnung angewiesen

Und auch ich sage: Wo ist mein Gott? Siehe, du bist da, wo du bist. Ein wenig atme ich auf in dir, wenn ‚ich mein Herz herausschütte über mich selbst [1] mit Frohlocken und Danken im Haufen derer, die da feiern'. Aber noch ist es traurig, weil es wieder zurücksinkt und zum Abgrund wird, vielmehr merkt, daß es immer noch ein Abgrund ist. Es spricht zu ihm mein Glaube, den du angezündet hast zur Nachtzeit vor meinen Füßen: ‚Was betrübst du dich, meine Seele, und bist so unruhig in mir? Harre auf den Herrn', ,sein Wort ist deines Fußes Leuchte.' Hoffe und harre aus, bis die Nacht vorübergeht, der Gottlosen Mutter, bis vorübergeht der Zorn des Herrn, als dessen Kinder auch wir einst Finsternis waren, deren Reste wir noch mit uns schleppen an unserm Leibe, ,der tot ist um der Sünde willen', ,bis der Morgenwind weht und die Schatten weichen'. Harre auf den Herrn! ,In der Frühe will ich stehen' und zu ihm aufschauen, immerdar ihn preisen. In der Frühe will ich stehen und schauen ,meines Angesichts Hilfe', meinen Gott, ,der auch unsere sterblichen Leiber lebendig machen wird um seines Geistes willen, der in uns wohnt'. Denn erbarmend schwebte er über unserm finsteren, wogenden Gemüte. So haben wir auf unserer Pilgerfahrt ,ein Unterpfand' empfangen, daß wir bereits ein Licht sind, da wir in Hoffnung selig sind, ,Kinder des Lichts und Kinder des Tages, nicht mehr Kinder der Nacht und der Finsternis', die wir einst doch waren. Zwischen ihnen und uns scheidest du allein – denn noch ist unsicher menschliches Erkennen –, du, der du unsere Herzen prüfst und ,das Licht Tag nennst und die Finsternis Nacht'. Denn wer außer dir könnte uns unterscheiden? ,Was aber haben wir, das wir nicht von dir empfangen haben?' Denn ,aus derselben Tonmasse sind wir zu Gefäßen der Ehre gemacht, aus der die andern gemacht wurden zu Gefäßen der Schmach'.

Die Feste als Bild der Heiligen Schrift, die Wasser darüber der Engel

Wer anders als du, unser Gott, hat über uns aufgerichtet die Feste der Autorität in deiner Heiligen Schrift? Denn ,der Himmel wird einst aufgerollt werden wie ein Buch', und schon jetzt breitet er sich über uns aus wie ein Fell [1]. Höheres Ansehen genießt deine göttliche Schrift, seit die Sterblichen, durch die du sie uns verliehen, aus dem Leben schieden. Und du weißt, Herr, du weißt es, wie du einst mit Fellen die Menschen kleidetest, als sie durch die Sünde sterblich wurden. Daher hast du gleich einem Fell die Feste deines Buches ausgespannt[1], deine einander nirgend widersprechenden Offenbarungen, die du durch den Dienst sterblicher Menschen über uns gesetzt hast. Denn gerade durch ihren Tod wird das feste Gewölbe der Autorität in deinen durch sie übermittelten Worten erhaben ausgedehnt über alles, was darunter ist, während es, als sie noch lebten, noch nicht so hoch und weit war. Damals hattest du noch nicht wie ein Fell den Himmel ausgebreitet, noch nicht den Ruhm ihres Todes überall hingetragen.

Laß uns ,sehen, Herr, die Himmel, deiner Finger Werk'[2]. Verscheuche die Wolken, mit denen du sie unseren Augen verbargest. Da ist dein Zeugnis, das ,die Unmündigen weise macht'. Vollende, mein Gott, ,dein Lob, das du aus dem Munde der Kinder und Säuglinge zugerichtet hast'. Denn wir kennen keine anderen Bücher, die so wie sie den Stolz niederwerfen, so wie sie niederwerfen den Feind und Widersacher, der deiner Versöhnung widerstrebt und seine Sünden verteidigt. Ich kenne keine, Herr, nein, keine andern Worte so keusch wie sie[3], so wirksam, zum Bekenntnis mich zu überreden, meinen Nacken zu beugen unter dein sanftes Joch und mich einzuladen, dir aus freiem Herzen zu dienen. Laß mich sie verstehen, guter Vater, verleih es mir, denn ich habe mich ihnen unterstellt, und für die, die sich unterstellen, hast du sie so fest gegründet.

Andere Wasser gibt es über dieser Feste, die sind, glaub' ich, unsterblich, unberührt von irdischer Vergänglichkeit. Mögen deinen Namen preisen, mögen dich preisen hoch über dem Himmel die Scharen deiner Engel, die nicht aufzublicken brauchen zu dieser Feste, nicht zu lesen brauchen, um dein Wort zu erkennen. Denn ,immerdar sehen sie dein Angesicht' und lesen in ihm, ohne die Silbenfolge der Zeiten, was dein ewiger Wille will. Sie lesen, lieben und loben[4]. Immerfort lesen sie,

DIE SCHÖPFUNGSGESCHICHTE

und nie vergeht, was sie lesen. Denn was sie liebend und lobend lesen, ist die Unwandelbarkeit deines Ratschlusses. Ihr Buch wird nicht zugetan, ihr Pergament nicht aufgerollt, denn du selbst bist ihr Buch und bist es ewiglich. Denn du wiesest ihnen den Platz über dieser Feste, die du errichtet über der Schwachheit des niederen Volkes, daß es zu ihr aufschaue und dein Erbarmen erkenne, welches dich, den Schöpfer der Zeiten, in zeitlichen Worten verkündet. ,Denn im Himmel, Herr, wohnt dein Erbarmen, und hoch wie die Wolken ist deine Wahrheit'. Die Wolken vergehen[1], der Himmel aber bleibt. Es gehen dahin die Prediger deines Wortes aus diesem in ein anderes Leben, deine Schrift aber bleibt über den Völkern ausgebreitet, bis der Weltlauf beendet ist. Doch auch ,Himmel und Erde werden vergehen, aber deine Worte werden nicht vergehen'. Denn aufgerollt werden wird des Himmels Fell, und des ,Grases Blume', über der es ausgespannt war, ,verwelken mit ihrer Pracht, aber dein Wort bleibt in Ewigkeit'. Jetzt erscheint es uns im Rätsel der Wolken, ,im Spiegel' des Himmels, nicht wie es ist; ist doch ,noch nicht erschienen, was wir', die Geliebten deines Sohnes, ,einst sein werden'. Durch das Gitterfenster seines Fleisches[2] hat er uns angeblickt, uns angelächelt und entflammt, und wir eilen seinem lieblichen Dufte nach[3]. Aber ,wenn er erscheinen wird, werden wir ihm ähnlich sein, denn wir werden ihn sehen wie er ist'. Wie er ist, Herr, ihn zu sehen, das ist unser Ziel, doch noch ist's nicht erreicht.

Gott, wie er ist, wird nur von Gott erkannt

Denn ganz wie du bist, das weißt du allein, denn du bist unwandelbar und weißt unwandelbar und willst unwandelbar. Dein Sein weiß und will unwandelbar, dein Wissen ist und will unwandelbar, und dein Wille ist und weiß unwandelbar. Nicht recht scheint's vor dir, daß das unwandelbare Licht so, wie es sich selbst erkennt, auch erkannt werde von dem, das nur erleuchtet ist und wandelbar. So ist denn ‚meine Seele vor dir wie ein dürres Land', denn wie sie sich nicht selber Licht spenden kann, kann sie auch nicht an sich selbst ihren Durst stillen. Nein, wie wir ‚in deinem Licht das Licht einst schauen werden, so ist auch bei dir die Quelle des Lebens'.

*Was unter dem Meerwasser
und der fruchtbringenden Erde zu verstehen ist*

Wer aber hat die bitteren Wasser in ein einziges Meer gesammelt?[1] Sie haben ja alle das gleiche Ziel zeitlichen Erdenglücks. Um seinetwillen tun sie alles, mögen sie auch in zahllos verschiedenen Sorgen dahinwogen. Wer hat's getan, Herr, wenn nicht du, der du sprachst, es möge ‚sich sammeln das Wasser an einen Ort und das Trockene zum Vorschein kommen', das nach dir dürstet?[2] Denn ‚dein ist das Meer, und du hast es gemacht, und deine Hände haben das Trockene bereitet'. Wird doch nicht die Bitterkeit böser Willensregungen, sondern die Sammlung der Wasser Meer genannt. Du aber schränkst die schlimmen Gelüste der Seelen ein und setzest Grenzen, die die Wasser nicht überschreiten dürfen, daß die Wogen sich an sich selber brechen müssen. So schaffst du das Meer und unterwirfst es der Ordnung deiner allumfassenden Herrschaft.

Die Seelen aber, die nach dir dürsten und vor deinem Angesicht erscheinen, die ein anderes Ziel haben und geschieden sind von der Gemeinschaft des Meeres, erquickst du aus geheimen, süßen Quellen, auf daß auch die Erde ihre Frucht bringe; und sie bringt ihre Frucht. Denn auf dein, ihres Herrn und Gottes Geheiß läßt unsere Seele ‚aufsprießen' Werke der Barmherzigkeit ‚nach ihrer Art', liebt den Nächsten, erweist sich ihm hilfreich in seinen irdischen Nöten und trägt entsprechenden ‚Samen bei sich'. Denn da wir selbst schwach sind, drängt es uns, mitleidig den Bedürftigen zu helfen, und so handeln wir ähnlich, wie wir möchten, daß uns in gleicher Notlage geholfen würde, und zwar nicht nur durch geringfügige Freundlichkeitsbeweise, die der Grassaat gleichen, sondern auch Fruchtbäumen gleich durch kraftvolle Hilfeleistung, indem wir unrecht Leidende der Hand des Machthabers entreißen und ihnen durch die starke Kraft gerechten Urteils den Schatten unseres Schutzes gewähren.

Was die Lichter an der Feste zu bedeuten haben

So laß nun, Herr, ich bitte dich, laß nun, wie du zu tun pflegst und Freudigkeit und Kraft dazu verleihst, ‚auf der Erde Wahrheit wachsen und Gerechtigkeit vom Himmel schauen, laß Lichter werden an der Feste des Himmels'! So wollen wir ‚dem Hungrigen unser Brot brechen, den Elenden und Obdachlosen in unser Haus führen, den Nackten kleiden und die Genossen unseres Geschlechts nicht mißachten'. Wenn solche Früchte der Erde entsprießen, dann sieh her und sag, daß es gut ist. ‚So wird unser Licht hervorbrechen' in der Zeit, und wenn wir als Lohn für diese armen Früchte tätigen Lebens zu Wonnen der Betrachtung das Wort himmlischen Lebens empfangen, dann ‚laß uns scheinen wie Lichter in der Welt', hangend an der Feste deiner Heiligen Schrift. Da beginnst du mit uns das Lehrgespräch, daß wir unterscheiden lernen zwischen Geistigem und Sinnlichem, wie zwischen Tag und Nacht, desgleichen zwischen Seelen, die dem Geistigen und solchen, die dem Sinnlichen ergeben sind. Dann scheidest nicht mehr du allein zwischen Licht und Finsternis, im Verborgenen dein Urteil fällend, wie du es tatest, ehe noch die Feste ward, sondern es werden nun, da deine Gnade auf Erden offenbar geworden, auch deine geistlichen Söhne von derselben Feste, jeder an seinem Platze, ‚herableuchten auf die Welt, scheiden zwischen

Tag und Nacht und Zeichen der Zeiten abgeben'. Denn nun ist ,das Alte vergangen, siehe, es ist alles neu geworden'; ,näher ist unser Heil, als da wir gläubig wurden, und die Nacht ist vorgerückt, der Tag aber nahe herbeigekommen'; du ,krönest das Jahr mit deinem Gut' und ,sendest Arbeiter in deine Ernte', da ,andere sich geplagt und gesät haben', sendest auch Arbeiter auf ein anderes Feld, wo erst am Ende der Welt geerntet wird. So erfüllst du des Bittenden Wünsche und segnest die Jahre des Gerechten. ,Du aber bleibst stets derselbe', und in deinen ,Jahren, die kein Ende nehmen', baust du eine Schatzkammer den Jahren, die vorüberziehen [1]. Denn nach deinem ewigen Ratschluß teilst du aus zur rechten Zeit die himmlischen Güter auf Erden.

Denn ,dem einen wird verliehen durch den Geist das Wort der Weisheit', gleichsam ,das größere Licht', um derer willen, die sich wie bei Tagesanbruch am Glanz der klaren Wahrheit freuen; ,einem andern das Wort des Wissens nach demselben Geist', gleichsam ,das kleinere Licht'; ,einem andern der Glaube, einem andern die Gabe gesund zu machen, einem andern Wunder zu tun, einem andern Weissagung, einem andern Geister zu unterscheiden, einem andern mancherlei Sprachen'; und das alles sind gleichsam die Sterne. ,Denn alles dieses wirkt derselbe eine Geist und teilt einem jeglichen das Seine zu, nach dem er will', und läßt so die Sterne hervortreten und leuchten uns zum Nutzen. Das Wort des Wissens [2] aber, das alle Heilsveranstaltungen [3] umfaßt, die zeitlich wechseln wie der Mond, und die übrigen Gaben, die mit Sternen verglichen wurden, unterscheiden sich von jenem Glanz der Weisheit, deren sich der vorerwähnte Tag erfreut, wie es ihrer Bestimmung für die Nacht entspricht. Denn denen sind sie nötig, zu welchen dein erfahrener Knecht ,noch nicht reden konnte als zu Geistlichen, sondern als zu Fleischlichen', derselbe, der doch ,unter den Vollkommenen Weisheit redete'. Doch auch ,der natürliche

Mensch', gleichsam ein Kindlein noch in Christo und des Milchtranks bedürftig, auch er soll, bis er einst kräftig genug ist, feste Speise zu genießen, und sein Auge den Anblick der Sonne ertragen kann, nicht verlassen sein in seiner Nacht, sondern sich genügen lassen am Licht des Mondes und der Sterne[1]. Das also ist's, was du im Lehrgespräch uns kundtust, Allerweisester, du, unser Gott, durch dein Buch, deine Feste, daß wir in wundersamem Schauen alles unterscheiden, wenn auch erst in ‚Zeichen, Zeiten, Tagen und Jahren'.

Zuvor aber ‚waschet euch, reinigt euch, tut euer böses Wesen hinweg aus euren Herzen und von meinen Augen', auf daß ‚das Trockene ans Licht komme', ‚lernt Gutes tun, schafft den Waisen Recht, führet der Witwen Sache', daß ‚die Erde hervorsprossen lasse Gras zum Futter und fruchtbare Bäume', und kommt und lasset euch belehren[2], spricht der Herr, ‚auf daß Lichter seien an der Feste des Himmels und leuchten auf Erden'. Es fragte jener ‚Reiche den guten Meister, was er tun solle, das ewige Leben zu erlangen'. Der gute Meister aber, den er für einen bloßen Menschen hielt, während er doch nur darum gut ist, weil er Gott ist, der sagt zu ihm, ‚wenn er zum Leben eingehen wolle, solle er die Gebote halten', die Bitterkeit der Bosheit und Schlechtigkeit von sich abtun, ‚nicht töten, nicht ehebrechen, nicht stehlen, kein falsches Zeugnis geben', auf daß das Trockene ans Licht komme und hervorsprosse ‚Ehrerweisung gegen Vater und Mutter und Liebe des Nächsten. Jener erwidert: Das hab' ich alles getan.' Aber woher denn so viele Dornen, wenn das Erdreich so fruchtbar ist? ‚Gehe hin', reiß aus das Dorngestrüpp der Habgier, ‚verkaufe, was du hast', fülle dich mit Früchten ‚und gib's den Armen, so wirst du einen Schatz im Himmel haben, und folge dem Herrn nach. Willst du vollkommen sein', so tue das, und du wirst dich denen zugesellen, ‚unter denen er Weisheit redet', er, der Tag und Nacht zu unterscheiden weiß. Auch du wirst es lernen, und Lichter werden dir leuchten an der Feste des Himmels. Doch das wird nicht geschehen, wenn ‚nicht dein Herz dort ist', und es wird nicht dort sein, wenn nicht ‚auch dein Schatz dort ist', wie du es vom guten Meister vernommen. Aber die unfruchtbare Erde ‚ward betrübt', und ‚die Dornen erstickten das Wort'.

Ihr aber, ‚das auserwählte Geschlecht' und ‚doch schwach vor der Welt'[1], die ihr alles verlassen habt, um dem Herrn zu folgen, gehet ihm nach und ‚machet zu Schanden, was stark ist'; gehet ihm nach, ‚liebliche Füße', und leuchtet an der Feste! Dann werden ‚die Himmel seinen Ruhm verkünden' und unterscheiden zwischen dem Tageslicht der Vollkommenen, die doch noch nicht sind wie die Engel, und dem nächtlichen Licht der Geringen, die doch nicht verachtet sind. Leuchtet über die ganze Erde, ‚und der Tag', strahlend im Sonnenglanz, ‚rufe dem Tage zu' das Wort der Weisheit, ‚und die Nacht', vom Mond erhellt, ‚verkünde der Nacht' das Wort des Wissens! Mond und Sterne scheinen ja des Nachts, aber die Nacht verdunkelt sie nicht, sondern wird von ihnen nach dem Maß ihrer bescheidenen Kraft erleuchtet. Siehe, es war als spräche Gott: ‚Es seien Lichter an der Feste des Himmels', da ‚geschah plötzlich ein Brausen vom Himmel wie eines gewaltigen Windes, und es erschienen Zungen zerteilt wie von Feuer, das setzte sich auf einen jeglichen unter ihnen'. Nun glänzten die Lichter an der Feste des Himmels, und ‚das Wort des Lebens' ward ihnen verliehen. So ziehet hinaus, weit, überall hin, ihr heiligen, ihr herrlichen Flammen! Denn ‚ihr seid das Licht der Welt und stehet nicht unter dem Scheffel'. Er ward erhöht, dem ihr anhinget, und hat auch euch erhöht. Ziehet hinaus und tut's kund allen Völkern!

Das aus dem Wasser hervorgebrachte Getier und seine Bedeutung

Auch das Meer soll empfangen und eure Werke gebären, wie geschrieben steht: ‚Es bringe das Wasser hervor kriechendes Getier, das lebendig ist‘[1]. Denn da ihr ‚Kostbares vom Gemeinen zu unterscheiden wißt, seid ihr Gottes Mund geworden‘, durch welchen er spricht: Das Wasser bringe hervor, nicht die lebendige Seele[2], die die Erde hervorbringen soll, sondern ‚kriechendes Getier, das lebendig ist, und Gevögel, das über der Erde fliegt‘. Denn es krochen gleichsam dahin, o Gott, dank der Werke deiner Heiligen deine Sakramente[3] mitten durch die Fluten der Versuchungen dieser Welt, um die Völker deinem Namen zu weihen in deiner Taufe. Und es geschahen wunderbare Großtaten, gleich ‚gewaltigen Ungeheuern‘, und die Stimmen deiner Boten flogen über die Erde hin unter der Feste deines Buches, das du ihnen zur Richtschnur ihres Fluges gegeben, wohin sie auch eilten. ‚Denn es ist keine Sprache noch Rede, da man nicht ihre Stimme höre, da in alle Lande ihr Schall ausging und ihre Rede bis an der Welt Ende.‘ Denn du, Herr, hast zur Ausbreitung deinen Segen gegeben.

Oder rede ich unwahr, richte Verwirrung an und unterscheide nicht die lichte Erkenntnis dessen, was an der Feste des Himmels ist, und die körperlichen Werke im flutenden Meer und unter der Feste des Himmels? Denn eben dasselbe, das, denkend erfaßt, sicher und klar bestimmt ist und nicht vermehrt werden kann in der Folge der Geschlechter, gleich den Lichtern der Weisheit und des Wissens, das ist in seinen körperlichen Wirkungen vielerlei und mannigfaltig und vermehrt sich eins aus dem andern unter deinem Segen, o Gott[4]. So tröstest du die bekümmerten Sinne der Sterblichen, indem du, was in geistiger Erkenntnis nur eines ist, auf vielerlei Weise durch körperliche Handlungen abbilden und aussprechen lässest. Die Wasser haben dies hervorgebracht, aber kraft deines

Wortes. Die Bedürfnisse der Völker, die abgewichen waren von deiner ewigen Wahrheit, haben es hervorgebracht, aber kraft deines Evangeliums. Die Wasser haben's ausgeworfen, und ihre Bitterkeit und Mattigkeit war der Grund, daß kraft deines Wortes dies alles entstehen mußte.

Alles ist schön, da du es schaffst, und siehe, du bist unbeschreiblich schöner, der du alles schufst. Wäre Adam nicht abgefallen von dir, so wäre nicht aus seinem Leibe geflossen die Salzflut des Meeres, das Menschengeschlecht mit seiner unerschöpflichen Neugier, seinem stürmischen Aufbrausen, seinem unbeständigen Gewoge. Dann wär' es auch nicht nötig gewesen, daß deine Diener leiblich und sinnfällig, wie in vielen Wassern, mit Werken und Worten geheimnisvolle Gleichnisse dargeboten hätten. Denn so versteh' ich dies kriechende Getier und Gevögel. Darin eingeführt und eingeweiht, würden die Menschen, solang sie lediglich solch sinnlichen Sakramenten unterworfen blieben, nicht weiter fortschreiten, wenn nicht die Seele auf höherer Stufe zu geistigem Leben erwachte und nach empfangenem Anfangsworte auf die Vollendung schaute.

Die Landtiere und ihre Bedeutung

Darum bringt die von der Bitterkeit der Gewässer geschiedene Erde und nicht des Meeres Tiefe kraft deines Wortes ‚die lebendige Seele' hervor und nicht kriechendes Getier, das lebendig ist, und Gevögel. Denn jene bedarf der Taufe nicht mehr, wie die Heiden sie bedürfen, und auch sie selbst noch, als das Wasser sie bedeckte. Nur ‚durch die Taufe geht man ja ins Himmelreich ein', da du es so angeordnet hast. Sie verlangt auch nicht nach gewaltigen Wundertaten, um zum Glauben zu kommen. Von ihr gilt nicht, daß sie ‚nur dann glaubt, wenn sie Zeichen und Wunder sieht'. Denn schon ist das gläubige Land geschieden von den durch Unglauben bitteren Wassern

DIE SCHÖPFUNGSGESCHICHTE

des Meeres, und ‚die Zungen sind ein Zeichen nicht den Gläubigen, sondern den Ungläubigen'. Diese Art Gevögel, die die Gewässer kraft deines Wortes hervorbrachten, braucht das Land nicht mehr, das du ‚über den Gewässern gefestigt hast'. Sende du ihm dein Wort durch deine Boten! Wohl reden wir von ihrem Wirken, aber du bist's, der in ihnen wirkt, und nur darum ist die lebendige Seele Frucht ihres Wirkens. Die Erde bringt sie hervor, denn die Erde ist Ursache, daß sie solches auf ihr wirken, wie das Meer die Ursache war, daß sie kriechendes Getier, das lebendig war, und Gevögel unter der Feste des Himmels hervorbrachten. Derer bedarf die Erde nun nicht mehr, obschon sie an ‚dem Tische, den du bereitet hast vor dem Angesichte der Gläubigen', den Fisch verzehrt [1], der geholt ward aus des Meeres Tiefe. Denn dazu ward er aus der Tiefe hervorgeholt, daß er das Trockene nähre. Auch die Vögel entstammen dem Meere, doch vermehren sie sich auf Erden. Denn die Glaubenslosigkeit der Menschen war der Grund für die erste Verkündigung der Glaubensboten, aber auch die Gläubigen werden vielfältig und Tag für Tag durch sie ermahnt und gesegnet. Aber die lebendige Seele entspringt der Erde, denn nur den bereits Gläubigen frommt es, sich zu enthalten der Liebe dieser Welt, daß ihre Seele dir lebe [2]. ‚Tot war sie, als sie in den Lüsten lebte', todbringenden Gelüsten, Herr. Denn du allein bist des reinen Herzens lebenspendende Lust.

So mögen nunmehr deine Diener auf Erden wirken und nicht wie einst in den Wassern des Unglaubens, als sie durch Wunder, Sakramente und geheimnisvolle Gleichnisrede Zeugnis ablegten und lehrten. Darauf gibt die Unwissenheit acht, die Mutter des Staunens, in Furcht vor den verborgenen Zeichen, und das ist der Eingang zum Glauben für die Adamskinder, die deiner vergaßen, als sie sich vor deinem Angesicht verbargen und zum Abgrund wurden. Aber nun mögen deine Diener auch wirken wie auf trockenem Lande, das geschieden ist von den Strudeln des Abgrunds, und ein Vorbild sein den Gläubigen, vor ihnen leben und sie zur Nachahmung erwecken. Denn nicht nur um es bloß zu hören, sondern auch es zu befolgen, vernehmen diese das Wort: ‚Suchet Gott, und eure Seele wird leben', so daß nun in der Tat die Erde eine lebendige Seele hervorbringt. ‚Stellet euch nicht dieser Welt gleich', enthaltet euch ihrer! Abkehr ist der Seele Leben, Hinwendung der Tod. Enthaltet euch des maßlos wilden Stolzes, der trägen und üppigen Wollust und einer Wissenschaft, die fälschlich ihren Namen führt. Dann werden die wilden Tiere zahm, das Vieh sanft und die Schlangen unschädlich sein. Denn darunter sind im Gleichnis die seelischen Regungen zu verstehen. Aber Dünkel des Hochmuts, Wollust der Begierde und Gift des Vorwitzes sind Regungen der toten Seele, die ja nicht in dem Sinne stirbt, daß all ihre Regungen schwinden. Nein, sie stirbt, wenn sie die Quelle des Lebens verläßt, denn dann ergibt sie sich der vergehenden Welt und nimmt an ihrer Vergänglichkeit teil.

Dein Wort aber, o Gott, ist die Quelle des ewigen Lebens und vergeht nicht. Darum verbietet es uns auch, sie zu verlassen, indem es zu uns spricht: ‚Stellet euch nicht dieser Welt gleich', auf daß die Erde, getränkt von der Lebensquelle, die lebendige Seele hervorbringe, eine keusche Seele, die lauschend auf das durch deine Boten verkündete Wort nachfolgt den Nachfolgern deines Christus. Denn das bedeuten die Worte ‚jegliches nach seiner Art', da der Mann gern dem Beispiel des Freundes folgt. ‚Seid', so sagt der Apostel, ‚wie ich bin, denn auch ich bin wie ihr'. So werden in der lebendigen Seele die guten Tiere, deren Tun sanftmütig ist, Gestalt gewinnen. Denn du hast geboten: ‚In Sanftmut vollbringe deine Werke, und alle werden dich lieben.' Und vom guten Vieh wird es heißen: ‚Wenn sie essen, wird es nicht im Übermaß sein, und wenn sie nicht essen, werden sie nichts entbehren.' Und die guten Schlangen werden kein Unheil anrichten, sondern klug sein, Schädliches meiden und nur so weit die irdische Welt erforschen, als erforderlich ist, um durch das Geschaffene die Ewigkeit zu erkennen und schauen. Denn diese Geschöpfe dienen der Vernunft, wenn sie vom todbringenden Vorwitz sich enthalten, und so sind sie gut[1].

Die geistliche Menschenschöpfung

Denn sieh, Herr, unser Gott und Schöpfer, wenn unsere Neigungen, die uns den Tod brachten, solang wir übel lebten, der weltlichen Liebe entsagt haben und unsere Seele gut zu leben und dadurch lebendig zu werden beginnt, und wenn dann dein Wort erfüllt ist, das du durch deinen Apostel sprachst: ‚Stellet euch nicht dieser Welt gleich‘, dann geht auch in Erfüllung, was du sogleich hinzufügtest: ‚Sondern verändert euch durch Erneuerung eures Sinnes[2].‘ Aber das geschieht nun nicht «nach seiner Art», als sollten wir dem voranschreitenden Nächsten folgen und nach dem Vorbild eines besseren Menschen leben. Denn du sprachst nicht: Es werde der Mensch nach seiner Art, sondern: ‚Laßt uns den Menschen machen nach unserm Bild und Gleichnis‘, auf daß wir prüfen möchten, was dein Wille sei. Darum hat auch jener dein Diener, da er durch das Evangelium Söhne erzeugte und nicht wollte, daß sie immer unmündig blieben und er sie mit Milch ernähren und ‚wie eine Amme pflegen‘ müßte, gesagt: ‚Verändert euch durch Erneuerung eures Sinnes, auf daß ihr prüfen möget, welches da sei der gute, wohlgefällige und vollkommene Gotteswille.‘ Darum sprichst du nicht: Es werde der Mensch, sondern: Laßt uns ihn machen, sprichst nicht: Nach seiner Art, sondern: Nach unserm Bild und Gleichnis. Denn erneuerten Sinnes und deine geistige Wahrheit schauend, bedarf er keines menschlichen Wegweisers mehr, um seiner Art zu folgen. Sondern du zeigst ihm den Weg, und er selbst prüft, welches dein guter, wohlgefälliger und vollkommener Wille sei, und du belehrst ihn, der nunmehr fähig ist, die Dreiheit in der Einheit und die Einheit in der Dreiheit zu schauen. Darum folgt auf das Wort in der Mehrzahl: ‚Lasset uns den Menschen machen' die Fortsetzung in der Einzahl: ‚Und Gott schuf den Menschen', auf das Wort in der Mehrzahl: ‚Nach unserm Bilde' das in der Einzahl: ‚Nach dem Bilde Gottes.' So wird ‚der Mensch erneuert zur Erkenntnis Gottes nach dem Ebenbilde des, der ihn geschaffen hat, und geistlich geworden, richtet er über alles, was gerichtet werden soll, aber er selbst wird von niemand gerichtet'.

Worin die Macht des geistlichen Menschen besteht

Daß er aber alles richtet, das ist damit gemeint, wenn es heißt, daß er Macht hat ‚über die Fische des Meeres und die Vögel des Himmels' und alles Vieh und wildes Getier und über die ganze Erde und ‚alles Gewürm, das auf Erden kriecht'. Dazu befähigt ihn die Einsicht seiner Vernunft, durch die ‚er vernimmt, was vom Geiste Gottes ist'. Denn ohne sie ist ‚der Mensch in all seiner Würde einsichtslos, gleicht dem unvernünftigen Vieh und ist ihm ähnlich geworden'. Wohl gibt es, o Gott, in deiner Kirche nach deiner Gnade, die du ihr verliehen – ‚sind wir doch dein Gebilde, geschaffen zu guten Werken' –, nicht nur solche, die geistlich vorstehen, sondern auch solche, die diesen geistlich untertan sind. Denn du schufst den Menschen männlich und weiblich auch im Stand deiner Gnade [1], wo doch dem leiblichen Geschlechte nach ‚kein Mann und kein Weib ist, weil auch' weder Jude noch Grieche, weder Sklave noch Freier'. Doch alle geistlichen Menschen, mögen sie nun vorstehen oder gehorchen, richten geistlich. Freilich nicht über die geistigen Wahrheiten, die am Himmel leuchten, da man über so hoch Erhabenes nicht urteilen darf, auch nicht über deine Heilige

Schrift, obschon in ihr manches dunkel ist. Ihr unterwerfen wir vielmehr unsern Verstand und sind gewiß, daß auch das recht und wahr gesagt ist, was unsern Blicken noch verschlossen bleibt. Denn mag ein Mensch auch schon geistlich sein und ‚erneuert zur Erkenntnis Gottes nach dem Ebenbilde des, der ihn geschaffen hat', so muß er doch ‚ein Täter des Gesetzes sein, nicht sein Richter'. Er spricht auch nicht ein Urteil der Unterscheidung von geistlichen und fleischlichen Menschen, die wohl deinen Augen, o Gott, bekannt sind, aber sich uns noch nicht durch ihre Werke offenbart haben, daß wir ‚sie an ihren Früchten erkennen könnten'. Aber du, Herr, kennst sie längst, hast sie voneinander gesondert und geheimnisvoll berufen, schon ehe die Welt ward. Auch richtet er nicht, obschon selbst ein geistlicher Mensch, über die ruhelosen Völkerscharen dieser Welt. Denn, wie dürfte er ‚richten über die, die draußen sind', da er doch nicht weiß, wer von ihnen zum süßen Genuß deiner Gnade gelangen und wer in der bitteren Gottlosigkeit immerdar verharren wird?

So hat denn der Mensch, den du schufst nach deinem Ebenbilde, nicht Macht empfangen über die Lichter des Himmels, auch nicht über den verborgenen Himmel selbst, noch über Tag und Nacht, die du ins Dasein riefst, ehe du den Himmel erbaut, noch über die Sammlung der Gewässer, das Meer. Sondern er hat Macht empfangen über die Fische des Meeres, die Vögel des Himmels und alles Vieh und die ganze Erde und alles Gewürm, das auf Erden kriecht. Denn er beurteilt und billigt, was er recht, und mißbilligt, was er verkehrt befindet. So geschieht's bei jener Sakramentsfeier, in der man diejenigen einweiht, die dein Erbarmen im großen Gewässer erspähte, oder bei jener, in welcher man den Fisch austeilt, den, aus der Tiefe emporgehoben, die fromme Erde verzehrt. So geschieht's auch, wenn man Zeichen gibt durch Wort und Rede, die dem Ansehen deiner Schrift unterworfen sind und wie Vögel unter der

Feste dahinfliegen, die in Erklärung und Auslegung, Lehr- und Streitgespräch, in Lobpreisung und Anrufung aus dem Munde hervorgehen und erschallen, worauf das Volk mit Amen antwortet. Daß all diese Stimmen auch leiblich ausgehen müssen, das verursacht der Abgrund dieser Welt und die Blindheit des Fleisches. Denn sie bewirken, daß Gedanken unsichtbar sind, so daß man sie sich in die Ohren schreien muß. So hat dies Gevögel, wenn sich's auch auf Erden vermehrt, doch seinen Ursprung in dem Gewässer. Billigend, was er recht, mißbilligend, was er verkehrt befindet, urteilt der geistliche Mensch auch über die Werke und Sitten der Gläubigen, ihre Almosen, die dem fruchtbaren Lande gleichen. Er urteilt auch über die lebendige Seele, die ihre Triebe zähmt durch Keuschheit, Fasten und frommes Nachdenken über alles, was sinnlich wahrnehmbar ist. Denn über das darf er schon jetzt urteilen, worüber er auch die Macht besitzt, es zu bessern.

Warum nur die Menschen und aus dem Wasser hervorgegangenen Tiere von Gott gesegnet

Aber was ist nun dies, und was für ein Geheimnis tut sich in folgendem kund? Siehe, du segnest die Menschen, o Herr, daß sie ‚wachsen und sich mehren und die Erde erfüllen'. Sollte es nicht deine Absicht sein, daß wir zu verstehen suchen, weswegen du nicht ebenso auch das Licht, das du Tag nanntest, und die Feste des Himmels und seine Lichter, die Sterne, die Erde und das Meer gesegnet hast? Ich würde sagen, daß du, unser Gott, der du uns nach deinem Ebenbilde schufst, diese Gabe des Segens dem Menschen habest vorbehalten wollen, hättest du nicht ebenso die Fische und Meerungeheuer gesegnet, daß sie wachsen, sich vermehren und die Gewässer des Meeres füllen, und die Vögel, daß sie sich mehren sollten auf Erden. Ich würde ferner sagen, dieser Segen sei nur für die Arten von Geschöpfen bestimmt, die sich durch Fortpflanzung aus sich selbst vermehren, wenn ich fände, daß er auch den Bäumen, Pflanzen und Landtieren verliehen sei. Nun aber ward weder zu den Kräutern noch dem Gehölz, weder zu den Vierfüßlern noch den Schlangen gesagt: Wachset und mehret euch, während sich doch alle diese Geschöpfe ebenso wie die Fische, Vögel und Menschen durch Zeugung vermehren und ihre Art erhalten.

Was also soll ich sagen, du mein Licht, o Wahrheit? Daß hier etwas fehle, daß hier gedankenlos geredet sei? O nein, Vater der Frömmigkeit, nie komme es dem Knechte deines Wortes in den Sinn, so etwas zu sagen! Und wenn ich es nicht begreife, was du mit diesen deinen Worten zu verstehen geben willst, so mögen bessere, das heißt klügere Leute als ich, nach dem Maß der jedem verliehenen Einsicht, es besser deuten. Möge doch auch mein Bekenntnis deinen Augen wohlgefällig sein, wenn ich dir, Herr, bekenne, daß ich glaube, du habest nicht ohne besonderen Grund so gesprochen. Ich will nicht verschweigen, was mir beim Lesen deiner Worte in den Sinn kommt. Denn wahr ist es, und ich sehe nicht, was mich hindern sollte, die bildlichen Aussagen deiner Heiligen Schriften so zu deuten. Denn ich weiß, daß durch vielerlei anschauliche Sinnbilder ausgedrückt werden kann, was der Geist doch nur auf eine Weise verstehen soll, ferner daß ein einziges Sinnbild vielfache geistige Deutung zuläßt. Sieh, wie einfach ist doch die Liebe Gottes und des Nächsten! Aber in wie vielfachen Bildern [1] und zahllosen Sprachen und in jeder Sprache mit zahllosen Redewendungen wird sie sinnfällig ausgedrückt! So wachsen und mehren sich die dem Meer entsprossenen Geschöpfe. Und nun möge jeder Leser weiter acht geben. Sieh, was die Schrift nur auf eine Weise darbietet und mit dem kurzen Satz zum Ausdruck bringt: «Im Uranfang schuf Gott Himmel und Erde», wird das nicht vielfältig verstanden, und zwar nicht, weil Irrtum uns täuscht, sondern weil mancherlei wahre Deutungen möglich sind? So wachsen und mehren sich der Menschen Sprößlinge [1].

Wenn wir also das, was über die Natur der Dinge gesagt wird, nicht sinnbildlich, sondern eigentlich verstehen, paßt das Wort «wachset und mehret euch» auf alles, was sich durch Samen fortpflanzt. Deuten wir es aber bildlich – und ich meine, daß die Schrift so vornehmlich verstanden werden will, da sie gewiß nicht grundlos nur den Meeresgeschöpfen und Menschenkindern diesen Segen zuspricht –, so finden wir Vielheit zwar auch bei den geistigen und den körperlichen Geschöpfen, gleichsam dem Himmel und der Erde, ferner bei den gerechten und gottlosen Seelen, gleichsam dem Licht und der Finsternis, auch bei den heiligen Schriftstellern, die uns dein Gesetz überliefert haben, gleichsam der Feste, die zwischen den Gewässern errichtet ward, sodann bei der Gemeinschaft des bitteren Menschenvolkes, gleichsam dem Meere, weiter im Streben frommer Seelen, gleichsam dem trockenen Lande, bei den Werken der Barmherzigkeit, die den irdischen Nöten steuern, gleichsam den samentragenden Gräsern und fruchtbringenden Bäumen, bei den geistlichen Gaben, die zum Nutzen der Gläubigen ans Licht treten, gleichsam den Lichtern des Himmels, bei den auf rechtes Maß beschränkten Trieben, gleichsam der lebenden Seele. Bei all dem zeigt sich uns Vielheit, Fruchtbarkeit und Wachstum. Jedoch ein Wachstum und eine Vermehrung der Art, daß eine Sache auf mancherlei Weise ausgesagt und eine Aussage auf mancherlei Weise verstanden wird, finden wir nur da, wo körperliche Zeichen abgegeben werden oder Geistiges erdacht wird. Die körperlichen Zeichen, die die Meerestiefe unserer Fleischlichkeit nötig macht, das sind die aus den Wassern entsprungenen Tierarten, aber unter den menschlichen Geschlechtern mit ihrem an Früchten so reichen Verstande ist all das zu verstehen, was der Geist sich erdacht.

Und darum, so glauben wir, hast du, Herr, nur zu diesen beiden gesagt: Wachset und mehret euch. Denn mit diesem Segenswort hast du uns, Herr, so verstehe ich es, die Möglichkeit und Vollmacht verliehen, sowohl auf vielerlei Weise auszudrücken, was wir geistig doch nur auf eine Weise verstehen, als auch auf vielerlei Weise zu verstehen, was geheimnisvoll nur auf eine Weise ausgedrückt ward. So füllen sich die Wasser des Meeres, die nur bewegt werden durch Zeichengebung allerlei Art, und füllt sich mit Menschensprößlingen auch die Erde, deren Trockenheit im frommen Nachdenken zutage tritt und über die die Vernunft herrscht.

Die als Nahrung dienenden Früchte der Erde und ihre Bedeutung

Ich will auch sagen, Herr, mein Gott, was mir die folgenden Worte deiner Schrift zu denken geben, will es sagen ohne alle Scheu. Denn Wahres werde ich sagen, wenn du es mir eingibst, was ich nach deinem Willen über diese Worte sagen soll. Nie werde ich die Wahrheit sagen, das glaub' ich fest, wenn sonst jemand es mir eingibt, da du allein die Wahrheit bist, ,alle Menschen aber Lügner. Wer also lügt, der redet aus seinem Eigenen'. Um nun die Wahrheit zu reden, rede ich aus dem, was dein ist. Siehe du hast uns gegeben zur Speise ,allerlei Kraut auf der ganzen Erde, das seinen Samen ausstreut, und allerlei fruchttragende Bäume, die ihren Samen bei sich führen'. Aber nicht uns allein, sondern auch allen Vögeln des Himmels und Tieren der Erde und allem Gewürm; doch den Fischen und großen Meerungeheuern hast du dies nicht gegeben. Wir sagten ja, mit diesen Früchten der Erde seien sinnbildlich die Werke der Barmherzigkeit dargestellt, die, aus fruchtbarem Erdreich gewachsen, den Nöten dieses Lebens abhelfen. Solch fruchtbares Land war der fromme Onesiphorus, ,dessen Hause du Barmherzigkeit erwiesest, weil er häufig deinen Paulus erquickte und sich seiner Ketten nicht schämte'. Dasselbe taten und ebensolche Frucht brachten ‚die Brüder aus Mazedonien, die seinem Mangel abhalfen'. Wie sehr aber mußte er klagen über etliche Bäume, die die Frucht, die sie ihm schuldeten, nicht brachten, wenn er sagt: ‚Bei meiner ersten Verantwortung stand mir niemand zur Seite, sondern sie verließen mich alle, es sei ihnen nicht zugerechnet!' Denn solches schuldet man denen, die uns durch Erschließung der göttlichen Geheimnisse vernunftgemäße Belehrung darbieten; man schuldet's ihnen als Menschen [1]. Man schuldet's ihnen aber auch, da sie als lebendige Seelen mit nachahmenswertem Vorbild in aller Keuschheit vor uns hintreten. Endlich schuldet man es ihnen auch noch als Vögeln, um ihrer Segnungen willen, die sich ausbreiten über die Erde; denn ‚ihre Stimme geht aus in alle Lande'.

Die wahre Frucht

Doch von solcher Speise nähren sich nur die, die daran ihre Freude haben, und keine Freude haben daran die, deren ‚Gott der Bauch ist'. Und bei den Spendern dieser Gaben ist die Frucht nicht die Gabe selbst, sondern die Gesinnung, in der sie gereicht wird. So sehe ich klar, worüber er, der Gott diente und nicht seinem Bauche, sich freut, sehe es und freue mich herzlich mit ihm. Denn er hatte von den Philippern ‚die Gaben' empfangen, ‚die sie ihm durch Epaphroditus schickten'. Doch ich sehe, worüber er sich freut. Worüber er sich aber freut, davon nährt er sich, denn in Wahrheit spricht er: ‚Ich bin höchlich erfreut in dem Herrn, daß von neuem euer Eifer erwacht ist, für mich zu sorgen, wie ihr das auch früher getan habt. Aber es war euch leid geworden.' Sie waren also in lang währendem Überdruß erschlafft und gleichsam verdorrt, so daß sie die Frucht jenes guten Werkes nicht mehr brachten, und nun freut er sich um ihretwillen, weil ihr Eifer sich erneuert hat, nicht um seinetwillen, weil sie seinem Mangel abgeholfen. Darum fährt er fort: ‚Nicht sage ich das des Mangels halber, denn ich habe gelernt, mir an dem, was ich besitze, genügen zu lassen. Ich kann entbehren und kann auch im Überfluß leben, in allen Dingen und zu allem bin ich geschickt, satt zu sein und zu hungern, Überfluß zu haben und Mangel zu leiden. Ich vermag alles durch den, der mich mächtig macht.'

Woran also freust du dich, o großer Paulus? Woran freust du dich, wovon nährst du dich, du Mensch, ‚der erneuert ist zur Erkenntnis Gottes nach dem Ebenbilde des, der dich geschaffen hat', du lebende Seele, so enthaltsam und keusch, du geflügelte Zunge, die Geheimnisse verkündet? Ja, solchen Wesen gebührt diese Speise. Was ist's, das dich nährt? Die Freude! Aber laß mich weiter hören. ‚Doch ihr habt wohlgetan', sagt er, ‚daß ihr euch meiner Trübsal angenommen habt'. Darüber freut er sich, davon nährt er sich, daß sie wohlgetan haben, nicht daß seine Drangsal erleichtert ist, er, der zu dir spricht: ‚In meiner Trübsal hast du mir geholfen.' Denn er versteht sich ja darauf, ‚Überfluß zu haben und Mangel zu leiden in dir, der du ihn mächtig machst. Ihr von Philippi wißt ja, spricht er, daß im Anfang des Evangeliums, da ich auszog aus Mazedonien, keine Gemeinde in Ausgabe und Einnahme mit mir geteilt hat als ihr allein. Denn auch nach Thessalonich sandtet ihr einmal und dann noch einmal zu meiner Notdurft.' Jetzt freut er sich, daß sie zu diesen guten Werken zurückgekehrt sind, und ist beglückt, daß ihr Eifer wieder erwacht ist, wie wenn eines Ackers Fruchtbarkeit sich erneuert.

Oder freute er sich doch, weil seiner Notdurft abgeholfen war, da er ja sagt: Ihr sandtet zu meiner Notdurft? Freute er sich vielleicht doch deshalb? Nein, deshalb nicht. Woher wissen wir das? Weil er selbst fortfährt: ‚Nicht daß ich die Gabe suchte, sondern ich suche die Frucht.' Von dir, mein Gott, habe ich gelernt, zwischen Gabe und Frucht zu unterscheiden.

Die Gabe ist die Sache selbst, die der Spender des Notwendigen darreicht, also etwa Geld, Speise, Trank, Kleidung, Obdach, Beistand. Die Frucht aber ist des Gebers guter und rechter Wille. Denn der gute Meister sagt nicht bloß: ‚Wer einen Propheten aufnimmt', sondern fügt hinzu: ‚In eines Propheten Namen', sagt nicht bloß: ‚Wer einen Gerechten aufnimmt', sondern fügt hinzu: ‚In eines Gerechten Namen.' Denn nur der wird, sei es ‚eines Propheten', sei es ‚eines Gerechten Lohn empfangen'. Er sagt nicht bloß: ‚Wer einen der Geringsten der Meinen mit einem Becher kalten Wassers tränkt', sondern fügt hinzu: ‚In eines Jüngers Namen', und knüpft dann erst die Verheißung daran: ‚Wahrlich ich sage euch, es wird ihm nicht unbelohnt bleiben.' Die Gabe ist es, den Propheten aufzunehmen, den Gerechten aufzunehmen, einem Jünger einen Becher kalten Wassers darzureichen, die Frucht aber, dies zu tun im Namen eines Propheten, im Namen eines Gerechten, im Namen eines Jüngers. Mit dieser Frucht ward einst Elias gespeist von jener Witwe, die wußte, daß sie einen Gottesmann speise und es deswegen tat. Der Rabe dagegen speiste ihn nur mit einer Gabe, und dadurch wurde nicht die Seele, sondern nur der Leib des Elias ernährt, der aus Mangel an solcher Speise hätte zugrunde gehen können.

Nicht alle können diese Frucht genießen

So will ich denn vor dir, Herr, aussprechen, was wahr ist. Wenn törichte und ungläubige Menschen, die durch die Erstlingssakramente und große Wunderzeichen, dargestellt unter dem Bilde der Fische und Meerungeheuer, eingeführt und gewonnen werden müssen, deiner Kinder sich annehmen, die leiblicher Erquickung oder Hilfe in irgendeiner Notlage ihres Lebens bedürfen, und wenn sie nicht wissen, warum und wozu sie das tun sollen, so speisen sie jene nicht wirklich, noch werden jene von ihnen wirklich gespeist. Denn sie tun es nicht mit dem heiligen und rechten Willen, und jene können sich an ihren Gaben nicht freuen, weil sie noch keine Frucht sehen. Denn die Seele nährt sich von dem, woran sie sich freut. Darum verzehren auch die Fische und Meerungeheuer solche Speisen nicht[1], die nur das von der Bitterkeit der Meeresfluten geschiedene und abgesonderte Land hervorbringt.

Das Einzelne ist gut, alles zusammen sehr gut

‚Du sahest', o Gott, ‚alles was du gemacht hattest, und siehe, es war sehr gut', und auch wir sehen es, und siehe, es ist alles sehr gut. Bei jeder einzelnen Art deiner Geschöpfe, wenn du gesagt hattest: Es werde, und es ward, sahest du, daß es gut war. Siebenmal, so hab' ich gezählt, steht geschrieben, daß du sahest, es sei gut, was du schufst. Das achte Mal aber heißt es: Du sahest alles, was du gemacht hattest, und siehe, es war nicht nur gut, sondern sogar sehr gut, und zwar alles zusammen. Denn das Einzelne war nur gut, alles zusammen aber gut und sehr gut. Das bestätigt jeder schöne Körper, denn er, der aus lauter schönen Gliedern besteht, ist selber doch bei weitem schöner als die einzelnen Glieder, deren wohlgeordneter Aufbau ein Ganzes bildet, obschon sie auch einzeln schön sind.

Das ewige Gotteswort und die zeitliche Redeweise der Schrift

Und ich dachte nach, um zu ergründen, ob du wirklich sieben oder achtmal sahest, daß deine Werke gut sind, da sie dir wohlgefielen. Aber ich fand in deinem Schauen keine Zeiten, die es mich verstehen ließen, daß du so oft ansahst, was du schufst. Da sprach ich: O Herr, ist nicht diese deine Schrift wahr, da du sie eingegeben hast, der du wahrhaftig und die Wahrheit selber bist? Warum sagst du mir denn, daß es in deiner Schau keine Zeiten gibt, und doch sagt mir deine Schrift von einzelnen Tagen, in denen du anschautest, was du geschaffen, und sahst, daß es gut ist, von Tagen, die ich zählen und feststellen kann, wieviel es sind? Dazu nimmst du das Wort, denn du bist mein Gott, und sprichst mit starker Stimme zum inneren Ohr deines Knechtes, meine Taubheit brechend, und rufst: O Mensch, was meine Schrift sagt, sage ich! Sie freilich spricht zeitlich, aber mein Wort hat mit Zeit nichts zu schaffen, denn gleichewig ist's wie ich. So wisset denn: Was ihr durch meinen Geist sehet, das sehe ich, und was ihr durch meinen Geist sagt, das sage ich. Aber wenn ihr es auch zeitlich seht, so sehe ich doch nicht zeitlich, wie ich auch, wenn ihr's zeitlich sagt, nicht zeitlich sage.

Manichäische Torheiten

Ich habe es gehört, Herr, mein Gott, und einen Tropfen Süßigkeit aus deiner Wahrheit gesogen. Aber ich mußte erfahren, daß es Menschen gibt, denen deine Werke mißfallen. Vieles, sagen sie, habest du unter dem Zwang der Notwendigkeit erschaffen, so das Himmelsgebäude und die Sternfiguren, und zwar nicht aus dem, was dein war [1], sondern sie seien bereits anderswo und anderswoher hervorgebracht worden. Du habest sie nur gesammelt, verbunden und aneinandergereiht, als du nach Besiegung der Feinde das Bollwerk dieser Welt errichtetest, daß sie, durch diesen Bau lahm gelegt, sich nicht wieder gegen dich empören könnten. Anderes habest du weder geschaffen noch im mindesten umgebildet, so alles Fleisch und die kleinsten Lebewesen und was mit Wurzeln in der Erde haftet, sondern ein feindlicher Geist und ein anderes nicht von dir geschaffenes und dir entgegenstehendes Wesen habe es in den unteren Regionen der Welt erzeugt und gestaltet. Nur Unsinnige können das sagen [2], denen dein Geist fehlt, deine Werke zu schauen und dich in ihnen zu erkennen.

Der geistliche Mensch sieht mit Gottes Augen

Aber die deine Werke in deinem Geiste sehen, deren Auge bist du selbst. Darum, wenn sie sehen, daß sie gut sind, siehst du, daß sie gut sind; was ihnen auch gefallen mag um deinetwillen, du bist's, der ihnen darin gefällt, und was uns durch deinen Geist gefällt, das gefällt dir in uns. ‚Denn welcher Mensch weiß, was im Menschen ist, als nur der Geist des Menschen, der in ihm ist? Also auch weiß niemand, was in Gott ist, als nur der Geist Gottes. Wir aber' – so sagt er – ‚haben nicht empfangen den Geist der Welt, sondern den Geist aus Gott, daß wir wissen können, was uns von Gott gegeben ist.' Nun drängt es mich zu sagen: Gewiß weiß niemand, was in Gott ist, als nur der Geist Gottes. Aber wie wissen denn auch wir, was uns von Gott gegeben ist? Da wird mir geantwortet: Auch das, was wir durch seinen Geist wissen, weiß niemand als nur der Geist Gottes. Denn wie zu denen, die im Geiste Gottes redeten, mit Recht gesagt ward: ‚Ihr seid es nicht, die da reden', so wird auch denen, die in Gottes Geist wissen, mit Recht gesagt: Ihr seid es nicht, die wissen, und mit dem gleichen Recht denen, die in Gottes Geist sehen: Ihr seid es nicht, die sehen. Darum, wenn sie im Geiste Gottes sehen, daß etwas, was es auch sei, gut ist, sehen nicht sie selbst, sondern sieht Gott, daß es gut ist. So gilt es dreierlei zu unterscheiden. Die einen halten etwas für schlecht, was doch gut ist, wie die, von denen vorhin die Rede war. Andere sehen für gut an, was tatsächlich gut ist, wie ja vielen deine Schöpfung als gut gefällt, denen du doch nicht in ihr gefällst, weswegen sie vielmehr die Kreatur als dich genießen wollen. Endlich sind auch solche, in denen, wenn sie sehen, daß etwas gut ist, Gott sieht, daß es gut ist, so daß er von ihnen in seinem Geschöpfe geliebt wird, der nicht geliebt werden würde, wenn nicht durch den Geist, den er gegeben hat. Denn ‚die Liebe Gottes ist ausgegossen in unser Herz durch den Heiligen Geist, der uns gegeben ist'. Durch ihn sehen wir, daß gut ist, was überhaupt irgendwie ist. Denn von ihm ist es, der nicht irgendwie ist, sondern ist, ist.

Überblick über das All der Schöpfung

Dank sei dir, o Herr! Wir sehen den Himmel und die Erde, mögen wir darunter nun den höheren und niederen Teil der körperlichen Welt oder die geistige und körperliche Schöpfung verstehen, wir sehen sie in der schönen Ordnung der Teile, aus denen, je nachdem, entweder die Gesamtmasse der Erdenwelt oder aber die gesamte Schöpfung besteht, wir sehen das geschaffene und von der Finsternis geschiedene Licht. Wir sehen die Feste des Himmels, mag dies nun der erste Weltkörper zwischen den höheren geistigen und den niederen körperlichen Wassern sein [1], oder auch dieser Luftraum, der gleichfalls Himmel genannt wird, wo die Vögel des Himmels umherfliegen zwischen den Wassern, die als Wolkendunst über ihnen hinziehen und auch wohl in heiteren Nächten sich als Tau niederschlagen, und denen, die auf Erden schwer dahinfluten. Wir sehen die Wohlgestalt der gesammelten Wassermassen auf den Gefilden des Meeres und die trockene Erde, sei es noch wüst daliegend, sei es bereits geformt, sichtbar und geordnet, die Mutter der Pflanzen und Bäume. Wir sehen die Lichter droben glänzen, die Sonne, die den Tag erfreut, und den Trost der Nacht, Mond und Sterne, alle dazu bestimmt, Anzeige und Zeichen der Zeiten zu sein. Wir sehen die feuchte Natur, die aus fruchtbarem Schoße Fische, Ungetüme und auch Vögel hervorbringt; denn die Dichtigkeit der Luft, die den Vogelflug trägt, entstammt der Ausdünstung der Wasser. Wir sehen das Gefilde der Erde, geschmückt mit Landtieren, und den Menschen, geschaffen nach deinem Bild und Gleichnis, der durch eben dies dein Bild und Gleichnis, nämlich die Macht der Vernunft und des Verstandes, alle unvernünftigen Lebewesen herrschend überragt. Und wie in seiner Seele zweierlei zu unterscheiden ist, eines, das beratend herrscht, ein anderes, das ihm untertan und zum Gehorsam verpflichtet ist, so sehen wir, daß für den Mann leiblich das Weib geschaffen ist, das zwar geistig kraft seiner Vernunft und Einsicht gleichen Wesens, aber durch sein Geschlecht dem Geschlecht des Mannes ebenso unterworfen sein soll, wie der Trieb zum Handeln dem vernünftigen Geiste unterworfen ist, um von ihm das Vermögen zu empfangen, recht zu handeln. Das sehen wir, und alles ist einzeln gut, und zusammen ist's sehr gut.

Der Morgen und Abend der Kreatur

Es loben dich deine Werke, daß wir dich lieben, und wir lieben dich, auf daß deine Werke dich loben [1]. Zeitlich ist ihr Anfang und Ende, ihr Aufgang und Untergang, ihr Fortschritt und Rückschritt, ihre Gestaltung und ihre Vernichtung [2]. So haben sie auch, teils verborgen, teils offenbar, ihren Morgen und Abend. Denn aus nichts sind sie von dir, nicht aus dir geschaffen, nicht aus einem Stoffe, der nicht dein oder vor dir gewesen wäre, sondern der mitgeschaffen, das heißt, zugleich mit ihnen von dir geschaffen ward, als du ihn, den formlosen, ohne zeitlichen Aufschub formtest. Denn wiewohl der Stoff des Himmels und der Erde etwas anderes ist als die Gestalt des Himmels und der Erde, hast du doch den Stoff aus dem völligen Nichts, die Gestalt der Welt dagegen aus dem formlosen Stoff geschaffen, beide jedoch zugleich, so daß die Form dem Stoffe ohne zeitliches Zwischenspiel folgte.

Wiederholung der allegorischen Auslegung

Wir haben auch betrachtet, was du uns im Bilde dadurch zeigen wolltest, daß du dies in solcher Ordnung geschehen oder in solcher Ordnung aufschreiben ließest, und wir sahen, daß das Einzelne gut und alles zusammen sehr gut ist in deinem Worte, deinem Eingeborenen, Himmel und Erde, das Haupt und der Leib der Kirche, in deiner Vorherbestimmung vor allen Zeiten, ohne Morgen und Abend. Als du aber begannest das Vorherbestimmte zeitlich auszuführen, um das Verborgene zu offenbaren und unsere Unordnung in Ordnung zu bringen – denn über uns waren unsere Sünden, und in dunkle Tiefe waren wir abgeirrt von dir, aber dein guter Geist schwebte über uns, um uns zu rechter Zeit zu helfen –, da rechtfertigtest du die Gottlosen und schiedest sie von denen, die in Bosheit verharrten, und richtetest auf das hohe Ansehen deines Buches zwischen den Oberen, die deiner Belehrung offen stehen, und den Niederen, die ihnen untertan sein sollten, da sammeltest du die Ungläubigen zu einer argen Genossenschaft, daß ans Licht trete der Eifer der Gläubigen, die dir zu Ehren Werke der Barmherzigkeit hervorbringen und ihre irdische Habe an Arme austeilen sollten, um himmlischen Lohn zu erlangen. Darauf hast du mancherlei Lichter angezündet an der Feste, deine Heiligen, die das Wort des Lebens haben und mit geistlichen Gaben ausgerüstet in erhabenem Ansehen leuchten. Sodann schufst du aus körperlichem Stoff, die Scharen der Ungläubigen hereinzuführen, Sakramente, sichtbare Wunderzeichen und Predigerstimmen, gemäß der Feste deines Buches, wodurch auch die Gläubigen gesegnet werden sollten. Ferner hast du die lebendige Seele der Gläubigen gebildet und durch die Kraft der Enthaltsamkeit ihre Triebe geordnet. Endlich hast du den dir allein unterworfenen, keines menschlichen Vorbildes mehr bedürftigen Geist nach deinem Bild und Gleichnis erneuert, der höheren Einsicht das verständige Tun wie das Weib dem Manne unterworfen und dafür Sorge getragen, daß allen deinen Dienern, die nötig sind, die Gläubigen in diesem Leben zur Vollkommenheit zu führen, von eben diesen Gläubigen zum zeitlichen Gebrauch Gaben dargereicht werden, die ihnen selber künftige Frucht bringen sollten. Das alles sehen wir, und es ist sehr gut, denn du siehst es in uns, der du uns den Geist gegeben hast, daß wir es sehen und dich darin lieben.

Gib uns Frieden!

Herr, Gott, gib uns Frieden – alles hast du uns ja geschenkt –, den Frieden der Ruhe, den Frieden des Sabbats, den Frieden ohne Abend! Denn jener herrliche Reigen lauter sehr guter Dinge, wenn sein abgemessener Lauf vollendet ist, wird er vergehen. Denn er hat seinen Morgen gehabt und seinen Abend.

Der Tag ohne Abend

Der siebte Tag aber ist ohne Abend und hat keinen Sonnenuntergang, denn du hast ihn geheiligt zu ewiger Dauer. Und wenn du nach all deinen sehr guten Werken am siebten Tage ruhtest, obschon du sie in Ruhe vollbracht, so soll dies Wort deines Buches uns verkünden, daß auch wir nach unsern Werken, die nur darum sehr gut heißen können, weil du sie uns schenktest, am Sabbat des ewigen Lebens ruhen werden in dir.

Gottes Ruhe in uns

Denn dann wirst du auch in uns ruhen, so wie du jetzt in uns wirkst, und so wird jene unsere Ruhe die deine sein, wie auch diese unsere Werke die deinen sind. Du aber, Herr, wirkest immer und ruhest immer, schauest nicht in der Zeit, bewegst dich nicht in der Zeit und ruhest nicht in der Zeit und wirkest dennoch zeitliches Schauen und die Zeit selbst und die Ruhe am Ende der Zeit.

Gottes ewiges Schauen, Wirken und Ruhen

Wir also sehen, was du geschaffen, weil es ist, aber nur darum ist es, weil du es siehst. Wir sehen mit den Augen, daß es ist, und mit dem Geiste, daß es gut ist, du aber sahest das Geschaffene ebenda, wo du es sahest, als es geschaffen werden sollte. Jetzt drängt es uns, Gutes zu tun, nachdem unser Herz von deinem Geist befruchtet ward, früher, von dir entfernt, drängte es uns, Böses zu tun. Du aber, Gott, Einziger, Guter, hast nie aufgehört Gutes zu tun. Auch wir tun hin und wieder gute Werke, dank deiner Gnadengabe, doch sind sie nicht ewig. Aber wir hoffen, daß wir, nachdem sie vollbracht, ruhen werden, geheiligt und verherrlicht in dir. Du aber, du Gut, das keines Gutes bedarf, ruhest immer, da du selbst deine Ruhe bist. Dies zu verstehen, kann wohl ein Mensch dem andern dazu helfen? Oder ein Engel dem andern Engel, oder ein Engel dem Menschen? Von dir müssen wir's erbitten, in dir es suchen, bei dir anklopfen. So, nur so werden wir empfangen, werden wir finden und wird uns aufgetan.
Amen

ANMERKUNGEN
VERZEICHNIS DER BIBELZITATE

ZUR ÜBERSETZUNG

Die Konfessionen sind ein literarisches Kunstwerk und verlangen von dem Übersetzer ein gewisses Maß künstlerischen Einfühlungs- und Gestaltungsvermögens. Daran haben es die älteren Übersetzer zu sehr fehlen lassen. Auch von den im übrigen verdienstlichen und sorgfältigen Übertragungen Hoffmanns in der Bibliothek der Kirchenväter und von Hertlings gilt das noch. Den ersten und man darf wohl sagen im Ganzen gelungenen Versuch einer wirklichen Nachdichtung stellt die Übertragung Hermann Hefeles dar. Doch hält sie sich nicht ganz frei von Künstelei und Manier. Auch ist sie nicht fehlerfrei. Ich habe mich bemüht, schlichter, anspruchsloser, geschmeidiger zu übersetzen. Doch wird der Sprachkundige stets auch zum lateinischen Originaltext greifen, um den wirklichen und ganzen Augustin reden zu hören. Erst nach Abschluß meiner Arbeit kam mir die 1948 im Schöninghschen Verlage zu Paderborn erschienene neue Übersetzung aus der Feder C. J. Perls zur Hand. Auch von ihr muß das zu den vor Hefele entstandenen Übertragungen Bemerkte gesagt werden.

ZUR LITERATUR

Als wertvolles Hilfsmittel zum Studium der Konfessionen ist zu empfehlen die mit einer längeren Einleitung und zahlreichen Anmerkungen versehene Ausgabe von J. Gibb und W. Montgomery in Cambridge Patristic Texts 1927. Durch sie ist die seinerzeit verdienstliche kommentierte Ausgabe K. von Raumers, Gütersloh 1876, in den Schatten gestellt. Besonders begrüßenswert sind die zahlreichen Parallelstellen nicht nur aus der Bibel und Augustins sonstigen Schriften, sondern auch aus den antiken Philosophen und Dichtern. Von dem hier und teilweise schon bei von Raumer zusammengetragenen Material kann in den Anmerkungen zu dieser neuen Übersetzung nur ein Teil herangezogen werden.

ANMERKUNGEN

Die erste Zahl gibt die Seite, die zweite, *kursiv* gesetzte, die Anmerkungsziffer auf der betreffenden Seite

ZUR EINFÜHRUNG

7 *1* I 6,9–10; 7,12. II 7,15. VII 3,5. IX 8,17. XI 31,41. XII 2,2. XIII 14,15. – *2* in N. kirchl. Zeitschrift 1915.

8 *1* Richtig über die Bedeutung des Titels M. Zepf, Augustins Confessiones, 1926, S. 4ff.

9 *1* IV 14,22. – *2* Vgl. Verf.: Augustins Selbstbildnis in den Konfessionen. Eine religionspsychologische Studie. 1929. – *3* Vgl. Maria Peters, Augustins erste Bekehrung, Harnack-Ehrung 1921.

12 *1* In seinem Aufsatz über Augustins innere Entwicklung (Abh. d. preuß. Akad. d. Wiss., 1922).

13 *1* Vgl. meine obenerwähnte Schrift, bes. S. 84 ff.

14 *1* Hochweg-Verlag, 1929.

15 *1* Vgl. in R. Otto, Aufsätze, das Numinose betreffend, das Kapitel: Das «Ganz andere» bei Augustin. – *2* VII 10,16.

16 *1* Das Gebet, 2. Aufl., S. 241.

18 *1* Vgl. in den Konfessionen XIII 5,6 und 11,12.

20 *1* Das Wort «mystisch» ist hier im allgemeinen Sinne gebraucht. Schränkt man seine Bedeutung mit der Mehrzahl der katholischen Dogmatiker so ein, daß von Mystik nur da zu reden ist, wo ein Zustand erreicht wird, wie ihn die Mystiker des christlichen Mittelalters oder in der Neuzeit die spanische Therese oder ein Johannes vom Kreuz oft beschrieben haben, wo alle Vernunft ausgeschaltet und das Bewußtsein des Unterschiedes zwischen Seele und Gott erloschen ist, mit andern Worten, wo die mystische Ekstase erlebt wird, so ist Prof. Dr. E. Hendriks recht zu geben, wenn er in seinem Buche «Augustins Verhältnis zur Mystik», 1936, schreibt: «Augustin war ein großer Enthusiast, er war aber kein Mystiker», S. 176. Immerhin, wenn man bedenkt, daß

die Vernunft nach Augustin nicht so sehr schlußfolgernd als schauend sich betätigt – ratio = adspectus, Hinschauen – und nicht zum Ziel gelangen könnte, wenn nicht das Licht, Gottes Licht, ihr leuchtete, so daß Aktivität und Passivität in eins zusammenfallen, und daß ihm wenigstens einzelne Momente schauenden Entzückens wohl bekannt waren, obschon er die dauernde und vollendete Wesensschau Gottes erst vom Jenseits erwartete, so wird man dennoch dahin neigen, Augustin zu den Mystikern, und zwar ihren größten, zu zählen.

21 *1* Die verständnisvollste Nachzeichnung dieser vielumstrittenen Erkenntnis- und Gewißheitslehre fand ich in Stephan Gilsons Werk: Der heilige Augustin, eine Einführung in seine Lehre, 1930. – *2* Hier zur vorläufigen Orientierung: Der *Manichäismus*, gestiftet von dem Perser Mani, †276, eine synkretistische, christlich-hellenistisch-parsistische und dualistische Erlösungsreligion, die vom 3. bis 5. Jh. n. Chr. sich im Römischen Reich und bis Ostasien ausbreitete und der christlichen Kirche gefährliche Konkurrenz machte. – *3* Der *Donatismus*, afrikanische Sekte des 4. u. 5. Jh., genannt nach ihrem führenden Bischof. Sie lehrte, daß unwürdige Priester keine gültigen Sakramente spenden können, hatte zeitweilig in Afrika das Übergewicht und erregte die Volksleidenschaft bis zu blutigsten Ausschreitungen. Das Schisma wurde von Augustin geistig überwunden und mit den Machtmitteln des Staates unterdrückt.

22 *1* Der *Pelagianismus*, dessen Vorkämpfer neben dem britischen Mönch Pelagius der Presbyter Coelestius und später der Bischof Julian von Eclanum waren, leugnete die Erbsünde und stritt im Interesse der Tugendübung für die Willensfreiheit gegen die Allmacht der Gnade, wie sie von Augustin gewaltig gepredigt und gelehrt wurde.

24 *1* Über Augustins Schuldbewußtsein und seine uns übertrieben anmutenden Selbstanklagen besitzen wir jetzt die religionspsychologische Studie P. Schäfers, Das Schuldbewußtsein in den Confessiones des heiligen Augustinus, 1930, der

ich hier nur in einem Punkte widersprechen möchte. Ich glaube nicht, daß man in Augustin einen Pessimisten aus Veranlagung erblicken kann. Sein Pessimismus ist freilich nicht zu bestreiten. Wie war in seinen Augen die herrliche Gotteswelt jammervoll elend und der nach Gottes Ebenbild zu hoher Würde geschaffene Mensch hoffnungslos verloren! Ein Paradox, das den aufmerksamen Leser immer wieder erregt. Aber ich meine, daß man diesen Pessimismus aus den Zeitverhältnissen und Lebensschicksalen erklären muß.

25 *1* Vgl. bes. die Vorreden von Contra Acad. und De beata vita und De ord. 1, 5. Soviel wird man auch nach den die Darstellung der Konfessionen rechtfertigenden eingehenden Darlegungen Nörregaards (S. 96 ff.) sagen müssen. – *2* Vgl. mein Buch: Augustins geistige Entwicklung in den ersten Jahren nach seiner Bekehrung. 1908. – *3* Vgl. die auf Seiten 18 u. 19 meiner genannten Schrift sowie bei Nörregaard (S. 112 ff.) aus diesen Dialogen angeführten Zitate.

26 *1* Die Gegenargumentation des sonst gründlichen, wertvollen Buches Nörregaards über Augustins Bekehrung konnte mich nicht überzeugen.

27 *1* In der Einleitung seines Artikels über Augustin in R. G. G., 1. Aufl.

ZUM TEXT

31 *1* Augustin zitiert nach einer altlateinischen Übersetzung. Was die Psalmen anbelangt, so ist uns der Text in Augustins Enarrationes in Psalmos im wesentlichen erhalten. In der sogenannten Vulgata hat Hieronymus diesen Text überarbeitet. Die Abweichungen sind meist unwesentlich. Augustin zitiert oft frei nach dem Gedächtnis. Soweit es möglich ist, folgt die Übersetzung der Lutherbibel. Bei den Psalmen ist die übliche Zählung beibehalten. Die Zählung der Vulgata bleibt von Ps. 10–147 um eins zurück. – *2* Einige unvergeßliche Worte des Bischofs mögen in der lateinischen Ursprache mitgeteilt werden. So auch dieses: Fecisti nos ad te et inquietum est cor nostrum, donec requiescat in te. –

ANMERKUNGEN ZU SEITEN 32–34

3 Feinsinnige Reflexionen über dieses erste Kapitel in A. von Harnacks Aufsatz «Die Höhepunkte in Augustins Konfessionen» in dem Sammelband «Aus der Friedens- und Kriegsarbeit», 1916. «Man wird», lesen wir hier in bezug auf das erste Kapitel, «keine Stelle finden, in der auf 10 Zeilen so vieles und so Wahrhaftiges über die Religion gesagt ist.» Das Ergebnis ist: Zur vollkommenen Religion, die im Lobpreis Gottes besteht, gelangt der sündige Mensch durch das Zusammenwirken zweier Faktoren, eines seelischen und eines geschichtlichen, nämlich der anerschaffenen Richtung des Herzens auf Gott und der glaubenweckenden Verkündigung. – *4* Es wird zu lesen sein: Quoniam utique in me ipsum eum vocabo (statt invocabo der Knöllschen Ausgabe), cum invocabo eum. Hier zum ersten Male eins der bei Augustin so beliebten Wortspiele. Auch in enarr. in Ps. 74, 2 lesen wir: Quid est enim invocare, nisi in te ipsum vocare?

32 *1* Nach der besten Lesart: Non enim ego iam inferi (statt in inferis), also wörtlich: Ich bin noch nicht Schattenland. – *2* In der Phantasievorstellung.

33 *1* Das rhetorische Pathos dieser hymnischen Verherrlichung Gottes wird von H. Hefele noch übersteigert. So übersetzt er die Superlative: pulcherrime et fortissime: «Schönheitsherrlicher, Kraftgewaltiger.» Damit tut er Augustin Unrecht. – *2* Dazu K. v. Raumer in seinen Erläuterungen zu den Konfessionen: «Eigenschaften in Gott, die bei Menschen einander ausschließen, zum Teil einander überhaupt widersprechen. Darin tritt uns Gottes wunderbare Unbegreiflichkeit entgegen.»

34 *1* Salus tua ego sum. Hier ein erstes packendes Beispiel für die von A. v. Harnack in seinem Vortrag über Augustins Konfessionen (Reden u. Aufsätze I, S. 51 ff.) mit Recht gerühmte Kunst Augustins, durch Einflechten von Bibelworten starke, ja erschütternde Eindrücke hervorzurufen. – *2* Paradoxe Prägnanz. Der Sinn: Laß den alten Menschen sterben, damit mein inneres geistliches Leben nicht ersterbe, vgl. 2. Mos. 33, 18 ff. – *3* M. Zepf (a. a. O. S. 63 ff.)

führt aus, daß Augustin sich in seinem einleitenden Gebet an die antike Hymnenform anschließt. Alles, was Religion in sich faßt, demütige und bußfertige Beugung, staunende Bewunderung, Sehnsucht, Flehen, Lobpreisung, kommt in ihm zum Ausdruck. Vgl. meine Ausführungen dazu auf S. 71 ff. meiner Schrift über Augustins Selbstbildnis in den Konfessionen.

36 *1* Fein beobachtet! – *2* Apud te rerum omnium instabilium stant causae et rerum omnium mutabilium immutabiles manent origines et omnium inrationabilium et temporalium sempiternae vivunt rationes. Ein locus classicus der Augustinischen, Plotin nachgebildeten Ideenlehre. Ausführlicher entwickelt in De div. quaest. 83, 46.

37 *1* Von Seelenwanderung und vorzeitlichem Fall will Augustin zwar nichts wissen, doch findet er die Ansicht annehmbar, daß alle Seelen auf einmal von Gott geschaffen wurden, worauf dann eine jede zu ihrer Zeit den ihr bestimmten Körper aufsuchte. Mit dem Problem des Kreatianismus oder Traduzianismus ist Augustin jedoch nie ganz fertig geworden.

38 *1* Vgl. hierzu die ausführlichen Erörterungen über Ewigkeit und Zeit im 11. Buche. – *2* Andere Übersetzer schwächen diese Paradoxie ab. Aber darf man dem deutschen Leser weniger zumuten als Augustin dem lateinischen? Er wünscht, daß der Leser sich sinnend in seine Rätselrede vertiefe. Dann wird sie klar: Mag man immerhin Gott durch Spekulation nicht erreichen; wenn man nur glaubend und liebend sich ihm verbindet, ist man besser daran, als wenn man grübelnd in seine Tiefen eindringt, aber nicht innerlich mit ihm eins wird.

39 *1* Es dürfte sich um ein ein- bis anderthalbjähriges Kind gehandelt haben. Die Kinder wurden damals länger mit Muttermilch genährt als heute.

40 *1* Statt pensabam memoria ist vielleicht praesonabam memoria zu lesen. Das würde bedeuten: Ich sprach die Worte erst innerlich, ehe ich sie laut hervorbrachte.

ANMERKUNGEN ZU SEITEN 41–47

41 *1* In De civ. D. XXI 14 bemerkt Augustin: Wer möchte nicht lieber sterben, als noch einmal Kind werden! – *2* Wörtlich: Was mir nicht zur Torheit (sondern zur Weisheit) gereichen sollte. So nach dem lateinischen Text von Ps. 22, 3.

42 *1* Eculeus = hölzerne Foltermaschine in Gestalt eines Pferdes. – *2* Statt diligens lese ich deridens. Nicht immer muß man der besser bezeugten schwierigeren Lesart den Vorzug geben. – *3* Galle-Balle entspricht dem bile-pilae Augustins.

43 *1* Vgl. z. B. De gen. ad lit. III. 24, 37: Deus ... naturarum optimus conditor, peccantium vero iustissimus ordinator est. – *2* Bei diesen Worten dachte Augustin sicher an seinen reichen Freund und Wohltäter Romanianus, der nach C. Ac. 1, 1 in Thagaste solche Schauspiele veranstaltet hatte. – *3* Mit dem Kreuzeszeichen und der Gabe geweihten Salzes wurde damals der Katechumenat eingeleitet.

44 *1* So war es im 4. Jh. weithin üblich. Am bekanntesten ist das Beispiel des Kaisers Konstantin. Im 5. Jh. kam man davon wieder ab. – *2* Er hätte kraft väterlicher Gewalt es verhindern können.

45 *1* Der Ton ist der natürliche, bzw. sündige Mensch, das geformte Bildnis der geistliche Mensch, bzw. das wiederhergestellte Ebenbild Gottes. Augustin mißbilligt, aber entschuldigt das Verhalten der Mutter. In der Tat, wenn das Taufsakrament wirklich die Sünde abwäscht, spricht viel für sie. Die katholische Kirche hat das empfunden und durch weitere Sakramente wie Beichte und letzte Ölung dem Mißstand abgeholfen.

46 *1* Augustin hat die griechische Sprache auch später nie völlig beherrscht. – *2* In der Schule der Grammatiker, also auf der zweiten Bildungsstufe, lernte der Schüler nicht nur die Muttersprache korrekt anwenden, sondern wurde auch in die Literatur, insbesondere die Dichter, eingeführt. Die dritte Bildungsstufe war die Schule der Rhetoriker.

47 *1* Der Schulraum war nach der Straße zu häufig offen, nur durch einen Vorhang abgetrennt. So zu sehen auf einem Wandgemälde in Pompeji.

48 *1* Zu dieser übertriebenen Selbstanklage bemerkt P. Schäfer (a.a.O. S. 31): «Fast möchte man meinen, der große Psychologe sei von aller Psychologie verlassen.» – *2* Augustin ist ein feiner Psychologe.

49 *1* Unter lignum ist wohl nicht das Schiff der Kirche, sondern das Kreuz Christi zu verstehen, vgl. Tract. in Joh. II 4. – *2* Bei Terenz, Eun. 585, 589 ff.

50 *1* Paenula der lange Rednermantel. – *2* In De civ. D. VI 7 pflichtet Augustin dem Euhemerus bei, der lehrte, daß die Götter durch den Kult erhöhte Menschen seien. – *3* Es scheint demnach, daß die Schulen sich auf dem Markte befanden. – *4* Außer dem staatlichen Gehalt verliehen kaiserliche Gesetze den Lehrern der Rhetorik allerlei Privilegien, so Befreiung von allen Staatsdiensten und Lasten.

51 *1* Nach Virg. Aen. I 36 ff.

52 *1* Augustin meint schwerlich, daß der Schüler seinen Stil an der biblischen Sprach- und Redeweise hätte üben sollen – man denke an das, was er III 5, 9 über die biblische Sprache sagt –, sondern die biblischen Stoffe hätte man in der Schule behandeln und die Schüler anleiten sollen, Gott mit der Bibel zu loben und zu preisen. – *2* Augustin schreibt volatilibus, denkt aber natürlich nur gleichnisweise an Weinbeeren fressende Vögel, in Wirklichkeit an «die bösen Geister unter dem Himmel», Eph. 6. 12. – *3* Hat Augustin das Gleichnis vom verlorenen Sohn als Allegorie verstanden? Gewiß nicht nur, aber doch auch. Auch Plotin ermahnt in ähnlicher Weise zur Rückkehr ins geliebte Vaterland, nicht mit Füßen oder auf Pferden und Schiffen, Enn. I 6. 8.

53 *1* Augustin schreibt: Inter omines zu sagen. Diese Aussprache muß in Afrika volkstümlich gewesen sein.

54 *1* Augustins Vater hielt sich also für seine Kinder einen Hauslehrer. – *2* Augustin ist als Knabe ein eifriger Vogelfänger gewesen und ist, diesem Vergnügen nachzugehen, weit umhergeschweift, De quant. an. 21.

55 *1* Das ist neuplatonisch gedacht. Cf. De mor. Man. 6: Nihil est esse, quam unum esse. Itaque inquantum quidque uni-

tatem adipiscitur, in tantum est. – 2 Nach aristotelisch-stoischer Psychologie, der Augustin folgt, werden die äußeren Sinne im inneren Sinn zur bewußten Einheit zusammengefaßt. – 3 Was mutet Augustin doch einem Kinde zu!

56 *1* Das ist neuplatonisch gedacht und empfunden.

57 *1* Vgl. X 27, 38: Sero te amavi ...

58 *1* Die altlateinische Übersetzung schreibt dolorem, die Vulgata statt dessen laborem. – 2 Im 16. Lebensjahre! – 3 Das gilt augenscheinlich auch von der Mutter. – 4 In Madaura, der Hauptstadt des nördlichen Numidiens, dem Geburtsort des berühmten Redners und Schriftstellers Apulejus, war damals Heidentum und Aberglaube noch weit verbreitet. – 5 Augustins Vater war nach Passidius, dem Biographen Augustins, decurio, Mitglied des Stadtrates der Kleinstadt Thagaste, und besaß Grundbesitz – mindestens 50 Morgen Land – konnte sich freilich mit reichen Senatoren und Latifundienbesitzern, wie Romanianus, nicht messen.

62 *1* Vgl. Ovid, amor. III 4, 17 f.: Nitimur in vetitum semper, cupimusque negata; sic interdictis imminet aeger aquis.

66 *1* Hier denkt Augustin an Hi. 7, 2 nach der von der Vulgata abweichenden altlateinischen Übersetzung, wo wir lesen: Tamquam servus metuens dominum et consecutus umbram.

Zur Sache ist zu bemerken, daß Augustin sich hier scheinbar widerspricht. Denn 6, 9. 12 sagt er, bei seinem Diebstahl habe ihn nichts Schönes und Begehrenswertes gelockt, wie das doch beim Sündigen der Fall zu sein pflege. Aber jetzt hören wir, daß das Sichhinwegsetzen über das Verbot eine dem Menschen versagte, allein Gott zustehende Freiheit und Selbstherrlichkeit vortäuschen wolle. Also doch ein Gut! Aber hier ist eins zu beachten. Die in 6, 13 aufgezählten verschiedenen Sünden erstreben jede ein besonderes Gut. Jene Selbstherrlichkeit und Gottgleichheit aber wird bei allen Sünden in gleicher Weise erstrebt. Die Wurzel aller Sünde ist nämlich nach Augustin Hochmut. So kann man in der Tat sagen, daß, wenn man beim Sündigen kein anderes, sondern nur dies eine Gut begehrt, man die Sünde selbst begehrt, und das würde dann die höchste Potenz des Bösen sein. Viele haben ihre Verwunderung darüber ausgesprochen, daß Augustin jenen Birnendiebstahl so tragisch genommen habe. Das sei doch nur eine Kinderei gewesen. Doch hier zeigt sich eine oberflächliche Urteilsweise. Augustins Scharfsinn fragt nach der inneren Qualität der Sünde, nicht nach der mehr oder weniger aufsehenerregenden Außenseite. Vgl. hierzu E. Vischer, Eine anstößige Stelle in Augustins Konfessionen, Harnack-Ehrung, 1921, S. 183 ff.

67 *1* Hier übertreibt Augustin. Die Gemeinschaft ist immerhin ein relatives Gut.

69 *1* Carthaginem – sartago (Gewimmel), ein Wortspiel, das nur frei, wie im Text versucht, wiedergegeben werden kann. Karthago stand nach Herodian im 3. Jh. an Größe und Reichtum nur hinter Rom zurück, wetteiferte aber mit Alexandria und war nach Salvian wegen seiner Unsittlichkeit verrufen. – *2* Man muß sich wundern, wenn man sich erinnert, was uns Buch II 2, 2 erzählte. War da noch keine Liebe? Es scheint, daß Augustin von Liebe auf sexuellem Gebiet erst dann redet, wenn ein festes Verhältnis angeknüpft ist, und daß er mit den Worten unseres Kapitels rui etiam in amorem andeuten will, daß dies nunmehr geschehen sei. – *3* Augustin ist sich seines innersten Verlangens nach Gott noch nicht bewußt. Es läßt ihn wie Faust auf dem Irrweg sinnlichen Liebesgenusses nicht zur Ruhe kommen. Die moderne Psychologie kehrt das Verhältnis um. – *4* W. Achelis auf S. 18 seines in der Einleitung erwähnten Buches findet, daß Augustin an dieser Stelle homosexuelle Betätigung eingestanden habe. In der Tat kann man den Passus seinem Wortlaut nach so verstehen. Gleichwohl dürfte diese Deutung ausgeschlossen sein. Männerfreundschaft war für Augustin immer etwas Lichtes und Reines, nie hat er auch nur angedeutet, daß für ihn in ihr gefährliche Schlingen verborgen sein könnten. Päderastie, von der er wenige Kapitel später, III 8, 15, spricht, rechnet er zu den widernatürlichen Lastern. Wäre er auch in dieser Hinsicht schuld-

bewußt gewesen, hätte er ganz anders davon gesprochen. Unsere Stelle ist meines Erachtens ebenso wie II 2, 2 zu verstehen. Auch in der Freundschaft – amicitia – handelt sich's um Liebesverlangen und Liebe, so wird sie, obschon als Männerfreundschaft davon unberührt, durch zuchtlose Frauenliebschaften beschmutzt. Siehe meine Schrift «Augustins Selbstbildnis», S. 87 ff. Vgl. auch IV 9, 14, wo es heißt, das Gewissen dulde nicht, daß man ex corpore amici etwas anderes erwarte als indicia benevolentiae.

71 *1* Die Schauspiele, deren Augustin gedenkt, waren augenscheinlich nicht derart, daß sie die Auffassung des Aristoteles hätten bestätigen können, bemerken die Herausgeber der Cambridge-Ausgabe mit Recht zu dieser Stelle. (Aristoteles lehrt bekanntlich, daß Reinigung von Mitleid und Furcht Zweck der dramatischen Aufführung sei.)

72 *1* Man denkt an den kreisenden Raubvogel. Ein prachtvolles Gleichnis, gerade darum so packend, weil dem Leser der Kontrast zwischen dem Erbarmen Gottes und der Raubgier des Habichts zum Bewußtsein kommt. – *2* Es dürfte sich hier um Verabredungen zum Stelldichein mit jenem Mädchen gehandelt haben, zu dem er bald nachher in ein festes Verhältnis trat. Sie war also wohl eine Christin. – *3* Es ist an den flüchtigen Sklaven gedacht.

73 *1* Den Doppelsinn, den das Wort eversores in Karthago hatte, also wüste Gesellen und doch elegant, liebenswürdig, finden wir auch in dem französischen Roué. Hefele übersetzt im Hinblick auf das von ihren eversiones Gesagte «Rechtsverdreher». Doch war Augustin damals noch Student, also seine Kameraden, die eversores, ebenfalls. Man muß annehmen, daß sie mit den wilden Ruhestörern von V 8, 14 identisch sind. Waren die Einfältigen, die unter ihnen leiden mußten, vielleicht junge Studenten, «Füchse», die von den älteren Semestern, den Burschen, genasführt und vexiert wurden? Ganz klar wird man über jene eversores und ihr Treiben nicht. – *2* Wie herabsetzend! So sprach Augustin I 13, 20 von Aeneas. Aber wie hat er früher

Cicero bewundert und verehrt! Noch in C. Ac. I 3, 7 nennt er ihn Tullius noster. Vgl. mein Buch über Augustins geistige Entwicklung, S. 33 f. Man muß daran denken, daß Augustin nun Bischof ist und für Christen schreibt, denen Cicero in erster Linie der Heide ist. – *3* Ein verlorengegangener Dialog Ciceros, von dem in Augustins Schriften allerlei Fragmente erhalten sind. Noch in Cassiciacum hat Augustin mit seinen Schülern diesen Traktat gelesen. – *4* Inwiefern auf Gott selbst? Weil Gott Weisheit und Wahrheit ist.

74 *1* Auch von seinem reichen Gönner Romanianus wurde er unterstützt, C. Ac. II 2, 3.

75 *1* Dem Hieronymus ist es, wie dieser uns berichtet hat, bei seinem ersten Schriftstudium ebenso ergangen. – *2* Gemeint sind die Manichäer, Anhänger der von dem Perser Mani (im Jahre 276 gekreuzigt) begründeten gnostisch-synkretistischen Sekte, die damals im Westen und Osten des Reiches und darüber hinaus, so auch in Afrika, weit verbreitet war. – *3* Die manichäische Gotteslehre («Vater der Größe», dem der König der Finsternis gegenübersteht, neben ihm die Mutter des Lebens, aus ihm hervorgehend göttliche Potenzen, der Urmensch, der lebende Geist, der dritte Gesandte) hat an sich mit der christlichen Trinitätslehre nichts zu schaffen, wurde ihr aber in der westlichen Reichshälfte angeglichen. Der dritte Gesandte, dessen beide Naturen in Sonne und Mond ihren Wohnsitz haben und in diesen ihren Schiffen die in der Welt gefangenen Lichtelemente aufnehmen und retten, hieß nun Jesus, war also als kosmische Potenz gedacht und ist zu unterscheiden von dem zu Adam und zu den Juden in einem Scheinleibe gesandten Jesus (desgl. zu unterscheiden von dem Jesus patibilis, nämlich den erwähnten gefesselten Lichtelementen). Den heiligen Geist fand man in einer im Luftraum wirkenden göttlichen Kraft. Die Rolle des Parakleten (Trösters) wurde jedoch dem Mani selber zugeschrieben. In zahlreichen Streitschriften hat Augustin die Lehre des westlich orientierten Manichäismus ausführlich dargestellt. – *4* Vgl. hierzu die Vorrede von De ut. cred.

ANMERKUNGEN ZU SEITEN 76-84

76 *1* Darüber Näheres in Buch XII.

77 *1* Augustin nennt sie phantasiae und unterscheidet sie von den Trugbildern = phantasmata. – *2* Augustin gleicht dem verlorenen Sohn. Die «Treber», mit denen er die Schweine fütterte, waren, wie sich aus dem Folgenden ergibt, die Dichterfabeln, die er mit seinen Schülern besprach, ohne sich selbst etwas daraus zu machen. – *3* Die 5 Elemente, mit denen der Urmensch in den Kampf gegen das Reich der Finsternis zog, waren Licht, Luft, Wind, Feuer, Wasser. Er färbte sie, um die feindlichen Elemente, auch Höhlen genannt, nämlich Finsternis, Rauch, böser Wind, böses Feuer, böses Wasser, zu täuschen, C. Faust. II 3 f.

78 *1* «Du wirfst die Frage auf, die mich in meiner Jugend aufs äußerste beunruhigte und mich erschöpft in die Arme der Ketzer trieb», so Augustin in dem Dialog De lib. arb. I 2, 4. Der manichäische Dualismus ist in der Tat die bequemste und nächstliegende Antwort auf diese Frage. – *2* Die beiden Hauptargumente, mit denen die Manichäer gegen das Alte Testament polemisierten. – *3* Die neuplatonische Lösung des Problems.

79 *1* Sc. schmutzige Arbeit.

82 *1* Was von den Schandtaten (flagitia) gesagt wurde, nämlich daß sie überall und immer verabscheuenswert und strafbar sind, gilt auch von den Gewalttaten oder allgemeiner «Übeltaten» (facinora). Über diese Unterscheidung De doctr. christ. III 10, 16. – *2* Nach Ps. 144, 9. Näher ausgeführt in Serm. 9 De decem chordis.

83 *1* Hierzu bemerkt die Cambridge-Ausgabe nicht ohne Grund: A rather bold oxymoron.

84 *1* Augustin denkt hier etwa an die Entwendung der goldenen und silbernen Gefäße der Ägypter durch die Israeliten, C. Faust, I 22, 71, Isaaks Opferung und den Selbstmord Simsons, De civ. D. I 26. – *2* Die Manichäer bestritten natürlich, daß Gebote wie die in voriger Anmerkung erwähnten von Gott stammen könnten. Augustin zweifelt daran nicht. Im übrigen ist zu bemerken, daß zwar der Satz «andere Zeiten,

andere Sitten» richtig ist, daß daraus aber nicht ohne weiteres gefolgert werden darf, daß dadurch auch die Polygamie der Erzväter oder Davids gerechtfertigt werden kann. - 3 In den beseelt gedachten Bäumen und Früchten waren nach manichäischer Lehre Lichtelemente gefesselt (Jesus patibilis). - 4 Einer der Electi, die sich von Ehe, Fleischgenuß und körperlicher Arbeit zu enthalten hatten, im Unterschied von der Masse der gläubigen Anhänger, der Auditores. - 5 Näheres über diese seltsamen Lehren und ihre Konsequenzen in den aus Augustins Schriften bei K. v. Raumer angeführten Zitaten. - 6 Die Lichtteilchen in den Bissen wären nun noch tiefer in die Materie versenkt worden.

85 *1* Als sie dies tat, hatte ihn Romanianus bei sich aufgenommen. C. Ac. II 2 f. - *2* Richtscheit - regula. Bei diesem Wort denkt man an die regula fidei, vgl. VIII 12, 30. Auch Monnica dachte wohl daran.

87 *1* Augustin erzählt in De duab. an. c. Man. 11, daß er damals in Disputationen mit unerfahrenen Christen fast immer zum eigenen Schaden den Sieg errungen habe.

88 *1* Der Manichäismus war durch Staatsgesetze verboten. So noch kürzlich durch Kaiser Valentinian 372, wenig später 381 durch Theodosius. - *2* Dies wird aus III 10, 18 verständlich.

89 *1* Augustin war, wie sich aus der Altersangabe seines Sohnes (IX 5,6) erschließen läßt, damals 17 Jahre alt. Seitdem führte er also ein geregeltes Leben. Loofs hat recht mit dem Urteil: «Von wildem Lebenstaumel (so Mommsen) ist bei Augustin kaum zu reden. Jedenfalls war er über die kurze Periode des Leichtsinns, die allenfalls unter diesen Titel gestellt werden könnte, schon in einem Alter hinaus, das unsere Jugend noch auf der Schulbank erlebt», Th.R.E. II, 260. Die katholische Kirche beurteilte damals solch ein Verhältnis milde. So lehnte es das Konzil zu Toledo im Jahre 400 ab, im monogamen Konkubinat lebende Männer vom Abendmahl auszuschließen. Vgl. hierzu P. Schäfer, a. a. O. S. 37 ff. - *2* Lateinisch: Foeda sacramenta. Sacramentum hier in der Bedeutung: Religiöser Brauch.

ANMERKUNGEN ZU SEITEN 90–102

90 *1* Der Manichäismus verbot das Töten irgendwelcher Tiere. – *2* Auch die Astrologen, die gemeint sind, und ihre Befrager waren durch ein kaiserliches Gesetz mit dem Tode bedroht. Doch das tat dem Gewerbe augenscheinlich keinen Abbruch.

91 *1* Er hieß Vindicianus, VII 5, 8. – *2* Berühmter Arzt des 5. Jh. v. Chr., Begründer der wissenschaftlichen Heilkunde.

92 *1* Zu diesem Zwecke benutzte man gern den Vergil («sortes Vergilianae»). – *2* Possidius berichtet, Augustin habe nach beendetem Studium in Karthago zu Thagaste Grammatik zu lehren begonnen.

93 *1* Augustins Freund war wohl wie er selbst Katechumen. Diese pflegte man auf das Zeugnis der Angehörigen hin in Todesgefahr auch bei Bewußtlosigkeit zu taufen. Augustin selbst hat das später ausdrücklich gebilligt.

94 *1* Die Manichäer verwarfen die Taufe.

96 *1* Horaz, Od. 1, 3. – *2* Nach Ovid, Trist. IV 4, 72. – *3* Die Retractationen sprechen hier mit Recht Mißbilligung aus. Sie erblicken in dieser Äußerung mehr eine levis declamatio als eine gravis confessio. In der Tat, dies ist raffinierte Reflexion, nicht echtes Gefühl.

98 *1* Gemeint sind die Ideen und Phantasien des Manichäismus. Man sieht auch hier, welchen Reiz sie auf Augustins empfängliches Gemüt ausübten, und wie sie ihn gefesselt hielten. – *2* Eine unvergleichliche Schilderung jugendlich-freundschaftlichen Zusammenlebens.

99 *1* Augustin schreibt: quasi esse incipiunt. Sie haben kein volles, sondern nur kreatürliches Sein. Von ihnen kann man nur sagen, wie es sogleich heißt: tendunt esse. Unterscheide Sein und Existieren.

100 *1* Hier ist wohl an die Auferstehung gedacht.

102 *1* In klassischer Prägnanz spricht Augustin diese in seinen Frühschriften immer wiederkehrende, von Plotin übernommene Forderung aus in De ver. rel. 72: Noli foras ire, in te ipsum redi, in interiore homine habitat veritas. (Wende dich nicht nach außen. Kehr ein bei dir selbst, im inneren

Menschen wohnt die Wahrheit.) – *2* Hier denkt Augustin wohl an Joh. 3, 13.

103 *1* Hier endet die gewaltige, mit dem 10. Kapitel beginnende Predigt, die er sich selber hält. Durch die Erinnerung an den Tod des geliebten Freundes und seinen Jammer war sein Herz in Wallung versetzt. Es mußte sich ergießen, überströmen. Wir spüren hier bei stärkster Rhetorik tiefe Ergriffenheit. – *2* Sonst nicht bekannt.

104 *1* Hier hat Augustin ausnahmsweise nicht scharf nachgedacht. Er liebt und haßt in Wirklichkeit nicht dasselbe. Er liebt die Vollendung, mit der Schauspieler, Gladiatoren usw. ihr Metier beherrschen, aber nicht das Metier.

105 *1* Anscheinend hat Hierius auf die Widmung des ihm Unbekannten nicht reagiert.

106 *1* Also ist das Laster darum häßlich, weil es die innere Harmonie zerstört. – *2* Die Terminologie ist pythagoreisch. Man sieht, Augustin bemüht sich, den Manichäismus, in dem er noch tief befangen ist, in philosophische Formen zu gießen.

107 *1* Nach manichäischer Lehre ist die Seele aus göttlichen Lichtelementen gebildet. – *2* Die Manichäer lehrten, das die Seele herabziehende und befleckende Fleisch stamme vom Prinzip des Bösen.

109 *1* Nämlich die Akzidenzen: Qualitas, quantitas, relatio, ubi, quando, positio, habitus, actio, passio. Augustin meint, diese Akzidenzen ließen sich beliebig vermehren. – *2* Aber eine gewisse Größe und Schönheit (= Gestalt) hat jeder Körper. Augustin macht noch nicht die Unterscheidung von primären und sekundären Qualitäten.

110 *1* Unter der Hülle der Demut blickt hier wohl ein wenig Selbstgefälligkeit hervor. Es wäre doch nicht nötig gewesen, die glänzende Begabung und die hervorragenden Leistungen so häufig zu erwähnen.

112 *1* Augustin schreibt: innitens eis (gestützt auf) quae fecisti. Dazu vgl. die geistreiche Bemerkung in De ver. rel. 24. In quem locum quisque ceciderit, ibi debet incumbere, ut sur-

ANMERKUNGEN ZU SEITEN 113–116

gat. Ergo ipsis carnalibus formis, quibus detinemur, nitendum est ad eas cognoscendas, quas caro non nuntiat. («Ebenda, wo jemand hingefallen ist, muß er sich, will er sich wieder erheben, aufstützen. So muß man an die fleischlichen Formen, die uns fesseln, anknüpfen, um jene Formen zu erkennen, von denen das Fleisch keine Kunde geben kann.») – 2 Dieser Grundgedanke stoisch-neuplatonischer Theodizee ist Augustin unendlich wichtig gewesen. Immer wieder seit seiner Frühschrift De ord. trägt er ihn vor, besonders eingehend noch in De civ. D.

113 1 Faustus, einer der 72 manichäischen Bischöfe, war wie Augustin Afrikaner und stammte aus dem numidischen Mileve. Augustin hat ihn in einer ausführlichen Streitschrift bekämpft (C. Faustum), aus der sich ergibt, daß er ein scharfsinniger Kritiker des Alten Testamentes war und auch manche Widersprüche im Neuen Testament, z. B. den Geburtsgeschichten Jesu, aufgedeckt hat.

115 1 In einer symbolischen Auslegung des 8. Psalms führt Augustin aus, daß mit den Vögeln der Hochmut, mit den Fischen, qui perambulant semitas maris, id est inquirunt in profundo huius saeculi temporalia («die auf den Pfaden des Meeres wandeln, d. h. in den Tiefen des weltlichen Lebens Zeitliches erforschen»), die eitle Wißbegier, mit dem Vieh die fleischliche Sinnlichkeit abgebildet sei. – 2 Christus als Gottes Weisheit über alle Zahl erhaben, ward, weil er demütig es so wollte, zu uns gezählt und zahlte Tribut, beugte sich also unter die Zahl. Ein Spiel mit Worten, wie Augustin es liebt. – 3 Dazu vgl. etwa Serm. 92: Ipse patria est, quo imus, ipse via est, qua imus; per ipsum ad ipsum eamus, et non erramus. («Er selbst ist das Vaterland, wohin wir gehen, er selbst der Weg, auf dem wir gehen. Auf diesem Wege, zu diesem Ziele laßt uns gehen, so werden wir nicht irre gehen.») In ähnlicher Weise hat sich Augustin mehrfach ausgedrückt.

116 1 Die neueren Übersetzer schreiben «eines Manichäers». Meines Erachtens ist aber Mani selbst gemeint. Sein Name

wird lateinisch stets mit Manichäus wiedergegeben. So auch v. Raumer und Bigg-Montgomery.

117 *1* Augustin schreibt herabsetzend: Manichaeum nescio quem, weil er ein Mann ist, von dem man sonst nichts Näheres weiß. Daß er aber selbst gemeint ist, erhellt aus seinem Anspruch, die Verkörperung des Heiligen Geistes zu sein.

123 *1* Man sah durch die Finger, lachte wohl darüber. Aber Augustin war die Gabe des Humors, der den studentischen Übermut wohl in milderem Lichte betrachtet hätte, versagt.

124 *1* Augustin gab also vor, er habe auf seinen Reiseplan verzichtet, wolle bloß noch einem scheidenden Freunde Gesellschaft leisten. – *2* Es handelte sich um eine Gedächtniskapelle mit einem dem Märtyrer geweihten Altare, vgl. C. Faust. 20, 21. Cyprian, Bischof von Karthago, †258, Vorkämpfer der kirchlichen Einheit, von Augustin hoch gepriesen.

125 *1* Die Manichäer lehrten, daß der historische Christus, zu unterscheiden von dem kosmischen, nur einen Scheinleib getragen habe – sonst wäre er vom Stofflichen befleckt gewesen –, also auch nicht wahrhaft gekreuzigt und auferstanden sei.

126 *1* In der Tat ein Beweis, wie völlig er damals der Kirche entfremdet war. – *2* Brot und Wein für die Kommunion. – *3* Die apostolischen Konstitutionen fordern solchen zweimaligen täglichen Kirchenbesuch, doch war er damals in Afrika schwerlich allgemein üblich.

127 *1* In eine niedere fleischliche und eine höhere, göttliche Natur.

128 *1* In C. Ac. III spricht Augustin die Vermutung aus, daß die Akademiker – gemeint ist die sogenannte neue Akademie, deren Hauptvertreter Karneades war – ihren Skeptizismus nur als Waffe gegen den stoischen Materialismus und Sensualismus gebrauchten, im Grunde aber wie Platon echte Idealisten gewesen seien. – *2* Sie waren ja eine verbotene Sekte.

129 *1* Die Immaterialität der Seele war übrigens auch in kirchlichen Kreisen nicht überall anerkannt. Tertullian hat sie geradezu geleugnet.

ANMERKUNGEN ZU SEITEN 130-137

130 *1* Faustus nennt sie Semi-Judaei und weist insbesondere auf Mt. 5, 17 hin, einen Spruch, den auch manche moderne Kritiker für unecht erklärt haben.

132 *1* Berühmter Redner, eine der letzten Säulen des Heidentums, der beim Kaiser Valentinian gegen die Entfernung des Victoria-Altars protestierte. Daß der Protest erfolglos blieb, war dem Einfluß des Ambrosius zuzuschreiben. – *2* Ambrosius, einst hoher Staatsbeamter, im Jahre 374 als Katechumen durch Akklamation des Mailänder Volkes zum Bischof ernannt, großer Kanzelredner und Kirchenpolitiker, unbeugsamer Charakter und einflußreicher Theologe. – *3* Sobriam ebrietatem. In einem Morgenlied des Ambrosius heißt es: Laeti bibamus sobriam / ebrietatem spiritus. – *4* Gleichwohl zeigte Ambrosius dem jungen Professor gegenüber, wie wir noch sehen werden, eine auffällige Zurückhaltung, vermutlich weil Symmachus, sein persönlicher Gegner, ihn für den Mailänder Posten ausgewählt hatte, vielleicht auch weil ihm die manichäische Vergangenheit Augustins bekannt geworden sein mochte.

133 *1* Ambrosius war ein Vertreter der allegorischen Exegese, die er, des Griechischen kundig, von den Theologen des Ostens, besonders Origenes, gelernt hatte.

134 *1* Dies hatte Augustin schon früher eingesehen. Daß er sich nun von den Manichäern lossagte, trotz der von ihnen erst kürzlich erfahrenen Freundlichkeiten, hing wohl damit zusammen, daß er in Mailand ihrem Einflußbereich entzogen war und sich neuen Einflüssen, zumal dem des Ambrosius, öffnete. – *2* Augustin betrachtete sich also immer noch als Katechumen.

137 *1* Die heidnischen Totenmahle (parentalia) an den Ahnengräbern, bei denen unter anderem auch Brot und Wein gespendet wurden, fanden im Februar statt. Augustin gibt dem Ambrosius recht. Als er in Hippo zum Priester geweiht war, hat auch er sich für die Abschaffung dieses Brauchs eingesetzt. – *2* Die Abendmahlsfeier an den Begräbnisstätten der Märtyrer an ihren Gedenktagen war damals allgemein üblich.

138 *1* Gemeint ist nicht das Brot des Abendmahls, wie Hoffmanns Übersetzung annimmt, sondern das Brot des göttlichen Wortes, über das Ambrosius beim Lesen meditierte (ruminaret, gleichsam wiederkäuend). – *2* Man pflegte damals sonst laut zu lesen.

141 *1* Schon in seinen Frühschriften und mit stets steigendem Nachdruck hat Augustin gelehrt, daß nur reine Augen die göttliche Wahrheit erkennen können, daß die Augen durch Glauben, der den Gehorsam gegen Gottes heilige Gebote einschließt, gereinigt werden müssen, und daß die Wahrheit des Glaubens durch das Ansehen der weltweiten katholischen Kirche verbürgt ist. Das Credo, ut intellegam, Anselms hat er bereits in voller Klarheit und Bestimmtheit vertreten.

142 *1* Immerhin lehrten auch die einflußreichsten Philosophenschulen, nämlich die stoische und neuplatonische, Gottes Dasein und Vorsehung, und das mag nicht unwesentlich dazu beigetragen haben, Augustins Glauben daran zu stärken. So mit Recht Bigg und Montgomery. Gibt es einen Gott und waltet in der Geschichte seine Vorsehung, so will Augustin sagen, muß das Ansehen der heiligen Schrift in der Völkerwelt eine starke Glaubensstütze sein.

143 *1* Augustin schreibt «der Sakramente». Dies Wort hat bei ihm und auch sonst sehr häufig die Bedeutung Geheimnisse.

144 *1* Valentinian II., der damals noch ein Knabe von 15 oder 16 Jahren war und seine Residenz in Mailand hatte.

145 *1* Diese quälende Reflexion ist für Augustin charakteristisch.

146 *1* In einem an Paulinus von Nola gerichteten Briefe (Ep. 27) Augustins lesen wir, daß jener den Alypius, damals bereits Bischof von Thagaste, gebeten hatte, ihm seine Lebensgeschichte aufzuschreiben. Da dieser Bedenken trug, weil es so aussehen könnte, als wollte er sich selbst rühmen, versprach Augustin, des Paulinus Bitte zu erfüllen. Er sei nur im Augenblick zu sehr beschäftigt. Man darf annehmen, daß er dieses Versprechen dadurch einlöste, daß er in seinen eigenen Konfessionen verhältnismäßig ausführlich über Aly-

pius und seine innere Entwicklung berichtete, und die Vermutung liegt nicht fern, daß die erwähnte Bitte des Paulinus ihm den Anstoß gab oder doch dazu mitwirkte, den Plan einer eigenen Autobiographie zu fassen.

148 *1* Augustin hatte schon in Karthago und später in Rom, wie aus seiner Schrift De mor. Man. hervorgeht, manchen Blick hinter die Kulissen manichäischer Scheinheiligkeit getan. Trotzdem hätte er aus dem immerhin beschränkten Beobachtungsstoff nicht solch verallgemeinernde Schlußfolgerung ziehen sollen.

149 *1* Bigg und Montgomery bemerken hierzu treffend: An accurate psychological touch. Crowds have a kind of personality which every member of the crowd shares.

151 *1* Großgrundbesitzer oder höhere Beamte führten seit Konstantins Zeiten häufig den Senatorentitel. – *2* Viele Streitsachen wurden damals vor das bischöfliche Gericht gebracht. Augustin hat später oft über die damit verbundene, von den geistlichen Aufgaben abhaltende Arbeitslast geseufzt. – *3* Rechtskundiger Berater eines höheren Beamten, dem in vielen Fällen die juristische Ausbildung mangelte.

152 *1* Provinzialschatzmeister, unterstand dem Reichsschatzmeister. – *2* Wenn pretia praetoriana richtig mit «Gerichtssporteln» übersetzt ist (so Hoffmann und v. Hertling), muß man annehmen, daß diese Gelder von den Gerichtsbeamten nicht zu privatem Gebrauch verwendet werden durften.

154 *1* In diesem Zusammenhang denkt Augustin in erster Hinsicht an christliche Literatur.

155 *1* Ut nihil aliud multum festinemus wird verschieden übersetzt.

158 *1* Bei den Gesichten der Monnica handelte es sich wohl durchweg um Träume (vgl. III 11, 19 f.; VI 1, 1). – *2* Daß ein «Wahrtraum» sich von gewöhnlichen Träumen durch das Kennzeichen eines eigentümlichen Gewißheitsgefühls unterscheide, ist oft von denen, in deren Leben Wahrträume eine Rolle spielten, behauptet worden. – *3* Das heiratsfähige

Alter war nach dem Gesetz für Mädchen damals 12 Jahre. – *4* Reicher Großgrundbesitzer aus Thagaste, verwandt mit Alypius, von Augustin wie so viele andere zum Manichäismus hinübergezogen, bildungsbeflissen, hatte Augustin in seinen Jugendjahren mehrfach unterstützt, sein Studium in Karthago ermöglicht, ihn auch in sein Haus aufgenommen. So lesen wir's in Augustins erster Schrift C. Ac.

160 *1* Augustins Verhalten gegen seine langjährige Gefährtin ist ein Flecken an seinem Charakter. Jetzt sündigte er nicht aus Leidenschaft, sondern aus Nützlichkeitserwägungen. Mochten Mutter und Freunde gedrängt haben, er trägt doch die Verantwortung. Gab ihm auch die öffentliche Meinung recht, so durfte man von seinem Gewissen doch mehr erwarten. Augustin spricht von der Größe seines Schmerzes, aber nicht von dem ihren, den sie als liebendes Weib und Mutter empfinden mußte. Wie sehr vermißt man gerade hier die Selbstanklage des Bischofs! Bigg und Montgomery erinnern in diesem Zusammenhang an Goethes ganz anderes Verhalten. – *2* Vgl. hierzu III 3, 5, wo es hieß, daß Gottes Erbarmen noch fern, hoch über ihm seine Kreise zog. – *3* Diese hypothetische Annahme nach Cic. De fin. 1, 12. 40. In Augustins frühen Dialogen lesen wir die heftigsten Ausfälle gegen die Epikureer.

161 *1* Der Gedankenzusammenhang ist: Wenn schon die Freundschaft, ein geistiges, nicht sinnliches Gut, um ihrer selbst willen geliebt, zum Glück unentbehrlich ist, so vollends Wahrheit und Schönheit. Ohne sie keine Glückseligkeit.

162 *1* Die vier Stufen sind infantia, I 6, 9, pueritia, I 8, 13, adulescentia, II 3, 6, iuventus, hier.

163 *1* So wenig erkannte er, wie vorhin bemerkt, sein eigenes Wesen.

164 *1* Augustin hat also den Gedanken fallen gelassen, daß Gott auf der einen Seite von der Substanz des Bösen begrenzt sei (vgl. V 10, 20), aber den Dualismus noch nicht überwunden. Was er jetzt vertritt, ist ein materialistischer Panentheismus. Nicht gut würde hierzu der Schöpfungsglaube passen,

den Augustin doch nun bereits, wie wir hören, vertreten haben will.

165 *1* Die Manichäer lehrten ja, Gott, den sie doch auch unverletzlich nannten, habe den Angriff der bösen Mächte vorausgesehen und darum seinen Abkömmling, den Urmenschen, mit den Lichtelementen zu ihrer Bekämpfung ausgesandt. Augustin hat das Argument des Nebridius später mehrfach benutzt, so im Disput mit den Manichäern Felix und Fortunatus. – *2* Nämlich causa mali.

166 *1* Die Selbstgewißheit des Lebens, Denkens und Wollens spielt in der Auseinandersetzung mit der Skepsis schon in Augustins ersten Dialogen eine wichtige Rolle.

167 *1* Hier der Ansatz zum Gottesbeweis Anselms im Proslogium. – *2* da, d. h. in der Wahrheit des Denkens, im Geistigen, nicht im Körperlichen. – *3* Wenn Gott etwas wollte, aber es nicht könnte, wäre in der Tat sein Wille größer als seine Macht.

174 *1* Hätten die genannten Glaubenssätze Kraft und Leben besessen, hätte er nicht bloß zustimmend, sondern vertrauend sie sich zu eigen gemacht, würde ein ungelöster intellektueller Zweifel wie der bezüglich des Woher des Bösen ihn nicht so gequält haben. Insbesondere war das Heil in Christo, falls er schon damals davon sprach, kaum mehr als ein bloßes Wort.

175 *1* Man beachte, nicht seines Glaubens, der ihm nach dem vorigen Kapitel bereits unerschütterlich feststand, froh wollte Augustin werden, sondern per interiorem aspectum certus soll Gott ihm werden. Wir werden bald hören, wie sein Wunsch sich erfüllte. Also kann und muß der Glaube überboten werden, gibt er doch, wenn auch noch so entschieden festgehalten, keine Freudigkeit, ja nicht einmal Gewißheit. – *2* Man wundert sich. Nach dem vorigen Kapitel hätte man erwartet, Gottes Absicht sei zunächst und vor allem gewesen, Augustin durch inneres Schauen Gewißheit zu verschaffen. Auch dies geschah nach dem nun folgenden Bericht. Aber dem Bischof ist der Abstand zwischen

dem Platonismus und dem Christentum wichtiger als ihre Übereinstimmung. – *3* Vgl. De b. v. 4: Lectis Plotini (so zu lesen statt Platonis) paucissimis libris. Sie waren übersetzt von jenem Victorinus, von dem wir im nächsten Buch hören werden.

176 *1* Bei Joh. ist hier nicht von des Menschen Seele, sondern dem Täufer Johannes die Rede. – *2* So eine alte Lesart, die sich auch bei Irenäus und Tertullian findet. Nach dem sonst allgemein als richtig angenommenen Text bezieht sich Joh. 1, 13 auf die gläubigen Gotteskinder. – *3* Hier irrt sich Augustin. Der Nus ist nach Plotin als Emanation aus dem höchsten Einen nicht dasselbe wie dies, sondern geringer.

177 *1* Das stimmt zwar nicht für Plotin, wohl aber für Porphyrios. Es scheint aber sehr zweifelhaft, ob Augustin schon damals die Rechtfertigung des heidnischen Kults durch die späteren Neuplatoniker gekannt hat. – *2* Das Linsengericht nach Gen. 25, 34, weil Linsen damals aus Ägypten eingeführt wurden. Hier allegorisch für Tierkult. – *3* Der erstgeborene Esau repräsentiert das Volk Israel, das nach Exod. 4, 22 Gottes erstgeborener Sohn ist. – *4* Jakob repräsentiert die Heiden. – *5* Bei den Ägyptern gab es nicht nur Linsen, sondern auch Gold und Silber, Sinnbild der wahren Erkenntnisse der heidnischen Philosophen. Darüber Näheres in Augustins Schrift De doctr. chr. II 40.

178 *1* Für Plotin ist Einkehr bei sich selbst ($\check{α}ναγε\ \dot{ε}πì\ σαυτόν$) erster Schritt, um zu Gott zu gelangen. Das ganze Kapitel ist seinem Stimmungs- und Gedankengehalt nach neuplatonisch. – *2* A. v. Harnack in seinem bereits zitierten Aufsatz «Die Höhepunkte in Augustins Konfessionen» meint S. 81, es habe sich hier um ein ekstatisches Schauen gehandelt. Das ist doch nur dann richtig, wenn man den Begriff Ekstase sehr weit faßt. Die spezifisch mystischen Ekstasen, wie etwa auch ein Plotin sie erlebte, waren doch von anderer Art. Man spricht bei Augustin besser von aufblitzender Intuition. – *3* Hier erinnern wir uns an R. Ottos Religionsphänomenologie. Erste, ursprünglichste Aussage des Religiösen über Gott: Er ist «das ganz Andere».

ANMERKUNGEN ZU SEITEN 179–183

179 *1* Dies der Grund, weswegen Augustins Auge zu vollem und nicht bloß flüchtigem Schauen noch nicht imstande war. Plotin lehrte, daß Reinigung der Erleuchtung voraufgehen muß. – *2* Wir stoßen hier auf die Problematik des augustinischen Denkens. Das ewig Gültige ist für ihn eo ipso das ewig Seiende, also Gott, und zwar, wie wir bereits hörten, Ursprung alles geschaffenen Seins. Augustin meint Gott unmittelbar erfassen zu können, des aristotelischen Schlusses von der Wirkung auf die Ursache bedarf er nicht.

180 *1* So auch Plotin. Damit ist der Manichäismus erledigt. Aber auch Augustin und die Neuplatoniker irren, denn sie halten das Ontische und Ethische nicht rein auseinander, wenn sie das Böse zwar nicht als Sein, aber doch als Seinsverminderung verstehen. Ist das Sein, also auch Erde, Luft, Stein, Tier gut zu nennen, so doch nicht im ethischen Sinne. Durch das Böse wird nicht das Sein depotenziert, sondern eine Qualität geistigen Seins, das Gutsein im sittlichen Sinne. Nach Augustin müßte das böseste Wesen, also der Teufel, nahezu substanzlos sein und aus dem letzten Loche pfeifen, was schlecht zu Bibelstellen wie 1. Petr. 5, 8 passen würde. Aber Verminderung des Seins oder gar Vernichtung gibt es nach der modernen Wissenschaft überhaupt nicht, sondern nur Verwandlung. – *2* Das ist wohl der Sinn des nicht ganz klaren Satzes.

181 *1* Die bekannte stoisch-neuplatonische Theodizee. – *2* Vgl. Kap. 5, 7.

182 *1* Vgl. Kap. 3, 5. Danach stand für Augustin die Willensfreiheit schon früher fest, doch half diese Einsicht ihm damals noch nicht, das Problem des Bösen zu lösen. Jetzt erkannte er, daß Gott Substanzen schafft, Willensfreiheit aber keine Substanz, sondern ein menschlicher Akt ist. An eine Allwirksamkeit Gottes denkt Augustin nicht. Merkwürdig ist, daß in den Cassiciacum-Schriften von Willensfreiheit noch keine Rede ist. Sie wird erst in dem zu Rom entstandenen ersten Buch von De lib. arb. mit Nachdruck verfochten.

183 *1* Dieselben Stufen bei Plotin. – *2* Schon I 20, 31 war sie ge-

nannt. – *3* Ratiocinans potentia. In De quant. an. 52 unterscheidet Augustin zwischen ratio und ratiocinatio. Erstere sei quidam mentis adspectus, letztere rationis inquisitio, id est adspectus illius per ea, quae adspicienda sunt, motio. Ratiocinatio also nicht so sehr schlußfolgerndes Denken als von einem zum andern fortschreitende prüfende Betrachtung. – *4* Ad intelligentiam suam.

184 *1* Pervenit ad id, quod est, in ictu trepidantis aspectus. Man fragt sich: Nur das eine Mal, von dem Kap. 10, 16 erzählte? Schwerlich. Damals war Augustin kaum schon die hier genannten Stufen emporgeklommen. Die genannte Stufenleiter begegnet uns noch nicht in den Cassiciacum-Schriften, sondern erst in den zu Rom verfaßten Schriften. Nachdem er sich aber über die Stufenleiter klar geworden, wird er sie wiederholt erstiegen haben. – *2* Das geschah also trotz Kap. 7, 11 jetzt noch nicht. – *3* Mit dem Rock aus Fellen ist die Sterblichkeit gemeint. Diese Auslegung erläutert Augustin in Enarr. in Ps. 104 mit folgenden Worten: Pelles detrahi non solent, nisi animalibus mortuis; ergo pellium nomine mortalitas illa figurata est. («Man pflegt die Felle nur den toten Tieren abzuziehen, darum ist Fell bildlicher Ausdruck für Sterblichkeit.»)

185 *1* Nörregaard (a. a. O. S. 58) bemerkt mit Recht, daß Augustin diese Christologie vermutlich schon vor seinem Bekanntwerden mit dem Neuplatonismus vertreten hatte. – *2* Augustin vertritt also, wenn er genauer unterscheidet, die Trichotomie. Das hindert ihn natürlich nicht, oft genug nur von Leib und Seele zu sprechen. Aber die Seele zerfällt nach ihm in einen sinnlichen und einen vernünftigen Bestandteil, also einerseits anima, andererseits mens, ratio, animus, spiritus.

186 *1* Apollinaris, Bischof von Laodicea, †382. – *2* Photinus, um 340 Bischof von Sirmium, lehrte, Christus sei ein vom Logos hervorragend erleuchteter Mensch gewesen, und bestritt seine Präexistenz. – *3* Das relativ Seiende bezeugt durch sein Dasein das absolut Seiende, und das nicht in dem

ANMERKUNGEN ZU SEITEN 187-195

Sinne, daß man von dem einen auf ein anderes – mittels des Kausalsatzes – schließt, sondern daß man in dem einen, dem Relativen, *das* Andere, das Eine, Wahre, Absolute als seinen Ursprung schaut.

187 *1* In C. Ac. II 2, 5 berichtet Augustin in ganz ähnlichen Worten von dieser entscheidend wichtigen Pauluslektüre. Er habe jetzt einen Rückblick geworfen auf das, was schon in seinen Jugendjahren ihm ins Herz eingesenkt worden sei, und eilig, zitternd und doch zögernd zum Apostel Paulus gegriffen und ihn mit größter Aufmerksamkeit ganz gelesen. Aber er fährt fort: Tunc vero ... tanta se mihi *philosophiae facies* aperuit.

188 *1* In den Konfessionen heißt es: Una facies eloquiorum castorum, in C. Ac. philosophiae facies. – *2* Dieser auf die Weisheit bezügliche, auf Christus gedeutete Spruch hat den orthodoxen Vätern begreiflicherweise viel zu schaffen gemacht. Augustin bezieht ihn später auf die Erschaffung der Menschheit Christi, mit der das Erlösungswerk begann. – *3* Da der Teufel sich am heiligen Gottessohn vergriff, verlor er sein Anrecht auf den sündigen Menschen. Diese in der alten Kirche häufig vertretene Variante der Erlösungslehre spielt bei Augustin nur eine nebensächliche Rolle.

190 *1* Ihm widmete Augustin später das wichtige Buch De div. quaest. ad Simplicianum, 397, in dem er zuerst die Paulinische Gnadenlehre mit allen Konsequenzen entwickelte. Er wurde trotz seines hohen Alters im Jahre 397 Nachfolger des Ambrosius.

192 *1* G. M. Victorinus Afer verfaßte außer jenen verlorenen Übersetzungen auch Streitschriften gegen die Arianer und Pauluskommentare, deren Gedankengehalt der späteren augustinischen Lehre vielfach verwandt ist. Die Frage der Abhängigkeit Augustins von ihm ist noch nicht geklärt.

194 *1* Durch diese Anmeldung, die im Anfang der Fastenzeit geschah, trat man in die Klasse der Competentes ein. – *2* Dies die redditio Symboli, des sogenannten Apostolischen Glaubensbekenntnisses in seiner damaligen altrömischen Form.

195 *1* Auch jetzt folgt wie IV 4, 9 auf eine Erzählung, die das Herz

der sich Erinnernden stark bewegte, eine lange Meditation.
– 2 Augustin denkt an den Wechsel von Freude und Leid.

198 *1* Kaiser von 361–363.

202 *1* Der berühmte Eremit und Vater des Mönchtums, der im Jahre 356 über 100 Jahre alt starb und dessen Lebensbeschreibung nach alten Zeugnissen von Athanasius, seinem jüngeren Zeitgenossen und persönlichen Freund, herrühren soll, wahrscheinlich auch herrührt. – *2* Trier war damals eine der Hauptstädte des Westens, das Rom jenseits der Alpen und häufig kaiserliche Residenz. Hier hatte Athanasius in Verbannung geweilt, und vielleicht hängt es damit zusammen, daß man in jener Mönchszelle vor den Toren die Vita des Antonius fand.

203 *1* Agentes in rebus, nach Bigg und Montgomery beauftragt mit Kurierdiensten, Intendantur- und Geheimpolizeiangelegenheiten.

207 *1* An dieser Stelle setzt von neuem Augustins Reflexion ein. Man fragt sich: Ist das schriftstellerische Absicht? Gleicht Augustin dem modernen Romanschreiber, der, wenn des Lesers Spannung den Höhepunkt erreicht hat, gern einen Szenenwechsel vornimmt? Schwerlich. Aber wie wir bereits gesehen, ist es seine Eigentümlichkeit, wenn die Erinnerung an einstiges Erleben ihn stark bewegt, meditierend, betend, lobpreisend innezuhalten.

208 *1* Bei den Reflexionen dieses Kapitels schwebt Augustin ohne Zweifel Röm. 7, 15 ff. vor Augen.

209 *1* Des Sündenfalls Adams, der sich an den Nachgeborenen rächt. Adam war wohl «freier», aber nicht im vollkommenen Sinne frei, denn er besaß das posse non peccare, aber nicht das non posse peccare, die vollendete Freiheit der seligen Engel und Heiligen im Himmel.

211 *1* Vgl. hierzu die Faust-Klage: Zwei Seelen wohnen, ach, in meiner Brust. Als Dichtersprache kann man sich das gefallen lassen.

212 *1* Augustin schreibt: Nugae nugarum et vanitates vanitantium.

ANMERKUNGEN ZU SEITEN 215-218

215 *1* A. v. Harnack in seinem Aufsatz «Höhepunkte» usw., S. 90, bemerkt hierzu, tolle lege, in dieser Zusammenstellung der Worte, bedeute den Anker lichten und das Tau aufwickeln und spricht die Vermutung aus, Kinder möchten im Nebenhause «Schiffchen» gespielt haben. Auch um ein Spiel mit Steinen könne es sich gehandelt haben. Man kann mit Kombinationen fortfahren: Sollte es nicht eine Frauenstimme gewesen sein, die ein spielendes Kind zum Lesen auffordert? Könnte nicht Augustin einen Ruf oder Ton vom Nachbarhause oder weiter her falsch verstanden haben? Könnte es nicht eine bloße Audition gewesen sein? Falls eine der beiden letzten Annahmen zuträfe, hätte vermutlich die Erinnerung an das auch im Leben des heiligen Antonius ausschlaggebende Schriftwort auslösend oder gestaltend mitgewirkt.

217 *1* Vgl. De spir. et lit. 30, 52: Sicut lex non evacuatur, sed statuitur per fidem, quia fides impetrat gratiam, qua lex impleatur, ita liberum arbitrium non evacuatur per gratiam, sed statuitur, quia gratia sanat voluntatem, qua iustitia libere diligatur. («Wie das Gesetz nicht durch den Glauben aufgehoben, sondern aufgerichtet wird, da der Glaube die Gnade empfängt, durch die man das Gesetz erfüllt, so wird auch der freie Wille nicht durch die Gnade aufgehoben, sondern aufgerichtet. Denn die Gnade heilt den Willen, so daß er nun die Gerechtigkeit frei zu lieben vermag.») – *2* Nur an dieser Stelle wird Christus in den Konfessionen direkt angerufen. Kaum ein Zufall. Christus ist ja das Fleisch gewordene Wort, beten aber kann man nur zu dem ewigen Wort. – *3* Vgl. De mus. VI 16: Non enim amor temporalium rerum expugnaretur, nisi aliqua suavitate aeternorum. («Die Liebe zu den zeitlichen Dingen kann nur durch die Freude an den ewigen ausgetrieben werden.»)

218 *1* Ein Edikt des Theodosius und Valentinian II. legte die sommerlichen Gerichtsferien auf die Zeit vom 22. August bis 15. Oktober. Das wird auch für die Schulen gegolten haben. – *2* Die scharfen Pfeile sind nach Augustins allegori-

scher Auslegung des 120. Psalms die Worte Gottes, die glühenden Kohlen, die Vorbilder der Gottesknechte. Auf Grund dieser Stelle der Konfessionen pflegt die altkirchliche Kunst den heiligen Augustin mit einem pfeildurchbohrten Herzen darzustellen.

219 *1* Vgl. hierzu das in der Einleitung Gesagte. In C. Ac. I 3 und De b. v. 4 nennt Augustin die Brustschmerzen als einzigen Beweggrund zur Niederlegung seines Amtes, in De ord. I 5 lesen wir dagegen: Cum stomachi dolor scholam me deserere coegisset, qui iam, ut scis, etiam sine ulla tali necessitate in philosophiam confugere moliebar. («Magenschmerzen zwangen mich, die Schule zu verlassen, der ich, wie du weißt, auch ohne diese Nötigung danach trachtete, zur Philosophie überzugehen.»)

220 *1* Dazu Bigg und Montgomery, S. 236: This illustrates the tendency of the new monastic ideal to discredit ordinary Christianity. – *2* Über die Lage des Landgutes und die dortige lombardische Landschaft lese man nach bei v. Kienitz (a. a. O. S. 130f.). – *3* Statt sempiternae virtutis paradisi bevorzuge ich die ansprechendere Lesart sempiterne virentis paradisi.

221 *1* Augustin mag an den Berg Zion gedacht haben. In seiner Psalmenauslegung deutet er den Berg auf Christus. – *2* Die Irrlehre des sogenannten Doketismus, wie die Gnostiker, aber auch die Manichäer sie vertraten. – *3* Augustin denkt an einen Zwischenzustand zwischen Tod und Auferstehung, der den Gerechten bereits hohe Freuden schmecken läßt, wenn auch noch nicht die der ewigen Seligkeit. Darüber hat er sich mehrfach geäußert. – *4* Augustin denkt, daß die Seligen, deren Blick auf Gott gerichtet ist, auch an Gottes Wissen Anteil haben.

222 *1* Außer Augustin seine Mutter, sein Bruder Navigius, sein Sohn Adeodat, seine beiden Vettern Lastidianus und Rusticus, sein Freund Alypius, seine beiden Schüler Licentius, Sohn des Romanianus, und Trigetius. – *2* Es sind die in der Einleitung angeführten Schriften. – *3* Zwei Briefe aus Cassi-

ciacum an Nebridius sind erhalten (Ep. 3 u. 4), einige weitere aus späterer Zeit.

223 *1* Die frühen Dialoge bestätigen das und zeigen Alypius noch mehr als Augustin selbst in Zweifel verstrickt. Dadurch ist jedoch das in VIII 12, 30 von Alypius Berichtete nicht ausgeschlossen.

225 *1* Augustin las: Signatum est in nobis lumen vultus tui, also eingezeichnet, eingeprägt ist uns usw., und Augustin denkt hier, wie sein Psalmenkommentar ausführt, an Gottes Ebenbild, dessen leuchtende Züge auch im Sünder nicht ganz ausgelöscht sind. – *2* Internum aeternum, ein Schlagwort der hohen mittelalterlichen Mystik. – *3* In aeterna simplicitate. – *4* Vulgata: O in id ipsum.

226 *1* Auch in Sol. I 21 erwähnt Augustin diese Zahnschmerzen und wie er durch sie beim Nachdenken gehindert wurde, spricht aber nicht von der Gebetserhörung.

227 *1* Sicher eine asketische Übung.

228 *1* Die Retr. über den Inhalt von De mag.: Gott allein ist es, der den Menschen (innerlich) belehrt, worauf schon Mt. 23, 10 hinweist. – *2* Augustin erwähnt später mehrfach, daß Ambrosius selbst die Taufe vollzogen habe. Durch die Taufe, so war die allgemeine Annahme, werden die Sünden des vergangenen Lebens getilgt.

229 *1* Justina forderte für die Arianer eine Kirche innerhalb der Stadt. Darüber berichtet Ambrosius in Ep. 20: Mandatur denique: Trade basilicam! Respondeo: Nec mihi fas est tradere, nec tibi accipere, imperator, expedit. Scriptum est: Quae Dei Deo, quae Caesaris Caesari. Ad imperatorem palatia pertinent, ad sacerdotem ecclesiae. («Zuletzt kommt der Befehl: Gib die Basilika heraus! Ich antworte: Es geziemt sich nicht für mich, sie herauszugeben, und nicht für dich, Kaiserin, sie in Empfang zu nehmen. Es steht geschrieben: Gebet dem Kaiser, was des Kaisers ist, und Gott, was Gottes ist. Dem Kaiser gehören die Paläste, dem Priester die Kirchen.») – *2* Im Orient waren sie seit alters üblich. Carmen Christo quasi deo dicere secum invicem, heißt es in

dem bekannten Briefe des Plinius an Kaiser Trajan. – *3* Die folgende Geschichte wird übereinstimmend von Ambrosius in Ep. 22, von seinem Biographen Paulinus und noch einmal von Augustin in De civ. D. XXII 8, 2 berichtet. Sie ist also sicher verbürgt. – *4* Man weiß von ihnen nichts weiter, nimmt meist an, daß sie zur Zeit Neros getötet wurden. – *5* Er hieß, wie Ambrosius mitteilt, Severus und war Metzger gewesen.

230 *1* Später Bischof von Uzala, Gesprächspartner in den beiden Dialogen De quant. an. und De lib. arb., die während Augustins römischem Aufenthalt – De lib. arb. freilich nur zum Teil – verfaßt wurden.

232 *1* Die von fast allen Handschriften bezeugte Lesart per praepositos ist wohl sicher ein Schreibfehler. Wir schließen uns der Knöllschen Korrektur per reprobos an.

234 *1* Man schließt wohl aus dem Namen auf römische Abstammung des Vaters Augustins, doch besteht keine Gewißheit.

236 *1* Vgl. 4, 11. – *2* Augustin beschreibt in Folgendem wieder den von Plotin vorgezeichneten Höhenweg.

237 *1* Augustin schreibt: Attingimus eam modice toto ictu cordis, vgl. VII 17, 23 in ictu trepidantis aspectus.

238 *1* Diese Periode mit ihrem gewaltigen Crescendo darf in der Übersetzung unter keinen Umständen zerschlagen werden. H. Hefele hat das erkannt, vgl. dagegen Hoffmann und v. Hertling.

239 *1* Vgl. Tertull. De cor. 3: Oblationes pro defunctis pro natalitiis annuo die facimus.

241 *1* Vgl. IV 6, 11.

242 *1* Auch hier wie VI 6, 10 Steigerung des Schmerzes durch Reflexion. – *2* Also eine Totenmesse am offenen Grabe, wie sie in Afrika damals nicht üblich war. – *3* Die bekannte Abendhymne des Ambrosius.

245 *1* Hier verkündet Augustin mit besonderer Klarheit die frohe Botschaft von dem sündenvergebenden Erbarmen Gottes, während er sonst meist den Ton auf die reinigende und umwandelnde Gnade legt. – *2* Der Name nur hier, doch

mehrfach in den Frühschriften, die die gleiche Liebe und Verehrung des Sohnes zur Mutter verraten. Auch von ihren hohen natürlichen Geistesgaben spricht er in ihnen mit Bewunderung. Ein ergreifendes Zeugnis seiner Liebe findet sich in der Schrift De cura pro mortuis gerenda 13, 16, wo Augustin bemerkt, wenn die Seelen der Entschlafenen sich noch um uns Überlebende kümmern und zu uns im Schlaf und Traum reden sollten, wenn wir ihrer gedenken, dann würde seine fromme Mutter alle Nächte bei ihm sein.

247 *1* Justificas. Justificare hat bei Augustin in der Regel die Bedeutung gerecht machen, nicht gerecht sprechen.

249 *1* Vgl. Off. 8, 3.

251 *1* Warum liebt Augustin Gott? Wir vernehmen hier aus seinem Munde nicht die Antwort, die wir in erster Linie von einem Christen erwarten würden. Nicht auf Joh. 3, 16 verweist er uns oder 1. Joh. 4, 19, er sagt auch nicht: Er hat mich aus meinem Sündenelend gerettet. Sondern darum liebt er Gott, weil er Wahrheit und Schönheit ist. Denn das Wort, das sein Herz traf, durchbohrte (percussisti), ist nicht das Bibelwort, sondern das ewige Wahrheitswort – das ergibt sich aus 26, 37f. –, und mit dem erbarmenden Sichherabneigen Gottes zu ihm ist wohl auch nur gemeint, daß Gott das Zeugnis der Kreaturen seinem Herzen vernehmbar machte.

252 *1* Anaximenes lehrte, daß die Luft Ursprung aller Dinge sei. – *2* Schönheit hier species. Die relative Schönheit ist ein Abglanz der absoluten Schönheit, die gültiger Maßstab und Seinsgrund in eins ist. – *3* Die Stoiker hatten gelehrt, daß das sehende Auge Strahlen zu den Gegenständen aussendet.

254 *1* In den folgenden Ausführungen über das Gedächtnis zeigt sich so recht Augustins psychologischer Scharfsinn und seine schriftstellerische Kunst, mit ungemeiner Sicherheit und Leichtigkeit die subtilsten Dinge zur Aussprache zu bringen. Aber stellt er nicht auch mit einer gewissen Selbstgefälligkeit diese seine Gaben zur Schau? War es nötig, so ausführlich zu werden? Der Leser möge diese Frage selbst beant-

worten. Sie konnte schon früher aufsteigen, aber nun läßt sie sich nicht mehr unterdrücken.

256 *1* Diese Stelle aus Augustins Bekenntnissen machte bekanntlich auf Petrarca, als er sie auf dem Mont Ventoux im Angesicht der Alpen, des Rhonetals und des Mittelmeeres las, den tiefsten Eindruck.

259 *1* Lernen braucht deswegen also nicht, wie Plato im Menon darlegt, Wiedererinnerung zu sein, da ja diese Dinge, wenn auch im Geiste bereits vorhanden, so doch früher noch nicht erkannt waren. In De Trin. XII 15.24 hat Augustin auch das Vorhandensein geistiger Wahrheiten im Geiste bestritten und nur eine natürliche Verwandtschaft des Geistes mit ihnen, immerhin auch eine Art Apriori, angenommen. – *2* So nach Varro.

260 *1* Wir unterscheiden benannte Zahlen (soundso viel Häuser, Menschen usw.) und unbenannte. Die letzteren sind nach Augustin die ursprünglichen, mit denen wir zählen. Augustin nennt sie in De mus. VI numeri iudiciales oder rationales.

261 *1* Das Gedächtnis ist wohl Geist, aber Geist ist nicht Gedächtnis, umfaßt vielmehr auch noch andere Funktionen. Vergleicht man den Geist mit einem körperlichen Organismus, so ist, wie Augustin mit einem witzigen Bonmot bemerkt, das affektlose Gedächtnis gewissermaßen der Magen.

262 *1* Die Schwierigkeit löst sich, wenn man bedenkt, daß Freude und Leid auf verschiedene Weise im Geist und Gedächtnis sind. Sie sind Funktionen des Geistes und Objekte des Gedächtnisses. – *2* Bisweilen empfindet er sie doch, wenn auch nicht immer. Trauert Augustin nicht über seine ehemaligen Sünden, freut er sich nicht der einst erfahrenen Barmherzigkeit?

263 *1* Augustin meint diese Frage verneinen zu sollen (Fragepartikel num), sie ist aber zu bejahen. Durch wiederholte Gedächtnistätigkeit formt sich allmählich ein Bild (Begriff) des Gedächtnisses, das ich wie alle anderen Begriffe meinem Gedächtnis einpräge. Entsprechendes gilt auch vom Begriff

des Vergessens, mit dem sich Augustin im folgenden Kapitel unnötig Schwierigkeiten macht.

264 *1* Augustin hat ganz recht mit dieser Annahme, mit der er freilich, wie das nächste Kapitel zeigt, nicht recht Ernst zu machen wagt. Das Vergessen ist da als Bild oder Begriff, aber nicht als gegenwärtige Aktion, bzw. vielmehr Passion des Geistes.

265 *1* Es war da als nicht selten schmerzlich empfundener Vorgang des Verschwindens, Ausgelöschtwerdens von Bildern und Begriffen und lebt als solcher abbildlich oder begrifflich in der Erinnerung fort. Hier quält sich Augustin mit einem Scheinproblem.

267 *1* In diesem Kapitel macht Augustin sehr einsichtig auf das Problem des Unbewußten und der Gedankenassoziation aufmerksam.

269 *1* Darauf hinzuweisen wird Augustin nicht müde.

270 *1* Hier verrät Augustin eine Einsicht, die ihm zur Zeit, als er De lib. arb. oder De rer. rel. schrieb, noch fremd war. Damals stand die ideale Zahl auf gleicher Stufe wie die Wahrheit und bildete mit ihr zusammen die intelligible Welt, den Bereich des Göttlichen, war also, zumal als erhabene Eins, Zielpunkt menschlichen Verlangens (vgl. mein Buch über Augustins geistige Entwicklung, S. 176 ff.). Hier ist er sich anscheinend darüber klar, daß die abstrakte Zahl etwas anderes ist als der lebendige Gott.

272 *1* Daß die im Geist geschaute Wahrheit, auch Weisheit genannt, göttlich, ja Gott selber ist, das ist das Ergebnis stets wiederholter Gedankengänge in Augustins ersten Schriften, und der Gottesbeweis von De lib. arb. baut sich auf diesem Satze auf. Eine Bestätigung dafür fand Augustin im Neuen Testament, zumal im Worte Jesu: Ich bin die Wahrheit. Aber er hat sich eins nicht klargemacht. Wohl kann man sagen, daß Gott Wahrheit ist, sowie auch, daß er Gerechtigkeit und Liebe ist. Aber man darf nicht sagen: Die Wahrheit ist Gott. Es gibt auch Wahrheiten, die man wie die Zahlen besitzen kann, ohne weiter nach ihnen zu streben (vgl. oben

21, 30), und die auch nicht beseligen, weil sie nicht lebendig, mächtig, heilig, weil sie eben nicht Gott sind.

273 *1* Man spürt, was für eine Wahrheit es ist, die Augustin meint. Sie ist lebendig, mächtig, heilig. Man könnte etwa sagen: Die Wahrheit ist nur ein Strahl seines Lichtes, nur ein Zipfel seines Gewandes, nicht Gott selbst.

274 *1* Denkt Augustin hier daran, daß ihm einst seine Mutter zuerst von Gott erzählte, denkt er vielleicht noch weiter zurück? Oder daran, daß ihm die neuplatonischen Schriften die Wahrheit des geistigen Gottes erschlossen?

275 *1* Eigenartig dieser Übergang von Wahrheit zur Schönheit. Aber für Augustin nicht verwunderlich. Denn Zahl, Form, Einheit sind ihm Grundelemente des Wahren und Schönen.

276 *1* Zu diesem schmerzlichen Rückblick des Bischofs auf seine Jugend bemerkt P. Schäfer (a. a. O. S. 75): «Wenn wir vom Rhetor in Mailand nichts wüßten als dieses erschütternde religiöse Ringen und Gottsuchen von seinem 19. bis zu seinem 32. Lebensjahre, wir dürften ihn als Heiligen verehren.» Hier schlägt das Pendel allzuweit nach der andern Seite aus.

277 *1* Da, quod iubes, et iube, quod vis. Schon in der Einleitung wurde bemerkt, daß Pelagius an diesem augustinischen Kernwort schweren Anstoß nahm. – *2* Minus enim te amat, qui tecum aliquid amat, quod non propter te amat. Zur Erläuterung vgl. De Trin. IX 8, 13: Non quod non sit amanda creatura; sed si ad creatorem refertur ille amor, non iam cupiditas, sed caritas est. Tunc enim est cupiditas, cum propter se amatur creatura. («Gewiß darf man auch die Kreatur lieben, aber wenn diese Liebe dem Schöpfer sich zuwendet, ist sie nicht mehr Begierde, sondern heilige Liebe – caritas –; denn nur dann ist es Begierde, wenn man die Kreatur um ihrer selbst willen liebt.») – *3* Erst Gott veritas, dann Gott pulchritudo, nun Deus amor, caritas – dieser Dreiklang ist offenbar beabsichtigt. Aber wie gelangt Augustin zu der Einsicht: Deus caritas? Wir hörten nur, wie er den Gott, der Wahrheit und Schönheit ist, findet. Erst 43, 69 sagt, was wir hier vermissen. Es kommt zu spät.

ANMERKUNGEN ZU SEITEN 278-300

278 *1* Augustin schreibt: Usque ad carnis fluxum.

280 *1* Crapula bedeutet im klassischen Latein Unmäßigkeit im Trinken, doch ist es wohl schon in dem Zitat Luc. 21, 24 als Unmäßigkeit im Essen gemeint. Jedenfalls hat Augustin es so verstanden.

285 *1* Vgl. Tob. 1, 19 ff.; 4, 7 ff.

286 *1* Wie die abergläubischen Lichtanbeter, insbesondere die Manichäer.

288 *1* Der Text ist hier nicht gesichert, der Sinn jedoch klar.

290 *1* So übersetze ich im Anschluß an Hoffmann und Hefele das me sanas a libidine vindicandi me. Hier an Rachsucht oder an das Begehren, sich der Herrschaft Gottes zu entziehen (v. Raumer), zu denken, liegt doch zu weit ab.

294 *1* Das würde geschehen, wenn er fälschlich sich entschuldigen wollte.

296 *1* Auch diese Stelle ist von Wichtigkeit, um die Frage zu beantworten, ob man Augustin zu den Mystikern zählen darf.

297 *1* Hier denkt Augustin an die späteren Neuplatoniker, die aus übergeistiger Mystik in Dämonenkult und Magie verfallen waren.

298 *1* Nicht in der Mitteilung der göttlichen Natur, also Vergottung, wie die orientalischen Theologen lehrten, bestand nach Augustin die Erlösung, sondern in der Rettung aus Sündenknechtschaft. So vollbrachte Christus sein Heilandswerk als der sterbliche, aber sündlose Mensch (vgl. das vorige Kapitel).

299 *1* Die Übersetzung sucht das Wortspiel victor-victima frei wiederzugeben. – *2* Nach seiner Bekehrung plante Augustin, mit gleichgesinnten Freunden in klosterähnlicher Zurückgezogenheit zu leben. Wider seinen Willen zwang ihm das Volk zu Hippo das geistliche Amt auf. Darin erblickte er später Gottes Hand.

300 *1* Zu Beginn des letzten Teiles seines Werkes, in dem Augustin der Schilderung seines Werdens und seines gegenwärtigen Zustandes eine Darlegung der Grundlinien seines Den-

kens beifügen will – es ist ihm augenscheinlich fast das Wichtigste – läßt er wieder wie I 1, 1 den Lobpreis des Psalmisten erklingen. – *2* Vgl. II 1, 1.

301 *1* Im Jahre 391 wurde Augustin wider seinen Willen vom Volk zu Hippo genötigt, das Priesteramt anzutreten, im Jahre 395 nahm der alte Valerius ihn zum Mitbischof an, und im folgenden Jahre wurde er sein Nachfolger. – *2* Stillae temporum, der Ausdruck erinnert an die damals neben den Sanduhren gebräuchlichen Wasseruhren. – *3* Augustin seufzt oft über die ihn allzusehr vor- und nachmittags belastende Mühsal weltlicher Geschäfte, die sein Bischofsamt mit sich brachte, die tumultuosissimae perplexitates causarum alienarum de negotiis saecularibus, De op. monach. 29, 37.

302 *1* Bezugnahme auf Ps. 29, 9: Vox Domini perficientis cervos. – *2* Da, quod amo: amo enim. Et hoc tu dedisti.

303 *1* Immer wieder hat Augustin sich mit der Auslegung des 1. Kapitels der Bibel beschäftigt. Zuerst bald nach seiner Rückkehr nach Afrika in den beiden Büchern De gen. c. Man., die eine rein allegorische Auslegung bieten, dann als Presbyter in dem Liber imperf. De gen. ad lit., das er abbrach, weil er sich der schweren Aufgabe, den Wortsinn zu deuten, noch nicht gewachsen fühlte. Sodann folgt der Entwurf der Konfessionen, die auf die Worterklärung von Buch XI und XII die allegorische Auslegung von Buch XIII folgen lassen, einige Zeit später das große Werk der Gen. ad lit. in 12 Büchern, endlich die ausgeglichenste Darstellung in De civ. D. XI. – *2* In principio besagt für Augustin mehr als initio. Ich habe es darum mit «Uranfang» wiedergegeben. – *3* In dem fesselnden Dialog De mag., der IX 6, 14 erwähnt wurde, hat Augustin diesen Gedanken ex professo entwickelt.

304 *1* Augustin denkt an das ewige Wort und die in ihm beschlossenen Ideen aller Kreatur (vgl. I 6, 9).

306 *1* Wieder das «anders, ganz anders» von VII 10, 16.

307 *1* Stabilis veritas.

308 *1* Diese Auslegung hat Augustin fallen lassen und versteht in De civ. D. in principio einfach als im Anfang.

ANMERKUNGEN ZU SEITEN 311-322

311 *1* Vgl. hierzu I 6, 10.

313 *1* Warum sollen 100 vergangene Jahre nicht lang sein? Sie existieren freilich nur noch in der Vorstellung, aber als solche haben sie auch ihre Länge. Sie waren und sind lang. Die Fragestellung: Wann waren sie lang? führt in eine Sackgasse.

314 *1* Hierzu ist zu bemerken: Man kann unter Gegenwart einmal den Zeitabschnitt verstehen – sei es nun ein Jahrhundert oder ein Jahr oder Tag –, in dem das Subjekt seinen Standort hat; man kann diesen Begriff aber auch punktuell auffassen, also Gegenwart = Standpunkt, und dann ist nicht einmal eine Sekunde gegenwärtig, weil auch sie durchlebt wird.

315 *1* Wahrgenommen gewiß, aber auch gemessen? Darüber später.

316 *1* In der Tat, es gibt nur eine Zeit, bildlich gesprochen, den einen Zeitstrom, der, aus nächtlicher Zukunft kommend, im Nebel der Vergangenheit sich verliert und im Jetztpunkt jenes eigentümliche Sprühen und Leuchten hervorbringt, das wir die Wirklichkeit nennen. – *2* Ein sehr bemerkenswertes Argument.

317 *1* Dies Beispiel ist freilich nicht geeignet, die Prophetie zu erklären. Die Morgenröte wird mit den normalen Sinnen wahrgenommen, nicht jedoch jene geheimnisvollen «Ursachen und Zeichen», die von den Sehern wahrgenommen werden mögen.

318 *1* Augustin schreibt: Praesens de praeteritis etc.

320 *1* Man könnte fragen: Entspringt das Verlangen, dies Rätsel zu lösen, nicht der im vorigen Buch getadelten vorwitzigen Wißbegier? Augustin würde wohl antworten: Man muß wissen, was Zeit ist, um über Gott und sein Schöpfungswerk insoweit Klarheit zu gewinnen, daß man nicht in manichäische Phantastereien gerät.

322 *1* Hier übersieht Augustin etwas Wesentliches. Man mißt nicht eine Bewegung mit der Zeit – es sei denn, wenn auch nicht exakt, mit dem Zeitgefühl – sondern eine Bewegung mit einer andern. Gewiß ist Zeit nicht Bewegung, aber da

Bewegung zeitlich ist (Zeit ein Modus bewegter Körper), dient die Bewegung zum Messen der Zeit. So mißt man etwa die Zeitdauer des Sonnenumlaufes mit dem Stundenglas, vorausgesetzt, daß beide Bewegungen, die der Sonne und die des Sandes, gleichmäßig sind und gleichzeitig stattfinden.

323 *1* Ich muß zum Vergleich eine zweite Bewegung ins Auge fassen, also etwa nach der Uhr sehen. – *2* Außer der zurückgelegten Strecke muß auch die Geschwindigkeit des sich bewegenden Körpers, d.h. die Zeit, in welcher der Körper eine gewisse kleinere Strecke zurücklegt, bekannt sein, wenn ich die Zeit messen will.

324 *1* In diesem Fall müssen wir uns auf das Zeitgefühl verlassen, ein ungenaues Messen.

325 *1* Begnügt man sich nicht mit dem Zeitmaß, sondern fragt nach der Zeit selber, stößt man als letztes auf das Zeiterlebnis, also in der Tat etwas Geistiges, obschon der Ausdruck distentio animi kaum glücklich zu nennen ist. Deshalb braucht aber die Zeit nicht lediglich subjektiv zu sein, wie Kant meinte. Dagegen besonders Bergson.

326 *1* Also auch diese letzte, im Anfang des Kapitels noch offengelassene Möglichkeit ist nun versperrt. Denn im Vorübergehen kann die Zeit darum nicht gemessen werden, weil nur, was Anfang und Ende hat, gemessen werden kann.

327 *1* Hier handelt es sich nur um das ungenaue Messen vermittels des Zeitgefühls. – *2* Hier scheint Augustin Zeit und Zeitgefühl zu identifizieren.

328 *1* Der Zeitablauf reflektiert sich im Geiste des Menschen. Aber Erwartung, Aufmerksamkeit, Erinnerung sind nicht der Zeitablauf selbst. – *2* Wir würden sagen: Die Erwartung schaut auf lange Zukunft hinaus, die freilich nur ein Gedankending ist und als solches ihre entsprechende Länge hat. Zugleich aber wird in der Erwartung die reale Zeit erlebt und im Zeitgefühl der Maßstab einer allerdings nicht exakten Messung gebildet. Entsprechendes gilt von der Erinnerung. Aber man kann Erwartung und Erinnerung nicht gut lang oder kurz nennen.

ANMERKUNGEN ZU SEITEN 329–347

329 *1* Die Übersetzung von in multis per multa ist zweifelhaft.

330 *1* Nach Buch XII ist die Engelwelt vor der Zeit geschaffen. In De civ. D. hat Augustin diese Behauptung zurückgenommen.

333 *1* Augustin liest hier mit der altlateinischen Übersetzung invisibilis et incomposita. – *2* Die Manichäer sprachen dagegen von einem Reich der Finsternis als gottfeindlicher Macht. – *3* Die terra invisibilis et incomposita ist also der zuerst geschaffene formlose Stoff, aus dem Gott nach Sap. 11, 17 diese unsere Welt schuf.

334 *1* In Augustins manichäischer Periode.

335 *1* Auch Plotin spricht in ähnlicher Weise von dieser formlosen Materie.

336 *1* Also strikte Ablehnung der Emanation, wie sie die Manichäer in bezug auf die Lichtelemente in der Welt, und wie sie auch die Neuplatoniker lehrten, was Augustin freilich entgangen zu sein scheint (vgl. VII 9, 13).

337 *1* Augustin meint die Engelwelt.

338 *1* Augustin denkt hier vornehmlich wohl an die Manichäer, aber auch an Heiden und irdisch gesinnte Christen.

339 *1* Das Böse ist nichts Seiendes, sondern Abkehr des Willens vom höheren zum niederen Sein (vgl. VII 16, 22).

342 *1* Vgl. Enarr. in Ps. 149, 6: Sermo Dei gladius bis acutus. Unde bis acutus? Dicit de temporalibus, dicit de aeternis. In utroque probat, quod dicit, et eum, quem ferit, separat a mundo. («Das Wort Gottes ist ein zweischneidiges Schwert. Warum zweischneidig? Weil es von zeitlichen und auch von ewigen Dingen spricht. In beiden Fällen beweist es, was es spricht, und schneidet den, den es trifft, von der Welt ab.»)

346 *1* Es ist an Seele und Leib gedacht.

347 *1* Zum leichteren Verständnis stellen wir die 5 verschiedenen Deutungen von Gen. 1, 1 u. 2 kurz zusammen. 1. Augustins Ansicht: Himmel und Erde = die Engelwelt und der formlose Stoff. Letzterer in v. 2 näher beschrieben. 2. Erster Widersacher: Himmel und Erde = vorwegnehmende kurze Benennung der ganzen sichtbaren Schöpfung. Mit der wü-

sten und leeren Erde der formlose Stoff gemeint. 3. Zweiter Widersacher: Himmel und Erde = Zusammenfassende Bezeichnung für den formlosen Stoff, aus dem die sichtbare Welt geschaffen ist. 4. Dritter Widersacher: Himmel und Erde = die gesamte Schöpfung, zugleich aber auch der formlose Stoff, aus dem die sichtbare und unsichtbare Welt geschaffen ist, erstere sodann mit den Worten «die Erde wüst und leer», letztere mit «Finsternis über der Tiefe» bezeichnet. 5. Vierter Widersacher: Himmel und Erde = lediglich der formlose Stoff aller, auch der geistigen Kreaturen, der keimhaft bereits die später aus ihm hervorgehenden Formen in sich trägt. – 2 Diese Auffassung hatte Augustin früher selbst vertreten. Die in den Konfessionen vorgetragene Ansicht ist ihm später, wie De gen. ad lit. zeigt, wieder zweifelhaft geworden und in De civ. D. hat er auch sie fallen gelassen.

351 *1* Diese 5 verschiedenen Auffassungen von Gen. 1, 1 stimmen mit denen von Kap. 17 nicht ganz überein. Neu ist insbesondere die abweichende Auslegung von in principio in 1–4 u. 5.

352 *1* Von diesen 5 verschiedenen Auslegungen von Gen. 1, 2 begegneten uns die 3 ersten im wesentlichen bereits in Kap. 17 (Nr. 1 = Augustins eigene Ansicht und die des ersten Widersachers, Nr. 2 = zweiter Widersacher, Nr. 3 = dritter Widersacher). Der vierte Widersacher fehlt. Die 4. und 5. Auslegung, die bestreiten, daß die Erde, bzw. Himmel und Erde von Gen. 1, 1 dasselbe sei wie der ungeformte Stoff von v. 2, sind neu.

354 *1* Unter signa versteht Augustin auch die Worte.

358 *1* Auf den naheliegenden Einwand: wozu mußte Moses schreiben, ja wozu überhaupt die ganze Heilige Schrift, wenn ein jeder die Wahrheit in unmittelbarer geistiger Anschauung erfassen kann und muß, geht Augustin nicht ein.

359 *1* Die Wiege, bzw. das Nest ist nicht die katholische Kirche, wie man zunächst meinen würde, sondern nach dem nächsten Kapitel die Heilige Schrift, die von Ketzern wie den Manichäern hochmütig verworfen oder doch kritisiert wird.

ANMERKUNGEN ZU SEITEN 360-375

360 *1* Zurück zu dem Einen! Das ist die neuplatonische Losung. Aber nach Augustin ist dieser Eine der Schöpfer, und die Rückkehr der Menschenseele ihre Bekehrung.

362 *1* Mit dem letztgenannten praecedere origine, das an dem Beispiel Ton und Gesang veranschaulicht wird, ist das logische Vorangehen (logisches prius) gemeint.

366 *1* Augustin schreibt ut sic te colam quasi terram, ut sis incultus, si non te colam. Die Übersetzung ist notgedrungen frei, weil es im Deutschen kein Wort gibt, das bebauen und ehren zugleich bedeutet.

367 *1* Formung schafft Einheiten, verwandelt das Chaos zum Kosmos, zum Universum, in dem sich die göttliche Einheit spiegelt.

369 *1* Augustin schreibt einfach: In principio sapientiae nostrae.

371 *1* Sowohl Hoffmann als auch Hefele übersetzen amores meines Erachtens falsch, der erstere mit Regungen der sinnlichen Liebe, der letztere mit Begierden. Aber affectus und amores sind, wie das Folgende beweist, hier in neutralem Sinne gebraucht, können sowohl nach unten wie nach oben ziehen. Augustin kennt amor sowohl als irdische wie als himmlische Liebe (vgl. auch das folgende Kapitel, in dem die Liebe als Gewicht bezeichnet wird, das so oder so eingesetzt werden kann). – *2* So nach der altlateinischen Übersetzung «aquas, quae sunt sine substantia», was Augustin in seinem Psalmenkommentar auf die Sünde bezieht, die keine Substanz hat.

374 *1* Bei Augustin lesen wir una vita et una mens et una essentia. Aber statt vita erwartet man, wie Bigg und Montgomery mit Recht bemerken, voluntas. – *2* Diesen Ansatz, das Geheimnis der göttlichen Trinität psychologisch zu erhellen, hat Augustin später in seinem großen, 417 abgeschlossenen Werke über die Trinität ausgeführt und weitere Analogien (memoria, intelligentia, voluntas; Subjekt, Objekt und Tätigkeit des Liebens; Sein, Bewußtsein und Liebe – letzteres in De civ. D.) beigebracht.

375 *1* Hier beginnt die allegorische Auslegung von Gen. 1. –

2 Dieser Berg ist Christus, vgl. auch IX 3, 5 (Ps. 68, 16). – 3 Unter Abgrund versteht Augustin das Menschenherz, das abgründig ist und bleibt, auch wenn es gläubig wird, so in der Auslegung des 42. Psalms. – 4 Hier ist an die vom Geist Gottes inspirierte Rede gedacht.

376 *1* Super me, so die altlateinische Übersetzung.

377 *1* Das Pergament wurde aus Fellen zubereitet.

378 *1* Das Fell in Gen. 3, 21 ist ein Sinnbild der Sterblichkeit. So mußte der Tod der biblischen Schriftsteller dazu dienen, das Fell, nun als Sinnbild der Schrift verstanden, auszubreiten. – *2* Sinnbild der Heiligen Schrift. Gottes Finger die biblischen Schriftsteller. – *3* Vgl. Ps. 12, 7. – *4* Augustin schrieb: legunt, eligunt, diligunt. Die Übersetzung nimmt hier weniger auf den Wortsinn Bedacht, der nicht belangvoll ist, als auf Klang und Rhythmus.

379 *1* Die Wolken sind die Prediger. – *2* So ist wohl per retia carnis (Hohel. 2, 9 nach der altlateinischen Übersetzung) zu verstehen. – *3* Vgl. Hohel. 1, 3.

380 *1* Was ist unter Meer zu verstehen? Mare in figura dicitur saeculum hoc, salsitate amarum, procellis turbulentum, so Augustin zu Ps. 65, 6. Die Wasser dieses Meeres sind die Weltkinder. – *2* Das trockene Land sind die gläubigen Christen, seine Früchte die Werke der Barmherzigkeit. Sie sind ihrer Art angepaßt und führen entsprechenden Samen bei sich, denn Bedrängnis und mancherlei Nöte sind allen Menschen gemeinsam.

382 *1* Hoffmann und nach ihm auch Hefele haben dies meines Erachtens mißverstanden. Der Sinn ist: In der ewigen Schatzkammer Gottes sind die Gaben und Güter aufgespeichert, die Gott im Ablauf der Zeit an die Seinen austeilt. – *2* In den Büchern XII–XIV von De Trin. bespricht Augustin eingehend den Unterschied von sapientia und scientia und sagt zusammenfassend im Anschluß an Hi. 28, 28, sapientia beziehe sich auf die Kontemplation, scientia auf das tätige Leben des Christen. – *3* Augustin sagt sacramenta.

383 *1* Augustin unterscheidet hier, wie vor ihm die alexandrini-

schen Väter, zwischen den erleuchteten Christen, die die göttliche Wahrheit zu schauen vermögen, und den bloß durchschnittlichen, die auf Glauben, Gehorsam und Sakramentsempfang angewiesen sind. – *2 Disputemus.* Bei Jesaja bedeutet es: Laßt uns miteinander rechten. Hier aber ist augenscheinlich an Belehrung durch Gott gedacht.

384 *1* Statt in firmamento mundi (Knöll) wird zu lesen sein infirma mundi. So fordert es das Zitat 1. Kor. 1, 27.

385 *1* Vulgata: Reptilia animarum vivarum. – *2* Animam vivam. – *3* Wieder im allgemeinen Sinne. Nicht nur die Taufe gehört dazu, sondern auch die großen Wundertaten. Durch diese Heilsveranstaltungen wird die Kirche begründet und so das Kostbare vom Gemeinen unterschieden. Hier wird die Allegorese barock. – *4* Die ewige, unwandelbare Wahrheit muß um unserer Schwäche willen sich versinnlichen und in mancherlei «Sakramenten», in Zeichen und Wundern aller Art, faßbar werden.

387 *1* Der Fisch bekanntes altkirchliches Symbol für Christus, Ἰησοῦς Χριστὸς Θεοῦ H Ὑιὸς Σωτήρ = Ἰχϑύς – *2* Den ungläubigen Manichäern und anderen Häretikern nützt die Enthaltsamkeit nichts.

389 *1* Von den guten Tieren, dem guten Vieh und den guten Schlangen, die nicht dem Meer, sondern der Erde entstammen und in denen die lebende Seele sich verkörpert, las Augustin Gen. 1, 25. – *2* Diese innere Erneuerung ist nach Augustin die geistlich verstandene Erschaffung des Menschen.

390 *1* Der Geschlechtsunterschied von Mann und Weib, geistlich verstanden, weist darauf hin, daß es auch in der Kirche Führung und Gefolgschaft geben muß.

393 *1 Sacramentis.* Wir hörten, daß unter den meerentsprossenen Tieren in erster Linie die «Sacramente» verstanden werden sollen.

394 *1* Die verschiedenen möglichen Auslegungen von Gen. 1, 1, die wir kennen lernten, sind die geistigen Sprößlinge der Menschen.

396 *1* In ihrem Wirken repräsentieren sie die Gen. 1, 29 f. genannten Geschöpfe.

399 *1* Was soll das? Die Fische und Meerungeheuer sind doch Sakramente und Wunderzeichen. Sollen nun die Toren und Ungläubigen darunter verstanden werden? Bisweilen schläft Homer!

400 *1* De tuo, d. h. aus dem von dir geschaffenen Stoffe. – *2* Die Manichäer sind gemeint.

402 *1* Die Retraktationen bemerken hierzu, diese Deutung der Feste zwischen den Wassern sei voreilig (non satis considerate) und die Sache sehr dunkel. In der späteren Schrift De Gen. ad lit. neigt er dahin, unter der Feste lediglich den Lufthimmel zu verstehen.

403 *1* Die Schönheit der Kreatur preist Gott und weckt unsere Liebe, in welcher sich der Lobpreis der Kreatur vollendet. – *2* Privatio, zu ergänzen speciei, verstehe ich als Vernichtung.

NACHWORT ZUR ZWEITEN AUFLAGE

Seit Erscheinen der vorliegenden Übersetzung ist im Kösel-Verlag, München, 1955 eine neue Übersetzung der Bekenntnisse von Jos. Bernhart erschienen. Der lateinische Text wurde mitgedruckt und wertvolle Anmerkungen sowie eine feinsinnige Abhandlung «zur Biographie» beigefügt. An der Übertragung kann ich jedoch trotz ihrer anzuerkennenden Sorgfalt und mancher glücklichen Wortprägung wegen ihres eigenwilligen und gekünstelten Stils keinen Geschmack finden. In der Fischer-Bücherei wurden die ersten zehn Bücher dieser Übersetzung abgedruckt, mit neuen Anmerkungen und einem bemerkenswerten Nachwort von H. Urs von Balthasar. Es stellt die Bekenntnisse in den Zusammenhang der gesamten schriftstellerischen Produktion Augustins als «einen Auftakt des Lebenswerks des Theologen und Bischofs», das er als eine wundervolle Verschmelzung und Überhöhung verschiedener geistiger Tendenzen in der Synthese des christkatholischen Glaubens würdigt. «Wer die Elemente, von denen Augustinus herkommt, den tragischen Dualismus von Geist und Fleisch und den ekstatischen Spiritualismus als Lösung daraus, mit der herrlich strömenden, in sich beruhigten Fülle vergleicht, die in der gefundenen höheren Mitte des Christlichen sich entfaltet und verströmt, der steht vor einem unbegreiflichen Wunder, dem offenkundigsten dieser Art in der ganzen christlichen Heilsgeschichte», S. 220. Das Ohr des kritischeren, obschon gleichfalls um Verständnis bemühten Protestanten dürfte doch aus dieser gewiß erstaunlichen und mächtigen Symphonie stärker die Dissonanzen heraushören, woraus sich für den Theologen die Nötigung ergibt, manches auszuscheiden und das übrige anders zu verbinden.

Erst jetzt geprüft und verwertet wurde von mir die neue Übersetzung der Bekenntnisse von Hub. Schiel, deren zweite Auflage 1950 im Herder-Verlag erschien. Im Nachwort stellt der Verfasser Richtlinien für den Übersetzer eines solchen Schriftstellers wie Augustin auf und fordert vor allem den möglichst engen Anschluß an Wortlaut und Satzbau der Vorlage. Hier muß ich widersprechen. Entscheidend wichtig ist, daß der geistige Gehalt der Ausführungen unverkürzt und klar zur Darstellung kommt, daß der Leser ferner von dem Schwung und Pathos mancher Kapitel, von dem bewegten Gefühlsleben, der dialektischen Schärfe, der feinsinnigen Psychologie des Bischofs einen möglichst starken Eindruck empfängt. Das alles erfordert aber in einer anderen Sprache eine freiere Gestaltung der Wiedergabe als Schiel für wünschenswert hält und in seiner Übertragung selber praktiziert. Wenn beispielsweise die bei Augustin beliebten langen Perioden nur, wie es meist der Fall ist, eine Eigentümlichkeit des lateinischen Stils nach dem Muster Ciceros sind, so sehe ich nicht ein, weshalb wir sie im Deutschen, wo sie nach unserm heutigen Sprachgefühl schwerfällig wirken, beibehalten sollen. Anders wenn sie, was auch hin und wieder vorkommt, der Ausdruck vorwärts stürmenden Gedankenfluges sind, wie etwa in dem mystischen Gespräch Augustins mit seiner Mutter in Ostia. Dann wird auch der Übersetzer die Periode nicht zertrennen dürfen. Die häufigen Augustinschen Wortspiele, Wortanklänge, Alliterationen lassen sich, wenn überhaupt, nur frei wiedergeben, und ich habe mich gelegentlich nicht gescheut, wenn es Augustin augenscheinlich mehr auf den sprachlichen Effekt als auf den Sinn einer Aussage ankam, den Sinn etwas zu verändern. So übersetzte ich in Buch 13, XV, 18 die Worte «legunt, eligunt et diligunt» mit «sie lesen, lieben und loben». Dann aber teile ich in einer Anmerkung den lateinischen Wortlaut mit, und der Leser mag selbst entscheiden, ob er solche Freiheit zulässig findet.

Den wertvollsten Beitrag zum Verständnis der Bekenntnisse hat neuerdings Pierre Courcelle in seinem grundgelehrten, feinsinnigen Buche «Recherches sur les Confessions de Saint-Augustin», Paris 1950, geliefert. Zumal Augustins Übergang vom Manichäismus und Skeptizismus zum christlichen Neuplatonismus empfängt neues Licht, indem gezeigt wird, welche Rolle das neuplatonisch gefärbte Christentum, bzw. der christlich gefärbte Neuplatonismus, damals in Mailand spielte. Courcelle weist nach, daß Ambrosius in mehreren in damaliger Zeit entstandenen

Sermonen die Enneaden Plotins ausgiebig benutzte. Ob freilich Augustin ihm mehr verdankte als die Einsicht, daß die anthropomorphen Gottesaussagen der Heiligen Schrift allegorisch in geistigem Sinne verstanden werden können, wie die Konfessionen berichten, ist mir fraglich. Aber sehr dankenswert der Nachweis, daß Männer wie Mallius Theodorus, der nach Courcelle Augustin die ins Lateinische übersetzten neuplatonischen Schriften zugänglich machte, und Simplicianus – jener mehr christlicher Neuplatoniker, dieser mehr neuplatonischer Christ – Augustin kräftig und mehr als bisher angenommen im Sinne neuplatonischen Christentums beeinflußt haben müssen. Interessant auch die Feststellung, daß die beiden kaiserlichen Hofbeamten, die nach der Erzählung des Simplician sich in Trier durch die Lektüre der Vita des Antonius zum Mönchtum bekehrten, wahrscheinlich Hieronymus und sein Freund Bonosus gewesen sind.

Nicht überzeugt hat mich dagegen Courcelles Auffassung der berühmten Szene im Mailänder Garten (S. 193 ff. 255). Nach ihm hat es sich da um einen rein geistigen Vorgang gehandelt, und das äußere Drum und Dran, also wohl auch der Garten, jedenfalls der Feigenbaum, der aus Joh. 1, 50 entlehnt sei, und insbesondere die Kinderstimme aus dem Nachbarhause, sei lediglich eine literarische Einkleidung. Eine Stütze würde diese Deutung haben, wenn die Stimme nach der ältesten Lesart de divina, nicht de vicina domo ertönt wäre. Textkritisch wäre das möglich, und dann könnte man mit Courcelle annehmen, Augustin habe damit selbst andeuten wollen, daß er jene Stimme nicht mit leiblichen Ohren vernommen habe. Das aber scheint mir nach dem Kontext ausgeschlossen. Die ganze Gartenszene mit allen Einzelheiten, abgesehen von jener Stimme, die Augustin ja abseits und allein gehört haben will, ist aber – ich wies darauf in der Einführung zur ersten Auflage schon hin – durch die Anwesenheit eines Zeugen und späteren Lesers der Bekenntnisse, nämlich des Alypius, verbürgt.

Noch eins zum Schluß. Schon E. Williger hatte in einem Aufsatz «Der Aufbau der Konfessionen Augustins» in der Zeitschrift für neutest. Wiss. 1929 die Hypothese aufgestellt, Augustin habe das 10. Buch erst nachträglich hinzugefügt, da Buch 11 augenscheinlich an Buch 9 anknüpfe. Courcelle stimmt zu und ergänzt die Beweisführung (S. 25). Auch ich bin nicht abgeneigt zuzustimmen, möchte aber bemerken, daß meines Erachtens die Konfessionen erst durch Buch 10 zu einem Ganzen werden. Ich deutete es bereits in meiner Einführung an. Buch 1–9 schildern das Werden Augustins von seiner Geburt bis zu seiner Bekehrung, Buch 10 fährt fort mit einer Innenschau und Beschreibung des gegenwärtigen Seelenzustandes des Bischofs, Buch 11–13 skizzieren in Auslegung von Gen. 1 Grundzüge seines Denkens über das schöpferische Wirken des Gottes, der über seinem Leben waltete und in seinem Innersten als Wahrheitslicht und erbarmender Vater gegenwärtig ist. Mit anderen Worten: Buch 1–9 schauen auf die Vergangenheit, Buch 10 auf die Gegenwart, Buch 11–13 auf die Ewigkeit.

WILHELM THIMME

1958   1879–1966

VERZEICHNIS DER BIBELZITATE

Die erste Zahl gibt die Seite, die zweite, *kursiv* gesetzte, die Zeile von oben gezählt. Die ganze Seite hat 33 Zeilen. Es werden nur die Textzeilen berücksichtigt.

31 *1,2* Ps. 145, 3 u. Ps. 147, 5.
  5 Jak. 4, 6. *15f.* Röm. 10, 14
  u. Ps. 22, 27.
32 *12* Ps. 139, 8. *15* Röm. 11, 36.
  20 Jer. 23, 24.
33 *9* Ps. 18, 32. *14* Hi. 9, 5.
34 *11* Ps. 35, 3. *21f.* Ps. 19, 13 f. u. Ps. 116,
  10. *24* Ps. 32, 5. *27* Ps. 27, 12.
  29 Ps. 130, 3.
35 *1* 1. Mos. 18, 27.
37 *26* Ps. 102, 28.
38 *2* 2. Mos. 16, 15.
39 *22* Ps. 92, 2.
40 *1* Ps. 51, 7.
41 *26* Ps. 18, 3.
45 *22* Mt. 10, 30.
46 *9* Ps. 78, 39. *27* Ps. 73, 27. *28* Ps. 40,
  16. *31f.* Verg. Än. VI 457.
48 *4f.* Verg. Än. II 772.
49 *12* Ps. 5, 3.
50 *3* Cicero, Tusc. 1, 26.
  29 Ter. Eun. 595, 589 ff.
52 *12* Ps. 103, 8 u. Ps. 86, 15.
  16 Ps. 27, 8.
54 *1* Ps. 31, 23. *25* Mt. 19, 14.
57 *25* 1. Kor. 7, 28. *26* ebd. 7, 1. *27* ebd. 7,
  32 f. *31* Mt. 19, 22.
58 *8* Ps. 94, 20.
59 *30* Jer. 2, 27.
60 *12* Ps. 116, 16.
61 *19* Ps. 73, 7.
63 *24* Sall. Cat. 16.
66 *10* Ps. 116, 12.
67 *3* Röm. 6, 21. *27* Ps. 19, 13.
68 *24* Mt. 25, 21.
71 *29* 2. Kor. 2, 16.
74 *9* Hi. 12, 13. *19* Kol. 2, 8 f.

76 *15* Jak. 1, 17.
77 *5* 2. Kor. 12, 12. *16* Joh. 5, 26.
78 *7* Spr. 9, 17.
79 *14* 1. Kor. 4, 3.
81 *2* Mt. 22, 37 u. 39.
82 *30* Röm. 1, 26. *32* Apost. 9, 5.
85 *1f.* Ps. 144, 7 u. Ps. 86, 13.
86 *12* Ps. 69, 3. *18* Ps. 88, 3.
88 *21* Ps. 50, 14.
89 *13* Ps. 4, 3.
90 *4* Ps. 73, 26. *9* Hos. 12, 1. *20* Ps. 41, 5.
  23 Joh. 5, 14.
91 *2* Mt. 16, 27. *3* Ps. 51, 19. *10* 1. Petr. 5, 5.
93 *4* Röm. 5, 5. *13* Ps. 94, 1.
94 *22* Ps. 42, 6.
96 *14* Ps. 25, 15.
99 *12* Ps. 119, 142. *14* Ps. 80, 4.
102 *1* Jes. 46, 8. *20* Ps. 19, 6.
  29 Joh. 1, 10 u. 1. Tim. 1, 15.
  32 Ps. 41, 5. *32f.* Ps. 4, 3.
103 *3* Ps. 73, 9. *6* Ps. 84, 7.
106 *3* Ps. 72, 18.
107 *7* Ps. 18, 29. *9* Joh. 1, 16. *10* Ps. 1, 9.
  11 Jak. 1, 17. *14* 1. Petr. 5, 5.
  24 Ps. 78, 39.
108 *9* Joh. 3, 29. *13* Ps. 51, 10.
109 *22* 1. Mos. 3, 18 f.
110 *7* Ps. 59, 10. *8* Luc. 15, 13.
  32 Ps. 63, 8; 17, 8.
111 *1* Jes. 46, 4.
112 *3* Ps. 54, 8 u. Ps. 6, 3. *4* Ps. 35, 10.
  8 Ps. 19, 7. *14f.* Ps. 139, 7.
114 *11* Weish. 13, 9. *13* Ps. 138, 6.
  15 Ps. 34, 19.
115 *8f.* Nach Ps. 8, 8 f. *17* Ps. 147, 5.
  18 1. Kor. 1, 30. *25* Röm. 1, 21.
  29 Röm. 1, 21 f.

VERZEICHNIS DER BIBELZITATE

116 *1* Röm. 1, 23 u. 25. *19* Ps. 31, 6.
117 *3* 2. Kor. 6, 10. *7* Weish. 11, 22.
    11 Hi. 28, 28.
118 *15* Eph. 4, 13 f.
121 *22* Ps. 78, 37.
122 *18* Ps. 18, 5. *24* Ps. 37, 23.
123 *28* Ps. 142, 6.
125 *18* 1. Kor. 15, 22.
126 *22* Ps. 51, 19.
127 *6* Ps. 118, 1. *11* Ps. 116, 16.
    21 Ps. 41, 5.
128 *1* Ps. 141, 3 f.
131 *11* Ps. 139, 22. *15* Ps. 73, 27.
132 *8* Ps. 81, 17 u. Ps. 45, 8.
    30 Ps. 119, 155.
133 *15* 2. Kor. 3, 6.
135 *1* Ps. 71, 5. *7* Ps. 73, 26 u. Ps. 68, 23.
    24 Luc. 7, 14.
136 *13* Joh. 4, 14. *14* Gal. 4, 14.
137 *28* Röm. 12, 11. *33* Ps. 16, 11.
139 *14* 2. Tim. 2, 15.
141 *3* 2. Kor. 3, 6.
144 *5* Röm. 9, 5.
145 *7* Ps. 42, 11.
147 *17* Spr. 9, 8.
152 *24* Luc. 16, 10. *26* ebd. 11, 12.
153 *9* Ps. 145, 15.
155 *17* Sir. 5, 8. *28* Sap. 8, 21.
157 *13* Jes. 28, 18. *14* Sir. 3, 27.
159 *12* Spr. 19, 21. *13* Ps. 33, 11.
    15 Ps. 145, 15 f.
166 *29* Ps. 6, 6.
174 *11* Ps. 38, 9–11. *27* Hi. 15, 26.
175 *1* Ps. 89, 11. *5* Ps. 85, 6. *14* 1. Petr. 5, 5.
    Jak. 4, 6. *17* Joh. 1, 14.
    23 Joh. 1, 1–5.
176 *3* Joh. 1, 7–9. *6* Joh. 1, 10.
    8 Joh. 1, 11 f. *12* Joh. 1, 13 f.
    17 Phil. 2, 6. *20* Phil. 2, 7–11.
    31 Joh. 1, 16.
177 *1* Röm. 5, 6. *2* Röm. 8, 32.
    4 Mt. 11, 25 u. 28 f. *7* Ps. 25, 9 ebd. 18
    12 Mt. 11, 29.
177 *14* Röm. 1, 21 f. *18* Röm. 1, 23.
    24 Apost. 7, 39. *26* Ps. 106, 20.

177 *28* Röm. 9, 12.
178 *1* Apost. 17, 28. *5* Röm. 1, 25.
    9 Ps. 30, 11.
179 *2* Ps. 39, 12. *6* 2. Mos. 3, 14.
    9 Röm. 1, 20. *15* Ps. 73, 28.
    17 Weish. 7, 27 u. Ps. 16, 2.
180 *16* 1. Mos. 1, 31.
181 *1* Ps. 148, 7–13. *7* ebd. 1–4.
    27 Ps. 119, 37.
182 *24* Sir. 10, 10.
183 *8* Weish. 9, 15. *10* Röm. 1, 20.
184 *2* Röm. 1, 20. *11* 1. Tim. 2, 5 u.
    Röm. 9, 5. *13 f.* Joh. 14, 6.
    16 Joh. 1, 14. *29* 1. Mos. 3, 21.
186 *15* 1. Kor. 11, 19. *20* Röm. 1, 20.
188 *4* Ps. 2, 11. *7* 1. Kor. 4, 7.
    14 Röm. 7, 22 f. *18* Dan. 9, 5
    u. Ps. 32, 4. *23* Joh. 8, 44.
    24 Röm. 7, 24 f. *27* Spr. 8, 22.
    28 Joh. 14, 30. *29* Kol. 2, 14.
    31 Ps. 51, 19.
189 *1* Off. 21, 2 u. 2. Kor. 5, 5.
    2 Ps. 62, 2 f. *5* Mt. 11, 28. *6* ebd. 29.
    7 ebd. 25. *17* 1. Kor. 15, 9.
190 *2* Ps. 35, 10. *3* Ps. 116, *16* f.
    10 1. Kor. 13, 12.
191 *10* Ps. 26, 8. *14* 1. Kor. 7, 8.
    21 Mt. 19, 12. *23* Weish. 13, 1.
    30 Röm. 1, 21. *32* Ps. 18, 36.
192 *1* Hi. 28, 28. *3* Spr. 26, 5 u.
    Röm. 1, 22. *16* Kol. 2, 8.
    19 Mt. 11, 25.
193 *2* Verg. Än. VIII 698 ff. *10* Ps. 144, 5.
    26 Ps. 29, 5. *30* Luc. 12, 8 f.
194 *10* Ps. 112, 10. *12* Ps. 40, 5.
195 *11* Luc. 15, 7. *19* Luc. 15, 32.
197 *13* Joh. 1, 12. *24* 1. Kor. 1, 27 f.
    28 1. Kor. 15, 9.
198 *12* Mt. 12, 29. *15* 2. Tim. 2, 21.
    22 Weish. 10, 21.
199 *13* Gal. 5, 17.
200 *11* Eph. 5, 14. *17* Röm. 7, 22 f.
    24 Röm. 7, 24 f. *30* Ps. 54, 8 u.
200 Ps. 19, 15.
203 *2* Mt. 5, 3. *31* vgl. Luc. 14, 28.

VERZEICHNIS DER BIBELZITATE

207 *10* Ps. 35, 10.
209 *4* Tit. 1, 10. *10* Eph. 5, 8. *15* Joh. 1, 9.
   17 Ps. 34, 6. *27* Röm. 7, 17.
213 *33* Ps. 119, 85.
214 *21* Ps. 6, 4 u. Ps. 79, 5, 8.
215 *10* Mt. 19, 21. *18* Röm. 13, 13 f.
   31 Röm. 14, 1.
216 *5* Eph. 3, 20. *12* Ps. 30, 12.
217 *1* Ps. 116, 16f. *4* Ps. 35, 10.
   5 ebd. 3. *17* Ps. 19, 15.
218 *8* Ps. 119, 70. *20* Ps. 84, 7 u.
   Ps. 120, 1. *21* ebd. 4 u. 3.
219 *14* Röm. 14, 16. *24* Ps. 46, 11.
221 *2* Ps. 68, 16. *17* Luc. 16, 22.
222 *1* Ps. 27, 8. *24* vgl. Jes. 40, 4.
223 *15* Ps. 19, 7. *24* Ps. 4, 2.
224 *4* Ps. 4, 3. *7* ebd. 4. *8* Eph. 1, 20.
   10 Joh. 14, 16f. *13* Joh. 7, 39.
   15 Ps. 4, 3. 4. *28* Röm. 8, 34.
   30 Ps. 4, 5.
225 *3* Röm. 2, 5. *10* Ps. 4, 6. *13* Joh. 1, 9.
   14 Eph. 5, 8. *19* Ps. 4, 7. *24* Ps. 4, 8.
   29 ebd. *31* Ps. 4, 9.
226 *1* 1. Kor. 15, 54. *5* Ps. 4, 10.
   10 Ps. 139, 21.
229 *31* Ps. 116, 15.
230 *7* Hohel. 1, 3 f. *13* Ps. 68, 7.
232 *8* Sir. 19, 1.
234 *31* Ps. 59, 18.
235 *26f.* 1. Tim. 5, 9, V. 4 u. 10.
236 *12* Phil. 3, 13. *14* 1. Kor. 2, 9.
   17 Ps. 36, 10. *24* Ps. 4, 9.
237 *11* Röm. 8, 23. *24* Ps. 100, 3.
238 *7* Mt. 25, 21. *9* 1. Kor. 15, 51.
240 *28* 1. Tim. 1, 5.
241 *14* Ps. 101, 1.
242 *19* Ps. 68, 6.
243 *30* Mt. 5, 22.
244 *7* 1. Kor. 1, 31. *13* Röm. 8, 34.
   18 Ps. 143, 2. *21* Jak. 2, 13. u.
   Mt. 5, 7. *22* Röm. 9, 15.
   26 Ps. 119, 108.
245 *1* Kol. 2, 14. *18* Luc. 8, 15.
246 *1* 1. Kor. 13, 12. *4* Eph. 5, 27.
   9 Ps. 51, 8 u. Joh. 3, 21.
246 *13* Hebr. 4, 13.
247 *4* Ps. 5, 13. *5* Röm. 4, 5.
   18 1. Kor. 2, 11. *24* 1. Kor. 13, 7.
249 *4* 2. Kor. 1, 11. *9* Ps. 144, 7 f.
   21 Ps. 51, 2.
250 *13* 1. Kor. 4, 3. *15* 1. Kor. 2, 11.
   21 1. Mos. 18, 27. *22* 1. Kor. 13, 12.
   28 1. Kor. 10, 13.
251 *4* Jes. 58, 10. *10* Röm. 1, 20.
   12 Röm. 9, 15.
252 *33* Röm. 1, 20.
253 *23* Ps. 32, 9.
269 *22* 1. Kor. 15, 22.
272 *15* Gal. 5, 17. *25* Ps. 27, 1 u. 42, 12.
273 *12* Joh. 12, 35. *15* Ter. Andr. 68.
276 *20* Hi. 7, 1.
277 *8* Sap. 8, 21. *18* 1. Joh. 2, 16.
279 *1* Eph. 3, 20. *9* 1. Kor. 15, 55.
   11 Mt. 6, 34. *13* 1. Kor. 6, 13.
   15 1. Kor. 15, 54. *19* 1. Kor. 9, 27.
280 *20* Luc. 21, 34. *25* Weish. 8, 21.
281 *1* Sir. 18, 30. *3* 1. Kor. 8, 8.
   6 Phil. 4, 11, 13. *11* Ps. 103, 14.
   12 Luc. 15, 24. *15* Phil. 4, 13.
   18 1. Kor. 1, 31. *20* Sir. 23, 6.
   24 Röm. 14, 20. *26* 1. Tim. 4, 4.
   28 1. Kor. 8, 8. *29* Kol. 2, 16.
   30 Röm. 14, 3.
282 *25* Röm. 8, 34. *26* Joh. 16, 33.
   27 Ps. 139, 16.
283 *8* Hi. 7, 1.
285 *1* Ps. 13, 4. *2* Ps. 6, 3. *8* 2. Kor. 5, 2.
286 *9* Ambr. hymn. 1. *15* Ps. 25, 15.
   19 Ps. 121, 4.
287 *4* Ps. 59, 10. *9* Ps. 26, 3.
   23 1. Joh. 2, 16.
288 *33* Ps. 18, 47.
290 *22* Ps. 103, 3–5. *27* vgl. Mt. 11, 30.
291 *11* 1. Petr. 5, 5. *13* Ps. 18, 14. 8.
   26 Luc. 12, 32. *32* Ps. 10, 3.
292 *14* Ps. 19, 13.
294 *25* Ps. 141, 5. *27* Ps. 109, 22.
297 *4* Ps. 31, 23. *21* Eph. 2, 2.
   23 2. Kor. 11, 14.
298 *10* Röm. 6, 23. *15* 1. Tim. 2, 5.

VERZEICHNIS DER BIBELZITATE

298 *28* Röm. 8, 32. *30* Phil. 2, 6. 8.
299 *1* Ps. 88, 6. *2* Joh. 10, 18.
    10 Röm. 8, 34. *15* Joh. 1, 14.
    19 2. Kor. 5, 15. *23* Ps. 119, 18.
    25 Kol. 2, 3. *32* Ps. 22, 27.
300 *6* Ps. 96, 4. *9* Mt. 6, 8. *14* Mt. 5, 3-9.
    19 Ps. 118, 1.
301 *18* Ps. 86, 1; Röm. 10, 12.
    26 Ps. 130, 1. *29* Ps. 74, 16.
302 *9* Ps. 26, 7. *10* Ps. 119, 18.
    19 Mt. 6, 33. *21* Ps. 119, 85.
    27 Ps. 80, 18.
303 *1* Röm. 8, 34; Kol. 2, 3. *4* Joh. 5, 46.
    6 1. Mos. 1, 1.
305 *17* Ps. 33, 9. 6. *20* Mt. 3, 17.
306 *4* Jes. 40, 8.
307 *12* Joh. 8, 25. *23* Joh. 3, 29.
308 *12* Ps. 31, 11. *13* Ps. 103, 3-5.
    18 Röm. 8, 24 f. *21* Ps. 104, 24.
311 *18* Ps. 102, 28. *24* 2. Petr. 3, 8.
    28 Ps. 2, 7.
318 *9* Ps. 139, 6. *11* Ps. 38, 11.
320 *11* Mt. 7, 11. *13* Ps. 73, 16.
    15 Ps. 116, 10. *17* Ps. 27, 4;
    Mt. 25, 21; Ps. 39, 6.
321 *12* 1. Mos. 1, 14. *19* vgl. Jos. 10, 12 f.
324 *1* Ps. 18, 29.
325 *11* Ps. 100, 3.
329 *15* Ps. 63, 4. *19* Phil. 3, 12.
    21 Phil. 3, 13. *25* Phil. 3, 14.
    26 Ps. 26, 7. *28* Ps. 31, 11.
331 *17* Jes. 57, 15.
332 *8* Röm. 8, 31. *9* Mt. 7, 6 f.
    20 Ps. 115, 16.
333 *7* 1. Mos. 1, 2. *9* ebd.
336 *3* Jes. 6, 3. *24* 1. Mos. 1, 2.
338 *8* Ezech. 3, 12. *19* 1. Tim. 6, 16.
339 *29* Ps. 42, 3. 4. *31* Ps. 27, 4.
340 *1* Ps. 102, 28.
341 *21* 1. Kor. 13, 12.
343 *32* Ps. 148, 6.
344 *3* Sir. 1, 4. *16* 2. Kor. 5, 21.
    20 Gal. 4, 26. *22* Ps. 148, 4.
345 *4* Ps. 26, 8. *9* Ps. 119, 176.
    16 2. Kor. 5, 1. *19* Ps. 73, 28.

346 *6* Ps. 28, 1. *10* Röm. 8, 26.
348 *27* 2. Tim. 2, 14. *29* 1. Tim. 1, 8. 5.
349 *1* Mt. 22, 40. *3* Ps. 38, 11.
350 *8* 1. Kor. 8, 6.
353 *3* Kol. 1, 16. *6* 1. Mos. 1, 2.
    16 1. Mos. 1, 9. *18* 1. Mos. 1, 7.
356 *31* Joh. 8, 44.
357 *2* 1. Tim. 1, 8. 5. *15* 1. Kor. 4, 6.
    17 Mt. 22, 37.
358 *13* Ps. 8, 5.
360 *24* Joh. 8, 25.
365 *5* Ps. 143, 10.
368 *1* Ps. 73, 28. *6* Eph. 5, 8.
    8 2. Kor. 5, 21. *9* Ps. 36, 7.
    11 1. Mos. 1, 3.
369 *9* 1. Mos. 1, 2. *16* Ps. 36, 10.
370 *24* Röm. 5, 5. *26* 1. Kor. 12, 1, 31.
    28 Eph. 3, 14, 19.
371 *15* Ps. 124, 5. *26* Eph. 5, 8.
    31 Ps. 18, 29.
372 *1* Ps. 139, 12. *21* Apost. 2, 38.
    23 Ps. 9, 14.
373 *5* Ps. 120, 1. *7* Ps. 122, 6; ebd. *1*.
    16 Eph. 5, 8. *24* Röm. 1, 9.
375 *5* Ps. 39, 12. *6* Ps. 36, 7. *9* Mt. 3, 2.
    11 Ps. 42, 7. *15* Eph. 5, 8.
    17 2. Kor. 5, 7. *18* Röm. 8, 24.
    19 Ps. 42, 8. *21* 1. Kor. 3, 13.
    23 Phi. 3, 13. *25* Ps. 42, 3, 2.
    28 2. Kor. 5, 2. *29* Röm. 12, 2.
376 *1* 1. Kor. 14, 20. *3* Gal. 3, 1.
    6 Ps. 68, 19. *7* Ps. 46, 5. *9* Joh. 3, 29
    u. Röm. 8, 23. *16* 2. Kor. 11, 3.
    19 1. Joh. 3, 2. *20* Ps. 42, 4.
    24 Ps. 42, 5. *30* Ps. 42, 6.
377 *1* Ps. 119, 105. *5* Röm. 8, 10.
    6 Hohel. 2, 17. *7* Ps. 5, 4.
    9 Ps. 42, 12. *10* Röm. 8, 11.
    13 2. Kor. 1, 22. *15* 1. Thess. 5, 5.
    19 1. Mos. 1, 5. *20* 1. Kor. 4, 7.
    21 Röm. 9, 21. *25* Jes. 34, 4.
    27 Ps. 104, 2.
378 *11* Ps. 8, 4. *13* Ps. 19, 8. *14* Ps. 8, 3.
    31 Mt. 18, 10.
379 *8* Ps. 36, 6. *13* Mt. 24, 35.

VERZEICHNIS DER BIBELZITATE

379 *16* Jes. 40, 6–8. *18* 1. Kor. 13, 12.
    23 1. Joh. 3, 2.
380 *2* Ps. 143, 6. *5* Ps. 36, 10.
    11 1. Mos. 1, 9. *13* Ps. 95, 5.
    26 1. Mos. 1. 12. *29* ebd.
381 *10f.* Ps. 85, 12 u. 1. Mos. 1, 14.
    12 Jes. 58, 7. *17* Jes. 58, 8.
    20 Phil. 2, 15. *30* 1. Mos. 1, 14.
382 *2 ff.* 2. Kor. 5, 17; Röm. 13, 11 f.;
    Ps. 65, 12; Mt. 9, 38; Joh. 4, 38.
    9 Ps. 102, 28. *14* 1. Kor. 12, 8 ff.
    15 1. Mos. 1, 16. *17 ff.* s. o.
    31 1. Kor. 3, 1. *32* 1. Kor. 2, 6. 4.
383 *9* 1. Mos. 1, 14. *10* Jes. 1, 16. 17.
    12 1. Mos. 1, 9. *13 ff.* 1. Mos. 1, 11;
    Jes. 1, 18; 1. Mos. 1, 14. *17* Mt. 19, 16.
    20 ff. Mt. 19, 17–21. *32* 1. Kor. 2, 6.
384 *2* Mt. 6, 21. *5* Mt. 19, 22 u. Mt. 13, 7.
    7 1. Petr. 2, 9 u. 1. Kor. 1, 27.
    9 Jes. 52, 7. *11* Ps. 19, 2. *15* ebd. 3.
    21 1. Mos. 1, 15. *22* Apost. 2, 2 f.
    25 1. Joh. 1, 1. *27* Mt. 5, 14.
385 *2* 1. Mos. 1, 20. *3* Jer. 15, 19. *7* ebd.
    12 1. Mos. 1, 21. *15* Ps. 19, 4 f.
386 *22* 1. Mos. 1, 24. *26* Joh. 3, 5.
    29 Joh. 4, 48.

387 *1* 1. Kor. 14, 22. *4* Ps. 136, 6.
    12 Ps. 23, 5. *22* 1. Tim. 5, 6.
388 *4* Ps. 69, 33. *6* Röm. 12, 2. *20* s. o.
    25 1. Mos. 1, 21. *26* Gal. 4, 12.
    29 Sir. 3, 19. *31* 1. Kor. 8, 8.
389 *10 ff.* Röm. 12, 2. *17* 1. Mos. 1, 26.
    5 1. Thess. 2, 7 u. Röm. 12, 2.
390 *4 ff.* 1. Mos. 1, 26 f. *8* Kol. 3, 10.
    10 1. Kor. 2, 15. *13* 1. Mos. 1, 28.
    16 1. Kor. 2, 14. *17* Ps. 49, 21.
    20 Eph. 2, 10. *25* Gal. 3, 28.
391 *5* Kol. 3, 10. *6* Jak. 4, 11.
    10 Mt. 7, 20. *15* 1. Kor. 5, 12.
392 *19* 1. Mos. 1, 28.
395 *17* Ps. 116, 11 u. Joh. 8, 44.
    20 1. Mos. 1, 29. *30* 2. Tim. 1, 16.
396 *2* 2. Kor. 11, 9. *5* 2. Tim. 4, 16.
    14 Ps. 19, 5. *17* Phil. 3, 19.
    22 Phil. 4, 18. *25* Phil. 4, 10.
397 *2* Phil. 4, 11–13. *9* Kol. 3, 10.
    14 Phil. 4, 14. *18* Ps. 4, 2.
    19 ff. Phil. 4, 14 ff. *31* Phil. 4, 17.
398 *4* Mt. 10, 41 ff.
399 *8* 1. Mos. 1, 31.
401 *5* 1. Kor. 2, 11, 12. *16* Mt. 10, 20.
    31 Röm. 5, 5.

INHALTSVERZEICHNIS

Die ursprünglichen Kapitelzahlen sind in Klammern gesetzt; die *kursiven* Ziffern bezeichnen die Seitenzahlen dieses Bandes

Einführung *5*

Erstes Buch: Frühe Jugend *31*

Lobpreis und Anrufung Gottes [I, 1] *31* – Gott alles in allem [II, 2] *31* – Gott unfaßbar [III, 3] *32* – Gottes Herrlichkeit [IV, 4] *33* – Gott das Heil der Seele [V, 5–6] *34* – Das Kleinkind unter Gottes Hut [VI, 7–10] *35* – Das kleinste Kind ist sündig [VII, 11–12] *38* – Wie man sprechen lernt [VIII, 13] *40* – Schulbesuch, Spiele und Schläge [IX, 14–15] *41* – Der Reiz der Schauspiele [X, 16] *43* – Verlangen nach der Taufe. Ihre Verschiebung [XI, 17] *43* – Heilsamer Zwang zum Lernen [XII, 19] *45* – Elementarunterricht und Dichterfabeln [XIII, 20–22] *46* – Die verhaßte Fremdsprache [XIV, 23] *48* – Gottes rettendes Erbarmen [XV, 24] *49* – Wozu die unsittlichen Mythen? [XVI, 25–26] *49* – Erster rednerischer Erfolg [XVII, 27] *51* – Formale Korrektheit ist nicht viel wert [XVIII, 28–29] *52* – Lüge · Diebstahl · Ehrgeiz [XIX, 30] *53* – Dank für verliehene Gaben [XX, 31] *54*

Zweites Buch: Das sechzehnte Lebensjahr · Jugendliche Verirrungen *56*

Warum er bekennt [I, 1] *56* – Erwachende Sinnlichkeit [II, 2–4] *56* – Müßig im Elternhause · Warnungen der Mutter verachtet [III, 5–8] *58* – Der Birnendiebstahl [IV, 9] *61* – Die Motive der Sünde [V, 10–11] *62* – Der Trug der Sünde [VI, 12–14] *64* – Gott verzeiht [VII, 15] *66* – Reiz der Sünde durch böse Gesellen vermehrt [VIII, 16–IX, 17] *67* – Aufblick zu Gott [X, 18] *68*

Drittes Buch: Karthago · Ciceros Hortensius · Augustin wird Manichäer *69*

Liebesverlangen [I, 1] *69* – Theaterfreuden · Falsches und echtes Mitleid [II, 2–4] *70* – Verdorben, aber kein «Umstürzler» [III, 5–6] *72* – Ciceros Hortensius zündet [IV, 7–8] *73* – Die Bibel enttäuscht [V, 9] *75* – Augustin geht zu den Manichäern · Ihre Hirngespinste [VI, 10–11] *75* – Ihre törichte Kritik an der Hei-

INHALTSVERZEICHNIS

ligen Schrift · Gottes ewiges Gesetz, das den Zeitverhältnissen sich anpaßt [VII, 12–14] *78* – Was allezeit böse ist [VIII, 15–16] *81* – Gottes, nicht der Menschen Urteil gilt [IX, 17] *83* – Manichäische Absurditäten [X, 18] *84* – Der Mutter Tränen und Traum [XI, 19–20] *85* – Das Trostwort des Bischofs [XII, 21] *86*

Viertes Buch: Irrtum und Herzeleid · Erster schriftstellerischer Versuch 88

Ein erbärmliches Leben [I, 1] *88* – Anzeichen edleren Sinns [II, 2–3] *89* – Er läßt sich vom Irrwahn der Astrologie nicht abbringen [III, 4–6] *90* – Krankheit, Taufe und Tod des liebsten Freundes · Liebesgram [IV, 7–9] *92* – Warum sind Tränen süß? [V, 10] *94* – Des Schmerzes Leidenschaft · Todesfurcht [VI, 11] *95* – Ruhelosigkeit · Flucht nach Karthago [VII, 12] *96* – Die Zeit lindert, neue Freundschaft erquickt [VIII, 13] *97* – Wer nur Gott zum Freunde hat [IX, 14] *98* – Vergängliches soll man nicht lieben [X, 15] *99* – Alles Irdische vergeht · Gott bleibt [XI, 16–17] *100* – Die Gottesliebe · Gott selbst in Christus ruft dazu auf [XII, 18–19] *101* – Die Erstlingsschrift über das Schöne und Passende [XIII, 20] *103* – Die ehrgeizige Widmung und wie es zu ihr kam [XIV, 21–23] *103* – Inhalt der Schrift und Kritik des Bischofs [XV, 24–27] *106* – Studium und rasches Verständnis des Aristoteles und anderer Gelehrter fördern ihn nicht [XVI, 28–31] *108*

Fünftes Buch: Der Manichäismus enttäuscht · Rom und Mailand 112

Lobpreis Gottes [I, 1] *112* – Wer sich bekehrt, findet Gnade [II, 2] *112* – Von Faustus, dem Manichäer, weltlicher Wissenschaft, ihren Erfolgen und ihrem Versagen [III, 3–6] *113* – Das wahre Glück [IV, 7] *116* – Nicht Unwissenheit, sondern Vermessenheit schadet [V, 8–9] *117* – Faustus erweist sich als Blender [VI, 10–11] *119* – Augustin wird am Manichäismus irre, ohne mit ihm zu brechen [VII, 12–13] *121* – Seine Übersiedelung nach Rom unter Täuschung der Mutter [VIII, 14–15] *122* – Krankheit und Genesung [IX, 16–17] *125* – Er neigt zur Skepsis, bleibt aber in manichäischen Vorstellungen befangen [X, 18–20] *127* – Die Bibel bleibt verschlossen [XI, 21] *130* – Auch die römischen Schüler enttäuschen [XII, 22] *130* – Er kommt nach Mailand und lernt den Bischof Ambrosius kennen [XIII, 23] *131* – Dessen Schriftauslegung macht Eindruck · Er sagt sich vom Manichäismus los [XIV, 24–25] *133*

Sechstes Buch: Die katholische Kirche zieht an · Freunde Pläne · Hemmungen 135

Die Mutter kommt nach [I, 1] *135* – Sie verehrt den Ambrosius und gehorcht ihm [II, 2] *136* – Augustin ihm ferner stehend, aber unter dem Einfluß seiner Predigten [III, 3–4] *138* – Die Anstöße des christlichen Glaubens schwinden, die Unentschlossenheit bleibt [IV, 5–6] *140* – Die Schriftautorität [V, 7–8] *141* – Der beneidenswerte Bettler [VI, 9–10] *143* – Alypius von seiner Leidenschaft für Zirkusspiele geheilt [VII, 11–12] *146* – Ein verhängnisvoller Rückfall [VIII, 13] *148* – Ein Vorfall aus des Alypius Jugendzeit [IX, 14–15] *149* – Seine Unbestechlichkeit · Nebridius [X, 16–17] *151* – Gott ruft · Die weltlichen Bande halten fest [XI, 18–20] *153* – Trotz des Alypius Widerspruch will Augustin auf eine Ehe nicht verzichten [XII, 21–22] *156* – Er verlobt sich auf Wunsch der Mutter [XIII, 23] *157* – Pläne freundschaftlichen Zusammenlebens unausführbar [XIV, 24] *158* – Trennung von der Konkubine [XV, 25] *159* – Die Rettung naht, das Elend wird immer größer [XVI, 26] *160*

Siebentes Buch: Befreiung durch Plato 162

Augustin denkt sich Gott zwar unverletzlich, aber stofflich, quantitativ [I, 1–2] *162* – Manichäismus widerlegt [II, 3] *164* – Ursache des Bösen bleibt dunkel [III, 4–5] *165* – Ein fester Punkt: Gottes Unverletzlichkeit [IV, 6] *167* – Grübeleien über Gott und Ursprung des Bösen [V, 7] *167* – Die Astrologie als Aberglaube entlarvt [VI, 8–10] *170* – Ruhelosigkeit [VII, 11] *173* – Gottes Stachel [VIII, 12] *175* – Die neuplatonischen Schriften, ihr Wahrheitsgehalt und was ihnen fehlt [IX, 13–15] *175* – Augustin schaut das Sonnenlicht der ewigen Wahrheit [X, 16] *178* – Das Wesen der Geschöpfe [XI, 17] *179* – Alles Geschaffene ist gut [XII, 18] *179* – Die Weltordnung [XIII, 19] *180* – Der Wahn schwindet [XIV, 20] *181* – Alles ist in Gott beschlossen [XV, 21] *182* – Sünde kein Wesen, sondern Willensabkehr [XVI, 22] *182* – Aufstieg zur Gotteserkenntnis · Absinkende Schwachheit [XVII, 23] *182* – Christus, der Menschgewordene, ist der einzige Weg zum Heil [XVIII, 24] *184* – Die damaligen christologischen

Irrtümer Augustins und seines Freundes [XIX, 25] *185* – Platonismus macht hochmütig, führt nicht zum Ziel [XX, 26] *186* – Augustin vernimmt in der Heiligen Schrift die Botschaft der rettenden Gnade [XXI, 27] *187*

Achtes Buch: Die Bekehrung.. 190

Die Situation [I, 1–2] *190* – Simplicianus erzählt von Victorinus [II, 3–5] *192* – Je größer die Not, um so größer die Freude über die Rettung [III, 6–8] *195* – Große Freude, wenn ein Großer sich bekehrt [IV, 9] *197* – Die Kette will noch nicht reißen, der Schlaf sich nicht abschütteln lassen [V, 10–12] *198* – Die Erzählung des Ponticianus von Beispielen der Weltentsagung [VI, 13–15] *200* – Augustin erschüttert [VII, 16–18] *204* – Seelenkampf im Mailänder Garten [VIII, 19–20] *206* – Willenszwiespalt [IX, 21] *207* – Keine falschen Schlüsse daraus [X, 22–24] *209* – Todeskampf des alten Menschen [XI, 25–27] *211* – Das rettende Schriftwort [XII, 28–30] *214*

Neuntes Buch: Auf dem Landgut bei Mailand · Monnicas Tod 217

Gerettet! [I, 1] *217* – Aufgabe des Lehramtes [II, 2–4] *218* – Angebot des Verecundus · Nachruf auf Nebridius [III, 5–6] *220* – Die glücklichen Ruhetage in Cassiciacum · Eine Gebetsheilung [IV, 7–12] *222* – Mitteilung des Entschlusses [V, 13] *227* – Augustin, Alypius und Adeodat werden getauft [VI, 14] *227* – Vom Kirchengesang · Ein Heilungswunder [VII, 15–16] *228* – Augustin und die Seinen in Ostia · Aus der Jugendzeit der Mutter [VIII, 17–18] *230* – Monnica als vorbildliche Gattin und Friedensstifterin [IX, 19–22] *233* – Das mystische Gespräch mit der Mutter [X, 23–26] *236* – Monnica stirbt als gereifte Christin [XI, 27–28] *238* – Augustins Trauer · Die zurückgehaltenen Tränen [XII, 29–33] *240* – Sein fürbittendes Gedenken [XIII, 34–37] *243*

Zehntes Buch: Innenschau · Liebe zu Gott · Gefahren und Mängel 246

Vorspruch [I, 1] *246* – Augustin will vor Gott bekennen [II, 2] *246* – Auch vor den Menschen bekennt er, und zwar nunmehr, wer er jetzt ist [III, 3–4] *247* – Die Frucht dieses Bekenntnisses [IV, 5–6] *248* – Der Bekenner kennt sich selbst nur unvollkommen [V, 7] *250* – Augustin liebt Gott, den alle

Kreaturen als Schöpfer preisen, der sich der Menschenseele bezeugt [VI, 8-10] *251* – Der Gottsucher muß auch das sinnliche Seelenleben unter sich lassen [VII, 11] *253* – Ins Innere einkehrend, beginnt er das Gedächtnis zu erforschen · Welche Fülle von Bildern! [VIII, 12-15] *254* – Nicht nur Bilder sind da [IX, 16] *257* – Geistige Wahrheiten sind nicht bildlich [X, 17] *258* – Denkend holt man sie aus der Tiefe des Geistes hervor [XI, 18] *259* – So auch die Begriffe der Arithmetik und Geometrie [XII, 19] *260* – Auch der geistigen Betätigungen erinnert man sich [XIII, 20] *260* – Erinnerung an Gemütsbewegungen und ihre Eigenart [XIV, 21-22] *261* – Von bildlicher und bildloser Vergegenwärtigung [XV, 23] *263* – Das Gedächtnis des Vergessens, eine paradoxe Tatsache [XVI, 24-25] *264* – Muß man, Gott zu finden, auch das Gedächtnis durchschreiten? [XVII, 26] *266* – Man findet nicht, wenn man sich nicht erinnert [XVIII, 27] *267* – Vom Wiederfinden im Gedächtnis [XIX, 28] *267* – Seliges Leben, von allen gesucht, also auch allen bekannt [XX, 29] *268* – Seliges Leben eine Art Freude · Wer kennt Freude nicht? [XXI, 30-31] *270* – Seligkeit ist Freude in Gott [XXII, 32] *272* – Seligkeit ist Freude an der Wahrheit · Man kennt sie, läßt sich doch verblenden [XXIII, 33-34] *272* – Gott ist im Gedächtnis [XXIV, 35] *274* – Aber wo im Gedächtnis? [XXV, 36] *274* – Nirgends und überall! [XXVI, 37] *275* – Zu spät geliebt! [XXVII, 38] *275* – Anfechtung ist des Menschen Leben auf Erden [XXVIII, 39] *276* – Einzige Hoffnung Gottes Erbarmen [XXIX, 40] *277* – Noch ist Augustin nicht frei von Fleischeslust · Die unkeuschen Gedanken [XXX, 41-42] *277* – Speise und Trank locken zur Gier und Überschreitung des Maßes [XXXI, 43-47] *279* – Die Lockungen der Wohlgerüche [XXXII, 48] *282* – Die gefährlichen Reize des Gehörsinns [XXXIII, 49-50] *283* – Der Augen Lust · Reiz des sinnlich Schönen [XXXIV, 51-53] *285* – Eitle Wißbegier, Vorwitz, Neugier [XXXV, 54-57] *287* – Hoffart · Lust am Beifall [XXXVI, 58-59] *290* – Ob und wann man sich des Lobes freuen darf [XXXVII, 60-62] *292* – Gefahren der Eitelkeit [XXXVIII, 63] *294* – Selbstgefälligkeit [XXXIX, 64] *295* – Noch einmal vom Aufstieg zu Gott [XL, 65] *295* – Gott und Lüge sind unvereinbar [XLI, 66] *297* – Engelmächte können nicht mit Gott versöhnen [XLII, 67] *297* – Es gibt nur einen Mittler [XLIII, 68-70] *298*

INHALTSVERZEICHNIS

Elftes Buch: Gottes schöpferisches Wirken · Auslegung der
Heiligen Schrift 300

Zweck des Bekennens ist: Liebe erwecken [I, 1] *300* – Augustin bittet, Gott wolle ihm die Tiefen seines Wortes erschließen [II, 2–4] *300* – Nur Gottes innere Erleuchtung schenkt Wahrheitserkenntnis [III, 5] *303* – Das Geschaffene verkündet den Schöpfer [IV, 6] *304* – Gott schuf aus nichts durch sein Wort [V, 7] *304* – Das schöpferische Wort entsteht und vergeht nicht [VI, 8] *305* – Es ist ewig [VII, 9] *306* – Es ist Uranfang und ewige Wahrheit [VIII, 10] *307* – Erleuchtend und doch unfaßbar [IX, 11] *308* – Die törichte Frage, was Gott tat, bevor er schuf [X, 12] *308* – Ewigkeit und Zeit qualitativ verschieden [XI, 13] *309* – Was tat Gott, bevor er schuf? Nichts! [XII, 14] *310* – Es gab kein «bevor» · Nicht Zeit, sondern Ewigkeit geht der Schöpfung voraus [XIII, 15–16] *310* – Was ist Zeit? [XIV, 17] *312* – Vergangenheit und Zukunft sind nicht, Gegenwart ohne Ausdehnung und Dauer [XV, 18–20] *312* – Man mißt die Zeit im Vorübergehen [XVI, 21] *315* – Wo sind Zukunft und Vergangenheit? [XVII, 22] *315* – Gegenwärtig! Geahnt, geplant, erinnert [XVIII, 23–24] *316* – Die Sehergabe, ein tiefes Geheimnis [XIX, 25] *318* – Darf man von drei Zeiten reden? [XX, 26] *318* – Wie kann man vorübergehende Zeit messen? [XXI, 27] *319* – Nur mit Gottes Hilfe ist das Rätsel zu lösen [XXII, 28] *320* – Zeit ist nicht Bewegung der Himmelskörper [XXIII, 29–30] *320* – Körperbewegung wird mit der Zeit gemessen [XXIV, 31] *322* – Rätselhafte Zeit [XXV, 32] *323* – Man mißt längere an kürzeren Zeiten [XXVI, 33] *324* – Man mißt die Zeit mit Hilfe von Eindrücken oder Vorstellungen im Geist [XXVII, 34–36] *325* – Das Künftige erwartend, auf das Gegenwärtige achtend, des Vergangenen sich erinnernd [XXVIII, 37–38] *328* – Die Zerstreuung im Zeitlichen wird enden [XXIX, 39] *329* – Dann schweigen die törichten Fragen [XXX, 40] *330* – Gottes Erkennen ist allumfassend und ewig [XXXI, 41] *330*

Zwölftes Buch: Himmel und Erde · Genesis I 1, 2 332

Rechte Deutung der Schrift oft schwer [I, 1] *332* – Des «Himmels Himmel» [II, 2] *332* – «Finsternis über der Tiefe» [III, 3] *333* – Die formlose Masse [IV, 4] *333* – Sie ist unvorstellbar [V, 5] *334* – Ein Mittleres zwischen dem Geformten und dem Nichts [VI, 6] *334* – Von Gott geschaffen [VII, 7] *335* – Aus diesem Stoffe ist die sichtbare Welt geschaffen [VIII, 8] *336* – Die vorzeitliche Schöpfung [IX, 9] *337* – Bitte um Erleuchtung [X, 10] *338* – Worüber Augustin sich bereits klar ist [XI, 11–14] *338* – Zeitlos, doch nicht ewig ist der höhere Himmel und der formlose Stoff [XII, 15] *340* – Im Uranfang vor den sechs Schöpfungstagen geschaffen [XIII, 16] *341* – Die Heilige Schrift wunderbar tief, mehrdeutig [XIV, 17] *342* – Unbestreitbar ist Gottes Ewigkeit und die Erschaffung sowohl des höheren Geisthimmels als auch des formlosen Stoffs [XV, 18–22] *342* – Keine Diskussion mit denen, die es bestreiten [XVI, 23] *345* – Doch läßt Genesis I, 1 verschiedene Deutungen zu [XVII, 24–26] *347* – Wenn sie nur wahr sind! [XVIII, 27] *348* – Wenn es nur bestimmten klaren Einsichten nicht widerspricht [XIX, 28] *349* – Die fünf möglichen Deutungen von Genesis I, 1 [XX, 29] *350* – Die fünf möglichen Deutungen von Genesis I, 2 [XXI, 30] *351* – Für und Wider der beiden letzten Deutungen [XXII, 31] *352* – Die doppelte Fragestellung [XXIII, 32] *354* – Was Moses sagen wollte, bleibt ungewiß [XXIV, 33] *354* – Warnung vor Vermessenheit und Streitsucht [XXV, 34–35] *355* – Über die Redeweise der Heiligen Schrift [XXVI, 36] *358* – Auch Einfältigen faßlich und erbaulich [XXVII, 37] *358* – Den Klügeren mancherlei tiefere Wahrheiten erschließend [XXVIII, 38–39] *360* – Der vierfache Sinn des «Voraufgehens» [XXIX, 40] *361* – Trotz verschiedener Auffassungen Einigkeit in Wahrheit und Liebe [XXX, 41] *363* – Moses hat wohl alle möglichen wahren Deutungen im Auge gehabt [XXXI, 42] *364* – Gottes Geist erschließt die Wahrheit [XXXII, 43] *365*

Dreizehntes Buch: Der dreieinige Gott als Weltschöpfer · Die Schöpfungsgeschichte.. 366

Gottes zuvorkommende Güte [I, 1] *366* – Gottes Güte schafft, formt, erleuchtet [II, 2–3] *367* – Genesis I, 3 von Erleuchtung der geistigen Kreatur zu verstehen [III, 4] *368* – Gott bedarf der Kreatur nicht [IV, 5] *368* – Die Dreieinigkeit im Schöpfungsbericht [V, 6] *369* – Warum vom Geist Gottes erst in V. 2b die Rede ist [VI, 7] *370* – Warum wird der Geist als «darüberschwebend» eingeführt? [VII, 8] *370* – Selige Ruhe nur in Gott [VIII, 9] *371* – Gottes Geist zieht empor [IX, 10] *372* – Wie Gottes Geist Engel und Menschen erleuchtet [X, 11] *373* – Bild der Dreieinigkeit im Menschen [XI, 12] *373* – Die Schöpfungsgeschichte als Abbild der Kirchengründung [XII, 13] *374* – Diese geistliche Schöpfung freilich noch unvollendet [XIII, 14] *375* – Noch sind wir auf Glauben und Hoffnung angewiesen [XIV, 15] *376* – Die Feste als Bild der Heiligen Schrift, die Wasser darüber die Engel [XV, 16–18] *377* – Gott, wie er ist, wird nur von Gott erkannt [XVI, 19] *379* – Was unter dem Meerwasser und der fruchtbringenden Erde zu verstehen ist [XVII, 20–21] *380* – Was die Lichter an der Feste zu bedeuten haben [XVIII, 22–XIX, 25] *381* – Das aus dem Wasser hervorgebrachte Getier und seine Bedeutung [XX, 26–28] *385* – Die Landtiere und ihre Bedeutung [XXI, 29–31] *386* – Die geistliche Menschenschöpfung [XXII, 32] *389* – Worin die Macht des geistlichen Menschen besteht [XXIII, 33–34] *390* – Warum nur die Menschen und die aus dem Wasser hervorgegangenen Tiere von Gott gesegnet? [XXIV, 35–37] *392* – Die als Nahrung dienenden Früchte der Erde und ihre Bedeutung [XXV, 38] *395* – Die wahre Frucht [XXVI, 39–41] *396* – Nicht alle können diese Frucht genießen [XXVII, 42] *398* – Das Einzelne ist gut, alles zusammen sehr gut [XXVIII, 43] *399* – Das ewige Gotteswort und die zeitliche Redeweise der Schrift [XXIX, 44] *399* – Manichäische Torheiten [XXX, 45] *400* – Der geistliche Mensch sieht mit Gottesaugen [XXXI, 46] *401* – Überblick über das All der Schöpfung [XXXII, 47] *402* – Der Morgen und Abend der Kreatur [XXXIII, 48] *403* – Wiederholung der allegorischen Auslegung [XXXIV, 49] *404* – Gib uns Frieden! [XXXV, 50] *405* – Der Tag ohne Abend [XXXVI, 51] *405* – Gottes Ruhe in uns [XXXVII, 52] *405* – Gottes ewiges Schauen, Wirken und Ruhen [XXXVIII, 53] *406*

Anmerkungen · Nachwort zur zweiten Auflage · Verzeichnis der Bibelzitate

Zur Übersetzung · Zur Literatur 409
Anmerkungen 410
Nachwort zur zweiten Auflage 455
Verzeichnis der Zitate 459

Gnosis und Mystik in der Geschichte der Philosophie

Herausgegeben von Peter Koslowski
400 Seiten, gebunden mit Schutzumschlag

In der Mystik und Gnosis findet sich nach Jahrzehnten eines selbst-losen Anti-Humanismus und «wissenschaftlichen» Materialismus das Selbst-Bewußtsein der Moderne wieder. Ein Buch für alle geistig interessierten Leser und eines, das Wege der Spiritualität zeigt in unserem als «ausweglos» bezeichneten Fin de siècle.

Walter Nigg: Das mystische Dreigestirn

Meister Eckhart, Johannes Tauler, Heinrich Seuse. 208 Seiten, Leinen

Walter Nigg, der große Vermittler religiöser Gestalten und Themen für die Moderne, stellt Leben und Werk der wichtigsten deutschen Mystiker dar – in einer Sprache, die jeden Leser von heute an ihrer erneut aktuellen Gedankenwelt teilhaben läßt.

Artemis & Winkler